Eine experimentell prüfbare Theorie
der Willenshandlung und Willensentscheidung,
entwickelt am Phänomen Ausdauer

Europäische Hochschulschriften

Publications Universitaires Européennes

European University Studies

Reihe VI

Psychologie

Série VI Series VI

Psychologie

Psychology

Bd./Vol. 610

PETER LANG

Frankfurt am Main · Berlin · Bern · New York · Paris · Wien

Jan Eichstaedt

Eine experimentell prüfbare Theorie der Willenshandlung und Willensentscheidung, entwickelt am Phänomen Ausdauer

Untersuchungen zu freiem Willen und unfreiwilligem Grübeln

PETER LANG
Europäischer Verlag der Wissenschaften

Die Deutsche Bibliothek - CIP-Einheitsaufnahme

Eichstaedt, Jan:

Eine experimentell prüfbare Theorie der Willenshandlung und Willensentscheidung, entwickelt am Phänomen Ausdauer : Untersuchungen zu freiem Willen und unfreiwilligem Grübeln / Jan Eichstaedt. - Frankfurt am Main ; Berlin ; Bern ; New York ; Paris ; Wien : Lang, 1998
(Europäische Hochschulschriften : Reihe 6, Psychologie ; Bd. 610)
Zugl.: Hamburg, Univ. der Bundeswehr, Diss., 1997
ISBN 3-631-33105-3

D 705
ISSN 0531-7347
ISBN 3-631-33105-3

Vorwort und Danksagung

Die vorliegende Arbeit ist aus Gründen der Verständlichkeit nicht entsprechend ihrer Entstehungsgeschichte aufgeschrieben, sondern mit dem Ziel, die darzulegende Materie möglichst verständlich zu beschreiben. Dies hat allerdings zur Folge, daß erst später erlangte Einsichten bereits weiter nach vorne auch in die Formulierung der Hypothesen mit einfließen. Obwohl nicht nachträglich Ergebnisse als Hypothesen umdeklariert werden, handelt es sich doch streng genommen nicht um die ursprünglich getesteten Hypothesen, sondern um das, was sich im weiteren Verlauf der darzustellenden Experimentalreihe daraus entwickelt hat. Ein Beispiel: Es wird in Kap. 3.2 ein Effekt aus einer sog. Suchraumeinschränkung überprüft. Dessen Vorhersage hatte sich ursprünglich aus einer vermuteten Wirkung des Entschuldigungsgehalts bestimmter Situationen ergeben. Nun zeigte sich später, daß der Effekt zwar durch beides, Suchraumeinschränkung wie Entschuldigungsgehalt, erklärt werden kann, aber letztere im Gegensatz zu anderen Befunden der weiter entwickelten Experimentalreihe steht. Vielmehr ist Entschuldigungsgehalt ein Spezialfall einer Suchraumeinschränkung. Deshalb wird in der Darstellung auf die mit dieser Erklärungskomponente verbundene Sackgasse ganz verzichtet.

Ich danke meiner Betreuerin Frau Prof. Dr. Gisela Dahme für die mir eingeräumten Forschungsmöglichkeiten an ihrer Professur, besonders aber auch für ihre anregende Kritik bei der Entstehung der vorliegenden Arbeit. Erst durch den von ihr geschaffenen Rahmen ist diese Arbeit in der vorliegenden Form möglich geworden. Dieser Rahmen beinhaltet konkret auch eine ganze Serie von Experimenten, die sie mit Dr. Udo Rudolph durchgeführt hat. Auf dieser durfte ich aufbauen. Mein Dank gilt auch Herrn Prof. Dr. Bernhard Dahme, durch dessen großzügige Unterstützung ich Experimente auch am Psychologischen Institut III der Universität Hamburg mit dortigen Studierenden als Probanden durchführen konnte. Ganz herzlich danke ich Dipl.-Psych. Gerardo Barbuto, Dipl.-Päd. Eckart Eickhoff, Dipl.-Päd. Oliver Eisenberg, Dipl.-Päd. Thorsten Fries, Dipl.-Psych. Mirella Hyla-Brüschke, Dipl.-Psych. Hagen Lück, Susanne Mohr, Rasarikuswarini und Dipl.-Päd. Thomas Schummer die alle als Versuchsleiter und Versuchsleiterinnen in den hier dargestellten Doppelblindstudien fungierten sowie meinen Kolleginnen und Kollegen an der Universität der Bundeswehr, PD Dr. Hilde Haider, Dr. Mark May, Dr. Thomas Ritz, Dr. Martin Scherm, Dipl.-Psych. Micha Strack und Dr. Fredrik Wartenberg für wertvolle Diskussionen über das hier verhandelte Thema. Lieben Dank sage ich auch meiner Frau Dipl.-Ing. Gabriele Ort, nicht nur für wichtige Diskussionen über das Thema, sondern auch für ihre Geduld mit mir.

Hamburg, den 19. Juni 1997, Jan Eichstaedt.

Inhaltsverzeichnis

0 Vorhaben und Aufbau der Arbeit

Es soll freier Wille experimentell untersucht werden. Dieses Vorhaben besteht in fünf Punkten: Erstens dem Untersuchungsparadigma und zweitens der philosophischen Position, die es erst sinnvoll macht, freien Willen empirisch zu untersuchen. Drittens wird eine Theorie entwickelt, die experimentell prüfbare Hypothesen liefert. Viertens wird eine Erweiterung des Geltungsbereichs auf das Phänomen Grübeln versucht. Schließlich wird fünftens ein zugrundeliegender Rahmen aufgezeigt, in den die Theorie neben anderen eingeordnet werden kann.

1. Um freien Willen untersuchbar zu machen, wird zunächst ein Untersuchungsansatz entwickelt. Bisher gibt es nämlich noch keinen. Wie soll freier Wille im Experiment untersucht werden können, wenn den Probanden doch gesagt werden muß, was sie zu tun haben? Untersucht wird dann 'Wollen-Sollen'. Ein eigentlicher Willensentschluß liegt nicht vor. Der Proband tut, was ihm aufgetragen wird. Wie kann in der hoch kontrollierten Situation eines Experiments eine wirklich freie Entscheidung vom Probanden gefällt werden? Scheinbar sind Wahlen, die der Proband vornimmt, eine Möglichkeit. Aber daß er wählen muß, ist ihm dennoch vorgegeben. Somit liegt in solchen Wahlen keine Willensentscheidung aus freien Stücken.

Ein möglicher Ansatz liegt im Phänomen *Ausdauer*, nämlich in der freien Wahl des Abbruchzeitpunktes, der notwendigerweise unlösbaren Ausdaueraufgabe. Unlösbar muß sie sein, um Ausdauer als Zeit ausdauernder Lösungsversuche an einer Leistungsaufgabe bis zum Aufgeben meßbar zu machen. Entsprechend liegt die Freiheit der Willensentscheidung auch nicht darin, *ob überhaupt* abgebrochen wird. Das ist unvermeidbar. Frei ist der Proband in seiner Entscheidung, *wann* er abbricht. Diese Willensentscheidung fällt im Experiment. Es kann also beobachtet werden, was zu ihr führt, was sie *determiniert.* Der Abbruchzeitpunkt wird also als Zeitpunkt der Willensentscheidung zum Abbruch betrachtet. Dieser Zeitpunkt soll anhand von situativen Determinanten der Willensentscheidung vorhergesagt werden. Dies wird in Kap. 2.1 entwickelt.

Damit ist aber noch gar nichts gewonnen. Wie kann eine Willensentscheidung frei sein, wenn sie auf etwas außerhalb des Wollenden zurückführbar ist?

2. Dieser Frage liegt ein Willensbegriff zugrunde, der zwei Teile hat. Willensentscheidungen müssen demnach sowohl bewußt als auch spontan sein. Schwierig für einen determinierten freien Willen ist das, was mit spontan gemeint ist. Es heißt hier nicht-weiter-ableitbar als bis auf den Wollenden. Diese Definition von freiem Willen ist zirkulär. Nie kann ein Befund gegen die Existenz eines freien Willen erbracht werden. Immer, wenn gezeigt wird, daß eine scheinbar freie Willensentscheidung auf etwas anders zurückzuführen ist

als auf den Wollenden, ist nur bewiesen, daß es gar keine freie Willensentscheidung war. Aus diesem und anderen Gründen wurde vielfach behauptet, daß freier Wille kein Gegenstand der empirischen Psychologie sein könne. In Kap. 1 wird aus den Gedanken von Max Planck (1937) eine philosophische Position abgeleitet, die eine empirische Untersuchung des freien Willens erlaubt. Indeterminiert sind Willensentscheidungen demnach nur aus Subjektperspektive, weil von ihr aus mindestens eine Antezedens fehlt: Der *Vorgang* der Entscheidung selbst und alle Konsequenzen dieses Prozeßgeschehens (siehe Kap 1.1.3). Dieser Einschränkung unterliegt ein idealer Beobachter nicht. Somit sind Willensentscheidungen aus Beobachterperspektive determiniert. Daher sind subjektiv freie Willensentscheidungen im Experiment auf objektive Einflüsse zurückführbar.

Das experimentelle Vorgehen zum Gegenstand 'freier Wille' ist damit begründbar. Doch welche Hypothesen sollen in Experimenten überprüft werden?

3. Dazu wird in Kap. 2.1 bis 2.3 eine neue Theorie entwickelt. Darin wird *Ausdauer als Suchdauer* betrachtet. Gesucht wird nach Informationen, die als Ergebnis zur Willensattribution führen. Die Bezeichnung Willensattribution kommt daher, daß es eine Zuschreibung zu einem Grund darstellt, wenn jemand sagt, 'ich tue dies, weil ich es will'. Dieser Jemand begründet so den Ursprung oder die Existenz seiner Handlung mit seinem Willen. In bestehenden Attributionstheorien werden *Ergebnissen* einer Handlung Gründe oder Ursachen zugeschrieben. Hier aber ist es die Handlung selbst, für deren Existenz ein Grund angegeben wird: der eigene Wille.

Wenn Ausdauer Suchdauer ist, dann muß die Menge der zur Verfügung stehenden Informationen bestimmen, wie lange gesucht wird. Diese Menge wird im weiteren Suchraum genannt. Die Größe des Suchraums ist demnach eine Determinante des Zeitpunkts, an dem die Willensentscheidung zum Abbruch fällt; je kleiner, desto eher. Desweiteren wirkt die Suchtendenz des Probanden. Sucht er z.B. bevorzugt nach Informationen, die mit seiner eigenen Person zusammenhängen, findet aber nur andere, so wird er sich bald zum Abbruch entscheiden.

Dem wird in Kap 2.4 die Handlungskontrolltheorie von Carver (1979; Carver und Scheier, 1981) gegenüber gestellt. Sie kommt scheinbar ohne die Beachtung von Randbedingungen der Willensentscheidung zum Abbruch aus. Statt dessen werden dort mit Erfolgserwartung und Selbstaufmerksamkeit Einflußfaktoren für die Aufrechterhaltung von ausdauerndem Arbeiten genannt. Das ist nicht einfach das Gegenteil zur Abbruchentscheidung und deshalb auch nicht dasselbe wie Abbruchkriterien. Wenn die aufrechterhaltenden Gründe für Ausdauer nicht mehr erfüllt sind, kann nach Carver und Scheier (1981) auch in einen Zustand inneren Rückzugs übergegangen werden - ohne die Abbruchentscheidung zu treffen. Von Carver, Blaney und Scheier (1979),

Scheier und Carver (1982) sowie Carver, Peterson, Follansbee und Scheier (1983) wurden Ausdauerbefundmuster geliefert, die aus der Handlungskontrolltheorie vorhergesagt werden. Diese konnten aber von anderen Forschern nicht repliziert werden (siehe Kap. 2.4.4).

Die hier zu entwickelnde neue Theorie soll erklären können, unter welchen Bedingungen die Befunde von Carver und Mitarbeitern aufgefunden werden können. Auch hier wird mit Ausdauer als Suchdauer nach Informationen, die eine Willensattribution ergeben, argumentiert. Dazu werden in Kap 2.5 die bei Carver et al. hergestellten experimentellen Bedingungen daraufhin untersucht, wie lange in ihnen nach solchen Informationen gesucht werden kann. Daraus werden Randbedingungen erschlossen, unter denen eine Replikation der Carver-Ergebnisse möglich sein sollte.

4. Carver und Scheiers (1981) Konzeption eines inneren Rückzugs ist kritisch für das hier verfolgte Ausdauerparadigma. Damit es für die Untersuchung von Willensentscheidungen sinnvoll ist, darf ausdauerndes Bearbeiten einer Leistungsaufgabe nicht einfach in inneren Rückzug übergehen. Dann wäre der kritische Zeitpunkt der Willensentscheidung zum Abbruch durch den inneren Rückzug verschleiert. Es wird in Kap. 3.1.2 eine nonverbale Erhebungsmethode für inneren Rückzug realisiert. Diese bietet die Möglichkeit, Phasen, in denen das Ziel nicht verfolgt wird, vom ausdauernden Arbeiten zu unterscheiden. Nach der hier entwickelten Theorie ist - anders als nach Carver und Scheier (1981) zu erwarten, daß diese Phasen gar nicht gegen Ende der Bearbeitungszeit gehäuft auftreten. Das aber ist als Hauptmerkmal von innerem Rückzug zu fordern. Falls diese Phasen über die gesamte Bearbeitungszeit verteilt sind, ist zu prüfen, ob damit eher Grübeln nach Zielblockade (Martin und Tesser, 1989; Beckmann, 1994) erhoben wird. Ein solches Grübeln könnte ebenfalls in der hier zu entwickelnden Theorie verstanden werden (Kap. 2.5.2). Lösungsmöglichkeiten werden nicht nur durch ausdauerndes Zielverfolgen gesucht, sondern auch durch ein dysfunktionales Begrübeln von vorgestellten Lösungsmöglichkeiten, wenn keine gangbaren Wege zum Ziel verfügbar sind. Metaphorisch gesprochen, wird ins 'Leere gesucht'.

5. In Kap. 2.6 wird eine Einordnung der vorliegenden Theorie in einen größeren Rahmen versucht. Dabei wird der Begriff 'Intention' anders als im alltagssprachlichen Gebrauch verwendet, wo es auch gut durch das Wort 'Absicht' ersetzt werden kann. Der Begriff 'Intention', wie er hier gebraucht wird, kann verkürzt mit 'gerichteter Bewußtseinsinhalt' umschrieben werden. Dennett (1987, S. 271) kann im Englischen auf den Begriff 'aboutness' verweisen. Zur Abgrenzung vom alltagssprachlichen Gebrauch, soll im weiteren der Begriff 'kognitive Intention' verwendet werden, den Brunswik (1934) vorschlägt. Beispiele für kognitive Intentionen sind Meinungen, Werthaltungen, Wahrnehmungsinhalte u.ä.. Die Gemeinsamkeit dieser Kognitionen ist 'Gerich-

tetheit' auf einen mentalen Inhalt und ein damit verbundener 'Sinn'. Wille als Zielintention wird wie ein Spezialfall von kognitiven Intentionen behandelt. Es ist möglich, in diesem Rahmen die Abbruchentscheidung in der Ausdaueraufgabe als eine Entstehung des Sinns 'Aufhören!' zu betrachten. Das, was da diesen Sinn bekommt, ist die Information aus dem Bearbeitungsprozeß[1]. Wo zuvor die Information aus dem Bearbeitungsprozeß als Hinweis in Richtung auf die Lösung, als der Sinn 'führt zum Ziel', interpretiert wurde, entsteht der neue Sinn 'Aufhören!'.

Das Ausdauerparadigma läßt auch eine längsschnittliche Beobachtung des Bearbeitungsprozesses zu. Diese Prozeßdaten werden informationstheoretisch so behandelt, daß ein Führungssignal des ausdauernden Arbeitens errechnet werden kann. Dieses Führungssignal stellt in einem systemtheoretischen Rahmen eine Art Schätzer dar, nämlich für den Moment, in dem der Sinn 'Aufhören!' entsteht. Ob dies informationstheoretische Maß diesen Sinn abbilden kann, läßt sich demnach durch einen einfachen korrelativen Vergleich mit dem tatsächlichen Abbruchzeitpunkt verifizieren.

Die bereits angedeuteten besonderen Anforderungen an das Aufgabenmaterial und deren Realisierung sind in Kap. 3.1 den darauf folgenden vier Experimenten vorangestellt. In diesen Experimenten werden Antworten auf Fragen gesucht, die in Kap. 1 entwickelt werden. In der zusammenfassenden Diskussion wird versucht, diese Fragen vor dem Hintergrund der im empirischen Teil erbrachten Ergebnisse zu beantworten.

---

1 Das sind alle Rückmeldungen, die der Bearbeiter über den aktuellen Zustand des Aufgabenmaterials bekommt.

1 Einleitung und Fragestellung

"Dass mein Wille meinen Arm bewegt, ist mir nicht verständlicher, als wenn jemand sagte, dass derselbe auch den Mond in seinem Kreise zurückhalten könne". So zitiert 1888 Hugo Münsterberg Immanuel Kant und fährt so fort: "Weder die 'Innervationsgefühle' der Psychologie, noch die 'motorischen Rindenfelder' der Physiologie können uns darüber hinwegtäuschen, dass die empirische positive Wissenschaft an dieser Stelle dem Wunder eine letzte Zufluchtsstätte lässt" (S. 1). Zwar ist in der vorliegenden Arbeit oft das Wort Wille durch das Wort Zielintention ersetzt, was nachfolgende Abgrenzungen begrifflich machen soll. Die besondere Schwierigkeit mit diesem Gegenstand aber bleibt. Er impliziert nämlich nach Kant (1787) immer Freiheit in den Sinne, daß es möglich ist, willentlich etwas von selbst, d.h. frei von Naturnotwendigkeit, anzufangen. Wie kann die Freiheit des Willens vor "... der Totalität der Ableitung der Weltbegebenheiten aus ihren Ursachen" (KrV[1] B 560) gerettet werden?

Wille ist nicht nur ein Gegenstand der Psychologie, sondern - in den Augen vieler - vor allem auch der Philosophie. Oft ist die Beschäftigung mit Wille daher eine Gratwanderung. Es wird hier versucht, daraus keine Gratwanderung zwischen den Disziplinen werden zu lassen, sondern es wird, bei aller philosophischer Relevanz des Themas, immer aus psychologischer Perspektive über Wille und Intention nachgedacht. Das Ziel dieses Nachdenkens wird immer sein, den Gegenstand empirisch untersuchbar zu machen. Der Beitrag der vorliegenden Arbeit besteht einerseits in der Entwicklung eines experimentellen Vorgehens zur Untersuchung von Wille, andererseits aber auch darin, Thesen über Determinanten von Zielintentionen zu formulieren, die dann einer experimentellen Untersuchung zugeführt werden. Dazu ist es aber erforderlich, auch eine Position bezüglich des Freiheitsproblems zu beziehen - sonst machen Determinanten keinen Sinn. Auch bezüglich des ersten Teils des Vorhabens, Wille empirisch untersuchbar zu machen, ist ein Problemaufriß aus philosophischer Sicht erforderlich. Wie Greve (1992) ausführt, werden von philosophischer Seite nämlich Zweifel formuliert, daß dieser Gegenstand überhaupt einer empirischen Untersuchung zugeführt werden kann.

Es muß deshalb dazu - gleich jetzt - eine Ausführung erfolgen, sonst wäre der Ansatz der vorliegenden Arbeit, und somit auch alles weitere, nicht nachzuvollziehen. Es wird zunächst ein Problemaufriß versucht, wobei aber keinesfalls ein Überblick über alle philosophischen Positionen zum Freiheitsproblem gegeben werden kann. Vielmehr wird auf die wenigen Stellen eingeschränkt, die zu einem vorläufigen Lösungsvorschlag führen. Der wird hier nur deshalb entwickelt, um aufzuzeigen, daß eine empirische Untersuchung des Gegen-

[1] Zitiert wird Kant nach der Akademie Textausgabe mit Pagierung der Originalausgabe. KrV: Kritik der reinen Vernunft, GMS: Grundlegung der Metaphysik der Sitten.

stands Wille möglich ist. Ob dieser Lösungsvorschlag auch einer analytischen Prüfung von Seiten der Philosophie standhalten kann, wird nicht untersucht; ja nicht einmal, ob er hier zum wiederholten Male erfunden wird, denn keinesfalls ist der Verfasser in der Lage, alle relevante philosophische Literatur dazu zu berücksichtigen. Obschon Freiheit des Willens spätestens seit Augustin (388[2]) zu einem beherrschenden Thema der Philosophie des christlichen Abendlandes geworden ist, wird hier nur ein bescheidener empirisch-psychologischer Zugang gesucht. Dieser ist im Phänomenbereich Ausdauer an Leistungsaufgaben möglich.

1.1 Die Crux mit dem Willen

Ebbinghaus (1912) führt aus, auf welches Problem auch kleine Schritte der wissenschaftlichen Psychologie insbesondere beim Gegenstand Wille stoßen.

> Eine Anzahl ihrer wichtigsten Probleme gegenüber sind wir nicht unbefangen genug, wir hängen mit allzu starken Interessen an einem bestimmten Ausfall der Antworten mehr als an einem anderen. Die Vorstellung einer strengen Gesetzmäßigkeit alles seelischen Geschehens und also auch der völligen Determiniertheit unserer Handlungen die doch die Grundvoraussetzung aller ernsthaften psychologischen Forschung bildet, ließ sich nicht nur dem König Friedrich Wilhelm I. mit Erfolg darstellen als eine alle Grundlagen der Ordnung in Staat und Armee untergrabende Lehre, nach der er nicht mehr berechtigt sein würde, die Desertionen seiner großen Grenadiere zu bestrafen, sie gilt auch heute noch zahlreichen Denkern als 'gefährlich' (S. 10).

Diese Voreingenommenheit betrifft nicht nur das Ergebnis, sondern auch die Herangehensweise an den Gegenstand Wille, wie Gundlach (1987) ausführt.

"Die Crux mit dem Ausdruck 'Willen' liegt ... zum guten Teil darin, daß er mit der Maske des Individuellen in der Psychologie aufzutreten hat" (S. 83). Es wird sich hier zeigen, daß das Freiheitsproblem zu großen Teilen damit zusammenhängt, daß viele Denker ihre Analyseebene auf die Person beschränkt haben. Es sind gerade auch sozialpsychologische Betrachtungsweisen, die wesentlich für die Klärung dieses Phänomenbereiches sind. Hofstätter (1973) gibt den Bereich an, innerhalb dessen individuelle Freizügigkeit und damit Wille überhaupt ausgeübt werden kann, ohne gegen soziale Regeln zu verstoßen. Dieser Bereich ist eingegrenzt von Selbstverständlichkeiten, Sitten und Gebräuchen, Moden und Tabus. Nur in einem kleinen Bereich des Spektrums einer Gesellschaft ist individuelle Freizügigkeit gegeben, so daß ein freier Wille überhaupt ausgeübt werden kann. Hofstätter (1958) fixiert auf die

---

[2] Zur Datierung siehe die Einleitung zu einer deutschen Übersetzung von de libero arbitrio 1961, Paderborn: Schöningh. Hier und da findet man auch die Auffassung, Augustinus habe die Lehre vertreten, daß Gott die Ursache von allem, auch des Willens des Menschen, sei. Dies wird auch die Prädestinationslehre von Augustinus genannt (z.B. Rensch, 1979, S.92). Das geht zurück auf die spätere "... gnadentheologische Wendung Augustinus ..." (Horn, 1996; siehe dort die höchst genaue Erörterung).

Person als Freiheitsträger, wenn er resümiert, daß eine Suche nach Freiheit, die eine Person besitzt, stets zum Mißerfolg verdammt sei. Das illustriert er mit einem Zitat Karl Jaspers' (1949): "Freiheit ist kein Gegenstand. Sie hat nicht ein Dasein, das in der Welt vorkommend erforschbar wäre" (S. 199). Zuvor: "Freiheit kann nie Besitz werden" (S. 198). Darin steckt eine tiefe Wahrheit, die eine Lösung des Problems zuläßt (s.u.). Der Schluß, daß sie nicht erforschbar wäre, wird sich dabei aber als verfrüht erweisen. Aber ehe hier eine genauere Betrachtung möglich ist, gilt es zunächst, den Begriff Willensfreiheit etwas durchsichtiger zu machen, um die Crux mit dem Willen ganz aufzudecken.

1.1.1 Willensbegriffe

Zunächst zum psychologischen Willensbegriff. Nach Narziß Ach (1910) beinhaltet Wille zwei zu unterscheidende Bedeutungen in sich. Einerseits das "Belieben, zu tun, was ich will. Es besteht für mich weder ein äußerer noch ein innerer Zwang, dieses oder jenes zu tun" (S. 2), andererseits "... die positive Fähigkeit, das, was ich will, ausführen zu können" (a.a.O.). Das ist die Unterscheidung zwischen Willensentscheidung und Dynamik des Willens, also der Willenshandlung. Mit der Rubikon-Metapher nach Heckhausen und Gollwitzer (1987) formuliert, markiert die Willensentscheidung den Rubikon, vor dem alles liegt, was die Willensentscheidung bestimmt oder vielmehr nicht bestimmt, wenn der Wille frei ist. Hinter dem Rubikon liegt der dynamische Aspekt des Willens, die Ausführung der Willensentscheidung in der Willenshandlung.

Dihle (1987; siehe auch Hofstätter, 1973, S. 39) weisen darauf hin, daß es in der griechischen Antike noch kein Wort für das gab, was heute Wille genannt wird. Vielmehr muß dieser Gegenstand als eine Schöpfung in neuerer Zeit, insbesondere des christlich abendländischen Kulturkreises, angesehen werden, der immer auch Freiheit des Willens beinhaltet. Seit dieser Zeit ist eine Determinismus-Indeterminismus-Debatte darüber entbrannt, ob es freien Willen gibt oder nicht.

Ideengeschichtlich läßt sich das Konzept der Willensfreiheit bis Augustin (388) zurückverfolgen (z.B. Dihle, 1987; Horn, 1996). Schon der Kirchenvater unterscheidet dynamisches Wollen - heute würde man sagen: hinter dem Rubikon - vom Aspekt der freien Willensentscheidung. Bei der Willensentscheidung nach Augustinus ist auch ein untrennbar mit dem Wollenden verbundener Wille zum Bösen möglich; hier also eine philosophische Wurzel des Sündenbegriffes. Die Nagelprobe für einen heute als solchen anerkannten Willensbegriff ist, ob das Individuum sich frei zum Bösen entscheiden kann. Dieser Wille zum Bösen wäre in vorchristlicher Zeit, etwa bei Aristoteles oder auch Platon, als Mangel an Rationalität betrachtet worden. Eine neuere philosophische Diskussion diesbezüglich ist z.B. bei Horn (1996) nachzulesen. Jedenfalls ist die Ursache des Willens nach dieser Auffassung nie weiter als bis auf den Wollenden zurückzuverfolgen. Wenn das doch möglich ist, der Wille also determiniert erscheinen kann, ist es gar kein eigentlich freier Wille. Horn gibt die Bedingungen an, die getroffen sein müssen, damit aus philosophischer Sicht von einem freien Willen gesprochen werden kann:

> Eine philosophische Position verfügt dann über die Konzeption eines Willens, wenn sie 1. ein Vermögen anerkennt, auf das sich falsches Handeln *bei vollem Bewußtsein* zurückführen läßt, und wenn sie 2. das Vermögen, das es erlaubt, sich bei vollem Bewußtsein für das Falsche zu entscheiden, für *nicht weiter ableitbar* hält (S. 116).

Nicht das Bewußtseinskriterium dieses abendländischen Willensbegriffs, sondern das Spontaneitätskriterium der 'nicht-weiter-Ableitbarkeit' macht die Determinismus-Indeterminismus-Debatte tautologisch. Willensfreiheit kann bei dieser Definition nicht in Frage gestellt werden. Trotzdem Ursachen für angeblich freien Willen zu identifizieren, verletzt das Spontaneitätskriterium und kann so nur zeigen, daß kein eigentlicher Wille auf Ursachen zurückgeführt wurde.

Wer nur diese Zirkularität in der Definition über Spontaneität sieht, für den ist Willensfreiheit eine tote Hypothese. James (1896) versteht darunter einen Glaubensinhalt, der keinerlei Bedeutung für bestimmte Menschen hat; in diesem Fall für alle diejenigen, die Zirkularität in der Definition von freiem Willen sehen. Für James ist Willensfreiheit[3] keine tote Hypothese, vielmehr führt er die Unterscheidung zwischen toten und lebenden Hypothesen ein, um darzulegen, wie bedeutsam ihm das Problem der Willensfreiheit ist. Grundlage für die Unterscheidung ist auch nicht die Ablehnung von Zirkularität, sondern "die Pragmatische Hypothese, daß die Selbständigkeit rationaler Entscheidungen unabhängig von Glaubensvorstellungen und Präferenzen des Menschen eine pure Fiktion sei" (Diaz-Bone und Schubert, 1996, S. 111).

Allgemein wird wegen des Spontaneitätskriteriums bezweifelt, daß eine empirische Untersuchung des Willens möglich ist. Das ist ebenso das Ergebnis einer Analyse von Greve (1992), der auch von Kants (1787) Position her argumentiert. Auch William James (1899) ist der Auffassung, daß Willensfreiheit nicht per Beobachtung untersucht werden kann.

> It is that such a question can decided only by general analogies, and not by accurate observation. The free-willist believes the appearance to be a reality, the determinist believes that it is an illusion. I my self hold with the free-willists - not because I

---

3 James vertritt aus religiösen Gründen die Idee der Willensfreiheit. "Wenn es der Zweck dieses menschlichen Dramas ist, 'uns auf Herz und Nieren zu prüfen', dann scheint das, was dabei ins Auge gefaßt wird, die Größe der Willensanstrengung zu sein, deren wir fähig sind. Wer überhaupt zu keiner solchen imstande ist, ist nur ein Schatten; wer die Fähigkeit dazu in hohem Maße besitzt, ist ein Held. ... die tiefste Frage, die je an uns gerichtet wird, läßt keine andere Antwort zu als das stumme Beugen unseres Willens und das Zusammenkrampfen der Fasern unseres Herzens, wenn wir sagen: 'ja, ich will es selbst so haben!'" (1909, S.459f.).

cannot conceive fatalist theory clearly, or because I fail to understand its plausibility, but simply because, if free will *were* true, it would be absurd to have the beliefe in it fatally forced on our acceptance. Considering the inner fitness of things, one would rather think that the very first act of a will endowed with freedom should be to sustain the belief in the freedom itself. I accordingly believe freely in my freedom; I do so with the best of scientific consciences, knowing that the predetermination of the amount of my effort of attention can never receive objective proof, and hoping that, whether you see that such psychological and psychophysical theories as I hold do not necessarily force a man to become a fatalist or a materialist (S.112).

Dennoch ist versucht worden, Freiheit des Willens experimentell zu untersuchen. Dabei ist keineswegs eine solch 'willkürliche' Begründung, wie die von James erforderlich. Doch zunächst wird lediglich ein Beispiel aufgeführt, um das Problem der experimentellen Untersuchung des Willens zu illustrieren.

Harcum (1991) schlägt als Paradigma zur empirischen Untersuchung des freien Willens vor, dies an Studenten, die einen Sitzplatz im Hörsaal 'frei' wählen, zu studieren. Daß nicht in alle Bereiche des Hörsaales gleichermaßen Sitzplatzwahlen fallen, soll die zumindest teilweise Determiniertheit der freien Wahlen zeigen. Die Wirkung des freien Willens wird also in gleichverteilten Wahlen gesehen. Diese Idee (siehe auch Peirce, 1960, Bd. 6 §13) geht in ihrer populären Form auf James (1897) zurück: "Indeterminate future volitions *do* mean chance" (S. 123). Gerade in neuester Zeit ist diese Sichtweise wieder aufgenommen worden. Scheint doch unvollständig determinierte Quantenmechanik oder Chaostheorie William James zusätzliche Argumente zu verschaffen (siehe z.B. Walter, 1996). Solche Auffassungen gehen aber an dem vorbei, was allgemein mit freiem Willen verbunden ist. Es geht laut Prinz (1996) nicht um Abwesenheit von Determination,

"... sondern um etwas völlig anderes, wesentlich Radikaleres: um nichts weniger als die Ersetzung der gewöhnlichen kausalen Determination durch eine andere, kausal nicht erklärbare Form von Determination. Diese geht von einem autonom gedachten Subjekt aus, das selbst frei, d.h. nicht determiniert ist. Deshalb müssen die rührenden Versuche, die Freiheit des Willens mit der Unschärferelation der Quantenphysik oder der Indeterminiertheit chaotischer Systeme in Verbindung zu bringen, zum Scheitern verurteilt sein (S.92).

In direktem Bezug auf Harcum hebt Rychlak (1991) den sittlichen Aspekt des freien Willens hervor, wenn er sagt, "an agent is responsible for his or her actions - deliberate, planned, intended actions, not random and/or accidental actions" (S. 137). Ähnlich äußert sich auch Kanitschneider (1993), der ein gewisses Maß an Determiniertheit von außen, gegen das sich ein sittlicher Wille in der Fassung von Kant (1781) durchsetzen muß, für erforderlich hält, um eben von Wille sprechen zu können; wie Kant (1781) sagt "... als ein Vermögen ... der Vorstellung gewisser Gesetze gemäß sich selbst zum Handeln zu bestimmen. Und ein solches Vermögen kann nur in vernünftigen Wesen anzutreffen sein" (GMS, 427). Selbst wenn freier Wille in der Jamesschen Chance-Ausprägung akzeptiert wird, ergibt sich ein noch grundsätzlicheres Problem.

Dazu eine Explikation am eben eingeführten Beispiel des Experiments von Harcum.

Harcum hält Sitzplatzwählen im leeren Hörsaal für ideal, weil es nicht von den Fähigkeiten oder persönlichen Eigenschaften des Probanden abhinge, keine starke Gewohnheiten oder Bedeutungen mit der Wahl involviert würden und die Wahl auch nicht Ich-involvierend sei. Daß dies alles gerade im Gegenteil zutrifft bei einem sozial so relevanten Verhalten unter Studenten, bewirkt die empirisch gefundene Abweichung von der Gleichverteilung über die Sitzplätze. Das stellt zunächst noch kein Problem dar: Die auch von Harcum erwartete Determiniertheit von freien Sitzplatzwahlen könnte auf vornehmlich sozialpsychologische Einflüsse zurückgehen. Das Problem ist grundsätzlicher. Harcum kann demnach nicht sagen, er untersuche freien Willen im 'abendländischen Sinn'. Er bekommt die Tautologie in der Verwendung des Begriffs 'freier Wille' zu spüren. Ist ein zunächst als frei eingestuftes Verhalten, das auf einen Willen zurückgehen soll, erst einmal in Teilen als auf identifizierbare, sogar manipulierte Variablen zurückgeführt, also als determiniert identifiziert, so wird kein Indeterminist es mehr freien Willen nennen. Das Spontaneitätskriterium der nicht-weiter-Ableitbarkeit ist verletzt.

1.1.2 Die durch die Willensfreiheit sichtbare Antinomie und Kants Auflösungsversuch derselben

Nach Kant besteht Freiheit im Vermögen, "eine Reihe von sukzessiven Dingen oder Zuständen *von selbst* anzufangen" (KrV B 476). Allerdings besteht einerseits "... keine Freiheit, sondern alles in der Welt geschieht lediglich nach den Gesetzen der Natur" (KrV B 473; 'Antithesis'). Andererseits aber gilt auch: "Die Kausalität nach Gesetzen der Natur ist nicht die einzige, aus welcher die Erscheinungen der Welt insgesamt abgeleitet werden können. Es ist noch eine Kausalität durch Freiheit zur Erklärung derselben anzunehmen nothwendig" (KrV B 472; 'Thesis'). Dieser Gegensatz wird die dritte Antinomie genannt. Sie führt zur Zwei-Welten-Lehre Kants. Außer Naturkausalität gibt es auch "Freiheit im kosmologischen Verstande" (KrV B 561), die die Möglichkeit umfaßt, einen "Zustand von selbst anzufangen" (a.a.O.). Wobei "... Causalität durch Freiheit ... ." (KrV B 566) im "... *intelligibelen Charakter* ..." (KrV B 567) der Ursache 'Subjekt' angesiedelt sei.

Der letzte Satz, daß die Kausalität durch Freiheit im intelligibelen Charakter (d.i. Bedeutung) der Ursache 'Subjekt' liege, ist Kants Lösungsvorschlag. Dieser Vorschlag folgt aus der 'doppelten Seite' von Ursachen:

> So kann man die *Causalität* dieses Wesens [des Subjekts als Ursache] auf zwei Seiten betrachten, als *intelligibel* nach ihrer Handlung als eines Dings an sich selbst, und als *sensibel* nach den Wirkungen derselben als einer Erscheinung in der Sinnenwelt. Wir würden uns demnach von dem Vermögen eines solchen Subjects einen empirischen, imgleichen auch einen intellectuellen Begriff seiner Causalität machen, welche bei einer und derselben Wirkung zusammen stattfinden (KrV B 566).

Wenn nun diese Doppelseitigkeit eben auch einem Subjekt als Ursache zukommt, dann meint Kant zu Recht bezüglich der Freiheit dieses Subjekts, "... daß [empirische] Natur der [intelligibelen] Causalität aus Freiheit wenigstens nicht widersteite ..." (KrV B 586). Der intelligibele Charakter einer Ursache als *Ding an sich* rettet die Freiheit.

Diese Auflösung von Kant steht und fällt damit, ob es 'Dinge an sich' - als allgemein verbindliches Basisprinzip - gibt, und diese dann auch neben der empirischen eine intelligibele Bedeutung als Ursache haben können. Das ist vielfach bestritten worden. So schriebt z.B. Peirce, der von sich zu vielen Gelegenheiten (1905a, S. 429; 1905b, S. 467; Apel, 1975) sagt, er habe als reiner Kantianer begonnen: "auf ein halb Dutzend Arten jedoch hat sich das *Ding an sich* als unsinnig herausgestellt ..." (1905c, S. 492, Übersetzung K.O. Apel, Hervorhebung im Original deutsch). Dies kommt einer Ablehnung der kantischen Auflösung gleich. Daniel (1984) sieht Einigkeit zwischen Vertretern der verschiedensten philosophischen Richtungen:

> Ein kantisches Programm, das nach einer bestimmten Menge von Denkmustern, Anschauungsformen, Grundpositionen der Erkenntnisbemühungen sucht, deren sich alle sprachfähigen Subjekte bedienen müßten, sei ein rationalistischer Aberglaube! Obendrein sei die aristotelische Logik, an deren Haken Kant seine dünnen Leitfäden allesamt festmachte, nicht nur verändert und ergänzt worden, man müsse sich überdies langsam mit dem Gedanken vertraut machen, daß es nicht 'die Logik' sondern ganz verschiedene 'Logiken' geben könne ... (S. 223).

Dabei handelt es sich freilich in der Mehrheit um Kontrastwirkung zwischen der kantischen mit jeweils anderen philosopischen Positionen und es handelt sich um eine Aufhebung der durch Kant geschaffenen Ordnung. Es ist aber auch neuerdings noch immanente Kritik an Kants Lösung, insbesondere der dritten Antinomie, geäußert worden (z.B. Schulte, 1981; 1991). Die Fundamentalkritik am 'Ding an sich' weiß Prauss (1983) aber zu relativieren. Er schreibt es dem Verkennen der "... Kontingenz der Wirklichkeit von Dingen der Natur als intentionalen Erfolgen ..." (S. 313) seit Fichte zu, "... daß man seither auch nicht nur mit den unhaltbaren transzendent-metaphysischen 'Dingen-an-sich', sondern erst recht mit den haltbaren transzendental-philosophischen 'Dingen, - an sich selbst betrachtet' nichts mehr anzufangen weiß" (Prauss, 1983, S. 313).

1.1.3 Ein anderer Vorschlag zur Auflösung der dritten Antinomie

Ob etwas nach Naturnotwendigkeit determiniert abläuft, läßt sich daran bemessen, ob es vorhersagbar ist. Ist ein zukünfiges Ereignis aber indeterminiert, so läßt es sich nicht vorhersagen. Wenn dies die Möglichkeit ist, darüber zu entscheiden, dann kann es nur um die Determiniertheit oder Indeterminiertheit von zukünftigen Ereignissen gehen. Davon ausgehend sagt Max Planck (1937), dem Subjekt fehlt aus dessen Perspektive als Antezedens für seine Entscheidungen systematisch immer eins: die Durchführung seiner Entscheidung (d.i.

der Prozeß, der zur Entscheidung führt) nebst aller Konsequenzen daraus (so auch Ryle, 1949; MacKay, 1967; Popper, 1951; 1982). Da immer mindestens dieses Stück fehlt, ist der Ausgang der Willensentscheidung aus der Sicht des Subjekts mindestens um dieses Bestimmungsstück indeterminiert. Für den von Planck angenommenen passiven, idealen (d.h. vollständig informierten, immer richtig schließenden) Beobachter sei dagegen alles bekannt und jede Willensentscheidung daher vorhersagbar, d.i. determiniert.

> ... Die Antwort auf die Frage, ob der Wille kausal gebunden ist oder nicht, lautet verschieden, je nach dem Standort, der für die Betrachtung gewählt wird. Von außen, objektiv betrachtet, ist der Wille kausal gebunden; von innen subjektiv betrachtet, ist der Wille frei (Planck, 1937, S. 20).

Dies hat MacKay (1960) logische Relativität genannt. Denselben Sachverhalt hat auch Ryle (1949) im Blick: "A prediction of a deed or a thought is a higher order operation, the performance of which cannot be among the things considered in making the prediction" (S. 188). Und auch Kuhl (1996) meint den Effekt der logischen Relativität - ohne dies so zu nennen und diese Quellen zu berücksichtigen, wenn er schreibt: "... Die 'Borniertheit' der (geistigen) Größe, die versucht ihren eigenen Beitrag am Zustandekommen einer Entscheidung zu bestimmen, kann dazu führen, das die Determiniertheit selbst von Entscheidungen höchster geistiger Provenienz unterschätzt wird" (S. 189). Dabei bedenkt Kuhl nicht, daß aus Perspektive des Subjekts wegen der eben benannten, prinzipiellen, logischen Gründe nicht die gleiche Informiertheit vorliegen kann, wie aus Beobachterperspektive. Vielmehr hat das Subjekt sogar völlig recht, sich aus seiner Perspektive zumindest als nicht vollständig determiniert anzusehen. Es ist also nicht borniert, sondern der einzig mögliche Schluß, aus Subjektperspektive davon auszugehen, daß eigene Handlungen selbst verursacht sind. Diese Selbstreflexion ist nicht ohne so etwas wie ein Protokollgedächtnis, das Dörner (1996) annimmt, möglich. Dörner postuliert, daß die Freiheit in folgendem liegt: "Nämlich in dem Wissen um die Fähigkeit die anstehende Entscheidung 'redeterminieren' zu können, d.h. der Entscheidung neue und andere Determinanten beschaffen zu können" (S. 129). Nach der Erkenntnis der logischen Relativität handelt es sich hier aber nicht um ein 'Wissen um eine Fähigkeit', sondern vielmehr um ein Bemerken einer Wissenslücke. Nichtsdestotrotz sind auch dazu Gedächtnisrepräsentationen erforderlich. Sind es doch gerade die Veränderungen der Repräsentationen auf dem Wege der Willensentscheidungen, die aus Subjektperspektive nicht selbst zu den Antezedenzien der Willensentscheidungen gehören können. Diese Schlußfolgerung aus logischer Perspektive zieht auch Kluwe (1996) in einem Übersichtsartikel über kognitionspsychologische Ansätze der Modellierung willenspsychologischer Aspekte, wenn er schreibt: "Die Ergebnisse in Form von Systemzuständen, nicht die kognitive Aktivität selbst, sind der internen Wahrnehmung zugänglich" (S. 155). Damit ist die Auflösung des Willensproblems durch logische Relativität eine Folge der Betrachtung des Menschen als *informationsverarbeitendes System.*

Wenn der Beobachter aus seiner Perspektive einen Teil seiner Antezedenzien für seine Vorhersage als das Subjekt formierend annimmt (d.s. bei MacKay, 1967, alle hirnphysiologisch materialisierten Repräsentationen und Reflexionen eines informationsverarbeitenden Systems), und es vor allem auf die Eigenschaften dieses Repräsentationsteils 'Subjekt' ankommt, ob und wie äußere Einflüsse[4] in Form von Informationen wirken, dann kann dieses Subjekt als der maßgeblich verursachende Anteil angesehen werden. Das wird ab jetzt Subjekt-Annahme genannt, weil die Annahme eines verursachenden Subjekts wahr wird, sobald akzeptiert wird, daß aus der Welt Subjekte segregiert werden dürfen. Aus der Perspektive des Subjekts handelt es sich also um mentale Verursachung, aus der Beobachterperspektive um eine abgeschwächte Form davon, die unter Subjekt-Annahme eine *Approximation* an die viel komplexere Determinierung durch zugrundeliegende Informationsverarbeitungsprozesse darstellt.

Von Cranach (1991; 1992; 1996) verwendet den Begriff Unterdeterminiertheit für Fälle, in denen wegen ihrer Komplexität und Verwobenheit die Verursachung nicht mehr nachvollzogen werden kann. Es liegt dann das vor, was Dörner (1996) recht treffend Kryptodeterminiertheit nennt. Plancks (1937), Ryles (1949), MacKays (1967) und Poppers (1951) Unterspezifiziertheit der Antezedenzien aus Subjektperspektive kann als die logische Grundlage von Unterdeterminiertheit, allerdings nur aus Subjektperspektive, aufgefaßt werden. Aus idealer Beobachterperspektive gibt es aber von Cranachs Unterdeterminiertheit nicht.

Weil Entscheidung aber immer von Subjekten getroffen werden und ein die Vorhersage mit dem Subjekt teilender Beobachter, wie Planck (1937) und auch MacKay (1967) zeigen, denselben Beschränkungen unterliegen muß, deshalb kann über die Existenz von Freiheit der Willensentscheidung nur aus Subjektperspektive entschieden werden. Und dort gibt es sie. Die Naturwissenschaftlern geläufigere Perspektive des Beobachters erlaubt zwar prinzipiell eine treffende Vorhersage, aber das Explanandum Willensentscheidung und -handlung muß dann ohne Rekurs auf die Subjektperspektive beschrieben werden. Damit ist nicht das immer vorausgesetzte Erkenntnissubjekt, sondern eines gemeint, das den Willen *erfährt.* Manchem in der Psychologie will es scheinen, daß dies überhaupt nicht möglich ist. Kann ein von Geburt an farbenblinder Forscher auf dem Gebiet der visuellen Wahrnehmung von Farben sein Explanandum so vollständig erfassen, daß er die Entstehung von Farbeindrücken erklären kann? Viele würden auf diese Frage mit 'nein' antworten. Kann ein von Geburt an

---

[4] Die Unterschiedung in innere und äußere Einflüsse, seien es Ursachen oder Gründe, wird erst mit Annahme eines Subjekts möglich.

für ultraviolettes Licht blinder Forscher auf dem Gebiet der Krebsforschung sein Explanandum so vollständig erfassen, daß er die krebsauslösende Wirkung von ultravioletten Lichtstrahlen erklären kann? Jeder wird auf diese Frage mit 'ja' antworten. Der Unterschied zwischen diesen beiden Fällen liegt einzig in der bei erstem Fall zusätzlich und vorab vorhandenen Erfahrung aus der Subjektperspektive, die als so unabkömmlich bewertet wird.

Ist da irgend etwas, das die Subjektperspektive an zusätzlicher Information bietet, was prinzipiell einem Beobachter immer fehlen muß? Was fehlt, ist die Eingeschränktheit an Information, die über ihre Verarbeitung zur Ausprägung des Explanandums führen. Aus Subjektperspektive wird nur die Information zur Erklärung herangezogen, die, subjektiver Voraussicht nach, auch verarbeitet werden kann. Dagegen hat man aus Beobachterperspektive z.B. bei Entscheidungsverhalten im ökonomischen Bereich sehr lange viel zu viele Inputinformationen als wirksam in Betracht gezogen. Diese Sichtweise ist unter dem Schlagwort homo ökonomikus bekannt geworden. Durch Herbert Simon (1990) wurde dies korrigiert. Er fand, daß menschliche Informationsverarbeiter - zumindest als einzelne - einer begrenzten Rationalität (bounded rationality) und Informiertheit bei allen ihren Entscheidungen unterliegen.

Die Subjektperspektive bietet also nicht irgendeine unentbehrliche zusätzliche Information - dies gilt wegen der logischen Relativität eher umgekehrt: der Subjektperspektive fehlt ein Bestimmungsstück, das prinzipiell nur aus Beobachterperspektive bekannt sein kann. Scheinbar liegt der Wert der Subjektperspektive in einer vermeindlichen Einschätzbarkeit, was überhaupt für das jeweilige Phänomen an Erklärungen in Frage kommt. Das sur plus der Subjektperspektive besteht also in einer höchst zweifelhaften Vorauswahl an Erklärungsbestandteilen. Dies kann unter konsequenter Einhaltung der Beobachterperspektive vermieden werden. Der Gegenstand Willensentscheidung und -handlung kann per operationaler Definition einerseits so fixiert werden, daß im Vorhinein möglichst wenig Aspekte des Gegenstands ausgeschlossen werden. Andererseits werden in der operationalen Definition alle Einschränkungen des Gegenstandes explizit gemacht, die sich nicht umgehen lassen.

Um eine Vorhersagbarkeit im Sinne von Planck (1937) und MacKay (1967) zu erreichen, müssen alle Vorausbedingungen benannt sein. MacKay illustriert das anhand der Metapher eines fiktiven Datenfilms aller hirnphysiologischen Vorgänge, aus denen dann das vorherzusagende Verhaltensmuster mit Notwendigkeit folgt. Auch Kuhl (1994a, 1994b, 1996) denkt sich eine Vorhersagbarkeit von Handlungen durch Kenntnis ihrer neurophysiologischen Grundlagen. Diese sind aber in weitesten Teilen noch nicht bekannt, trotz einer mittlerweile beträchtlichen neurophysiologischen Forschung auch über Willensprozesse (z.B. Kornhuber, 1988; 1987; Eccles, 1982). Überdies ist der hirnphysiologische Erklärungsansatz einer der traditionsreichsten, insbesondere bezüglich des Gegenstandes Willenshandlung wie Münsterbergs (1888) Beispiel zeigt. Wegen des immer noch bei weitem nicht zureichenden Wissens, das in neurophysiologischer Auflösungstiefe zur Explikation der Determinierung von Willenshandlungen und -entscheidungen erforderlich wäre, kann MacKay zu Recht seinen nur zum Zwecke der Darstellung der 'logischen Relativität' (wie er es 1960 nennt) ins Feld geführten 'Gehirndatenfilm' als in weiter Ferne liegend konstatieren. So wirkt die von Planck (1937) geleistete Auflösung des Willensfreiheitsproblems als Ganzes wie ein Fiktion. Ist dies der Grund, warum dieser weitreichende Wurf nur so wenig Beachtung fand (siehe aber Dennett, 1984, S. 112, der die zu Planck vergleichbaren Konzeptionen von Ryle, 1949, MacKay, 1960 und Popper, 1951 berücksichtigt, wenn auch nicht als Lösung akzeptiert; sowie Pothast, 1978, 1980, der auch Planck bedenkt, aber die Lösung wegen rechtsphilosophischer Bedenken nicht sieht)? Die feine neurophysiologische Auflösung ist jedoch nicht die einzige Möglichkeit, um zu einer Erklärung von Willensentscheidungen und -handlungen zu kommen.

1.1.4 Empirische Untersuchbarkeit des freien Willens

Statt in (neurophysiologischen) Basisprozessen nach der Determinierung von Willensentscheidungen zu suchen, ist es auch denkbar, von einer abstrakteren, integrativeren Ebene auszugehen. Dies ist mittels des Informationsverarbeitungsansatzes möglich. Entscheidungsmechanismen können - auch wenn sie zweifellos als biologische, vernetzte Neuronenpopulationen realisiert sind - in Form von Entscheidungsregeln auf informationstheoretische Ebene hypostasiert werden und anhand von unabhängig variierten Informationen - den Antezedenzien der hypostasierten Verknüpfung (die subjektiv auch als Willensentscheidung erlebt werden kann) - experimentell überprüft werden. Mit Selbstverständlichkeit wird so in der Psychologie Forschung betrieben. Wie der hier ausgeführte Gedankengang zeigt, ohne an die vermeintlichen 'Grenzen empirischer Wissenschaft' zu stoßen, die Greve (1992, 1994, 1996) zu sehen meint.

Jaspers (1949) Auffassung, die Freiheit sei nicht (empirisch) untersuchbar, weil sie kein 'Dasein' habe, "... das in der Welt vorkommend erforschbar wäre" (S. 199; s.o.), besteht nach den Überlegungen zur logischen Relativität bezüglich der Freiheit der Willensentscheidung und -handlung zu Recht; ist es doch ein Fehlen der Informationen über den Vorgang der Entscheidung, das die Freiheit aus Subjektperspektive logisch fundiert. Man muß den Vorgang der Entscheidung als 'in der subjektiven Weltnicht vorkommend' betrachten und kann solchermaßen indeterminierten Willen experimentell aus Beobachterperspektive untersuchen.

1.1.4.1 Verkomplizierung durch den Handlungsbegriff

Greves (1996) Sicht ist durch den Handlungsbegriff bestimmt. Handlung wird da gefaßt als "... diejenigen Verhaltensweisen, die Menschen absichtlich, kontrolliert und regelgeleitet tun ..." (S. 109). Weil der Begriff Handlung hier bisher zu unbefangen verwendet worden ist, muß auf das Problem eingegangen werden.

Zunächst ist der Handlungsbegriff etwas ungeheuer praktisches. Nicht beliebig detailliert zu beschreibende (z.B. auf neurophysiologischer Ebene) Verhaltenspartikel sind Explanandum der Psychologie, sondern zusammengefaßte Einheiten, Handlungen genannt. Sie sind nach ihrer Bestimmung, Absicht kategorisiert. Wenn ich mir eine Tasse Kaffee in der Mensa kaufen *möchte*, bezeichne ich meine Handlung eben auch so: mit 'Kaffee-kaufen', und nicht mit den einzelnen *für mich* erforderlichen Verhaltenspartikeln (nur der Anfang der Sequenz: Kopf 10° aus Normalposition nach rechts bewegen, Blicksakkade 5 Sehwinkelgrade nach rechts, ...), die zur Verwirklichung dieser Absicht erforderlich sind. Es wird hier davon ausgegangen, daß dies deshalb so geschieht, weil nur so Dritte die Bezeichnung verstehen können. *Eine Handlung ist die öffentliche Bezeichnung für privat auszuführende Verhaltenspartikel zur Verwirklichung einer subjektiv bestehenden Absicht.*

Greve (1996) meint daher scheinbar zu Recht, "... daß Handlungen in diesem Sinne durch ihre Absichten ... nicht verursacht werden, denn die Absicht ist ja eine Konstituente des Phänomens" (Greve, 1996, S. 109). Dies wird Logisches-Beziehungs-Problem genannt (siehe Beckermann, 1977; Groeben, 1986). Greve (1996) meint, daß Handlungen "... nur unter Rekurs auf die sie leitende Absicht *identifizierbar*" (S. 109) sind. Er schließt aus der freien Absicht: "... Wenn diese Freiheit unter anderem impliziert, daß diese Verhaltensweisen empirisch bzw. kausal eben nicht vollständig erklärbar sind, dann würde die Freiheit menschlicher Handlungen sozusagen die Grenze der empirischen Psychologie markieren" (S. 104). Dazu ist eine Gegenposition aus dem logischen-Relativitäts-Argument (s.o.) formulierbar. Demnach sind Handlungen eigentlich noch praktischer: sie bezeichnen Explanandum und Explanans in einem. So wird die Default-Erklärung der Handlung gleich mit geliefert. Dies wirkt nur so lange paradox und überspitzt, wie der implizierte Perspektivenwechsel nicht bedacht wird. Was spricht gegen eine öffentlich gebrauchte Bezeichnung, die die privat vom Aktor ermittelte oder von Dritten ins Private zugeschriebene Ursache 'Absicht' oder 'Zielintention' im Namen trägt? Explanans 'Absicht' und Explanandum 'Handlung' sind durch den Perspektivenwechsel getrennt. Daher wird der Begriff Handlung auch weiter verwendbar sein. Keinesfalls ergibt sich daraus ein Grund, wie Greve (1996) zu schließen, daß Willensfreiheit deshalb nicht untersucht werden kann.

Auch Kuhl (1996) bezweifelt - allerdings aus anderen Gründen - die Richtigkeit von Greves Schlußfolgerung. Aus der alltagssprachlichen Praxis, Handlungen durch Absichten zu charakterisieren, könne nicht geschlossen werden, " ... daß dieser Rekurs analytisch zwingend sei und Absichten als mögliche Ursachen von auch unabhängig identifizierbaren Handlungen ausgeschlossen seien" (S. 191). Diese unabhängige Charakterisierung sieht

Kuhl in Formulierungen, die Absichten als Beschreibungselemente aussparen. Dies ist sicherlich möglich, aber nicht erforderlich: Die Identifikation einer Handlung via zugrundeliegender frei gewollter Absicht aus Subjektperspektive ist unabhängig vom hypostasierten Explanans 'Absicht' als Entscheidungsmechanismus aus Beobachterperspektive. Subjektperspektivisch handelt es sich um eine spontane, also nicht weiter ableitbare, Entscheidung, beobachterperspektivisch um einen unterstellten, mit Notwendigkeit ablaufenden Entscheidungsmechanismus. Experimente im besten Sinne sind möglich, wenn dieser Unterstellung der Status einer Hypothese eingeräumt wird, statt sie als Definitionsanteil des Explanandums und damit als intrinsische, unerklärbare Varianzquelle zu postulieren, wie dies der Handlungsbegriff nur scheinbar erfordert.

1.1.4.2 Forschungslogischer Ausgangspunkt eines empirischen Zugangs zu Willenshandlungen und -entscheidungen

Ein erfahrungswissenschaftlicher Fortschritt scheint auf der oben entwickelten Grundlage nicht nur bezüglich subjektiven Willenserlebens möglich. Vielmehr ist, entgegen der Auffassung Greves (1992; 1996), auch eine Identifikation von Randbedingungen für die Entstehung einer Willensentscheidung möglich. Wie oben ausgeführt ist Wille, wegen der logischen Relativität (MacKay, 1960) dennoch nicht determiniert. Weil Wille immer von Subjekten ausgeübt wird, hat jede Willensentscheidung als unterdeterminiert zu gelten. Ein experimentelles Paradigma zur Untersuchung des Willens als hypostasierter Entscheidungsmechanismus, nämlich eines psychologischen Vorgangs, ändert daran nichts.

Wegen der Subjekt-Annahme (siehe Kap. 1.1.2) darf auch aus Beobachterperspektive der Wille als Hauptbestimmungsstück für Entscheidungen und Handlungen gelten. Experimente, die Willensentscheidungen als determiniert erscheinen lassen, tun dies nur aus Beobachterperspektive. Der Willensbegriff nach Augustin erlaubt trotzdem nicht, in zirkulärem Schluß aus der Determiniertheit auf das Nicht-Vorhanden-Sein des Willens zu schließen. Vielmehr kann der Willensbegriff nach Augustin nur aus Subjektperspektive eine gültige Definition von Wille sein, schon weil weder Spontaneität noch Bewußtsein aus einer anderen Perspektive Gültigkeit beanspruchen können. So können Determinanten der Willensentscheidung und -handlung aus Beobachterperspektive identifiziert werden, die denselben Willen aus Subjektperspektive dennoch wegen der logischen Relativität unterdeterminiert belassen. Dabei ist der Nachweis eines subjektiv erlebten Willens aber nicht erforderlich. Die Unterdeterminierung ist logisch gezeigt und bedarf keines empirischen Nachweises. So ist gerade das von Greve (1992, 1996) den Psychologen noch zugestandene Feld des subjektiven Willenserlebens nicht geeignet, erfahrungswissenschaftlichen Fortschritt für eine naturwissenschaftlich betriebene Psychologie zu erbringen.

Nach Gerjets und Westermann (im Druck) gilt es aber noch ein weiteres, nämlich das Intentionalitätsproblem, zu beachten. Es besteht darin, daß (1) Intentionen nur indirekt, beruhend auf Rationalitätsvoraussetzungen, gemessen werden können, (2) Erklärungen von Intentionswirkungen bei Nichteintreffen von Vorhersagen durch Annahme besser passender Intentionen immunisiert werden können und (3) das, was mit den Intentionen bezeichnet wird, nicht ohne Rekurs auf intentionale Begrifflichkeit naturalistisch beschrieben werden kann. Da es nicht möglich sei, intentionale Begriffe auf eine objektivierbare, verbindliche Weise zu beschreiben, könnten diese auch nicht zu Kausalerklärungen herangezogen werden. Nach Gerjets und Westermann (in Druck) können diese Probleme aber vermieden werden, indem Beschreibungen auf einer höheren oder niedrigeren Auflösungsebene des intentional beschreibbaren Explanandum für das Explanans verwendet werden. Damit gehen sie konform mit Dennett (1987), der 'belief', stellvertretend für alle intentionalen Erklärungen, auf folgende Weise als Explanans verwenden kann: "Much of the debate over whether or not intentional explanations are causal explanations can be bypassed by noting how the core elements, *whatever they may be,* can be cited as playing causal role, while belief remains virtual" (S. 57). Dennetts Begriff 'sub-personal cognitive psychology' für diese Möglichkeit impliziert nicht, daß deshalb auch in neurophysiologischen Basisprozessen nach der Determinierung von Willensentscheidungen gesucht werden muß. Mit Gerjets und Westermann (im Druck) könnte man auch eine 'super-personal psychology' annehmen, die in molarerer Auflösung das Explanans beschreibt.

Der Informationsverarbeitungsansatz bietet einen praktischen, gangbaren Weg um 'Willensentscheidung' als Informationsverarbeitungsmechanismus zu hypostasieren und die Bedingungen experimentell zu prüfen, die auf ihn wirken. Möglichst sollten auch solche Begriffe in einer empirischen Wissenschaft verwendet werden, die einer empirischen Untersuchung zumindest prinzipiell offenstehen. Dies ist aber bei 'freier Wille' aus Subjektperspektive nicht möglich. Der Spontaneitätsaspekt - also die nicht-weiter-Ableitbarkeit - steht einer empirischen Überprüfung der Validität des Prädikats 'frei' beim Begriff 'Wille' aus naturwissenschaftlicher Beobachterperspektive entgegen. Wie also ist in der empirischen Psychologie bisher mit dem Gegenstand Wille umgegangen worden?

1.1.5 Moderne Herangehensweisen an den Gegenstand Wille

Eine zunächst probat erscheinende Methode besteht einfach darin, entweder nur den dynamischen Teil des Willens zu untersuchen oder den Teil der freien Willensentscheidung. Ersteres wird heute meist mit Volition, also Streben, bezeichnet. Das wäre die psychologische Größe 'Willenserleben', die, als dynamisches Wollen bezeichnet, von Narziß Ach (1905; 1910) experimentell und phänomenologisch untersucht worden ist. Was zu einer Entscheidung führt, wird aber in der empirischen Psychologie selten 'Determinanten der Willensentscheidung' genannt, sondern als motivationales Problem mit einem von der Determinismus-Indeterminismus-Debatte ablenkenden Etikett abgehandelt. Es wird nicht thematisiert, ob das wirklich eine Willensentscheidung ist, oder ob der Entscheider sich selbst gar nicht als Quelle der Entscheidung sieht, sondern sich durch äußere Ursachen dazu gedrängt oder angezogen fühlt. Das sind meist wohl die Treatments im Experiment, mit dem dies 'motivationale Verhalten' untersucht werden soll. Eine Theorie, die Motivationales und Volitionales miteinander verbindet, ist die bereits erwähnte Rubikon-Theorie von Heckhausen und Gollwitzer (1987; Gollwitzer, 1996).

Es werden hier eine prädezisionale Phase und eine postdezisionale Phase vor der als 'Rubikonübertritt' bezeichneten Entscheidung zum Handlungsbeginn unterschieden von der aktionalen Phase und einer nachfolgenden postaktionalen Bewertungsphase. Jede Phase erfüllt dabei eine distinkte Funktion, auf die eine jeweils vorherrschende Bewußtseinslage oder kognitive Orientierung zugeschnitten ist. Dabei wird das Trennende betont. In der realitätsorientierten präaktionalen Phase werden Realisierbarkeit und Wünschbarkeit von potententiellen Zielen abgewogen. Hier sind mit Erfolgserwartung und Anreiz andere Einflußgrößen wirksam als in den nachfolgenden Phasen. Empirisch weitgehend untersucht sind dabei die Unterschiede zwischen dieser ersten, prädezisionalen Phase und der postdezisionalen, aber noch präaktionalen Phase vor der eigentlichen Handlungsausführung. Hier stehen Planung und Bildung von Handlungsvorsätzen im Vordergrund. Dazu wird in dieser Phase die Zielattraktivität parteiisch beurteilt und die Realisierungsmöglichkeiten optimistisch überschätzt (Gollwitzer, 1996). Über die aktionale Phase der Handlungsausführung ist dagegen nicht so viel bekannt. Die dort vorherrschende Fiat-Tendenz soll zu einer Fokussierung allein der Aspekte der Umwelt führen, die den Handlungsablauf unterstützen. Auch über die postaktionale Phase, in der eine Bewußtseinslage der Bewertung vorliegen soll, ist keine empirische Forschung bekannt. Allerdings findet Dahme (1996; Dahme und Rathje, 1988) in einer Felduntersuchung mit Jugend-Forscht-Teilnehmern, daß deren aktionale Phase, also ob sie ihr Projekt auch bis zu Ende durchhalten, wesentlich auch von Erwartungen - einer motivationalen Variable - abhängt: von der Erwartung nämlich, "... die Aufgabe noch zuende bringen zu können" (Dahme, 1996, S. 82).

Die Hauptunterscheidung zwischen Phasen vor und nach Handlungsbeginn reflektiert das zentrale Ergebnis der deutschen Willenspsychologie mit ihrem Hauptvertreter Narziß Ach. In Kontroverse mit Lewin (1926) wurde festgehalten, daß Zielbildung und Handlungsausführung zwei wohl zu unterscheidende Phänomenbereiche seien. So sind in der Rubikon-Theorie heute je nach Phase verschiedene Wirkgrößen postuliert worden. Das ist unbefriedigend, wenn Wille, trotz seiner unterschiedlichen Attribute 'frei' und 'dynamisch' als ein einziges Phänomen aufgefaßt wird. Wie könnte ein theoretischer Ansatz aussehen, der den psychologischen Willen als Ganzes behandelt?

Gibt es überhaupt psychologische Phänomene, die eine solche Theorie zur Erklärung benötigen? Anscheinend ja.

Ausdauer als Bearbeitungszeit an einer nicht gelösten Leistungsaufgabe ist ein solcher Bereich. Hier besteht auch die Möglichkeit, zu einem experimentellen Paradigma der Untersuchung des Willens als Ganzes zu kommen. Dies wird hier in der Einleitung nur im Überblick geschildert. Die genaue Erläuterung des Ansatzes wird in Kap. 2.1 gegeben.

1.2 Die Crux mit der Ausdauer

Ein Proband wird durch Befolgen der Anweisung, eine bestimmte Leistungsaufgabe zu lösen, zum Bearbeiter der Aufgabe mit vorgegebenen Ziel. Ob hier von einer Willensentscheidung seitens des Bearbeiters, die Aufgabe zu lösen, gesprochen werden kann, ist ein strittiger Punkt (siehe Kap. 2.1.2). Hat der Proband aber erst einmal mit der Bearbeitung begonnen, so muß nach dem Rubikon-Modell davon ausgegangen werden, daß er sich in der Handlungsausführungsphase befindet. Hier herrscht die Fiat-Tendenz vor mit dem entsprechenden 'Mind-Set' der aktionalen Bewußtseinslage, das in einer Tendenz besteht, alle Information so zu verarbeiten, daß das Ziel möglichst effizient erreicht wird. Nach Gollwitzer (1996) "... dürfte die Bewußtseinslage ... durch die Verweigerung der Aufnahme und Analyse von Informationen gekennzeichnet sein, die sich auf eine Neubewertung des gewählten Ziels beziehen, auf eine Neubewertung der gewählten Handlungsstrategie, oder auf irgendeine Selbstbewertung" (S. 546 f.). Allerdings gilt das nur, "... wenn man sich reibungslos auf die Verwirklichung eines Zieles hinzubewegt" (S. 547). Das Rubikon-Modell scheint hier auf das Phänomen ausdauernden Arbeitens an einer Leistungsaufgabe nicht anwendbar. Sie ist ja letztendlich so beschaffen, daß eine Lösung verhindert wird. Ein reibungsloses auf das Ziel Hinzubewegen wird verhindert. Wie kann es zu einer Willensentscheidung zum Abbruch kommen, wo doch für Entscheidungen über Handlungsziele die motivationale Bewußtseinslage nach dem Rubikon-Modell erforderlich ist? Diese Frage zeigt einen theoretischen Stellenwert des Phänomens Ausdauer an.

Ausdauerbefunde haben außerdem einen zentralen Stellenwert in der Diskussion erhalten um die Rekonzeptualisierbarkeit der Erwartung-x-Wert-Theorie durch die Attributionstheorie, wie sie von Bernard Weiner (1972; 1986) vertreten wird. Heckhausen führt die fehlende Erklärbarkeit von Ausdauerphänomenen durch Attributionstheorie an, um darauf zu verweisen, daß Erwartung-x-Wert-Theorien nicht durch attributionstheoretische Konzeptionen ersetzt werden können. Atkinsons (1958) Vorhersage der Wahl des Schwierigkeitsgrades wird von Feather (1961; 1963) in einer heute noch als bedeutsam angesehenen (Heckhausen, 1989) Analyse zu einer Ausdauervorhersage ausgebaut. Daß die Vorhersagen auch eintreffen, wird von Heckhausen (1989, S. 454) als der große Vorteil des Erwartung-x-Wert-Modells gegenüber der attributionstheoretischen Reinterpretation (Weiner, 1972) gewertet.

Problematisch daran ist, daß der Erwartungsteil der älteren Erwartung-x-Wert-Konzeption nach Heckhausens und Gollwitzers neuerer Rubikon-Theorie eigentlich nur bei der Handlungsauswahl, nicht aber beim ausdauernden Handlungsausführen wirksam sein sollte. Wie soll die Überlegenheit des Erwartung-x-Wert-Modells gegenüber der Attributionstheorie im Ausdauerphänomenbereich heute verstanden werden, wo dies doch außerhalb des Phänomenbereichs der Erwartung-x-Wert-Theorien liegen soll?

Die Crux mit der Ausdauer liegt also einerseits in z.T. einander widerstreitenden Erklärungsansätzen. Andererseits treffen die aus diesen Erklärungsansätzen stammenden Vorhersagen bezüglich Ausdauer nicht immer ein. Damit ist hier der handlungskontrolltheoretische Ansatz von Carver (1979; Carver und Scheier, 1981) gemeint. Es geht um ein Befundmuster von Carver, Blaney und Scheier (1979), daß von Scheier und Carver (1982) sowie von Carver, Peterson, Follansbee, und Scheier (1983) konzeptuell repliziert werden konnte. Dies ließ sich bei McDonald (1980), Rudolph und Dahme (1991), Dahme, Bleich und Rudolph (1992), Dahme, Rudolph und Hyla-Brüschke (1993) und Dahme, Rudolph, Hyla-Brüschke und Eichstaedt (1994) nicht replizieren. Darauf wird im weiteren noch näher eingegangen.

1.3 Ein Paradigma zur Untersuchung von Willensentscheidung und -handlung

Die vorliegende Arbeit befaßt sich mit Ausdauer, weil sie, wie kaum ein anderes Phänomen, Einsichten in das erlaubt, was vom Subjekt als Willenstätigkeit erlebt wird und bei Ach (1910) als primärer Willensakt bezeichnet wird. "Der primäre Willensakt liegt im allgemeinen in dem vor, was wir schlechthin als einen *Entschluß* bezeichnen" (Ach, 1910, S. 238). Die Entstehung einer Willensentscheidung und Aufrechterhaltung einer Willenshandlung werden in einem untersuchbar. Dabei stellt das ausdauernde Arbeiten die Operationalisierung für 'Willenshandlung' und die Entscheidung zum Abbruch die Operationalisierung für 'Willensentscheidung' dar. Beide Operationalisierungen haben rein von Beobachterperspektive zu erfolgen, um der hier entwickelten Ausgangsposition Rechnung zu tragen. Eine Überprüfung, ob wirklich jeder ausdauernd Arbeitende dies selbst als Willenshandlung und seinen Abbruch als Willensentscheidung erlebt, ist nicht erforderlich. Relevant ist nur, daß die äußeren Merkmale einer Situation gegeben sind, in der dem Subjekt der Handlung von seinen Beobachtern ein Wille zugeschrieben wird. Diese bestehen dabei in der nicht-weiter-Ableitbarkeit der Willenshandlung und -entscheidung ohne Vorliegen von Zusatzinformationen für den Beobachter, sowie in der Abwesenheit von Zwang sensu Ebbinghaus (1912). Zwang sei hier ein Grund oder eine Ursache, von der das Subjekt - für den Beobachter offensichtlich - seine zukünftige Handlung schon im vorhinein ableitet. Dann wäre offensichtlich auch aus Subjektperspektive die zukünftige Handlung und die Entscheidung dazu nicht spontan.

Untersucht wird, welche Informationen vorliegen müssen, damit der hier hypostasierte Informationsverarbeitungsmechanismus die Willenshandlung aufrechterhält oder die Willensentscheidung zum Abbruch trifft.

Der Zusammenhang zwischen Ausdauer und Wille ist auch aus der Literatur nachvollziehbar. Dem Überblick hier folgt eine genauere Bearbeitung in Kap. 2.1. Wille mit Ausdauer zu messen, wurde 1885 von Rieger betrieben, auf der Suche nach der Wirkung des Willens. Dieser war, als Determination bezeichnet, das Untersuchungsobjekt von Ach (1905, 1910, 1935). Allerdings wird die Arbeit Achs schon von Selz (1910) darin kritisiert, daß nicht, wie von Ach zunächst behauptet, der im Experiment entstehende primäre Willensakt untersucht wird, sondern es wird "... *das wesentliche Kennzeichen des Wollens in die Zustimmung zu einem Vorhaben* ..." (Meßmer, 1912, S. 98) verlegt. Kann ein Experiment zur Untersuchung von Ausdauer hier bessere Dienste leisten?

Im ausdauernden Arbeiten bis zum Abbruch einer ungelösten Leistungsaufgabe werden zwei einander entgegengesetzte Willensakte erlebt. Der eine ist die Übernahme des in der Instruktion enthaltenen Standards 'löse die Aufgabe'. Der andere ist ein *primärer Willensakt* (Ach, 1910), nämlich die Entscheidung zum Abbruch zu einem allein vom Bearbeiter bestimmten Zeitpunkt. Dieser erfolgt entgegen der per Instruktion hervorgerufenen und damit konstant gehaltenen Determinierung im Sinne Achs und wird so experimentell untersuchbar. Es handelt sich um Willenserleben, denn 'nicht wollen' heißt "... wollend einen möglichen Zweckgedanken verneinen" (Sigwart, 1889, S. 125).

Falls nun der Phänomenbereich Ausdauer zur Untersuchung des primären Willensaktes taugt, warum kommen moderne Ansätze, wie der kybernetische Ansatz von Carver, Blaney und Scheier (1979) ohne die Annahme eines Willens aus? Man kann in Anwendung der Kritik von Selz (1910) im primären Willensakt bei Ach (1910) das Setzen eines sozialen Standards sehen. Insofern ist die von Ach untersuchte Determinierung auch durch Carver, Blaney und Scheiers Instruktion vollzogen, die Ausdaueraufgabe bis zur Lösung zu bearbeiten. Dann sind Ausdauervorhersagen des handlungskontrolltheoretischen, kybernetischen Modells von Carver (1979; Carver und Scheier, 1981) eine moderne sozialpsychologische Untersuchung der Wirkung der Übernahme des Auftrags vom Versuchsleiter durch den Probanden. Reicht der determinierte Willensakt allein schon zur Vorhersage von Ausdauer aus oder ist eine Vorhersage nur möglich, wenn die Bedingungen des primären Willensaktes im Abbruch angegeben werden können?

Carver und Scheier (1981) gehen davon aus, daß ausdauerndes Arbeiten nicht unbedingt durch einen an offenem Verhalten beobachtbaren Abbruch beendet wird. Vielmehr kann auch in einen inneren Rückzug übergeleitet werden. Das ist für den hier verfolgten Ansatz ein weiteres kritisches Problem. Das Ausdauerparadigma könnte dann nicht zur Beobachtung der Entstehung einer Willensentscheidung verwendet werden, weil die Willensentscheidung zum Abbruch schon viel früher erfolgt sein könnte als der Abbruch. Er wäre erst nach einer mehr oder weniger langen Phase inneren Rückzugs beobachtbar. Verschleiert ein innerer Rückzug die Entscheidung zum Abbruch? Dem Konzept des inneren Rückzugs wird eine Sichtweise aus dem hier verfolgen Ansatz entgegengestellt: Grübeln. Ausgehend vom Ansatz von Martin und Tesser (1989), Beckmann (1994) sowie Martin und Tesser (1996), wonach Grübeln durch das Fortbestehen einer nicht vollendeten Zielintention entsteht, wird Grübeln im Prozeß der Bearbeitung im Aussetzen der ausdauernden Bemühungen, die Zielintention 'Zielerreichen!' zu erfüllen, beobachtbar. Außer der Beantwortung der Frage, ob Grübeln als innerer Rückzug die Abbruchentscheidung verschleiert, wird ein direkter Versuch unternommen, das Grübeln auslösende Nicht-Erfüllen von Zielintentionen zu übersetzen in eine Informationssuche, die auch Martin und Tesser (1996) andeuten: "Metaphorically speaking, rumination is a form of looking. It persists until people find what they are looking for (e.g., a way to attain their goal)" (S. 11). Ist Grübeln ein Ausdruck der Suche nach Lösungsmöglichkeiten, wenn es real keine Möglichkeiten mehr gibt? Dann sollte weniger gegrübelt werden, wenn bekannt gemacht wird, daß es keine Möglichkeiten mehr gibt. Dies wird an nonverbalem Verhalten überprüft.

Grübeln hat aber einen noch direkteren Bezug zum Gegenstand Wille. Grübeln ist nur durch Wille 'denkbar'. Karl Jaspers (1923), hier als Psychopathologe, als der er ausgebildet ist, und nicht direkt als Philosoph, geht davon aus, daß Zwangsphänomene, zu denen er, wie viele andere Psychopathologen, auch Grübeln zählt, durch die evolutionär herangereifte menschliche Fähigkeit zur Reflexion erst möglich werden. Er umreißt die Grundlage von Zwangserscheinung so: "Mit dem Denken und dem Wollen beginnt die Reflexion und mit der Reflexion die durch sie vermittelte Veränderung allen unmittelbaren Erlebens. Wo aber die Unmittelbarkeit aufhört, allein bestimmend zu sein, da gibt es ... auch eigentümliche Störungen" (S. 109). Ein Beispiel für solche Störungen ist der 'Grübelzwang'. Jaspers meint, "... daß *nur auf der Stufe willkürlich geleiteten Seelenlebens* überhaupt psychischer Zwang möglich ist" (S. 111). Als ein Vertreter der 'Verstehenden Psychologie', als der er nun spricht, sieht er "die Grenze des möglichen Zwangs ... dort, wo die Grenze meines Willens ist" (S. 112). Jaspers meint dies so, daß der Zwang nur solange besteht, wie der Wille zur Unterdrückung oder Ablenkung nicht hinreicht: "Eine Wahrnehmung kann den Charakter des Zwangs nur so lange haben, als ich meine Sinnesorgane nicht abwenden oder dem Reiz gegenüber verschließen kann" (a.a.O.). An dieser Stelle ist es erforderlich die Subjektperspektive zu verlassen, was Jaspers hier aber nicht tut und deshalb zu diesem Schluß kommt. Aus Beobachterperspektive wird sichtbar, daß Grübeln um so manifester wird, je intensiver versucht wird, es zu unterdrücken. Dies wird von Erber und Wegner (1996; Macrae, Bodenhausen, Milne und Jetten, 1994) als aufrechterhaltende Bedingung für Grübeln interpretiert. Damit wird die Zwangslage eines Grübelnden deutlich: seine unerfüllbare Zielintention löst das Grübeln aus, ein 'willensstarkes' Unterdrücken der unerwünschten Gedanken unterhält es. Das Zielerreichen, das Martin und Tesser (1996) als bestes Löschen von Grübeln anempfehlen, fällt aus. Was kann dann vor Grübeln retten? Wenn Grübeln nach Zielblockaden als ein Suchen nach Möglichkeiten verstanden werden kann, die Zielintention doch noch zu erfüllen, dann wäre es löschbar durch den erlebten Nachweis, daß es keinerlei Möglichkeiten mehr gibt. Dies wird in Kap. 2.5.2 theoretisch genauer behandelt und in Kap. 3.4 empirisch untersucht.

1.4 Von Zielintentionen zum Sinn

Das hier vorgeschlagene Paradigma kann noch in eine weitere - sehr lohnende - theoretische Richtung gewendet werden. Zielintentionen - als Spezialfall von Intentionen - stellen nach Hörmann (1978) "... den Kern oder die Impulsfigur jener Handlung ... [dar], welche ... das Grundprinzip von Bedeutung ist" (S. 197). Das, was auch 'emergence of meaning' genannt wird, ist mit dem Ausdauerparadigma untersuchbar. Emergenz heißt, daß nicht nur etwas entsteht, sondern daß "... unzurückführbar neu 'auftauchende' Qualitäten gegenüber denjenigen, aus welchen sie entstanden sind" (Brockhaus Enzyklopädie, 1968, S. 489) nachgewiesen werden. Es ist auch hier davon auszugehen, daß wegen Plancks (1937) Argument (siehe Kap. 1.1.2) auch diese 'nicht-weiter-Ableitbarkeit' nur aus Subjektperspektive Gültigkeit hat. Es gilt also festzuhalten, daß Willensfreiheit und Sinnentstehung eng zusammen hängen. Es wird sich erweisen, daß es lohnend sein kann, Wille als Spezialfall intentionaler Sinn-Gehalte aufzufassen. Beides kann im Ausdauerparadigma untersucht werden.

Wenn es sich um eine - für den Bearbeiter kaum lösbare - Ausdaueraufgabe handelt, liegt der Sinn darin, ob es für den Interpret noch sinnvoll ist, die Aufgabe weiter zu bearbeiten. Die bei der Instruktion senderseitig zu 'führt auf Ziel' semantisierten Zeichen sind die Informationen aus dem Bearbeitungsprozeß, die anzeigen, wie weit der Interpret vom Ziel entfernt ist. Diese werden im Verlauf der Bearbeitung zu - den senderseitig semantisierten Inhalt 'führt aufs Ziel' widerstreitenden - *An*zeichen des Bearbeitungsprozesses, die anzeigen, daß das Ziel nicht erreicht wird. Um diese Zieldistanzen zu Anzeichen der Vorgänge im Bearbeitungsprozeß zu machen, wird die jeweils aktuelle Zieldistanz in den Kontext zuvor erreichter Zielannäherungen gestellt. Daraus wird ein Parameter berechnet, der mittels des Gebrauchs der Zieldistanzen durch den Bearbeiter abbildet, welchen Sinn sie für ihn ergeben. Dies folgt der auf Peirce (1878) zurückgehenden Erkenntnis, daß Sinn von etwas darin liegt, wie es verwendet wird (siehe auch Wittgenstein, 1958); genauer: wie es intendiert ist, verwendet zu werden (Hörmann, 1978).

Es wird damit eine *Entstehung* von Bedeutung beobachtet, die nicht durch senderseitig semantisierte Zeichen gegeben wurde, denn der im Bearbeitungsprozeß verschwindende, mit der Determinierung gegebene Sinn 'Zielerreichen!' wird zu Sinn*entstehung* umgekehrt, wenn der primäre Willensakt zum Abbruch der Ausdaueraufgabe gefällt wird. Sensu Sigwart (1889) hat der Inhalt 'nicht Wollen' ('nolle') ebenso den Status einer Intention wie die pragmatische Intention, etwas bestimmtes zu wollen. Eine Intention und stellt damit einen *bestimmten* sinnhaften Inhalt dar. Im Ausdauerparadigma ist dies die Absicht abzubrechen. "Sucht man nach einem faßbaren Inhalte dieses Wollens, so kann man nur die Freiheit des Subjekts [finden], die abstracte Möglichkeit etwas anders zu wollen" (S. 126). Es entsteht für den Bearbeiter der Sinn 'Aufhören!'. Damit wird diese Hypothese über die Entstehung von Sinn experimentell überprüfbar. Es kann beobachtet werden, ob wirklich abgebrochen wird, wenn der Parameter anzeigt, daß der Sinn 'Aufhören!' aufgetaucht ist. Bei diesem Parameter handelt es sich, systemtheoretisch betrachtet, um das Führungssignal des Prozesses der Bearbeitung (siehe Kap. 2.6).

1.5 Empirisches Vorgehen

Die zur Untersuchung der Gangbarkeit des Ausdauerparadigmas angestellten Experimente überprüfen einerseits in üblicher Weise die Annahmen anhand von Querschnittdaten. Andererseits geht es hier aber um die Determinanten von Ausdauer als Führungsgrößen des Prozeßverlaufes der Ausdaueraufgabe. Durch Einführen einer aus dem Prozeßverlauf operationalisierten Variable sollen die Verlaufsannahmen viel direkter mittels Längsschnittdaten in ihrer Wirkung auf Ausdauer getestet werden können. Der Vorteil besteht darin, in Standardexperimenten im Querschnittdesign gleichzeitig Prozeßdaten zu erheben, die einen zusätzlichen Aufschluß über die zugrundeliegenden Prozesse ermöglichen.

Es wird mittels Operationalisierung eines Parameters aus dem Bearbeitungsverlauf die Wirkung dieses Führungssignals auf die Prozeßdauer - nämlich Ausdauer - untersucht. Oben wurde versprochen, die Willensentscheidung und -handlung als Entscheidungsregel der Informationsverarbeitung empirisch zu untersuchen. Dieses Vorgehen bietet die Möglichkeit dazu. Damit wird gleichzeitig ein Vorschlag zur empirischen Untersuchung der Entstehung von Sinn (emergence of meaning) gemacht. Somit erlaubt dies einen Ausblick auf eine integrierende Sichtweise von Intentionen und dem hier untersuchten Spezialfall Zielintentionen.

1.6 Forschungsfragen

Es haben sich im Fazit dieses ersten Überblicks die folgenden Fragen bezüglich der Untersuchung des Willens ergeben:

- Sind Ausdauerexperimente ein Paradigma zur Untersuchung des Willens?

Diese Erste Frage kann nicht empirisch untersucht werden. Hier zählen Plausibilität der theoretischen Ableitung und Ableitbarkeit aus der relevanten Literatur. Die folgende, wie alle weiteren Fragen werden empirisch untersucht:

- Was determiniert den Zeitpunkt der Willensentscheidung zum Abbruch?

Und im Hinblick auf den Ansatz von Carver et al.:

- Muß Wille als vermittelnde Größe beachtet werden, um Ausdauer vorherzusagen?
- Verschleiert ein innerer Rückzug den Zeitpunkt der Entscheidung zum Abbruch?

An die letzte Frage knüpft sich der Gegenstand Grübeln als Ausdruck nicht-intentionalen Erlebens, das durch unerreichte Zielintentionen entsteht:

- Ist Grübeln ein Ausdruck der Suche nach Lösungsmöglichkeiten, wenn es real keine Möglichkeiten mehr dazu gibt?
- Wodurch kann Grübeln nach Zielblockade gestoppt werden?

Weil das Bearbeiten der Ausdaueraufgabe als Prozeß auffaßbar ist, kann gefragt werden:

- Welches ist das Führungssignal ausdauernden Arbeitens?

Eine Antwort auf diese Frage wäre auch eine Antwort auf die folgende theoretische Frage bezüglich des Rubikon-Modells:

- Welche einheitliche Determinante wirkt 'hinter dem Rubikon' auf den volitionalen Dynamikaspekt der Willenshandlung und gleichzeitig auf den motivationalen Entscheidungsaspekt bezüglich des Abbruchs der Willenshandlung?

Eine Kenntnis des Führungssignals legt darüber hinaus den Weg frei zu einer verallgemeinerten Betrachung von Intentionen, die als vielleicht wichtigstes verbindendes Merkmal die Repräsentation von *Sinn* gemeinsam haben. Daher verbindet sich mit der vorherigen Frage die folgende übergeordnete Forschungsfrage:

- Wie kann die Entstehung von Sinn (emergence of meaning) im psychologischen Experiment untersucht werden?

2 Theorie

Was Wille mit Attributionen zu tun hat, zeichnet sich schon in der Determinismus-Indeterminismus-Debatte ab. Hier wird auf fundamentale Weise nach der Ursache des Wollens gefragt. Ist es indeterminiert oder auf Ursachen zurückführbar? Es wird ein empirischer Ansatz entwickelt, der Randbedingung einer Willensentscheidung untersuchbar machen soll.

Zunächst wird eine grundlegende Schwierigkeit von Willensexperimenten hervorgehoben, die darin besteht, daß Probanden sich nie im Experiment selbst willentlich für oder gegen etwas entscheiden, sondern daß Entscheidungen die Folge von Instruktion und Vorabentscheidung zur Teilnahme am Experiment sind, noch bevor die experimentelle Beobachtung beginnt. Es wird dann ein empirischer Ansatz entwickelt, der die Willensentscheidung zum Abbruch einer nicht gelösten Ausdaueraufgabe zum Gegenstand der Willensbeobachtung macht.

Sodann wird ein theoretischer Ansatz vorgeschlagen, in dem davon ausgegangen wird, daß Wille eine Ursachenzuschreibung ist. Dies wird ermöglicht durch eine Uminterpretation der Attributionstheorie in der ursprünglichen Formulierung von Fritz Heider (1958), die hier nur insoweit dargestellt wird, daß der theoretische Ansatz der vorliegenden Arbeit klar wird. Der hier nicht zu leistende Überblick über die Attributionstheorien kann besser anderen Quellen, wie der gelungenen Darstellung von Eggers (1986), entnommen werden. Aus Subjektperspektive muß eine indeterminierte Willensentscheidung vorliegen (siehe Kap. 1.1.3). Aus Beobachterperspektive muß demgegenüber die Frage gestellt werden, welche Informationen wie lange für die Willensattribution durch welche Randbedingungen verfügbar waren. Die Willensattribution ist ein Ergebnis von Informationsverarbeitung. Diese wird unter Verwendung der Informationstheorie in einem geeigneten Untersuchungsparadigma nachvollzogen. Daraus ergibt sich ein Ansatz zur Berechnung des Führungssignals der Dauer des Bearbeitungsprozesses. Aus dieser systemtheoretischen Betrachtung wird ein Schätzer für Ausdauer vorgeschlagen, der Ausdruck der für die Willensattribution erforderlichen Informationsverarbeitungstätigkeit ist.

Der Ansatz wird dann auf ein Befundmuster aus der kybernetischen Handlungskontrolltheorie von Carver (1979; Carver und Scheier, 1981) angewendet. Einerseits, weil hier aufgrund bestehender Schwierigkeiten Klärungsbedarf besteht. Die Ergebnisse aus diesem Ansatz sind für andere Forscher als Carver et al. bisher nicht replizierbar. Andererseits aber ist die Anwendung auf diesen Theorienbereich interessant, weil die Handlungskontrolltheorie ohne die Annahme einer Willensentscheidung zum Abbruch auszukommen scheint. Wenn sich empirisch zeigt, daß dies berechtigt ist, müßte der Ansatz 'Willensattribution' fallengelassen werden. Falls aber empirische Evidenz für Carvers Ansatz in seinem Untersuchungsparadigma nicht zu erbringen ist, sollten willenstheoretische Bedingungen aus dem hier zu entwickelnden Ansatz formulierbar sein, unter denen eine Replikation möglich ist.

In demselben Teilkapitel wird auch auf die besonders kritische Sichtweise von Carver und Scheier (1981) eingegangen, wonach ausdauerndes Arbeiten nicht unbedingt durch einen an offenem Verhalten beobachtbaren Abbruch beendet wird, sondern es kann auch in einen Zustand inneren Rückzugs übergehen. Das ist für den hier verfolgten Ansatz kritisch, weil dann das Ausdauerparadigma nicht zur Beobachtung der Entstehung einer Willensentscheidung verwendet werden könnte. Die Willensentscheidung zum Abbruch könnte dann schon viel früher erfolgt sein als zum Zeitpunkt des Abbruchs. Er wäre erst nach einer mehr oder weniger langen Phase inneren Rückzugs in der Abbruchhandlung beobachtbar. Diesem Konzept des inneren Rückzugs wird eine Sichtweise aus dem hier verfolgten Ansatz entgegengestellt: Grübeln. Die These ist, daß Grübeln ein Ausdruck der Suche nach Lösungsmöglichkeiten ist, wenn es real keine Möglichkeiten mehr gibt. Damit wird Grübeln zunächst als durch blockierte Zielintentionen ausgelöst konzeptualisiert.

Im vorletzten Teilkapitel des Theorieteils wird der Zusammenhang zwischen Zielintentionen und Intentionen im allgemeinen (auch kognitive Intentionen genannt: Meinungen, Wahrnehmungsinhalte, Werthaltungen, etc.) aufgezeigt. Der Zusammenhang besteht darin, daß beide Klassen Bewußtseinsinhalte sind, die auf etwas gerichtet sind und dadurch ihren subjektiven *Sinn* erhalten. Die konsequente Weiterführung der dann vorliegenen Überlegungen für Zielintentionen wird einen empirischen Ansatz zur Untersuchung folgenden, allgemein als recht diffizil angesehen Phänomenbereichs, erlauben: die Untersuchung der Entstehung von Sinn. Die Argumentation ist dabei einfach die, daß eine Untersuchung der Entstehung einer Willensentscheidung nichts anderes ist, als die Entstehung von Sinn beim Spezialfall Zielintention. Das verwendete Ausdauerparadigma erlaubt es, den Prozeß der Informationsverarbeitung zu beobachten, der zu einem ganz bestimmten Zeitpunkt - dem Abbruchzeitpunkt - zum Inhalt und damit zum Sinn der Abbruchentscheidung führt. Daraus kann in Kap. 4.1.8 ein Erweiterungsvorschlag für das hier verwendete Konzept 'Grübeln nach blockierter Zielintention' werden: Grübeln als Perpetuieren sinnlos gewordener *kognitiver* Intentionen (siehe Kap. 0, Punkt 5.).

Schließlich werden Vorhersagen für vier Experimente abgeleitet, die Evidenz für die in diesem Kapitel entwickelten theoretischen Annahmen erbringen sollen. Auf diesen aufbauend wird eine Reanalyse der Prozeßdaten vorbereitet, die einen Eindruck über die Plausibilität der zuletzt gemachten Behauptung liefern soll über die Untersuchbarkeit des Phänomens der Entstehung von Sinn in Zielintentionen mittels des Ausdauerparadigmas.

2.1 Ausdauer als Willensmessung

2.1.1 Frühe Methoden der Willensmessung

Diesen Meßmethoden liegt ein Willensbegriff zugrunde, wie er zuletzt von Kuhl (1994b, S. 678) formuliert wurde. Danach besteht Wille in einer Kategorie psychischer Funktionen, die auf Realisierungsschwierigkeiten hin ein einheitliches Steuerungsprinzip vermitteln. Wille erweist sich demnach, wenn der Realisierung einer Absicht Hindernisse entgegenstehen. Die Entstehung dessen was gewollt wird, d.h. die Willensentscheidung, ist demnach nicht in dieser Sichtweise enthalten. Es handelt sich allein um einen Willensbegriff für die dynamische Seite der Willenshandlung.

2.1.1.1 Riegers dynamische Willensmessung

Ausdauer wurde schon früh in experimentellen Studien als Ausdruck der Willensstärke untersucht. Der Würzburger Nervenarzt K. Rieger berichtet 1885 von Untersuchungen, bei denen die Ausdaueraufgabe für den Probanden darin bestand, den Arm möglichst lange waagerecht ausgestreckt zu halten. Die Stärke des Willens wurde an der Genauigkeit bemessen, mit der diese Aufgabe ausgeführt wurde. Dazu hatte der Proband einen Schreibgriffel zu halten, mittels dessen Schatten, auf eine langsam rotierende Rolle geworfen, bei perfektem Befolgen der Anweisung, sich eine gerade Linie durch Nachzeichen ergeben müßte. Jede Abweichung nach unten interpretierte Rieger als Willensschwäche, während Linienverläufe nach oben von ihm als Willensanstrengung betrachtet wurden.

Es fand also schon bei Rieger eine Erhebung von Verlaufsdaten der Willenstätigkeit statt. Diese wurde allerdings als Grundlage einer Typisierung willensstarker und -schwacher Probanden verwendet und diente weniger zur Erhellung der dem Willenserleben zugrunde liegenden Prozesse. Dies liegt auch daran, daß die Kurven nur zwei Minuten aufgezeichnet wurden und so kein primärer Willensakt im vorgegebenen Abbruch enthalten war.

2.1.1.2 Blumes Willensmessung

Blume (1924) untersuchte an Schulkindern Lid- und Blickfestigkeit als Maß der Willenskraft. Es wurde die Dauer der Befolgung der Aufgabenstellung, sich selbst in einem Spiegel möglichst lange ohne zu blinzeln anzusehen, als ein Maß der Willensstärke interpretiert, aber dem Entschluß zum Abbruch keine weitere Bedeutung beigemessen. Vielmehr glaubt Blume, echten Willen vom Übergang zu bloßem Ausführen des Auftrags dadurch voneinander zu unterschieden, daß erst in letzterem Fall das Blinzeln auftritt.

Auch Blume benutzt die Ergebnisse, er nennt sie 'Willenszahlen', zur Typisierung seiner Probanden. Er unterscheidet 'Schwach-', 'Norm-' und 'Starkwiller' und, anhand eines ab- oder zunehmenden Verlaufs meßwiederholter Erhebungen von Ausdauer, auch noch 'Ab-' und 'Zuwiller'. Die Zeitdauer der Befolgung der Anweisung wird dabei als ein direktes Maß für die Intensität des Willens aufgefaßt. Damit geht Blume an dem bereits 1921 von Lindworsky geäußerten Verdacht vorbei, "... daß der Willensakt nicht intensiver, sondern nur unbedingter werden kann, d.h. daß er sein Ziel nicht mit vermehrter Kraft, sondern um höheren Preis anstrebt" (S. 150).

2.1.1.3 Achs kombinierte Methode

Ausdauer als Willensmaß zu verwenden, ist nicht weiter verfolgt worden. Ach (1935) berichtet zwar über beide genannten Studien und erblickt im Phänomenbereich Ausdauer eine Möglichkeit, Wille zu messen, bevorzugt aber dazu weiterhin sein kombiniertes Verfahren. Als Kritik an der Ausdauermethode führt Ach die unterschiedliche Ermüdbarkeit von Personen an, deren Wille auf diese Art gemessen werden soll. Dies ist aber designtechnisch leicht zu beherrschen.

Die kombinierte Methode hat ihren Namen aus der "Kombination des EBBINGHAUSschen Wiederholungs- und des MÜLLERschen Trefferverfahrens" (Selz, 1910, S. 243). Es wurde den Probanden gesagt, sie sollen nach Paarassoziationslernen, das spezifische Assoziationsstärken zwischen sinnarmen Silben stiftet, nun auf Nennung des ersten Paarlings nicht mehr mit dem zweiten sondern mit einer beliebigen reimenden Silbe antworten oder sie umstellen. Die Wirkung der Instruktion sollte den Willen, diese auszuführen, etablieren. Ach (1905, 1910) nennt dies Determinierung. Im nächsten Schritt muß sich die Determinierung sozusagen gegen die perseverierende Tendenz (Müller und Pilzecker, 1900) der zuvor assoziierten Silben durchsetzen. Die Willensstärke oder *Determinierung* bemißt sich in Achs kombinierter Methode nach dieser Durchsetzungskraft gegenüber den unterschiedlich stark assoziierten Silben.

Es wird allgemein als das große Verdienst Achs betrachtet, den Willen so erstmals einer wissenschaftlichen Beobachtung unterzogen zu haben. Dabei werden die Arbeiten Riegers (1885) übersehen, auf die erst Gundlach (1987) wieder aufmerksam macht. Achs Beobachtungsmethode hatte aber noch eine zweite Seite. Seine Probanden werden nach dem Experiment systematischen Fragen unterzogen, die Ach 'systematische experimentelle Selbstbeobachtung' nennt. Dabei hatten die Versuchsleiter durchaus eingreifend wirksam zu werden, wenn der Verlauf der geforderten Introspektion nicht den Vorgaben entsprach. Dies Vorgehen hat den Untersuchungen von Ach den abschätzigen Namen 'Ausfrageexperimente' eingebracht (Wundt, 1908). Nun sind die heute noch als interessant befundenen Ergebnisse von Achs Studien grade diesem zweiten 'Ausfrageteil' zuzuordnen. Ach beschreibt, was seine Probanden beim energischen Wollen - Ach nennt es den primären Willensakt - empfunden haben: 1. das 'anschauliche Moment', das aus Spannungsempfindungen besteht,

2. das gegenständliche Moment, das aus Ziel- und Bezugsvorstellungen besteht, also dem Inhalt und der Gelegenheit des Wollens, 3. das 'aktuelle Moment', das ist eine Selbstbestärkung von der Art 'Ich will wirklich', sowie 4. das 'zuständliche Moment', was den Anstrengungsaufwand umfaßt (Heckhausen, 1989).

2.1.2 Das Hauptproblem der Willensmessung

Die Wirkung des Willens nannte Ach (1905; 1910) Determinierung[1], später auch Determination. Der 'Wille' des Probanden besteht bei Achs kombinierter Methode allein im Folgeleisten der vom Experimentator gegebenen Instruktion.

Dies wurde von Selz (1910) dahingehend kritisiert, daß diese Determinierung, anders als von Ach behauptet, "... den Kern des landläufig 'Willen' Genannten ... (Gundlach, 1987, S. 80) nicht enthält. Selz hält das scheinbar durch Achs Instruktion Determinierte, als Übernahme des Geforderten, für *prädeterminiert.*

> Sehr zweifelhaft aber ist es, ob der Untersuchungsgegenstand Achs wirklich, wie er glaubt, der Willensakt katexochen gewesen ist. In dem Zeitpunkt nämlich, in welchem Ach die Willenserlebnisse untersucht hat, ist der Entschluß zur Übernahme der vom Versuchsleiter zu stellenden Aufgaben längst erfolgt. Ja auch die Übernahme der speziellen Aufgabe, z.B. auf die demnächst erscheinende Silbe einen Reim zu bilden, liegt schon vor der Vorperiode, in welcher die beobachteten Vorgänge stattfanden. Was Ach untersucht hat, scheint demnach nicht der Entschluß, sondern die auf die Verwirklichung des bereits gefaßten Entschlusses gerichtete Willensanspannung zu sein, ..." (S. 250).

Eben diese Willensanspannung ist es, die Ach (1910) - als dynamische Seite des Willens - zum Untersuchungsgegenstand macht. Seiner Ansicht nach trägt das Freiheitsbewußtsein, 'ich kann, was ich will'

> zwei völlig von einander verschiedene Bedeutungen in sich:
> 1. die positive Fähigkeit, das, was ich will, ausführen zu können. ...
> 2. hat das Freiheitsbewußtsein die Bedeutung: Es steht in meinem Belieben, zu tun, was ich will. Es besteht für mich weder ein äußerer noch ein innerer Zwang, dieses oder jenes zu tun. ... (S. 2).

Die zweite, auch negativ genannte Bedeutung soll bei Ach (1910) nicht Untersuchungsgegenstand sein, sondern ausschließlich die erste Bedeutung, die Ach die dynamische Seite der Willenstätigkeit nennt. Er beruft sich auf Schopenhauer und Hobbes, daß in der dynamischen Seite an sich das Freiheitsproblem nicht liegt (S. 4). Damit wäscht sich Ach rein von der Last, sich - womöglich empirisch - auf die Freie-Wille-Diskussion einzulassen.

Zwar betont Ach ab 1910, daß er den *primären* Willensakt untersucht, also nach seiner Definition den Entschluß zu einer Tätigkeit. Er sagt: "Der primäre

---

[1] Zur vermuteten Begriffsgeschichte, siehe Gundlach (1987, S. 77).

Willensakt liegt im allgemeinen in dem vor, was wir schlechthin als einen *Entschluß* bezeichnen" (S. 238). Er schränkt aber ein: "Auf die Art der Motivation, d. h. wie ein derartiger Entschluß entstanden ist, kommt es hier nicht an, nur die phänomenologische Charakteristik des Willensaktes in seiner energischsten Ausprägung soll dargestellt werden" (S. 238).

Mit der Betonung dieser 'energischsten Ausprägung' nimmt Ach (1910) Bezug auf Sigwart (1889), der fordert: "Daraus folgt weiter, daß die Analyse dessen, was wir unter Wollen verstehen, da einsetzen muß, wo wir uns des Wollens mit der größten Deutlichkeit als eines bestimmten Aktes bewußt sind, den wir von anderen bewußten Akten unterscheiden" (S.118). Was da zu Bewußtsein tritt, nennt von Cranach (1991) *Unterdeterminierung*. Sie entsteht bezüglich *konkreter* Entscheidungen, die trotz unvollständig bekannter Vorausbedingungen - sei es wegen logischer Relativität (siehe Kap. 1.1.3) oder Komplexität, wie von Crananch meint - gefällt werden müssen. Bezüglich Konkretheit ist bei Sigwart zu lesen:

> Das Abstraktum 'Wille' aber möchte man wünschen in einer solchen Untersuchung ganz zu vermeiden; ... . Während es nämlich in der gewöhnlichsten, populären Anwendung ... den Inhalt eines bestimmten Wollens meint ... , drückt es in anderer Anwendung als abstraktes Verbalsubstantiv ... die allgemeine Form der Thätigkeit, die wir wollen nennen, abgesehen von jedem bestimmten Inhalt aus, so wenn wir von Freiheit des Willens, von festem Willen reden oder von einem sagen, er habe keinen eigenen Willen (S. 119).

Ach meint also vor allem Konkretheit, wenn er über den primären Willensakt spricht. Das Problem des *freien* Willens mag auch Ach nicht anrühren. Dennoch insistiert er darauf, einen Entschluß zu untersuchen. Der Grund für die Kontroverse zwischen Ach und Selz scheint diese Janusköpfigkeit des Willens zu sein. Ach tangiert beide Aspekte des Willens, den 'positiven' dynamischen Aspekt, den er explizit mit seiner kombinierten Methode zu untersuchen wünscht, sowie den negativen Spontaneitäts- oder Freiheitsaspekt des primären Willensaktes des freien Entschlusses, den er zur Charakterisierung des Phänomens heranzieht.

Der Disput zwischen Ach (1911, 1912) und Selz (1910; 1911; 1912) zeigt, daß Selz dies nicht nachvollzieht. Ach (1935) meint der Kritik Selz' zu entgehen, weil in seiner kombinierten Methode die Probanden den determinierten Vorsatz nicht erfüllen können und "in Nachwirkung der latenten Determination, richtig zu handeln, wird dann in der Vorperiode des nächsten Versuchs mit dem besonderen Vorsatz, z.B. einen Reim zu bilden, der energische Willensakt erlebt, kann also in der sich weiterhin anschließenden Zeit (Nachperiode) in bester Form der Selbstbeobachtung zugänglich gemacht werden" (S. 205). Selz (1912) dagegen scheint sich ein Paradigma zu wünschen, in dem ein primärer Willensakt im Sinne von 'freie Entscheidung' untersucht werden kann.

> Eine Aufgabe der Zukunft würde es sein, auch solche Wahlvorgänge der experimentellen Untersuchung zu unterziehen, bei denen die Wahl nicht in dieser Weise prädeterminiert ist, sondern als eine zwar durch die Versuchsbedingung veranlaßte, aber nicht durch die Instruktion geforderte, sondern spontane Reaktion auftritt (S. 145).

Gegen Ende einer Epoche deutscher Willenspsychologie resümiert Lindworsky (1923), daß Wille - und hier ist psychologischer Wille gemeint - experimentell nicht untersuchbar sei:

> Setzt doch jeder psychologische Versuch, der nicht dem Zufall überlassen bleiben soll, einen Entschluß der Vp. voraus, sich entsprechend den Wünschen des Vl. zu verhalten. Somit hatte man es niemals mit einem unabhängigen, erst im Experiment entsprungenen Willensakt zu tun. Die einzige Möglichkeit boten Wahlversuche. Aber auch diese sind hinsichtlich des Wahlaktes als solchen von dem vorausgehenden Entschluß, unter bestimmten Bedingungen eine Wahl zu treffen, abhängig (S. 19).

Anscheinend gelten diese Einschränkungen im Phänomenbereich Ausdauer aber nicht.

2.1.3 Der Primäre Willensakt im Abbruch

Im ausdauernden Arbeiten an einer ungelösten Leistungsaufgabe bis zum Abbruch werden zwei einander ergänzende Willensakte erlebt. Der eine ist die Übernahme des in der Aufforderung enthaltenen Standards durch den Bearbeiter. Ein Standard wird in der sozialen Situation als verbindlich vereinbart. Dieser sozialpsychologischer Aspekt des Willens, wird im übernächsten Kapitel mit 'Standardsetzung' zusammengefaßt. Praktisch beinhaltet dieser Standard die Zielvorgabe 'löse die Aufgabe!'.

Der andere ist ein *primärer* Willensakt (Ach, 1910), nämlich die Entscheidung zum Abbruch zu einem allein vom Bearbeiter bestimmten Zeitpunkt und entgegen der Aufforderung, das Ziel zu erreichen. Was ist da frei an diesem Willensakt? Es ist der Zeitpunkt, an dem der Bearbeiter die Ausdaueraufgabe abbricht. Um diese Freiheit zu gewährleisten, muß nur sichergestellt sein, daß kein Ereignis eintritt, das den genauen Zeitpunkt des Abbruches vorwegnimmt. Sonst würde sowohl Subjekt wie Beobachter (siehe Kap. 1.1.4) das zukünftige Abbruchereignis auf andere Ursachenquellen außerhalb des Subjekts zurückführen. Etwas überspitzt formuliert, kann auch gesagt werden, eine Ausdaueraufgabe ist ein Wahlexperiment sensu Michott und Prüm (1911); gewählt wird zwischen unendlich vielen Abbruchzeitpunkten.

Aber ist ein 'nicht mehr wollen' wirklich Wille, "wo wir uns des Wollens mit der größten Deutlichkeit als eines bestimmten Aktes bewußt sind" (Sigwart, 1889, S.118)? Dazu sagt Sigwart über eine verneinende Willensentscheidung:

> Ein innerer Willensact ist aber vorhanden; nolle heißt nicht einfach "nicht wollen" in dem Sinne, daß gar kein bewußtes Thun vollzogen würde, das unter den Begriff des Wollens zu subsumieren wäre, in dem Sinne, in welchem der Schlafende nicht will, sondern nolle heißt wollend einen möglichen Zweckgedanken verneinen; fände keine Willensentscheidung statt, so bliebe ich unschlüssig vor der unentschiedenen Frage stehen. ...
>
> Sucht man nach einem faßbaren Inhalte dieses Wollens, so kann man nur die Freiheit des Subjekts, die abstracte Möglichkeit etwas anderes zu wollen, also zuletzt doch wieder bloß etwas rein Negatives finden; und man kann nicht sagen, ein Nicht-wollen eines bestimmten Zwecks sei nur in der Weise möglich, daß etwas anders Positives gewollt werde, so zu sagen ein conträrer Gegensatz statt des bloß contradictorischen. (S. 125 f.).

Es ist also gar kein Muß, von vornherein von konkurrierenden Handlungstendenzen auszugehen, wie dies, wohl für die Psychologie erstmals explizit, bei James (1899) geschieht: "So you see that volition, in the narrower sense, takes place only when there are a number of conflicting systems of idea, and depends on our having a complex field of consciousness" (S. 104). Dies wurde zu einer alternativen Konzeption von Entscheidung zwischen Handlungsalternativen. Die vielleicht reinste Fassung dieser Konzeption ist das Modell von Atkinson und Birch (1970) und wird konkret z.B. bei der Untersuchung von Ausdauer von Blankenship (1992), die eine Alternativtätigkeit bereit hält, deren Aufnahme den Abbruch der Ersttätigkeit bedeutet. Wenn es Nicht-Wollen per se gibt, dann ist die Entscheidung dazu die einfachere Form eines Primären Willensaktes, weil dieser dann in keiner Weise von der Valenz einer solchen Alternativtätigkeit abhängt. Freilich bleiben die Valenzen der Alternativtätigkeit nach dem Experiment. Aber die werden durch eine kontrollierte Alternativtätigkeit ebensowenig ausgeschlossen.

Sensu Irwin (1971) könnte auch gesagt werden, daß innerhalb einer verketteten Triade (interlocked triad) das präferierte Ergebnis mit dem nicht präferierten Ergebnis vertauscht wird. Die beiden damit verbunden Ergebniserwartungen plus die Präferenz für eines der Ergebnisse stellen nach Irwin die Konstituenten der Triade dar, die die notwendige Bedingung für eine intentionale[2] Handlung sei (S. 8). Der beherrschenden Konzeption von Ergebniserwartungen bei Irwin wird hier aber nicht gefolgt, vielmehr wird in Kap. 2.3.4.1 dagegen abgegrenzt.

Bisher ging man in der Literatur davon aus, daß ein primärer Willensakt in keinem experimentellen Paradigma erzeugt und untersucht werden kann. Auch

---

[2] Die Bezeichnung intentional wird zunächst vermieden, weil sie einen viel breiteren Gehalt hat. So wird in Kap. 2.6 der Husserl'sche Intentionsbegriff gebraucht, der hier verkürzt vielleicht mit 'gerichteter Bewußtseinsgehalt' umschrieben werden kann. Irwin verwendet das Wort Intention allerdings eingeschränkter im Sinne von Zielintention. Prägnanter ist das mit Wille bezeichenbar.

Kuhl (1994b) konstatiert "... die Herausforderung, das, was Willensprozesse bezeichnen, der wissenschaftlichen Beobachtung zugänglich zu machen" (S. 667), ohne selbst einen Vorschlag dazu zu machen, der das Prädeterminationsproblem löst. Es wurde wohl immer nach etwas gesucht, das willentliche Wahlentscheidungen enthält. Damit die Willensentscheidung im Experiment fällt und beobachtet werden kann, muß James (1897, S. 121 f.) nach einer ersten Willensentscheidung im Gedankenexperiment den Lauf der Zeit im Universum um zehn Minuten zurücksetzen, um an identischem Startpunkt die Willensentscheidung noch einmal zu fällen und zu einer anderen Entscheidung zu kommen. Er fragt, ob ein Determinist, der von vollständiger Vorherbestimmtheit auch von Willensentscheidungen ausgeht, entscheiden kann, welches der beiden parallelen Universen das mögliche und welches das unmögliche ist. Die Unentscheidbarkeit dieser Frage geht aber auf das Operieren mit der Unmöglichkeit der Zeitrücksetzung in seinem Gedankenexperiment zurück. Es kann grundsätzlich nur um die Determiniertheit oder Indeterminiertheit von zukünftigen Handlungen gehen, wie schon aus Plancks (1937) Ansatz zur Auflösung dieses Gegensatzes ergibt (siehe Kap. 1.1.3). Das in vorliegender Arbeit zu entwickelnde Untersuchungsparadigma wird zeigen, daß zur Untersuchung von Willensentscheidungen keine unmöglichen Treatments erforderlich sind. Besser noch sollte eine Beobachtung der Willensentscheidung hinsichtlich sehr vieler Optionen erfolgen, und nicht nur zwischen zwei Alternativen wie bei James. Vor allem aber muß auch die Entscheidung, überhaupt eine Entscheidung zu treffen, erst im Experiment entstehen, damit das Prädeterminationsargument von Selz (1910) entkräftet ist.

Im Ausdauerparadigma besteht die Möglichkeit, die Randbedingungen zu studieren, unter denen ein *psychologischer* Wille, d.i. eine Zielintention als Informationsverarbeitungsergebnis, entsteht. Dabei ist es gleichgültig, ob dieser von den Bearbeitern verspürte Wille wirklich im Sinne Augustinus (siehe Kap. 1) frei ist. Auch die erlebte Freiheit in der Entscheidung über den Abbruchzeitpunkt ist nicht der interessante Punkt an Ausdauer. Wille wird hier als Verhalten vermittelnde, psychologische Größe untersucht - nämlich als Informationsverarbeitungsmechanismus einer Entscheidung, die von Beobachtern als Willensentscheidung aufgefaßt wird. Dabei interessieren wirklich die Randbedingungen des Entstehens dieses Willens, nicht ein Zusammenhang mit Intensität des Willens*erlebens* oder dem Ausmaß der erlebten Freiheit dabei. Ob dies sinnvoll ist oder nicht, bemißt sich dann nicht daran, ob Wille phänomenologisch vom ausdauernden Bearbeiter erlebt wird, sondern ob die Randbedingungen der psychologischen Größe Wille zur Verhaltensvorhersage taugen. Vorhergesagt wird der Zeitpunkt der Willensentscheidung zum Abbruch der Ausdaueraufgabe. Wenn ein Bearbeiter nach dem Scheitern selbst sagt, daß er nicht frei in seiner Entscheidung über den Abbruchzeitpunkt war, dann ist das nur Ausdruck der Tatsache, daß das, was er eben noch als seinen Willen erlebt hat, in Realität doch determiniert war. Ob er dies aber nach Initiieren der zunächst indeterminierten Handlung merkt oder nicht, ist bezüglich der Vermittlerfunktion des psychologischen Willens irrelevant.

Wille wird in der vorliegenden Arbeit als Verhalten vermittelnde Größe aufgefaßt, wie dies auch die naivpsychologische Sicht ist. Gilbert Ryle (1949) wendet ein, daß Willens*akt* ein postuliertes Konzept ist, das keine Entsprechung in der natürlichen verwendeten Sprache findet. Das Wort Akt (Husserl, 1901) wird in der Phänomenologie (siehe Husserl, 1927) als zu vollziehende geistige Tätigkeit gedacht, die bewußt erlebt wird. "Der Begriff 'Akt' sollte den Leistungscharakter des Bewußtseins zum Ausdruck bringen" (Prechtl, 1991, S. 35). Ryle bezweifelt also die Funktion des Willensakts als vor jeder Willkürbewegung auszuführende geistige Operation. Gleichwohl ist das Wort Wille - ohne Implikation eines gesonderten geistigen, womöglich spontanen, Aktes - zu allen Zeiten zur Erklärung eigener oder der Handlungen anderer verwendet worden: 'Ich tue dies, weil ich es will'. "Der Common Sense der Alltagspsychologie hat nicht das geringste Problem damit, daß in dieser Erklärung ein mentaler Zustand (die Person glaubt, möchte, befürchtet, daß irgendetwas der Fall ist) als Ursache für einen nachfolgend eintretenden physischen Vorgang (die Handlung selbst) angesehen wird" (Prinz, 1996, S. 87 f.).

Kann ein Verständnis eines möglicherweise obsoleten Konzepts weiterführende Einsichten erlauben? Ryle sind Willensakte, die zwischen geistigen und körperlichen Tätigkeiten vermitteln, "okkulte Unmuskel" (1969, S. 95). Seine philosophische Untersuchung des 'Mythos von den Willensakten' hat dieses Ziel:

> Es soll die Lehre widerlegt werden, daß es eine Fakultät, ein nichtmaterielles Organ oder Ministerium gebe, welches der in der Theorie enthaltenen Beschreibung des 'Willens' entspricht, und folglich, daß sich Vorgänge oder Operationen abspielen, die den 'Willensakten' der Lehre entsprechen (1969, S. 79).

Eben dies meint er nachzuweisen, in dem er aufzeigt, daß das Wort Wille nur in solchen Situationen sinnvoll gebraucht wird, in denen es um Verantwortungszuschreibung - man kann heute auch sagen um *Attribution* - geht. Ist das Konzept Wille aus Beobachterperspektive überflüssig, weil es durch die diese Verantwortungszuschreibung oder Attribution auslösenden Randbedingungen ersetzt werden kann? Ausdauerexperimente bieten ein Paradigma zur empirischen Untersuchung dieser Frage.

Der Bearbeiter im Experiment wird dazu gebracht, gegen die Instruktion zu handeln, die die Zielerreichung fordert. Dadurch kann sichergestellt werden, daß der Willensakt (1) vom Bearbeiter selbst stammt und (2) aktuell in der Experimentalphase gebildet wird. Auch die Forderung Sigwarts (1889), daß (3) Wille da analysiert werden müsse, wo er uns als Erlebnisinhalt deutlich wird, kann als erfüllt gelten. Eine Leistungsaufgabe abzubrechen, erfordert eine in jedem Falle Erlebnisinhalt werdende Umentscheidung vom ursprünglichen Zielerreichen zur Negierung des Zieles. Durch diesen als primären Willensakt erlebten Abbruch wird die Ausdauerzeit als ein Maß für Willen qualifiziert, an dem experimentell untersucht werden kann, welche Einflüsse wann zu einer Willensentscheidung beim Bearbeiter führen. Tatsächlich kann dies auch als ein Wahlexperiment sensu Michotte und Prüm (1911) verstanden werden, allerdings mit garantiert im Experiment entstehendem Willen. Gewählt wird der Abbruchzeitpunkt. Darin sind die Bearbeiter aus ihrer Perspektive frei im Sinne von indeterminiert (siehe Kap. 1.1.3). Aus Beobachterperspektive dagegen ist Freiheit von Zwang gemeint, nämlich daß auch ein nicht-idealer Beobachter (siehe Kap. 1.1.3) zukünfitige Handlungen des Subjekts als nicht durch es verursacht identifiziert. Aus einer solchermaßen spezifizierten Perspektive kann mit Ebbinghaus (1912) gesagt werden: "Freiheit im Sinne von Ursachelosigkeit ist ein leerer Begriff. Was man einzig mit Recht annehmen kann, ist Freiheit von Zwang" (S. 12). Die in Kap. 1.1.3 ausgeführte Auflösung der Determinismus-Indeterminismus-Debatte durch Plancks Differenzierung von Subjekt- und Beobachterperspektive kann nun am konkreten Beispiel Willensentscheidung zum Abbruch dargestellt werden:

Zunächst ist die Gesamtzeit ausdauernden Arbeitens als Zeit zu betrachten, in der der Bearbeiter über den Zeitpunkt seines Abbruchs entscheidet. Dann ist die ganze Bearbeitungszeit Entscheidungszeit. Da über den Zeitpunkt des Abbruchs entscheiden wird, muß es sich aus Subjektperspektive um eine indeterminierte Entscheidung handeln. Die Dauer der Entscheidung als bestimmende Antezedens fehlt nämlich. Solange die Abbruchentscheidung noch nicht gefallen ist, fehlt das wesentliche Bestimmungsstück, ohne das die Wahl des Abbruchzeitpunktes nicht determiniert sein kann: die Zeitdauer der Entscheidung über den Abbruch selbst.

Mit Ausdauer wird nicht einfach Willensstärke oder -kraft gemessen. Nach Lindworsky (1921; 1923) ist es keine wie auch immer geartete Willenskraft, die Willensakte in ihrer Wirkung unterschiedet, sondern das Maß der Unbedingtheit, mit dem eine Tätigkeit ausgeführt wird. Damit nimmt er die Vorstellung Kuhls (1983) vorweg, wonach initiierte Willensakte sich danach unterscheiden, wie gut sie gegen konkurrierende Handlungstendenzen abgeschirmt sind. Bei Kuhl ist es aber immer nur die Betrachtung eines Wollen-Sollens, hier, wie bei Atkinson und Birch (1970), verkompliziert durch die Annahme einander in Konkurrenz stehender Handlungstendenzen, nicht eines primären Willensaktes.

Es wird im Ausdauerparadigma die Zeit bestimmt, bis ein primärer Willensakt eintritt. Vorhersagbarkeit von Ausdauer im Experiment bedeutet, daß vorherbestimmt werden kann, wann ein Bearbeiter seine Willensentscheidung zum Abbruch trifft. Dies geschieht während des Experiments als Ergebnis seines darin entstandenen primären Willensaktes, gegen die Determinierung aus der Instruktion. Damit ist klar, von wem die Willensentscheidung stammt, nämlich vom Bearbeiter. Aus Subjektperspektive hängt die Abbruchentscheidung von nichts weiter ab, als vom eigenen Willen. Es ist von daher sogar die Definition des Willensbegriffs nach Horn (1996; siehe Kap. 1.1.1) erfüllt. Wie schon aus dem Titel der vorliegenden Arbeit hervorgeht, wird aber gerade der Nachweis von zugrundeliegenden Determinanten dieser Willensentscheidung *aus Beobachterperspektive* der Zweck aller weiteren Ausführungen sein. Jedenfalls ist mit diesem Vorgehen gesichert, daß keine Prädetermination sensu Selz (1910, 1911, 1912) den Probanden zu seinem Willen bringt, und es ist damit auch erreicht, was Herrmann (1996) für Entscheidungsfreiheit fordert: "Man muß also sozusagen die Kompetenz zur Ersten Person Singular besitzen, und man muß dieses 'ich' in der Akteursrolle verwenden können" (S. 59).

Im Sinne des positiven, dynamischen Aspekts des Willens wird solange gearbeitet, wie wegen der Determinierung gewollt wird. Dabei wird die Kritik Selz' nicht beachtet. Im Sinne des negativen Freiheitsaspektes des Willens kann aber derselbe Sachverhalt sozusagen von hinten aufgezäumt werden: Es wird solange gearbeitet, bis die Willensentscheidung zum Abbruch fällt. Noch einmal: Das ist eine im Experiment vom Bearbeiter allein und bewußt gefällte Entscheidung, entgegen der Instruktion, die zur Zielerreichung determinieren soll. Hier gilt das Prädeterminationsargument nicht. Auch handelt es sich, wie von Ach (1910) gefordert, um einen bewußten, energischen Willensakt, ist doch vom Bearbeiter selbst eine Entscheidung gegen die von außen an die ihn herangetragene Forderung zur Zielerreichung zu fällen.

Nach Ryle (1949) wird das 'Gespenst in der Maschine' zur Verantwortung gezogen, als das er den Wille persifliert. Dabei impliziert die Rede vom 'Gespenst in der Maschine' bei Ryle nicht etwa, daß der Glaube an den freien Willen so irrational sei, wie der Glaube an Gespenster. Vielmehr wird damit die Verfahrensweise enttarnt, das Verhalten einer Instanz 'Bearbeiter' mit dem Verhalten einer in dieser Instanz lokalisierten zweiten Instanz 'Wille' zu "erklären". Das wird heute meist mit dem Schlagwort Homunculus zusammengefaßt. Kuhl (1994b), der dies Problem hier nicht ganz ernst nimmt, faßt so zusammen:

> Philosophen haben die Rede vom Willen gern ad absurdum geführt, z.B. mit dem Argument vom infiniten Regreß: Wenn der Wille z.B. als höchste Steuerungsinstanz aufgefaßt wird, wer steuert dann den Willen (Ryle, 1949)? Etwa ein kleines Männchen, das im Gehirn die richtigen Fäden zieht, den *Homunculi* der Alchemisten vergleichbar? Und wer, so fragen Philosophen steuert den Homunculus? Ein noch höherer Homunculus? Und wer steuert den . . .?
>
> Seitdem es künstliche Systeme und Computerprogramme gibt, die durchaus eine höhere Steuerungsebene haben, die viele ineinander verschachtelte Untersysteme

> oder Unterprogramme steuern, hört man den Hinweis auf den infiniten Regreß nicht mehr so häufig (S. 667).

Die bloße Existenz von Computern hat aber bisher keine Lösung dieses Problems nahegelegt. Die Moral von der Geschichte mit dem Homunculus kann nur sein, keine steuernden Instanzen zu postulieren und statt dessen ein System anzunehmen, daß sich auf allen Ebenen selbst organisiert und steuert. Ryle (1949) meint, daß ein Homunculus zur Erklärung des Zusammenhangs zwischen (1) körperlichen und (2) geistigen Vorgängen nicht gebraucht wird, weil beides nicht der gleichen Kategorie angehört. Dies sprachanalytische Argument führt aber auf keine Lösung und wird hier auch nicht weiter verfolgt.

Wie erwähnt, zeigt Ryle auf, daß das Wort Wille nur in solchen Situationen sinnvoll gebraucht wird, in denen es um Verantwortungszuschreibung, d.h. Attributionen geht. In der Tat ist auch eine geistige Operation, die Attribution genannt wird, zunächst nichts anderes als der von Ryle gescholtene Willensakt, und ein Bearbeiten der Ausdaueraufgabe bis zum Abbruch ist letztlich eben eine körperliche Handlung; der Wille als Attribution scheinbar in der Funktion des 'okkulten Unmuskels' also. Worauf es bezüglich der Kategorieungleichheit ankommt, ist, beides so weit zu abstrahieren, daß es in Begriffen einer Kategorie beschrieben und dann auch aufeinander bezogen werden kann. Das wird in der vorliegenden Arbeit durch die Beschreibung der zugrundeliegenden Informationsverarbeitung besorgt. Das ist der vielleicht interessanteste Punkt an dieser Betrachung der Willensentscheidung vom Abbruch her. Eine passende Ausdaueraufgabe vorausgesetzt, besteht die Möglichkeit zur Beobachtung der zugrundeliegenden Prozesse der Informationsverarbeitung (siehe Kap. 2.6 und 3.6). Diese führen zunächst noch zur Verantwortungszuschreibung oder Attribution 'ich arbeite ausdauernd, weil ich die Aufgabe lösen will!' Dann aber entsteht die Willensattribution 'ich breche ab, weil ich nicht mehr will!'. Das ist ein primärer Willensakt im Abbruch, eine Willensentscheidung. Der Begriff Willensattribution wird nun im folgenden Teilkapitel einer genaueren Untersuchung unterzogen.

2.2 Wille als Attribution

2.2.1 Attributionstheorie

Warum tat er das? Weil er es wollte! Dies wird in Heiders (1958) Analyse der 'naiven Psychologie des Mannes auf der Straße' als eine der Erklärungkategorien für den interpersonalen Fall in zwischenmenschlichen Beziehungen konzipiert. Er nennt dies persönliche Kausalität. Sie spielt auch in den hier zu entwickelnden Annahmen eine zentrale Rolle. Aber zunächst, was ist eine Attribution?

Unter Attribution (Heider, 1944; 1958) wird die naivpsychologische Zuschreibung von vermuteten Ursachen und Gründen als Erklärung für erlebte

Handlungseffekte verstanden, die einerseits vom Subjekt - in den Attributionstheorien oft Aktor genannt - andererseits auch von Beobachtern des Aktors betrieben werden. Welche Ursachenquelle für einen bestimmten Handlungseffekt angenommen wird, hängt davon ab, welche Informationen darüber zur Verfügung stehen und wie diese verarbeitet werden. Es ist also in keiner Weise beliebig, wie attribuiert wird. Attributionen sind letztendlich immer Folge der zugrundeliegenden Informationen (Kelley, 1967) und ihrer Verarbeitung.
Heider (1958) als Begründer dieser einflußreichen Theorienrichtung innerhalb der Sozialpsychologie nimmt an, daß Ursachenquellen dispositioneller Natur sein müssen, um als Erklärung für eingetretene Effekte fungieren zu können.

> Der Mensch möchte die Quellen seiner Erfahrung kennen, woher sie kommen und wie sie entstehen, und das nicht nur aus intellektueller Neugierde, sondern weil eine solche Attribution ihm die Möglichkeit gibt, seine Welt zu verstehen und Ereignisse vorherzusagen und zu kontrollieren, die ihn selbst oder andere betreffen (1977, S. 174 f.).

Eine dies befriedigende Attribution "... streicht die Invarianten der Natur heraus ... . Genau diese dispositionalen Eigenschaften machen das Verhalten verständlich, vorhersagbar und kontrollierbar ... . Die Attribution von psychologischen Phänomenen ist auf die dispositionalen Eigenschaften der Umwelt und der Person gerichtet" (S. 175). Diese Auffassung steht in Kontrast zu späteren Attributionstheorien z.B. von Weiner (1972; 1986), der auch Attributionen auf variable Ursachenquellen annimmt. Möglicherweise ist das aber eine Verletzung einer Grundkonzeption von Heiders Attributionstheorie.

Jedenfalls wird in der vorliegenden Arbeit zur Erklärung des Phänomens Ausdauer nicht von der variablen Ursache Anstrengung ausgegangen. Zu dicht beieinander liegen hier Ursache und Wirkung. Kann doch Ausdauer gut auch als eine Facette von Anstrengung aufgefaßt werden. Das wird sichtbar, wenn z.B. ein Bearbeiter nach Abbruch der Ausdaueraufgabe nach seinen Ursachenzuschreibungen befragt wird. Es sei der Einfachheit halber einmal davon ausgegangen, daß er unverfälscht antwortet. Dann ist ein hoher Zusammenhang von Anstrengungsattribution und Ausdauer auch so interpretierbar, daß die ausdauernden Bearbeiter mit ihrer Variabelattribution nichts weiter sagen, als das sie ihre Ausdauer als eine Form der Anstrengung erlebt haben. Shrauger und Osberg (1980) konnten einen Zusammenhang zwischen Stabil-variabel-Attributionen und Ausdauer zeigen. Sie interpretieren dies so, daß die Kausalrichtung von der gezeigten Ausdauer auf die Attribution verläuft. Wird die Bearbeitungszeit eines anderen oder eines selbst im Erfolgsfall als kurz erlebt, so resultiert dies in einer Attribution auf Fähigkeit. Wurde die Aufgabe nicht gelöst, wird wegen der kurzen Bearbeitungszeit auf fehlende Anstrengung attribuiert.

Nach Heider (1958) können Ursachenquellen entweder der Person oder der Umwelt angehören, sowie persönliche oder nicht-persönliche Kausalität enthalten. Persönliche Kausalität wird nur bei Äquifinalität und lokaler Kausalität wahrgenommen. Äquifinalität heißt: "Die Mittel sind variabel, das Ziel ist dasselbe" (Heider, 1977, S. 131). Er lehnt sich dabei an Brunswiks (1952) Linsenmodell an. Lokale Kausalität heißt, daß der persönliche Kausalität Wahrnehmende bei gegebener Äquifinalität glaubt, die einzelnen Mittel zur Zielerreichung zu kontrollieren und damit dauerhaft Ursache der Zielerreichung zu bleiben. "Die kausalen Linien werden so gesehen, daß sie von x [Person mit der Absicht, e hervorzurufen] ausgehen und von x bis zu ihrem abschließenden Ergebnis e kontrolliert werden" (Heider, 1977, S. 131). Ein Aktor wird sich selbst dann als lokale Kausalquelle erleben, wenn er sich eines oder mehrerer der Wege zum Ziel bemächtigen kann; verkürzt gesagt: wenn er Kontrolle ausüben kann.

Letzteres entspricht weitgehend der Kontrollierbarkeitsdimension bei Weiner (1974a; 1979; 1986), unterscheidet sich von dieser aber darin, daß Weiners Kontrollierbarkeits-Konzeption voraussetzungsloser ist. Es muß hier nicht auch zusätzlich Äquifinalität gegeben sein, um auf eine kontrollierbare Ursache zu attribuieren, da Weiner nicht notwendigerweise von zielgerichtetem Verhalten ausgeht. Die Unterscheidung zwischen persönlicher und nichtpersönlicher Kausalität wird von Weiner nicht verwendet, sie ist zwar von Rosenbaum (1972, zitiert nach Weiner, 1974a; 1979; 1986) als 'intentional vs. non-intentional' aufgenommen worden, wurde aber von Weiner (1979) zu 'Kontrollierbarkeit' umkonzeptualisiert und so in seine attributionale Theorie der Motivation und Emotion (Weiner, 1985; 1986) übernommen. Ähnlich wie bei Rotters (1966) Konzept des Locus of Control handelt es sich auch bei Weiners Kontrollierbarkeit um eine generalisierte Erwartung. Bei Rotter ist es eine Disposition, bei Weiner eine auf bestimmte Situationen verallgemeinerte Erwartung. Nicht so die Wahrnehmung lokaler Kausalität in dem Sinne, wie sie in der vorliegenden Arbeit verwendet wird. Sie ist das emergente Ergebnis der Verarbeitung der Informationen als Kausalinformation aus der aktuellen, konkreten Situation des Bearbeitens der Leistungsaufgabe. Die Suche nach dieser Information wird im anschließenden Teilkapitel zum Haupterklärungsansatz gemacht, wie auch Weiner (1979) von der zentralen Annahme ausgeht, "... that the search for understanding is the (or a) basic 'spring of action'" (S. 3). Allerdings ist es bei ihm eher eine Metasuche eben nach Verständnis unter elaborierten, vom Attribuierenden benennbaren Gründen (Aufgabenschwierigkeit, Fähigkeit) und Ursachen (Anstrengung, Zufall), während hier die Low-Level-Suche in der konkret vorliegenden, noch zu verarbeitenden Information gemeint ist.

Ein weiterer Punkt führt oft zu Mißverständnissen. Es ist keineswegs so, daß jemand, z.B. ein Wellenreiter, der sich einen Handlungseffekt - wie das Verlieren des Gleitpunktes auf der Welle - damit erklärt, daß er wegen etwas Externalem - des zu rutschigen Bretts - ausgeglitten ist, deshalb auch keine persönliche Kausalität wahrnehmen kann. Wie das Beispiel schon nahelegt, kann der Surfer hier sein Ziel durch Ausschalten der negativen externen Ursachenquelle 'rutschiges Brett' etwa durch 'besseres Wachsen' erreichen, und so lokale Kausalität auf dem Weg zum Ziel 'den Gleitpunkt auf der Welle lange zu halten' erleben. Also auch bei Attribution auf eine externe Ursachenquelle, die z.B. eine Barriere auf einem äquifinalen Weg zum Ziel darstellt, kann persönliche Kausalität wahrgenommen werden. Das geht schon aus der Idee der Äquifinalität hervor, denn "... die persönliche Kausalität ist gekennzeichnet durch Äquifinalität, d.h. durch Invarianz des Ergebnisses und Variabilität der Mittel. Stellvertretende Mediation im Hinblick auf einen Endpunkt ist ein wesentliches Merkmal der operationalen Definition der Absicht (Tolman, 1932; Brunswick, 1952)" (S. 124). Sobald also eine Absicht besteht, ist im Hinblick auf diese auch bei Attribution auf eine externe Ursachenquelle, zum Zwecke der Absichtsrealisation, eine Wahrnehmung lokaler Kausalität möglich.

2.2.2 Willen in Begriffen der Attributionstheorie

Zentral ist für alles Weitere der Begriff der persönlichen Kausalität, der von Heider (1958) übernommen wird. Dieser Begriff ist inhaltsschwerer als es in den Darstellungen Heiders den Anschein hat. Auch in der bei Heider verwendeten Bedeutung ist er auf William Stern (1911) zurückführbar. Für diesen ist persönliche Kausalität der Zentralbegriff, mit dem er den Begriff der Person für seine Persönlichkeitspsychologie abgrenzt. Er hält es nämlich für "logisch undenkbar, daß eine bloße Summierung von Teilgeschehnissen, die unbekümmert um den Gesamterfolg lediglich mechanischen Gesetzen folgen, dennoch immer wieder ein Gesamtziel hervorbringen, das in der Erhaltung und Entwicklung des Ganzen besteht" (S. 18). Schon bei Stern finden sich auch die Konstituenten der persönlichen Kausalität. Stern unterscheidet nämlich Person und Nicht-Person so: "dort, wo die Kausalität in der Form einer immanenten Zielstrebigkeit auftritt, ist das Gebilde, welches zugleich Quellpunkt und Zielpunkt des zielstrebigen Wirkens ist, eine Person" (S. 18). In dieser Verwendung als 'causa finalis' ist der Wille des Bearbeiters eben das, was es hier aus der Attributionspsychologie Heiders - nun aber für den intrapersonalen Fall - als Grund, auf den attribuiert wird, zu konzeptualisieren gilt. Im Sinne Dennetts (1987) ist das 'subpersonale kognitive' Psychologie, weil hier nicht der Person als ganzes von außen eine Zielintention zugeschrieben wird, sondern die Entstehung der Zielintention als ein Submechanismus der Person betrachtet wird. Ansonsten entstünde das Intentionalitätsproblem, wie in Kap. 1.1.4.2 erklärt.

2.2.2.1 Attributionspol 'Intentional'

Heider (1958) spricht nicht explizit von Wille oder Intention. In seiner Analyse geht er vom interpersonalen Fall eines naiven Psychologen p aus, der die

Handlungen eines anderen o deuten will. Deshalb wird der hier interessierende Fall ausdauernden Arbeitens bei Heider z.T. im Konzept des Versuchens gefaßt. Versuchen ist dabei der Faktor, der aus der Sicht von p die Kräfte kontrolliert, die von o auf die Umwelt ausgeübt werden, um Äquifinalität herzustellen. Aus der Sicht von p hat das Versuchen von o zwei Aspekte: die Richtung oder Absicht, sowie den Aspekt der für p sichtbaren Anstrengung von o. Heider erinnert daran, daß für p "... genaugenommen Können und Versuchen die beiden Bedingungen der Handlung sind und nicht Können und Wollen" (1977, S. 136). Versuchen wird aber häufig von p als durch die Kraft eines Wunsches ausgelöst erlebt. Für den interpersonalen Fall gilt die Vorwegnahme von p, "... daß eine Person, die eine bestimmte Wirkung wünscht und glaubt, sie erreichen zu können, dazu neigt, es zu versuchen. In diesem Sinne kann man Können und Wollen als die beiden Bedingungen des Versuchens betrachten" (S. 136). Die Attribution einer Person p auf den Willen einer anderen Person o ist deshalb für p besonders prädiktiv, weil "... gerade die Absicht einer Person dadurch Ordnung in die große Vielfalt möglicher Handlungsfolgen bringt, daß sie diese mit einem Endergebnis koordiniert" (S. 156).

Ebenso aus der interpersonalen Perspektive betrachtet, ist die Sichtweise von Premack und Premack (1995). Der vielversprechende Titel 'Intention as psychological cause' ihres Aufsatzes ist auf Intention im Sinne von Zielintention bezogen, die von einem Beobachter anderen Objekten zugeschrieben wird. Diese Objekte sind analog dem Vorgehen im Gegenstandsbereich 'phänomenale Kausalität' nach Michotte (1963) einfache graphische Figuren, deren Bewegungen z.B. auf einem Computerbildschirm bei Leslie und Keeble (1987) von Säuglingen danach 'beurteilt'[3] werden, durch was die Bewegungen verursacht werden. Der generelle Befund nach Premack (1990) ist der, daß die wahrgenommenen perzeptuellen Ereignisse dann als intentional erlebt werden, wenn diese selbstangetrieben (self-propelled) und zielgerichtet erscheinen. Dabei soll darüber hinaus gelten: "the perception of intention, like that of causality, is a hard-wired perception based not on repeated experience but on appropriate stimulation" (S. 2). Die wichtige Rolle der Attributionsdimension 'Intentionalität' im Sinne von Absichtlichkeit wird auch von Malle und Knobe (1997a; 1997b) für Zuschreibungen eines Beobachters hinsichtlich der Handlungsergebnisse eines Aktors betont. Malle und Knobe (1997a) zeigen empirisch,

> ... that people's folk concept of intentionality consists of five components (beliefe, desire, intention, awareness and skill) that are hierarchically arranged, such that belief and desire are necessary conditions for attributions of intention and, given an

[3] Die Säuglinge wurden an eine per Projektor vorgeführte Bewegungssequenz gewöhnt und es wurde erhoben, wie lange sie ihren Blick im Mittel zur Projektion gerichtet hatten. In der Testphase wurde die Sequenz rückwärts projeziert. Abhängiges Maß ist Test-Blickdauer minus letzte Blickdauer der Gewöhnungsphase.

intention, skill and awareness are necessary conditions for attributions of intentionality (S. 114).

Aber auch hier geht es um die Perspektive eines Außenstehenden, der das Verhalten eines anderen beurteilt.

2.2.2.2 Attribution von Handlungsergebnissen vs. Attribution von Handlungen

Wird Wille als Erklärung auch für eigene Handlungen herangezogen, also der eigenen Wille für den Grund der laufenden Handlung gehalten? Diese Frage bedeutet eine Verschiebung der Fragerichtung gegenüber den bisher existierenden Attributionstheorien. Es wird nicht mehr nach Erklärungskategorien für Handlungs*ergebnisse* gefragt, sondern nach der *Existenz* oder dem *Ursprung* von Handlungen als Gegenstand, unabhängig von ihren Ergebnissen, und insbesondere bevor diese Handlung ein Ergebnis erbracht hat. Eine Illustration für eine solche Attribution ist in einem Hobbes-Zitat von Ebbinghaus (1912) enthalten: "'Ein hölzerner Kreisel', sagt Hobbes, 'der von einem Jungen gepeitscht wird und herumläuft, bald an die eine Wand bald an die andere - wenn er seine eigene Bewegung empfände, so würde er denken, sie würde von seinem eigenen Willen hervorgebracht, es sei denn, er fühlte, was ihn peitschte'" (1912, S. 12f).

2.2.2.3 Attribution auf *intra*personaler Ebene

Ein weiterer Unterschied zu den meisten Attributionstheorien besteht darin, daß nach der hier sich entwickelnden Konzeption die Attributionen des Aktors auf *intra*personaler Ebene betrachtet werden. Die Arbeiten Bernard Weiners und seiner Kollegen haben ebenfalls diese aufschlußreiche Sichtweise. "I believe that one of the main contributions of our work has been the adaptation for the construction of a theory of motivation that has the individual as the unit of analysis" (Weiner, 1979, S. 15). Allerdings sind bei Weiner weiterhin die Ergebnisse der Handlung die Dinge, für die der Aktor Erklärungen angibt. Dies gilt auch für Nisbett und Valins (1971), die auf Bem (1967) rekurrieren, der davon ausgeht, daß wir oft unser eigenes Verhalten im Hinblick auf einen Gegenstand bewerten. Sodann schließen wir, daß unsere Einstellung zu diesem Gegenstand konsistent mit unserem Verhalten ist. Das radikal behavioristische an dieser Sichtweise ist, daß wir unser Verhalten solange nicht bewerten, bis es offen beobachtbar ist. Erst auf der Grundlage der Beobachtung des eigenen Verhaltens kommen wir zur Zuschreibung der Ursachen unseres Verhaltens. Z.B. "If I was eating scallops, and no one was influencing me to eat them, I must like scallops" (Weary, Stanley und Harvey, 1989, S. 23). Bem wendet diese Sichtweise auf den Phänomenbereich der Dissonanztheorie an. An sich selbst beobachtetes Verhalten erzeugt solange Dissonanzdruck bis es mit einer passenden Selbstwahrnehmung in Einklang gebracht ist.

2.2.2.4 Willensattribution

Kann die Annahme eines Aktors, die Handlungseffekte seines zielgerichteten Verhaltens gingen auf die Wirkung seines eigenen Willens zurück, als Attribution verstanden werden? Prinz (1996) benutzt den Begriff Attribution nicht, aber auch er konstatiert eine alltagspsychologisch unterstellte Kausalbeziehung zwischen mentalen Zuständen und physischen Handlungen.

> Mit dieser Kausalbeziehung zwischen psychischen und physischen Vorgängen hat die Alltagspsychologie nicht das geringste Problem ... . Die Beziehung zwischen Handlungen und ihren mentalen Antezedenzien läßt sich sogar im Gegenteil als Kausalbeziehung *par excellance* betrachten, weil hier die Verursachung des einen durch das andere unmittelbar erlebt werden kann (S. 89).

Ist ein Konzept *Willensattribution* ableitbar? Und eine weitere Frage steht an: Muß Freiheit in der Zielauswahl erlebt werden, um die, der Willensattribution zugrundeliegende, Informationsverarbeitung zum Willenserleben zu machen? Auch bei einer subjektiv unlösbaren Aufgabe ist der Bearbeiter prinzipiell frei, *wann* er abbricht. Nichts zwingt ihn, dies zu einem bestimmten Moment zu tun. So wird die Willensentscheidung zum Abbruch wohl als eigener Wille erlebt. Gilt dies aber auch für das dynamische Streben zum Ausdaueraufgabenziel auf Geheiß der Instruktion hin?

Die Beantwortung dieser Fragen liegt im Überdenken der Situation, die durch Determinierung sensu Ach (1910) geschaffen wird. Sie impliziert für den Bearbeiter die Perspektive des Aktors. Der Bearbeiter ist agierendes Subjekt in einem System äquifinal auf das Ziel führender Wege und Mittel. Äquifinalität impliziert, daß der Aktor mit verschiedenen Objekten der Umwelt auf dem Weg zum vorweggenommenen Ziel umgeht. Daher kommt er - bezüglich des Ursprungs der Handlung - zur Personattribution, also auf sich selbst. Er ist der konstante Faktor, die Objekte der Umwelt auf den verschiedenen Wegen zum Ziel variieren. Dies ist auch dann so, wenn keine Freiheit der Zielauswahl erlebt wurde, wie im Falle von Determinierung via Instruktion, die ihm ein Ziel zuweist und zur Zielerreichung auffordert.

Nur scheinbar ist dies entgegen der Befundlage zum Aktor-Observer-Bias (Jones und Nisbett, 1971). Dieser Bias bezieht sich auf Handlungseffekte - d.h. Ergebnisse der Handlung, für die ein Grund gesucht wird. Hier sind aber nicht Handlungsergebnisse der zu erklärende Effekt für den Attribuierenden, sondern die Handlung als solche, unabhängig davon, welches Ergebnis sie hat. Im Ausdauerparadigma ist es sogar so, daß es erst nach dem Abbruch einen Handlungseffekt gibt, für den dann ein Grund gesucht wird. Natürlich ist dann die Informationslage die, wie sie von Jones und Nisbett angenommen wird. Dieselbe ipsativ-ideographische Sicht, die beim Erklären des Ergebnisses eher die Umstände zu Erklärungen des Handlungseffekts werden läßt, führt während der Handlung bei der Frage, was die Ursache der Handlung ist, zur Personattribution. Unterschiedliche Umstände werden von immer demselben Aktor angetroffen, auch und grade aus der ipsativ-ideographischen Sicht des Aktors.

Das zweite mindestens ebenso wichtige Bestimmungsstück der Willensattribution ist persönliche Kausalität. Von der einen notwendigen Voraussetzung für diese Wahrnehmung ist ausgegangen worden: Äquifinalität. Sie liegt bei jedem zielgerichteten Verhalten vor. Die zweite Voraussetzung muß der Aktor sich selbst dauernd neu schaffen: *lokale Kausalität.* Er wird sich selbst dann als lokale Kausalquelle erleben, wenn er sich eines der Wege zum Ziel bemächtigen kann; wenn er Kontrolle im durch Determinierung geschaffenen System ausüben kann. *Dieser Punkt ist der einzige, der in Frage stehen kann; die anderen sind durch die Situation, die durch die Determinierung geschaffen wird, festgelegt.*

Sigwart (1889) löst den Vorgang des Wollens auf in die aufeinander folgenden Aspekte *Projekt,* das den *Zweck* beinhaltet, *Soll ich?, Kann ich?, Willensentscheidung* und schließlich *Prozeß der Verwirklichung des Zwecks.* Mit der Frage *Kann ich?* verbindet sich nach Sigwart die Überlegung des Bearbeiters "... von welcher Art von Ursachen erwartet werden darf, daß sie ihn hervorbringen, und ob ich im Stande bin, eine dieser Ursachen in Wirksamkeit zu setzen" (S. 122).

Er meint damit das, was heute in den Attributionstheorien unter einer Kausalattribution auf Fähigkeit verstanden wird. Er schreibt über den Aspekt *Kann ich?*:

> Ob diese Ueberlegung nun zugleich schon zu einer bestimmten Einsicht führt, in *welcher Weise* das Projekt realisierbar ist, oder nur zu der Ueberzeugung, daß es überhaupt nicht unmöglich ist, und nicht bloß von Ursachen abhängt, auf die ich keinen Einfluß habe, ist in diesem Stadium von untergeordneter Bedeutung; genug wenn ich nur überzeugt bin, daß es für mich nicht unmöglich ist (S. 122).

Auch auf der Grundlage des Aufsatzes von Sigwart (1889) läßt sich der Hauptansatzpunkt dieser Arbeit entwickeln. Er schreibt weiter:

> Daß das Gewollte sich niemals von mir ganz loslösen kann, ist schon damit gegeben, daß jede solche Willensentscheidung die Vorstellung meiner *realen Causalität* einschließt. Das Zukünftige wird ja gedacht als etwas durch *mein Thun* hervorzubringendes, die Vorstellung meiner selbst, die zu Grunde liegt, ist die eines Subjekts, das die reale Macht hat, den Zweck zu verwirklichen; darum liegt in jedem Wollen eingeschlossen: ich will etwas thun (S. 124).

Wille ist eine Kausalattribution. Der Handelnde erklärt den Ursprung oder Grund seiner Handlungen damit, daß er sie will. Scheinbar widerspricht Herrmann (1996) dieser Auffassung explizit, wenn er schreibt: "Wenn man sich als Akteur einer Handlung erlebt, so erlebt man sich nicht als Ursache der Handlung" (S. 59). Aber der Aktor attribuiert ja auch nicht auf sich als Ganzes, sondern er attribuiert auf "... eine Fakultät, ein nichtmaterielles Organ oder Ministerium ..." (Ryle, 1969, S. 79) um mit Ryles (1949) kämpferischen Worten gegen die Annahme des 'okkulten Unmuskels' Wille zu sprechen. Herrmann (1996) begründet seine Auffassung damit, daß die Handlung als Wirkung der Ursache 'Akteur' eine zweifelhafte kategoriale Beschaffenheit erhält. Sie kann dann nicht gleichzeitig auch die dem Akteur zugeschriebene Handlung sein. So ist Herrmanns Anmerkung als Begründung zu verstehen, daß der Aktor eben nicht schlicht auf sich als Ganzes attribuiert, sondern daß er sich genötigt sieht, diesen okkulten Unmuskel Wille zu konfabulieren. Auf diese Weise kann die Handlung sowohl Wirkung des Willens sein, als auch die Handlung dem Aktor als Ganzes durch Dritte zugeschrieben werden. Daß der Aktor selbst die Ursache Wille zur Erklärung seiner Handlung anführt, ist Hinweis darauf, daß bei Sprechakten *über* etwas standardmäßig die Perspektive des anderen übernommen wird. Hier ist ein Perspektivenwechsel enthalten, der den Handlungsbegriff im Rahmen der Willensdiskussion verkompliziert (siehe Kap 1.1.4.1).

Voraussetzung für die Willensattribution ist allerdings, daß die Handlung bewußt ist. "Nur dieses Bewußtsein macht es uns überhaupt möglich, als Ursache der Bewegung in uns selbst ein Wollen zu statuieren, und, was wir in uns selbst erfahren, nach Analogie auch auf Andere auszudehnen" (Sigwart, 1889, S. 175f). Ohne dies Bewußtsein werden aus Handlungen Widerfahrnisse oder Routine. Nur für bewußt erlebte Handlungen kann nach ihrer Quelle gefragt werden.

Das Willenserleben aus Subjektperspektive ist demnach eine Folge der dieser Ursachenzuschreibung zugrundeliegenden Informationsverarbeitung. Der Unterschied zwischen Selbstperzeptionsphänomenen, wie sie von Nisbett und Valins (1971) angeführt werden und der hier vorgeschlagenen Konzeption besteht darin, daß nicht von offenem Verhalten auf einen zugrundeliegenden eigenen Willen geschlossen wird, sondern die Informationsverarbeitung beim eigenen Verhalten zum emergenten Eindruck eines eigenen Willens führt. Die Wirkrichtung ist andersherum: Nicht etwa gezeigtes eigenes Verhalten bewirkt die Wahrnehmung eigenen Willens, sondern Wille ist ein Ergebnis der Verarbeitung von Informationen aus der Umgebung als Kausalinformation. Dieses Verarbeitungsergebnis führt dann seinerseits subjektiv zu Handlungen des Subjekts. Wille ist keine Inferenz sensu Bem (1967; 1972), sondern ein Zwischenglied von den vorliegenden Informationen zur auszuführenden Handlung. Es handelt sich, mit Herrmann (1996) gesprochen, um eine 'nützliche kognitive Realität'.

2.2.2.5 Attribution auf Ursachen und Gründe

Wird ein Handlungseffekt, wie das Scheitern an der Ausdaueraufgabe, auf den Willen attribuiert, so handelt es sich nicht um eine Zuschreibung von Ursachen, sondern eines Grundes. Zur Unterscheidung zwischen Ursache und

Grund in der Folge David Humes, siehe Ryle (1949), Locke (1974), Buss (1978) und Eggers (1986). Ursachen haben bei Ryle den Charakter von Episoden (z.B. 'mein Tischnachbar reicht mir das Salz, weil ich darum bitte'), die Handlungen auslösen, während Gründe dispositionalen Charakter haben (mein Tischnachbar reicht mir das Salz, weil er ein höflicher Mensch ist'). Wie oben (Kap. 2.2.1) erwähnt, streben Menschen, Heider (1958) zufolge, eher dispositionale Erklärungen an. Sie wollen nichts über episodische Ursachen erfahren, sondern Gründe erschließen, die wegen ihres feststehenden, dispositionalen Charakters viel eher eine Vorhersage auf zukünftige Ereignisse zulassen.

Wenn es aber nicht um vorherzusagende Handlungsergebnisse geht, sondern um den Ursprung der ablaufenden Handlung vor ihrem Ende im Handlungsergebnis, dann gibt es bezüglich des Ursprungs nur Zuschreibungen von Gründen. Dagegen ist alles, was auf eine ablaufende Handlung selbst - nicht auf ihren Ursprung - direkten Einfluß hat, episodisch und gehört daher nach Ryle zum logischen Typ der Ursachen. Auch so ein Grund wie Wille wirkt auf den Verlauf der Handlung in Form von einzelnen episodischen Ursachen, die eine Wahrnehmung lokaler Kausalität ermöglichen. Beispielsweise erlebt ein Surfer eine episodische eigene Körperbewegung als Ursache für eine einzelne Richtungsänderung. So sind es Attributionen auf episodische Ursachen, die während der Handlung eine Zuschreibung des Handlungsursprungs zum Grund 'eigener Wille' nahelegen. Im Beispiel: 'Warum bin ich so riskant in Richtung auf den Wellenkamm gesurft? Weil ich es wollte!'. Durch die determinierte Situation mit Äquifinalität und Personattribution (s.o.) handelt es sich bei diesem Grund solange um die eigene Zielintention, wie die Bearbeitungsinformationen so verarbeitet werden, daß lokale Kausalität wahrgenommen wird.

Daß die Informationsverarbeitung, die zu dieser Wahrnehmung führt, ihrerseits im Experiment den Status einer Ursache hat, soll sich daran erweisen, daß sie den *episodischen* Zeitpunkt des Willensentschlusses zum Abbruch der Ausdaueraufgabe vorhersagen kann. Die hier zusätzlich mitbehauptete generelle Tendenz zur Attribution auf die eigene Zielintention, wenn der Proband durch Determinierung zum Aktor wird in einem äquifinalen System auf das vorgegebene Ziel hin, wird zwar auch hier überprüft werden (siehe Kap. 3.5.5.2), aber es gibt dazu bereits Evidenz.

Eggers (1986) zeigt, daß intentionale Erklärungen bei Handlungen häufiger sind als bei Handlungsergebnissen. Um die Attributionen zu erfragen, wurde in der Handlungsbedingung die ablaufende Handlung unterbrochen, während in der Ergebnisbedingung das Handlungsergebnis abgewartet wurde. Oeltjen (1977) konnte nicht nachweisen, daß Aktoren eher als Beobachter auf Zielintentionen attribuieren, weil er bei seiner Studie nur Handlungsergebnisse als Attributionsanlaß vorgegeben hat.

2.2.2.3 Erste Skizze der Informationsverarbeitung, die zu Willenserleben führt

Der Aktor erklärt seine zielgerichten Handlungen damit, daß er sie will. Dynamische Willens*tätigkeit* kann dann als Informationsverarbeitungsprozeß aufgefaßt werden, der zur Willensattribution führt. Das Willenserleben ist damit eine Folge der Verfügbarkeit der Informationen, die dieser Attribution zugrunde liegen. Ausdauer ist also Suchdauer - nach Informationen, die eine Wahrnehmung lokaler Kausalität ergeben - im Prozeß der Informationsverarbeitung, dessen Ergebnis die Willensattribution ist.

Für Ausdauer heißt das: Die Menge der Informationen, die zu dieser Willensattribution führen, bestimmt, wie lange der Bearbeiter das Ziel erreichen will. Es wird hier also behauptet, daß es für Ausdauer allein darauf ankommt, wie lange ein Aktor seine Wahrnehmung lokaler Kausalität bezüglich äquifinal auf den Zweck führender Wege und Mittel - kurz: seine Willensattribution - bei den Informationen aufrecht erhalten kann, die beim Weiterarbeiten in den Bearbeitungsinformationen enthalten sind. Er *sucht* nach Informationen, die er als Evidenz für lokale Kausalität bezüglich der äquifinalen Wege und Mittel zum Zweck interpretieren kann. Kurz gesagt, es wird so lange ausdauernd gearbeitet, bis der Bearbeiter keine lokale Kausalität mehr wahrnehmen kann. Es ergibt sich die folgende Argumentationskette:

Bearbeiter sind so ausdauernd, wie sie wollen: Die Wahl des Abbruchzeitpunkts ist aus ihrer Perspektive spontan und bewußt.
▼
Wie lange sie wollen, hängt davon ab, ob ihre Informationsverarbeitung noch die Willensattribution als Ergebnis hat.
▼
Und das wiederum hängt von den zur Verfügung stehenden Informationen und der Art ihrer Verarbeitung (Attributionstendenz, s.u.) ab, ob dabei nämlich lokale Kausalität wahrgenommen wird.
▼
⇨ Fazit: Ausdauer ist Suchdauer nach den Informationen, die zur Wahrnehmung lokaler Kausalität führen.

Der Informationsverarbeitungsprozeß wird in erster Annäherung als eine Suche in den zur Verfügung stehenden Bearbeitungsinformationen aufgefaßt. Das wird im weiteren Ausdauer-ist-gleich-Suchdauer-Annahme genannt. Zu einer genaueren Betrachtung wird in Kap. 2.6 übergegangen. Zunächst wird der Teil der Information in den Rückmeldungen beim Bearbeiten der Ausdaueraufgabe, der eine Wahrnehmung lokaler Kausalität erlaubt, wie eine sich 'verbrauchende' Menge betrachtet. Verbraucht wird dabei die Illusion, daß der jeweilige Informationsanteil eine Wahrnehmung lokaler Kausalität rechtfertigt.

Denn jede Information, die auf Kontrollierbarkeit schließen läßt, ist bei einer für den Bearbeiter nicht lösbaren Aufgabe trügerisch.

2.3 Experimentelle Manipulation der subjektiv wahrgenommenen Möglichkeit zur Suche nach lokaler Kausalität

Die einfachste Art, den primären Willensakt zu determinieren, ist, dem Bearbeitern einen kleinen oder großen Suchraum nach lokaler Kausalität zu bieten. Suchraum heißt dabei die Menge der vom Bearbeiter als absuchbar vermuteten Wege und Mittel zum Ziel. Dieser Suchraum kann durch einfache Manipulationen (s.u.) eingeschränkt werden. Suchraumeinschränkung ist auch der Ansatz des ersten Experiments (Kap. 3.2) zum Beleg für die bisher gemachten Behauptungen. Eine solche Suchraumeinschränkung haben Henry und Sniezek (1993) unter der Bezeichnung 'wahrgenommene interne Kontrolle' vorgenommen. Sie ießen Bearbeiter Sachfragen mit Hilfe eines Almanachs lösen. In der Bedingung mit hoher wahrgenommene interne Kontrolle wurde versichert, daß alle für die Fragen relevanten Sachinhalte im Almanach enthalten seien. In der Bedingung mit niedriger wahrgenommene interne Kontrolle wurde gesagt, daß nicht alle Fakten enthalten seinen. Das ist eine sehr offensichtliche Suchraumeinschränkung. Mit einer solchen Suchraumeinschränkung war die Ausdauer der Bearbeiter bei Henry und Sniezek deutlich höher als ohne. Gleichzeitig bewirkte diese Suchraumeinschränkung aber auch eine geringere Erfolgserwartung bei den Bearbeitern.

2.3.1 Suchraumeinschränkung und die Konfundierung mit Erfolgserwartung

Wenn keine Suchraumeinschränkung vorliegt, müssen alle äquifinal auf den Zweck führenden Mittel daraufhin überprüft werden, ob sie kontrollierbar sind, d.h. ob der Aktor jeweils lokale Kausalität wahrnimmt (siehe Abb. 2.3.1).

Mit einer Suchraumeinschränkung ist dagegen ein großer Teil der Wege von vornherein abgeschnitten (siehe Abb. 2.3.2). Die Bearbeiter glauben dann, nicht so viele Wege zum Ziel auf lokale Kausalität hin überprüfen zu können. Aber ist das nicht kürzer und prägnanter mit Erfolgserwartung benennbar?

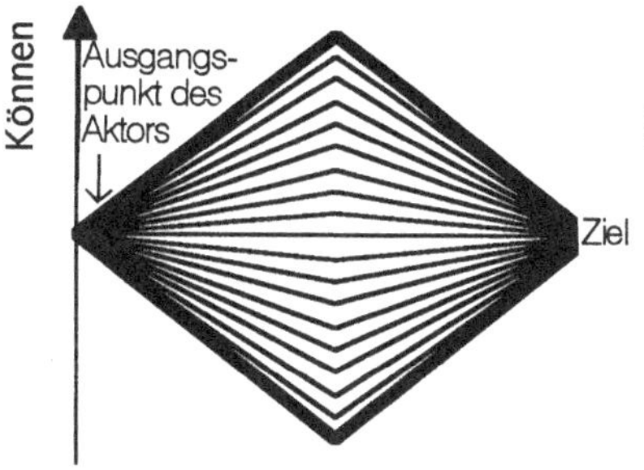

Abb. 2.3.1 Absuche aller äquifinalen Wege und Mittel nach lokaler Kausalität;

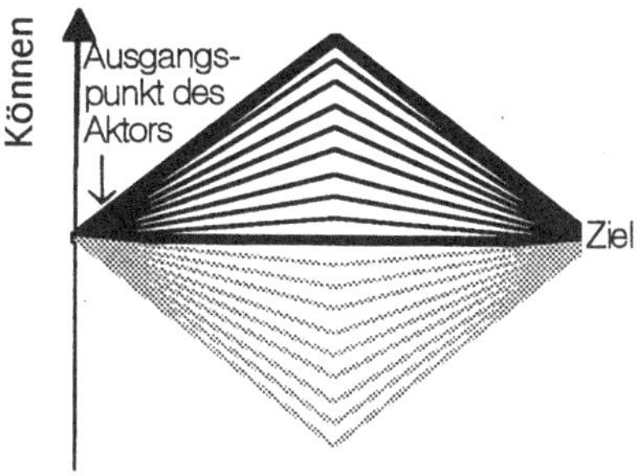

Abb. 2.3.2 Absuche nur der äquifinalen Wege und Mittel nach lokaler Kausalität, bei denen das eigene Können - bezüglich eines gesetzten Kriteriums - hinreichend ist.

Die dünnen Linien stellen Wege zum Ziel dar. Diese sind von unten nach oben danach angeordnet, wieviel Können erforderlich ist, um sie bis zum Ziel 'gehen' zu können.

Nichts scheint leichter, als dazu ein Experiment durchzuführen, jedoch lauert bei der Induktion von Erfolgserwartung eine Konfundierung. Es werden nämlich meist Induktionsaufgaben für Erfolgserwartungsmanipulation verwendet, die in der günstig-Bedingung auch während der Bearbeitung der Induktionsaufgabe leicht bearbeitbar erscheinen. Wenn dann die notwendigerweise unlösbare Ausdaueraufgabe angegangen wird, ist sofort der Eindruck geschaffen, daß jetzt nicht mehr so viele Möglichkeiten zur Lösung ausprobiert werden können. Mit den zuvor verwendeten Worten gesagt: Es gibt dann von vornherein nicht so viele Wege, die auf lokale Kausalität hin überprüft werden können. Gerade das ist aber dann die Einschränkung des Suchraums, die verhindert, daß viele Wege zum Ziel auf lokale Kausalität hin überprüft werden können. Genau dies ist auch in einem Experiment von Eichstaedt und Dahme (1995) passiert.

Dort ist Erfolgserwartung durch Induktionsaufgaben induziert worden. Zur Induktion ungünstiger Erfolgserwartung waren die Induktionsaufgaben genau so schwer zu bearbeiten, wie die nachfolgende Experimentalaufgabe zur Messung der Ausdauer. Demgegenüber erfolgte die Induktion günstiger Erfolgserwartung durch Aufgaben, die leicht bearbeitbar waren, so leicht, daß sie gelöst werden konnten. Im Kontrast zu diesen leicht bearbeitbaren Induktionsaufgaben wirkte die Bearbeitbarkeit der Experimentalaufgabe viel schwerer. Diese Schwierigkeit wird den Bearbeitern nicht erst im Ergebnis klar, sondern wird schon durch die wesentlich schwierigere Bearbeitbarkeit des Aufgabenmaterials zu Beginn der Experimentalphase deutlich. Es wird ein Bearbeitbarkeitswechsel erlebt.

Dieser Bearbeitbarkeitswechsel wirkt als Suchraumeinschränkung, weil hier im Vergleich mit den als Anker wirkenden Induktionsaufgaben, die Experimentalaufgabe weniger Wege zum Ziel bietet, nämlich nur solche, die ein hohes Können abverlangen, um gegangen werden zu können. Diese Suchraumeinschränkung besteht nur in der günstig-, nicht aber in der ungünstig-Bedingung. Hier unterscheiden sich Induktionsaufgaben und Experimentalaufgabe in der Bearbeitbarkeit nicht. Zur Beurteilung, ob diese nun schwer oder leicht bearbeitbar ist, fehlt der Bezugsrahmen. Die Bearbeiter können hier glauben, daß es noch Wege zum Ziel gibt, die sie nur noch nicht gefunden haben. Daher ergeben sich bei Eichstaedt und Dahme in dieser ungünstig-Bedingung die längeren Suchzeiten nach lokaler Kausalität, d.h. die höhere Ausdauer. Das wird im weiteren scheinbarer Mißerfolgseffekt genannt.

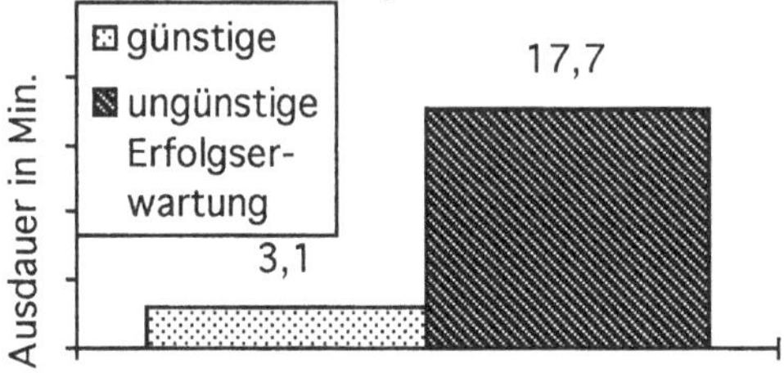

Abb. 2.3.2 Der scheinbare Mißerfolgseffekt im Experiment von Eichstaedt und Dahme (1995)

Um ein Experiment zur Wirkung der Suchraumeinschränkung durchzuführen, muß diese Konfundierung aufgehoben werden. Sonst kann nicht zwischen einer etwaigen Wirkung der Erfolgserwartung und der Suchraumeinschränkung unterschieden werden. Mit Konfundierung entsteht der Eindruck, als ob ungünstige Erfolgserwartung zu einer höheren Ausdauer führen würde als günstige Erfolgserwartung, was ohne die Annahme der Wirksamkeit der konfundierten Suchraumeinschränkung wohl unerklärlich wäre. Wird die Konfundierung aber aufgehoben, so sollte bei günstiger, statt bei ungünstiger Erfolgserwartung, eine höhere Ausdauer sichtbar werden, die auf den subjektiv größeren Suchraum zurückgeht, den Bearbeiter mit aus ihren Augen hohem Können vor sich sehen. Darüber hinaus sollte auch Suchraumeinschränkung, die unabhängig von Erfolgserwartung induziert wird, reduzierend auf Ausdauer wirken. Ohne Suchraumeinschränkung sollte ausdauernder gearbeitet werden als mit Suchraumeinschränkung. Die Wirkung von Suchraumeinschränkung und Erfolgserwartung werden dabei als additiv gedacht.

Der Suchraum kann auch einfach und viel direkter dadurch eingeschränkt werden, daß den Bearbeitern gesagt wird, die Aufgabe sei sehr schwer und kaum lösbar. Ein solches Statement bewirkt, daß die Bearbeiter glauben, nur Wege und Mittel zum Ziel zur Verfügung zu haben, deren Absuche nach lokaler Kausalität ein hohes Können voraussetzen. Wege zum Ziel, die außerhalb des durch Instruktion gesteckten Suchraums liegen, werden nicht kontrolliert. Allerdings handelt es sich bei solch einem 'Sie schaffen es sowieso nicht'-Statement um einen Spezialfall einer Suchraumeinschränkungsart, nämlich um eine Entschuldigungsmöglichkeit.

2.3.2 Entschuldigungsattributionen

Attributionstheoretisch kann so ein Statement als eine Entschuldigung im Sinne von Snyder, Higgins und Stucky (1983) aufgefaßt werden. Snyder und Higgins (1988) schreiben Entschuldigungen als besonders wirksamen Attributionen eine hohe Erklärungskraft zu. Entschuldigungen im Sinne von Snyder und Higgins (1988) werden hier als ein Spezialfall von Suchraumeinschränkung aufgefaßt. Neben Entschuldigungen, wie im Statement, die Aufgabe sei kaum lösbar, kann auch die oben beschriebene reale Erfahrung von Hindernissen (wie der beschriebene Schwierigkeitswechsel) bei Lösungsbemühungen einen Teil des Suchraums von der Suche nach lokaler Kausalität abschneiden. Dies wird hier als der allgemeinere Fall angesehen, weil das Hindernis durch die damit verbundene Attribution eine weitere Suche schon versperrt, bevor der Aktor in einem weiteren Schritt eine Entschuldigung daraus formuliert. Wären Attribution und Entschuldigung gleichzeitig realisiert, könnte nicht mehr zwischen den beiden unterschieden werden und es reichte einer der beiden Begriffe.

Bezüglich Entschuldigungsattributionen ist bei Ausdaueraufgaben eine besondere Situation gegeben, die sich auf Befragungen zu Attributionen nach dem Scheitern und Abbrechen der Aufgabe auswirken. Snyder, Higgins und Stucky (1983) sagen über so schwere Aufgaben, wie es Ausdaueraufgaben sind: "Very difficult tasks, therefore, have build-in consensus-raising excuse properties" (S. 131). Das heißt, durch die Schwere der Ausdaueraufgabe ist vorbestimmt, was für Attributionen zur Entschuldigung genannt werden. Solche Entschuldigungsattributionen werden wahrscheinlich dann besonders dominieren, wenn das Scheitern besonders selbstwertbedrohend ist. Dies wird bei einem Großteil der Ausdaueruntersuchungen in der Literatur der Fall sein, denn meist werden die Aufgaben als Intelligenztests oder ähnliches den Probanden vorgestellt. Daher ist die uneinheitliche Befundlage zu geäußerten Attributionen nach Ausdaueraufgaben nicht verwunderlich. Während Andrews und Debus (1978) in einer Studie an Kindern deutliche Zusammenhänge zwischen geäußerten Attributionen und Ausdauer finden (Jungen: $r_{Anstrengungsatt.\bullet Ausd.} = .52$, $r_{Fähigkeitsatt.\bullet Ausd.} = -.21$, $r_{Aufgabenatt.\bullet Ausd.} = -.23$; Mädchen: $r_{Anstrengungsatt.\bullet Ausd.} = .53$, $r_{Fähigkeitsatt.\bullet Ausd.} = -.24$, $r_{Aufgabenatt.\bullet Ausd.} = -.34$), wird z.B. eine bei Heckhausen (1989) zitierte Studie von Oltersdorf (1978) mit uneinheitlicher Befundlage als Evidenz dafür betrachtet, daß kein Zusammenhang zwischen Ausdauer und Attributionen besteht. Wenn es aber die Größe des Suchraums nach Informationen ist, die eine Wahrnehmung lokaler Kausalität unterhalten - mithin die neben gegebener Äquifinalität erforderliche Bedingung für die Willensattribution, so ist Evidenz für die Wirksamkeit dieser Attribution auf Ausdauer gegeben. Ein Teil der uneinheitlichen Befundlage mag auch dadurch zu erklären sein, daß ein selbstwertbedrohendes Scheitern, wie es zur Messung von Ausdauer erforderlich ist, auch dann Entschuldigungsattributionen hervorbringt, wenn ursprünglich andere Ursachenzuschreibungen die Ausdauer bestimmt haben.

2.3.3 Autonom vs. heteronom orientierte Suchtendenz

Es gibt zwei einander entgegengesetzte Richtungen, in die nach Ursachen gesucht werden kann: Nach innen auf Wegen, die von vornherein vom Aktor abhängen (autonom), versus nach außen auf Wegen, die zunächst von äußeren Ursachenquellen abhängen, aber unter die Kontrolle des Aktors gebracht werden sollen (heteronom). Such- und Attributionstendenz sind dabei zwei Seiten einer Sache, denn die Tendenz, z.B. autonom zu attribuieren, äußert sich in einer Suche und Verarbeitung von Informationen die eine internale Attribution zum Ergebnis hat. Bereits Heider (1958) hält es für möglich, daß "... sich die Menschen in ihrem Hang zu heteronomen oder autonomen Attributionen unterscheiden, ein Unterschied, der bei den individuellen Unterschieden der Wahrnehmungseinstellung eingeordnet werden kann" (1977, S.199).

Dies ist vom Konzept 'Locus of Control' (Rotter, 1966) zu trennen. Dort bedeutet internal auch immer kontrollierbar und external nichtkontrollierbar. D.h. das, was das Ergebnis der Ursachenzuschreibung werden soll, die Erhöhung der Kontrollierbarkeit der Umwelt, wird hier schon mit in die Antezedenzien einbezogen. Daher ist Locus of Control hier nicht gemeint und auch nicht sinnvoll. Zur Abgrenzung soll daher auch von autonom und heteronom orientierter, statt internaler und externaler Suchtendenz gesprochen werden.

Autonome Suchtendenz forciert zur Suche nach solchen Informationen, die zu einer internalen Attribution führen, also hauptsächlich Informationen über das eigene Können. Bei heteronomer Suchtendenz ist der Suchraum größer als bei autonomer Tendenz: es wird nicht allein auf Internes fokussiert, sondern es werden vor allem auch externe Ursachenquellen daraufhin überprüft, ob sie unter lokale Kausalität gebracht werden können. Der generell größere Suchraum bei heteronomer Attributionstendenz geht also auf die schiere Menge der Kausalquellen und damit verbundenen Wegen zum Ziel zurück. Es gibt immer mehr von außen kommende Möglichkeiten als im Aktor zu lokalisierende Mittel zur Zielerreichung.

Dabei unterschieden sich Bearbeiter mit autonomer vs. heteronomer Attributionstendenz im Überprüfen der Bearbeitungsinformationen auf lokale Kausalität hin grundsätzlich. Während Autonome sozusagen nur in positive Richtung alle Wege und Mittel zum Zweck daraufhin überprüfen müssen, ob sie die dazu erforderliche Fähigkeit haben und die nötige Anstrengung aufbringen können, müssen Heteronome sowohl alles überprüfen, was sie in positivem Sinne dem Zweck nahebringt, als auch alles, was sie vom Erreichen des Zweckes abhält. Für sie ist der sich so aufspannende Raum, in dem nach lokaler Kausalität gesucht wird, zweidimensional, für Autonome nur eindimensional. Bei dieser Such- oder Attributionstendenz handelt es sich um eine Eigenschaft der Informationsverarbeitung des Aktors, nicht um Unterschiede im objektiven oder subjektiven Erscheinungsbild des Aufgabenmaterials. Eine für letzteres wichtige Determinante ist die subjektive Erfolgserwartung. Die daraus resultierenden Wirkungen auf die Suchraumgröße kann aber nicht unabhängig von der Suchtendenz betrachtet werden.

2.3.4 Erfolgserwartung

Eine Willensattribution kann länger aufrechterhalten werden, wenn die Informationen im Bearbeitungsverlauf Mittel und Wege nahelegen, die sich später als irreal herausstellen. Wird eine günstige Erfolgserwartung induziert, ist eben dies gegeben. Der Bearbeiter glaubt, genügend Fähigkeiten zur Lösung der für ihn de facto unlösbaren Ausdaueraufgabe zu besitzen. Die Erfolgserwartung wirkt dabei nicht per se, sondern es ist die Illusion, genügend Fähigkeiten zu haben. Wird Erfolgserwartung nicht durch Bearbeitungsinformationen induziert, die auf internale Ursachenquellen schließen lassen, sondern aus denen hervorgeht, daß die Lösungswahrscheinlichkeit wegen externaler Ursachenquellen hoch ist, so wird diese Illusion nicht entstehen. Eine so gebildete hohe Erfolgserwartung kann bei Bearbeitern mit autonomer Attributionstendenz dann auch nicht zu erhöhter Ausdauer führen.

2.3.4.1 Wahrnehmung lokaler Kausalität ist nicht subjektive Erfolgserwartung

Intuitiv einsichtig scheint die Auffassung, wonach solange ausdauernd gearbeitet wird, bis der Bearbeiter sich keine Chancen mehr ausrechnet, die Ausdaueraufgabe zu lösen, wenn die subjektive Erfolgserwartung also gleich Null ist. Eine möglicherweise unzulässige Generalisierung stellt es aber dar, wenn deshalb behauptet wird, daß um so kürzer gearbeitet wird, je niedriger die Erfolgserwartung ist. Dies impliziert, daß Erfolgserwartung, von der Grundlage für diese Erwartung befreit, sozusagen als Erwartungsreservoire linear mit der Zeit absinkt. Können Erwartungen von ihren Grundlagen abstrahiert werden?

Im Erwartung-x-Wert-Modell nach Atkinson (1957) wird subjektive Erfolgserwartung als Anreizvariable konzipiert. Egal weshalb, ist Erfolgserwartung für Probanden mit Hoffnung auf Erfolg im mittleren Bereich, so soll diese durch mittlerer Lösungswahrscheinlichkeit ausgezeichnete Aufgabe maximal anreizen. Das wird damit begründet, daß dann das Verhältnis zwischen Eintretenswahrscheinlichkeit und Positivität einer vorweggenommenen Selbstbewertung am günstigsten ausfällt (Heckhausen, 1963; 1978). Ist es aber für die Ausprägung nicht auch relevant, gegen welche Art von Schwierigkeit eine Lösung herbeigeführt wurde? Eine Intelligenztestaufgabe kann vom Schwierigkeitsindex als Lösungswahrscheinlichkeit her in mittlerer Ausprägung nicht anreizender sein als ein Hufeisen über einen Pflock zu werfen (eine paradigmatische Aufgabe im Risiko-Wahl-Modell), wenn dieses gleich wahrscheinlich gelöst wird. Das solch verschiedene Dinge in einem Modell scheinbar vergleichbar werden, ist Folge der Abstraktion der Erfolgserwartung von ihren Grundlagen. Weil das Probleme bereitet, kann das Erwartung-x-Wert-Modell die Anreizvariable auch nur zur Vorhersage von Aufgaben desselben Typs verwenden; dann ist dieses Generalisierungsproblem nämlich ausgeblendet.

Irwin (1971) macht die generalisierte Wirkung von Erfolgserwartungen zum Herzstück seiner kognitiven Intentionstheorie. Die Kenntnis von den Wahrscheinlichkeiten für präferiertes und nicht präferiertes Ergebnis plus die Präferenzstärke erlauben nach seiner Theorie als verkettete Triade eine Vorhersage über die Auftretenswahrscheinlichkeit bezüglich der daraus resultierenden intentionalen Handlung. Es handelt sich ebenfalls um Erwartungen, die von ihren Grundlagen abstrahiert sind. Es wird auch bei Irwin davon ausgegangen, daß es für die intendierte Handlung gleichgültig ist, aus welchem Grund die Erfolgserwartung hoch oder niedrig ist. Im Gegensatz dazu finden Weiner, Frieze, Kukla, Reed, Rest und Rosenbaum (1971) sowie Valle und Frieze (1976) im Rahmen ihres mathematischen Modells, daß subjektive Erfolgserwartung um so eher von einem Bereich auf einen anderen übertragen wird, je stabiler die wahrgenommen Ursachen für den Erfolg sind, die natürlich in beiden Bereichen Geltung haben müssen. Demnach kommt es wesentlich auch auf die Beschaffenheit der Ursache (hier stabil/variabel) an, in welchem Ausmaß die Erfolgserwartung im weiteren wirkt, wie z.B. auch Ergebnisse von Rudisill (1988); Orpen (1980); Dimitroff, Bereiter und Wong (1979) sowie McCaughan (1978) nahelegen.

2.3.4.2 Wahrnehmung lokaler Kausalität ist nicht Self-efficacy

Bandura (1986) hebt Self-efficacy von Ergebniserwartungen (outcome expactations) ab. "Perceived self-efficacy is a judgment of one's capability to accomplish a certain level of performance, whereas an outcome expactation is a judgment of the likely consequence such behavior will produce" (S. 391). Wie Bandura (1977) klarmacht, liegt die Betonung auf der *Gewißheit*, ein bestimmtes Verhalten zeigen zu können, nicht ein bestimmtes Ziel zu erreichen. "An outcome expectancy is defined as a person's estimate that a given behavior will lead to certain outcomes. An efficacy expactation is the conviction that one can successfully execute the behavior required to produce the outcomes" (S. 193).

Wichtig ist dabei, nicht gleich an spezifisches Lösungsverhalten in Ausdaueraufgaben zu denken. Bandura (a.a.O.) hat Coping-Verhalten von z.B. Angstpatienten im Auge, das in der Tat vom Ergebnis abgekoppelt gedacht werden kann. Hier kann Verhalten durch Negativumschreibungen wie etwa 'nicht-vermeidend' beschrieben werden, ohne auf das konkrete Ergebnis einer zielgerichteten Handlung rekurrieren zu müssen. Sonst wäre nicht klar, wie die Erwartung, ein Verhalten generieren zu können, das durch das Ergebnis definiert ist, von der Erwartung des Ergebnisses unterschieden werden kann. Wie etwa kann man die Erwartung, sich so verhalten zu können, daß die Leistungsaufgabe gelöst wird, von der Erwartung, die Aufgabe zu lösen, unterschieden?Bandura (1977) kommt dennoch zu einer konkreten Vorhersage bezüglich Ausdauer auch in Leistungsaufgaben: "Efficacy expactations determine how much effort people will expend and how long they will persist in the face of obstacles and aversive experiences" (S. 194). Von *perceived* Self-efficacy ist da keine Rede, sondern von Erwartungen.

Cervone (1989), der diese Vorhersage von Bandura experimentell überprüft hat, ließ als Self-efficacy-treatment 128 Studenten entweder auf Faktoren fokussieren, die ihre Leistung erhöhen oder verringern. Entsprechend dieses Treatments war die erfragte Self-efficacy danach auch ausgeprägt sowie, parallel dazu, die Ausdauer an Designaufgaben, wie sie auch von Feather (1961; 1963) verwendet wurden. Das Self-efficacy-Maß setzte sich allerdings als Differenz aus der Efficacy bezüglich der Ausdauertätigkeit und der Efficacy einer der Ausdauer nachgeordneten Alternativtätigkeit zusammen. Die Notwendigkeit dieser relativen Self-efficacy leitet Cervone daraus ab, daß "many important motivational phenomena involve changes from one activity to another (Atkinson & Birch, 1970)" (S. 250). Mit einfacher Self-efficacy nur für die Ausdauertätigkeit gelang es dagegen Haines, McGrath und Pirot (1980) nicht, einen substantiellen Effekt (t(36)=.33) auf Ausdauer zu erzielen.

Anscheinend widersprechen sich die Befundlagen von zwei Studien mit einem Ansatz. Liegt dies vielleicht daran, daß die Grundlage der Erwartungsbildung nicht genügend beachtet wird? Nach den Ergebnissen von Cervone wirkt Self-efficacy-Erwartung nicht per se, sondern nur im Zusammenhang mit nachgeordneten Erwartungen. Self-efficacy ist eine über die ganze Aufgabe und darüber hinaus generalisierte Erwartung, während Wahrnehmung lokaler Kausalität eine aktualgenetische Wahrnehmung ist. Sie ist gebunden an das, was gerade beim Verwenden eines bestimmten Mittels zum Ziel passiert. Wahrscheinlich ist dies die Grundlage auch für Erwartungsbildung, vor allem aber für die Ausdauer an der aktuellen Aufgabe.

2.3.5 Suchraumpartitionierung

Es ist ein recht grobes Vorgehen, den Suchraum durch ein Statement wie 'das schaffen Sie ja doch nicht' einzuschränken. Das in einem solchermaßen eingeschränkten Suchraum mit geringerer Ausdauer gesucht wird als in einem uneingeschränkten, könnte z.B. auch durch damit induzierte Frustration o.ä. erklärt werden. Außerdem sollte auf die subjektiv erlebte Größe des Suchraums Einfluß genommen werden, um nicht trivial zu werden: wenig vorhandene Möglichkeiten erlauben natürlich auch keine so lange Beschäftigung mit der Aufgabe bis alles ausprobiert ist. Schließlich steht auch noch die Behauptung im Raum, daß es neben der subjektiv zur Verfügung stehenden Informationsmenge auf die Art der Verarbeitung dieser Information ankommt. All das läßt sich überprüfen, wenn man eine Suchraumpartitionierung vornimmt, die auf den Einfluß von Erfolgserwartung, Suchtendenz und Suchraumeinschränkung zurückgeht. Dabei werden die nach verschiedenen Dimensionen eingeschränkten unterschiedlich großen Suchräume wie eine Collage übereinander gelegt. Es ergeben sich als Schnittmengen unterschiedlich große Suchraumkompartimente, die eine eingehende Prüfung der Ausdauer-ist-gleich-Suchdauer-Annahme ermöglichen. Es soll nämlich immer gelten, daß um so ausdauernder gearbeitet wird, je größer der Suchraum ist.

Autonome Suchtendenz resultiert bei günstiger Erfolgserwartung in einem Suchraum, der Wege zum Ziel umfaßt, die ein hohes Können abverlangen. Ungünstige Erfolgserwartung führt zu einem Suchraum, der Wege umfaßt, die auch bei niedrigem Können gangbar sind. Das sind verschiedene Suchräume, die aber gleich groß sind. Demgegenüber bedeutet ungünstige Erfolgserwartung bei heteronomer Suchtendenz etwas anderes: negative, externe Ursachenquellen hindern an der Zielerreichung und müssen unter lokale Kausalität gebracht werden. Günstige Erfolgserwartung bedeutet bei heteronomer Suchtendenz, daß zusätzlich noch positive, zielförderliche Ursachenquellen als Mittel zum Ziel unter lokale Kausalität gebracht werden können. Für heteronom Suchende ist der Suchraum bei günstiger Erfolgserwartung groß, bei ungünstiger klein (siehe zusammenfassend Abb. 2.3.3).

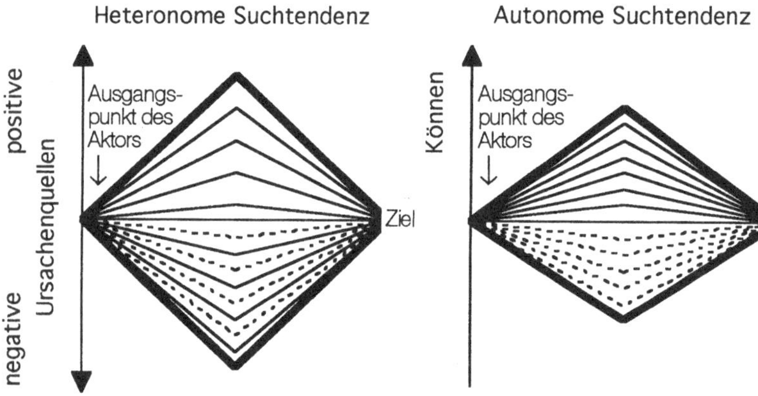

Abb. 2.3.3 Keine Suchraumenschränkung bei günstiger und ungünstiger (gestrichelt dargestellt) Erfolgserwartung für Bearbeiter mit autonomer vs. heteronomer Attributionstendenz. Die Ausdauer ergibt sich immer aus der Anzahl der dargestellten Wege.

Bis hierher ergibt sich also eine Suchraumpartitionierung, die ein Ergebnismuster in Form folgender Interaktion erwarten läßt. Bei heteronomer Suchtendenz sollte ausdauernder gearbeitet werden als bei autonomer Suchtendenz, wobei heteronom suchende Bearbeiter mit günstiger Erfolgserwartung ausdauernder sind als mit ungünstiger Erfolgserwartung. Demgegenüber sollte bei autonomer Suchtendenz entsprechend des dort vorliegenden Suchraums eine geringere Ausdauer als bei heteronomer Suchtendenz zu beobachten sein. Erfolgserwartung sollte hier keine Wirkung auf Ausdauer haben, weil die Suchräume hier in etwa gleich groß sind. Bei günstiger Erfolgserwartung wird nicht im Bereich niedrigen Könnens gesucht. Sobald ein Weg als nicht gangbar identifiziert ist, muß ein Weg höheren Könnens ausprobiert werden.

Wie wird nun das Bild verändert, wenn zusätzlich noch eine Suchraumeinschränkung erfolgt? Von Suchraumeinschränkung wurde behauptet, daß sie zu geringerer Ausdauer führt. Zunächst ist damit nichts umwerfend Neues gesagt: Wenn Bearbeitern zu verstehen gegeben wird, daß sie nur wenig Möglichkeiten zur Lösung der Aufgabe haben, sind sie weniger ausdauernd. Sie sind ausdauernder, wenn ihnen diese Information vorenthalten wird. Für sich genommen, wirkt Suchraumeinschränkung als Haupteffekt. Im Verbund mit Erfolgserwartung und Suchtendenz verliert dies Treatment aber seine Schlichtheit. Es verkehrt nämlich die Interaktion zwischen diesen beiden Einflußgrößen.

Für heteronom orientierte Bearbeiter wird durch eine Mitteilung, die Aufgabe sei sehr schwer, der Suchbereich eingeschränkt auf einen Bereich von Kausalquellen, die bei diesem Schwierigkeitsgrad relevant sind. Relevant ist vor allem der negative Bereich, der die Ursachen umfaßt, die an der Zweckerreichung hindern. In diesem Bereich unterscheiden sich externale Bearbeiter mit günstiger wie ungünstiger Erfolgserwartung aber nicht. Führt doch die Ankündigung einer sehr schweren Aufgabe dazu, daß die positiven externalen Ursachenquellen, die Bearbeiter mit günstiger Erfolgserwartung zunächst annehmen, nicht auf lokale Kausalität hin überprüft werden (siehe Abb. 2.3.4). Sie sind hier von vornherein ausgeschlossen.

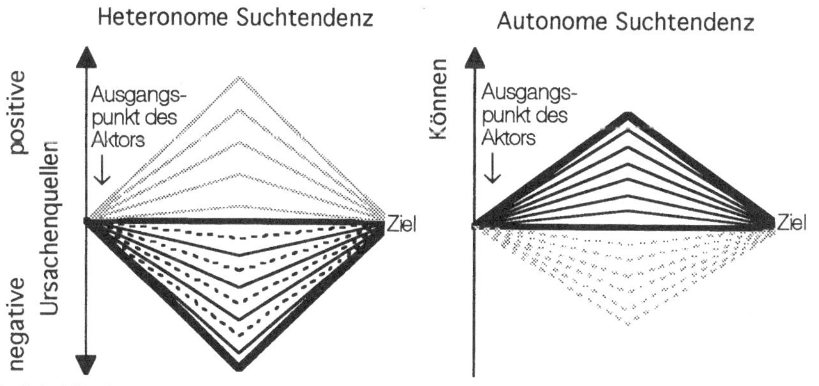

Abb. 2.3.4 Suchraumpartitionierung (fett umrandeter Suchraum) durch Instruktion bei günstiger und ungünstiger (gestrichelt dargestellt) Erfolgserwartung für Bearbeiter mit internaler vs. externaler Attributionstendenz. Dabei sind die Wege zum Ziel bei externaler Attributionstendenz nach externalen Ursachenquellen angeordnet. Bei internaler Attributionstendenz sind die Wege entlang des zum Gehen der jeweiligen Wege erforderlichen Könnens angeordnet.

Ohne eine solche den Suchraum einschränkende Instruktion müssen Heteronome verglichen mit Autonomen generell den größeren Suchraum nach lokaler Kausalität absuchen. Dabei überprüfen die Heteronomen mit günstiger Erfolgserwartung gegenüber Heteronomen mit ungünstiger Erfolgserwartung zusätzlich zum negativen auch noch einen positiven Bereich auf mögliche lokale Kausalität (siehe Abb. 2.3.4).

Man kann auch sagen, daß Suchraumeinschränkung im Zusammenhang mit der Ein- bzw. Zweidimensionalität bei Autonomen und Heteronomen dazu führt, daß die Erfolgserwartungsinduktion bei autonomer Suchtendenz sehr ausgeprägt auf Ausdauer wirken muß. Der Suchbereich ist für diese Probanden nämlich auf den positiven Bereich eingeschränkt (siehe Abb. 2.3.4). Um ihre Willensattribution aufrecht zu erhalten, müssen sie lokale Kausalität in Wegen und Mitteln finden, die ausnahmslos nur mit hoher Fähigkeit und Anstrengung gangbar sind. Induktion günstiger Erfolgserwartung führt dazu, daß Bearbeiter hier zunächst eine lange Zeit fündig werden. Induktion ungünstiger Erfolgserwartung bewirkt, daß allenfalls nur sehr kurz die Illusion lokaler Kausalität durch die Bearbeitung der Aufgabe aufrecht erhalten werden kann. Schon bald wird lokale Kausalität durch den eindeutig unter persönlicher Kausalität stehenden Abbruch erlebt.

Ohne Suchraumeinschränkung suchen die Autonomen mit günstiger Erfolgserwartung im Bereich der Mittel und Wege, die mit hoher Fähigkeit beschritten werden können; Autonome mit ungünstiger Erfolgserwartung in dem Bereich der Wege, die noch mit geringen Fähigkeiten gangbar sind. Trotz sehr unterschiedlicher Erfolgserwartungen sind beide Suchbereiche etwa gleich groß. Es muß deshalb auch zu gleich langen Suchzeiten - also gleicher Ausdauer - kommen. Wenn sich dies bestätigt, wäre damit auch Evidenz erbracht, daß Ausdauer nicht einfach um so größer ist, je günstiger die Erfolgserwartung ist. Was in einem solchen Ursachensuchprozeß Zeit kostet, ist das Testen successive aller in Betracht gezogenen Mittel und Wege auf lokale Kausalität hin.

Suchraumeinschränkung, Erfolgserwartung und Attributionstendenz wirken hier also auf die Größe des zur Verfügung stehenden Raums für die Suche nach lokaler Kausalität. Diese *Suchraumpartitionierung* wurde nur deshalb so weit geführt, um die notwendigen Bedingungen für das Eintreffen eines zentralen Befundes aus der Handlungskontrolltheorie von Carver und Scheier (1981) nennen zu können, die im folgenden Kapitel dargestellt wird. Sie stellt sozusagen eine Gegenposition zur hier aufgestellten Behauptung dar, daß Ausdauer nur unter Berücksichtigung der informationalen Grundlage einer Willensattribution vorhergesagt werden kann. Scheinbar kommen Carver und seine Mitarbeiter nämlich ganz ohne die Annahme einer Willensentscheidung zum Abbruch aus.

2.4 Wille als Standardsetzung

Eine Theorie, die erklärterweise von einem gesetzten Standard ausgeht und damit die Prädetermination (siehe Kap. 2.2) explizit macht, sowie Vorhersagen für Ausdauer macht, ohne explizit so etwas wie eine Willensentscheidung zu beachten, ist die Handlungskontrolltheorie von Carver und Scheier (1981). Daher ist sie von vornherein für die vorliegende Arbeit zentral. Wenn aber nicht nur die Determinierung (Ach, 1910), sondern vor allem der primäre Willensakt im Abbruch so wichtig ist, wie können Carver et al. Ausdauer vorhersagen, ohne diese Willensentscheidung zum Abbruch zu beachten?

Zur Klärung dieser Frage wird nun die Handlungskontrolltheorie von Carver et al. vorgestellt und dabei insbesondere beleuchtet, wie diese ohne Annahmen zum Willen auskommen kann. Sodann werden Experimente der Dahme-Arbeitsgruppe zur Replikation der Befunde von Carver et al. vorgestellt. Schließlich werden alle Ergebnisse danach bewertet, ob Überlegungen zum Willen zur Erhellung des Phänomenbereiches Ausdauer überhaupt erforderlich sind.

2.4.1 Determinierung als soziale Standardsetzung

Gundlach schreibt 1987: "Achs Analogisierung des fremden Kommandos und des eigenen Willens kommt einer sozialpsychologischen Fassung des Willens erstaunlich nahe. Aber er greift diesen Befund nicht auf. Anscheinend ist die individualpsychologische Konzeption des Willens als Funktion eines Individuums zu resistent" (S. 78). Ob und inwieweit ein Befehl oder Wunsch eines anderen von einem Handelnden berücksichtigt wird, ist als Gegenstand der Sozialpsychologie untersucht worden. Heider (1958) hat die Bedingungen, unter denen einer Bitte entsprochen wird, umrissen. Kurz gesagt, ist dies dann gegeben, wenn (1) die Valenz der erbetenen Handlung oder ihrer Konsequenzen hoch genug ist, oder (2) die Einstellung des Gebetenen gegenüber dem Bittenden positiv ist, oder (3) der Bittende eine Macht über dem Gebetenen ausübt und die Bitte so eher den Charakter eines Befehls hat.

In der typischen Situation eines psychologischen Experiments kommt der Teilnehmer in eine Situation, in der ihm eine Rolle zugewiesen wird, nämlich die eines Probanden. Daß ihm diese Rolle zugewiesen wird, war ihm schon vor Betreten des Experimentallabors klar und daß er dieses überhaupt betritt, zeigt, daß er dieser Rollenzuweisung schon zugestimmt hat. Dies hat Selz (1910) mit Prädetermination umschrieben und zur Kritik am Vorgehen Achs formuliert (Kap. 2.1). Interessant dabei ist, daß der Proband gar nicht wissen muß, wie die Rolle konkret aussieht. Er gibt also eine sehr weitgehende Zustimmung. Indem nun die Instruktion eine spezifische Handlung, nämlich das Lösen einer Leistungsaufgabe, von ihm erfordert, ist vom Probanden eine Entscheidung darüber zu fällen, ob die Rolle eines Bearbeiters einer Leistungsaufgabe in der ursprünglich gegebene Zustimmung enthalten war, am Experiment teilzunehmen. Ist diese von Ach (1935) übernommene Argumentation richtig, kommt am Ende dieses Entscheidungsprozesses eine Handlung als Bearbeiter heraus, die er zwar als prädeterminiert aber doch auch auf seine beiden Entschlüsse zurückführen muß, am Experiment teilzunehmen und dieses spezifische Ziel der Lösung der Leistungsaufgabe anzustreben.

Indem der Proband die Rolle des Bearbeiters aus freien Stücken übernimmt, macht er sich das damit verbundene Ziel der Aufgabenlösung zu eigen. Er erlebt deshalb die Tätigkeit des Zielerreichens als auch von ihm selbst gewollt. Kuhls (1995; Kuhl und Kazén 1996) Persönlichkeits-System-Interaktionen-Theorie geht allerdings davon aus, daß die Übernahme fremder Ziele im Sinne eines Selbst-Infiltrationseffekts nur dann unbemerkt bleibt, wenn Ziele wegen Zusammenwirkung dispositionaler (Lage- Handlungsorientierung) und situationaler Faktoren (Trauer, Mißerfolg) nicht mehr auf ihre "Selbstkompatibilität" geprüft werden können. Baumann und Kuhl (1996) weisen empirisch nach, daß eine solche Verwechslung fremder mit eigenen Zielen unter den angegebenen Faktorkombinationen sogar dann möglich ist, wenn die fremden Ziele nicht in das Gesamtsystem eigener Wünsche und Ziele passen.

Die Wirkung einer Bitte - also auch die Instruktion zu reimen bei Ach (1910) - wird bei Carver et al. als Standardsetzung verstanden. "Attitudes, for example, provide behavioral standards. Desires represent standards. So do instructions" (Carver und Scheier, 1981, S. 120). Unter einem Standard verstehen diese Autoren das Ziel, das ein Mensch zu erreichen sucht. Dieser Standard kann auf verschiedene Weise zustande kommen, wichtig ist dabei, daß der Betreffende den Standard für sich selbst übernimmt. Die Inspiration, Standards als zentrales theoretisches Element zu setzen, stammt, wie Carver (1979) vermerkt, von Miller, Galanter und Pribrams (1960) *Image*. Diese Autoren verstehen darunter das, was Sigwart (1889) Zweck genannt hat, nämlich das zu verfolgende Ziel. Eine Theorie, die diese Zielsetzung in ihrer Wirksamkeit auf Leistung beschreibt und zu einer reichhaltigen Anzahl von empirischen Studien angeregt hat, ist die Goal-Setting-Theorie von Locke und Latham (1990).

Die Frage ist, ob sich die ganze Willensdiskussion auf das Setzen von Standards, Images oder Zielen verkürzen läßt. Dies heißt nämlich, statt der Selbst-, die Fremdsteuerung via Befehl und Bitte einzusetzen. Ist dies möglich, kann der für das Ausdauerparadigma herausgearbeitete Vorteil des Einschlusses eines primären Willensaktes nicht allzu bedeutsam sein; die Fremdsteuerung dominiert dann die Selbststeuerung soweit, daß Selz' (1910) Kritik an Ach (1910) im Effekt unberechtigt wäre. Dies würde auch der Sichtweise der aktuellen Volitionstheorie sensu Heckhausen und Gollwitzer (1987; Heckhausen 1989; Gollwitzer, 1996) eher entsprechen. Auch diese Sichtweise läßt sich gut in den Worten Sigwarts (1889) zusammenfassen: Es wird nicht ein für alle Mal eine Willensentscheidung, den Zweck zu erreichen, gefällt und danach läuft alles gesetzmäßig ab, "vielmehr werden die aufeinanderfolgenden Handlungen durch fortgesetztes Wollen realisiert, und es bedarf der unausgesetzten Spannung der Willensenergie, um durch eine Zeitstrecke hindurch den Zweck festzuhalten und die ihm untergeordneten Willensimpulse hervorzubringen" (S. 201).

2.4.2 Die Handlungskontrolltheorie von Carver und Scheier

Carver (1979) stellt ein kybernetisches Modell vor, daß die Prozesse erklären soll, die durch die Wirkung von Selbstaufmerksamkeit entstehen. Das Konzept Selbstaufmerksamkeit stammt von Duval und Wicklund (1972; Wicklund, 1975; siehe auch Frey, Wicklund, und Scheier, 1984). Dabei wird davon ausgegangen, daß Menschen entweder ihre Aufmerksamkeit nach außen auf ihre Umwelt richten, oder es werden Aspekte des eigenen Selbst zum Objekt der eigenen Aufmerksamkeit gemacht. Dieser Zustand soll eine ganze Reihe von Phänomenen erklären. So konnten Carver und Scheier (1978) nachweisen, daß im Zustand objektiver Selbstaufmerksamkeit der Anteil selbstbezogener Antworten in einem projektiven Test von Exner (1973) gegenüber einer Bedingung ohne Selbstaufmerksamkeit erhöht ist. Dieser Zustand wird durch Hinweisreize auf das Selbst hervorgerufen. So wirken das eigene Spiegelbild oder die eigene Stimme Selbstaufmerksamkeit induzierend. Selbstaufmerksamkeit wurde von Fennigstein, Scheier und Buss (1975) auch als Persönlichkeitseigenschaft konzeptualisiert. Sie entwickelten dazu ein Persönlichkeitsinventar, das die Subskalen 'Private Selbstaufmerksamkeit', 'Öffentliche Selbstaufmerksamkeit' und 'Testangst' enthält. Dieser Fragebogen wurde von Heinemann (1979) ins Deutsche übersetzt. Er liegt heute im deutschen Sprachraum auch in einer Bearbeitung von Merz (1986) vor.

Selbstaufmerksamkeit wirkt an zentraler Stelle des Modells von Carver. Es bewirkt, daß gesetzte Standards salienter werden (siehe Abb. 4.1).

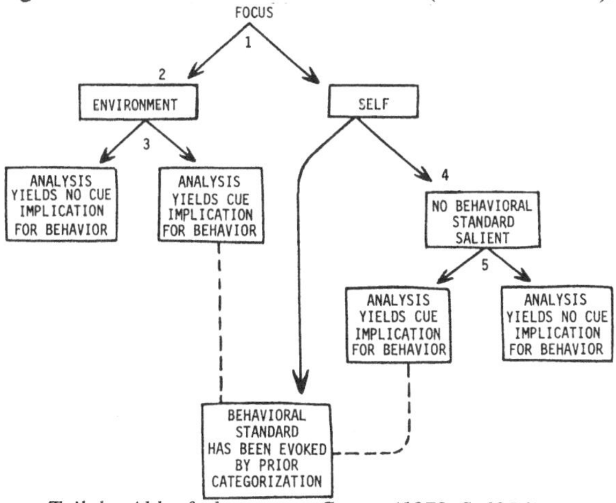

Abb. 2.4.1: Erster Teil des Ablaufschemas von Carver (1979, S. 1256).

Für Carver bewirkt Selbstaufmerksamkeit, egal ob induziert oder als Persönlichkeitseigenschaft, einen effizienteren Vergleich des angestrebten Standards mit dem aktuell erlebten Zustand, z.B. einer zu lösenden Leistungsaufgabe. Dies bewirkt eine Verstärkung der mit Erfolgserwartung einhergehenden Tendenzen, wie das nachfolgende Ablaufschema von Carver illustriert, das den Fall eines gesetzten Standards bei selbstgerichteter Aufmerksamkeit darstellt.

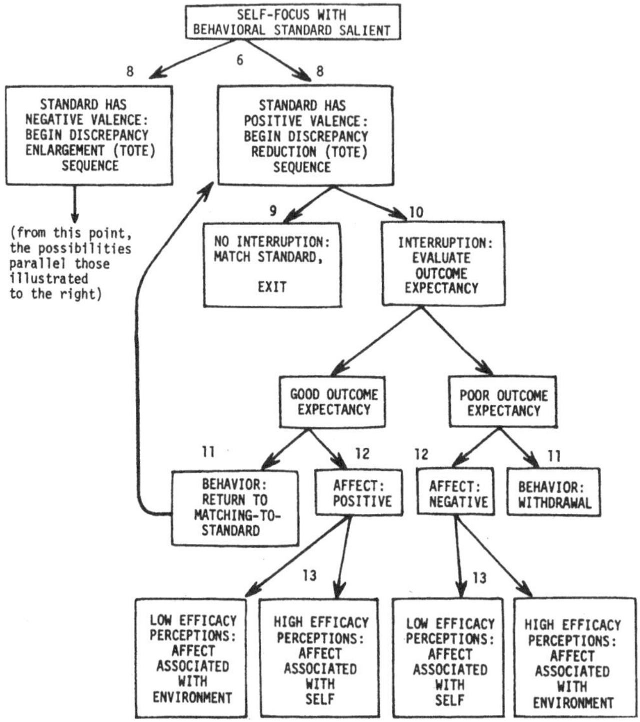

Abb. 2.4.2: Zweiter Teil des Ablaufschemas von Carver (1979, S. 1257).

Wer bei günstiger Erfolgserwartung sich vermehrt um die Erreichung des Standards bemüht, wird dies im Zustand von Selbstaufmerksamkeit um so mehr tun. Wer bei ungünstiger Erfolgserwartung dazu neigt, abzubrechen, wird dies unter Selbstaufmerksamkeit noch eher tun. Woher die durch Erfolgserwartung gegebene Tendenz kommt, ist allerdings im Modell nicht erklärt. Gesagt wird durch Carver, Blaney und Scheier (1979) nur, daß Erfolgserwartung immer dann neu eingeschätzt wird, wenn die laufende Diskrepanzreduktion durch Hindernisse unterbrochen wird.

So kommen Carver, Blaney und Scheier (1979; Scheier und Carver, 1982) zu der Vorhersage, daß mit günstiger Erfolgserwartung eine höhere Ausdauer realisiert werde als mit ungünstiger Erfolgserwartung. Dieser Unterschied soll bei erhöhter Selbstaufmerksamkeit, wegen des dann effizienteren Vergleichs von aktuellem Zustand der Aufgabe und dem angestrebten Standard, ausgeprägter sein als bei niedriger Selbstaufmerksamkeit.

2.4.2.1 Die systemtheoretischen Anteile von Carvers et al. Theorie

Carver (1979) sowie Carver, Blaney und Scheier (1979) nennen ihre Theorie kybernetisch. 1979 stellt Carver aber zunächst als Modell ein Flußdiagramm vor (siehe Abb. 2.4.1 und 2.4.2). Erst 1981 wird durch Carver und Scheier der negative Rückkopplungskreis mit einer Vergleichseinheit - dem Comparator, der Soll- und Istzustand vergleicht - zum Kern des Modells gemacht (siehe Abb. 2.4.3).

Problematisch daran ist, daß Carver (1979) und Carver, Blaney und Scheier (1979) ihre zu einem Flußdiagramm verdichteten Behauptungen ein Modell nennen, obwohl an keiner Stelle eine Aussage über die zugrundeliegenden Mechanismen gemacht wird. Es handelt sich ausschließlich um eine Elaborierung ihrer Hypothesen über den Einfluß von Erfolgserwartung und Selbstaufmerksamkeit, aus der nicht hervorgeht, warum ungünstige Erfolgserwartung zu niedriger und günstige Erfolgserwartung zu hoher Ausdauer führen soll. Die mit dem Attribut kybernetisch verbundenen Hoffnungen auf Explikation innerer Kausalzusammenhänge erfüllen sich nicht. Einerseits, weil im der Ausdauer zugrundeliegenden System die einflußnehmenden Größen Erfolgserwartung und Selbstaufmerksamkeit eben nicht aufeinander bezogen werden. Es werden keine Kausalbeziehungen zwischen den Variablen des Modells spezifiziert. Andererseits werden sowohl in der Darstellung von 1979 als auch in der von 1981 ein Ablauf geschildert, der das System nur von außen beschreibt.

Carver und Scheier (1981) versuchen Annahmen über zugrundeliegende Mechanismen nachzuliefern (siehe Abb. 2.4.3). Sie übernehmen hier die Auffassung von Powers (1973), wonach Verhalten hierarchisch aufgebaut sei. Auf niedrigerer Ebene, dem Programmlevel, wird ein salienter Standard als Sollzustand, der vom nächst höheren Level bestimmt wird, mittels eines Comparators mit dem Istzustand verglichen. Wenn sich eine Differenz zwischen Ist- und Sollzustand ergibt, wird Verhalten gezeigt, das auf die Minimierung dieser Differenz gerichtet ist. Selbstaufmerksamkeit, soll dazu führen, daß der Comparator öfter und genauer den Vergleich zwischen Ist- und Sollzustand macht.

Erfolgserwartung ist weiterhin kein Teil der Annahmen über die der Ausdauer zugrundeliegenden Mechanismen. Es wird nur behauptet, daß bei erhöhter Selbstaufmerksamkeit günstige Erfolgserwartung zu höherer Ausdauer, dagegen ungünstige Erfolgserwartung zu niedrigerer Ausdauer führt als jeweils mit geringerer Selbstaufmerksamkeit. Warum dies so ist, wird im Modell nicht erklärt. D.h. Erfolgserwartung wird weiterhin eine Schlüsselrolle zugewiesen, ohne daß diese Teil der Postulate über zugrundeliegende Mechanismen ist.

Die Darstellung erfolgt nicht bezüglich aller wichtigen Variablen entlang der Dimension Kausalität, die eine systemtheoretische Darstellung erst interessant macht. Neben Erfolgserwartung fehlt vor allem Ausdauer, die keine explizierende Verknüpfung mit dem bei Carver und Scheier (1981) dargestellten Prozeßgeschehen hat. Eine solche Darstellung würde für Carvers et al. Modell wie folgt aussehen:

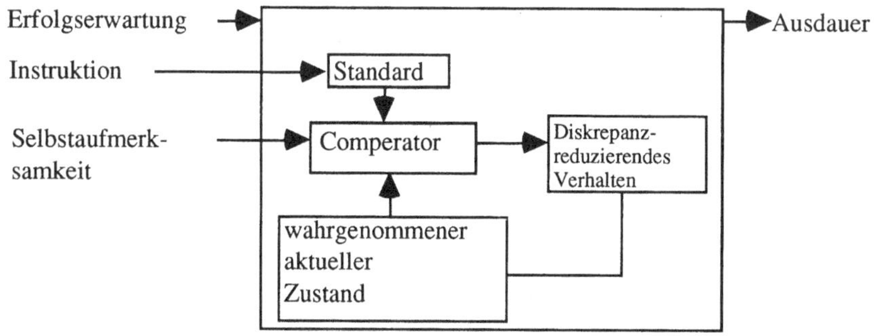

Abb. 2.4.3 Systemtheoretische Darstellung der Handlungskontrolltheorie von Carver (1979).

In dieser Darstellung, die sich an den bei Bischof (1995) aufgeführten Standards orientiert, wird auf einen Blick deutlich, wo das Modell von Carver und Scheier (1981) nicht spezifiziert ist: Ausdauer ist bestenfalls ein Epiphänomen eines Rückkopplungsprozesses, dessen Dauer zwar von Erfolgserwartung abhängen soll, aber ohne daß diese einen Platz in den zugrundegelegten Mechanismen hat.

Der interessanteste Aspekt an diesem Modell ist die umfassende Rolle, die dem Standard zugeschrieben wird. Es wird bei Carver et al. nur am Rande erwähnt, daß dieser eine Folge der Instruktionen ist. Dennoch kann davon ausgegangen werden, daß so auch die Annahme eines Willens im Modell mit enthalten ist (s.o.). Allerdings handelt es sich um den Willen im Sinne der Achschen Determinierung und nicht um den primären Willensakt im Abbruch, der bei Carver et al. keinerlei Beachtung findet. Die Frage ist nun, ob dieser primäre Willensakt tatsächlich irrelevant ist. Carver et al. sind scheinbar in der Lage, ohne Beachtung des primären Willensaktes im Abbruch Ausdauer vorherzusagen.

2.4.2.2 Rate of Progress

1988 erweitern Scheier und Carver ihr Modell um die Annahme einer Adäquatheit des Fortschritts der Diskrepanzreduktion, die sie Fortschrittsrate (rate of progress) nennen. Damit wird Erfolgserwartung in Begriffen von Carvers Handlungskontrolltheorie in den zugrundeliegenen Mechanismen eingebettet. Die Fortschrittsrate wird in einer der Handlungsschleife übergeordneten Bewertungsschleife (assessment loop) erfaßt. Scheier und Carver fassen dies als eine Art 'Metamonitoring' auf, das die Bewertungsschleife über die Handlungsschleife ausübt. Dabei komme es nicht auf die Diskrepanzgröße der Handlungsschleife an, sondern "what is important to the metamonitoring system is the perception of adequate progress" (S. 322). Nun könnte man meinen, daß Bemühungen, einen Standard zu erreichen, solange ausdauernd aufrecht erhalten werden, wie ein als substantiell erlebter Fortschritt wahrgenommen wird. Das wäre eine Formulierung, in der Scheier und Carver erstmals ein explizites Kriterium für das Ende ausdauernden Arbeitens liefern. Dem ist aber nicht so. Diesen Schluß ziehen Scheier und Carver nicht. Vielmehr bestimmt die Fortschrittsrate die Erfolgserwartung:

> Regardless of the size of the discrepancy at the action loop, if the metamonitoring system perceives a sufficiently positive rate of progress toward discrepancy reduction within the action loop, expectancies will be favorable. If the metamonitoring system perceives an inadequate rate of progress, expectancies will be unfavorable ... (S. 322).

Fortschrittsrate kann nur via kontingenter Information aus dem Bearbeitungsprozeß online induziert werden, denn "'progress' as a conceptual quality must be integrated across time and effort expended ..." (Scheier und Carver, 1988, S. 322). Dies tun Carver, Blaney und Scheier (1979), Scheier und Carver (1982) sowie Carver, Peterson, Follansbee und Scheier (1983) in ihren Ausdauerexperimenten aber nicht. Erfolgserwartung wird als outcome expectancy via vorheriger Bearbeitungsergebnisse und Instruktion induziert. Wie das auf das Metamonitoring der Bewertungsschleife wirken soll, wird nicht gesagt. Bedauerlicherweise wird der 1988 explizierte Erfolgserwartungsmechanismus auch danach nicht weiter verwendet. Statt dessen wird in demselben Artikel von Scheier und Carver (1988) konstatiert:

> In spite of the difficulty in portraying the abstract quality of metamonitoring, the behavioral consequences of this process are much more concrete in nature and do not require control-process vocabulary to describe. Put simply, we view expectancy assessment as constituting a sort of "psychological watershed," in that it leads to one of two broad categories of behavioral response ... If expectancies are sufficiently favorable, the result is renewed discrepancy-reduction attempts ... If expectancies are sufficiently unfavorable ..., the result is a tendency to disengage from further efforts ... (S. 323).

Das ist unbefriedigend, weil so keine Überprüfung der Behauptungen zur Fortschrittsrate möglich ist. Auch bleibt im Dunkeln, wie eine Instruktion oder vorherige Bearbeitungsergebnisse auf die Erfolgserwartung wirken können. Carver und Scheier (1990) entwickeln aufbauend auf dem Konzept der Fortschrittsrate eine Theorie über die Entstehung von Affekten. Danach soll analog zur Erfolgserwartung der Affekt bei hoher Fortschrittsrate positiv, bei niedriger Fortschrittsrate negativ sein. Eine experimentelle Überprüfung der zugundeliegenden Bewertungsschleife, die die Fortschrittsrate erfaßt, ist von Carver und Mitarbeitern bisher unterblieben.

Erst durch Duval, Duval und Mulilis (1992) wurden Experimente zur Wirkung der Fortschrittsrate auf Ausdauer unternommen. Sie finden eine hohe Ausdauer bei adäquater Fortschrittsrate und eine niedrigere bei verzögerter Fortschrittsrate. Allerdings wird - anders als Duval, Duval und Mulilis glauben - auch durch ihre drei Experimente die Hauptsache nicht überprüft, ob nämlich die Fortschrittsrate die Erfolgserwartung in der von Scheier und Carver (1988) erwarteten Weise beeinflußt. Duval, Duval und Mulilis meinen, Erfolgserwartung dadurch zu erheben, daß sie ihre Probanden nach der von ihnen wahrgenommenen Adäquatheit des Fortschritts fragen. Vor dem Hintergrund, daß sie beiden Gruppen, sowohl der mit konstanter, wie auch der mit verzögerter Fortschrittsrate, vorab zusicherten, daß sie das Ziel erreichen werden (S. 341), ist nicht zu sehen, wie dann noch Erfolgserwartung erhoben werden kann. Daß die Fortschrittsrate die wahrgenommene Adäquatheit des Fortschritts beeinflußt, wie es Duval, Duval und Mulilis finden, hat den Status einer Manipulationskontrolle. Unter entsprechender Überschrift wird dieses Ergebnis auch von den Autoren berichtet. Der in der Diskussion gezogene Schluß auf Erfolgserwartung muß als eine Überinterpretation gewertet werden.

Auch die Art der Induktion der Fortschrittsrate wird hier kritisch gesehen. Duval, Duval und Mulilis induzieren Fortschrittsrate durch eine Instruktion. Diese beinhaltet eine Graphik, die den Probanden entweder kontinuierlichen Fortschritt oder einen verzögerten, erst nach 110 Minuten einsetzenden Fortschritt verspricht. Wenn die Fortschrittsrate eine Variable ist, die während des Bearbeitungsprozesses entsteht - und das meinen die Erfinder dieses Konstrukts Scheier und Carver (1988) - dann ist Fortschrittsrate nur mittels Informationen aus dem Bearbeitungsprozeß manipulierbar. Das ist nur mit kontingenter, d.h. die wirklichen Verhältnisse abbildender, Information vorstellbar, weil nicht-kontigente Information, die auf dem Weg zu einem Ergebnis (Aufgabe gelöst/nicht gelöst) anfällt, mit diesem in Einklang stehen muß, um plausibel zu sein und damit geglaubt zu werden.

2.4.2.3 Innerer Rückzug

Dahme, Rudolph und Hyla-Brüschke (1993) stellen als weitere Neuerung am Handlungskontrollmodell von Carver und Scheier (1981) heraus, daß es zwischen offenem Handlungsabbruch und *innerem Rückzug* unterscheidet und beides als Ende ausdauernden Annäherns an den Standard betrachtet. Unter innerem Rückzug wird dabei ein Aufgeben der Zielerreichung verstanden, das sich nicht in offenem Verhalten äußert. Wenn sich ein Bearbeiter einer Leistungsaufgabe innerlich zurückzieht, arbeitet er nicht mehr an der Zielerreichung; aber, statt die Bearbeitung explizit und sichtbar für andere abzubrechen, verdeckt er seinen eigentlichen Entschluß, nicht mehr weiter arbeiten zu wollen, dadurch, daß er nur noch vorgibt weiterzuarbeiten. Dies ist kritisch für die Hauptannahme der vorliegenen Arbeit, daß der Zeitpunkt des Abbruchs der Ausdaueraufgabe den Zeitpunkt der Willensentscheidung zum Abbruch markiert. Wenn Carver und Scheiers Annahme richtig ist, dann würde ein innerer Rückzug nach der Willensentscheidung zum Abbruch den Zeitpunkt der Willensentscheidung verfälschen, denn im Ausdauerparadigma wird davon ausgegangen, daß der Zeitpunkt der Willensentscheidung mit dem Abbruchzeitpunkt zusammenfällt. Um dies zu überprüfen, wird in Kap. 3.1 ein Verfahren vorgeschlagen, das inneren Rückzug beobachtbar macht. Dies wird in Experimenten, die in den darauffolgenden Kapiteln dargestellt werden, als abhängige Variable verwendet.

Auch für die Ausdauerexperimente von Carver und seinen Mitarbeitern ist ein verfälschter Abbruchzeitpunkt kritisch und es wäre eigentlich zu erwarten, daß in Experimenten zur Prüfung der Handlungskontrolltheorie irgendeine Art der Erhebung von innerem Rückzug betrieben wird. Etwa dadurch, daß Zeiten, in denen das Ziel nicht verfolgt wird, als Auszeiten ohne diskrepanzreduzierendes Verhalten erhoben werden. Dies ist allerdings nicht der Fall, obwohl Carver, Peterson, Follansbee und Scheier (1983) in einer Studie bezüglich Testangst, Leistung und Ausdauer ableiten, daß durch vermehrten inneren Rückzug bei Testängstlichen Leistungsbeeinträchtigung zu erwarten sei. So ist jede fehlgeschlagene experimentelle Überprüfung erklärbar mit einer Kontamination der Ausdauerzeit durch Zeiten, in denen sich innerlich zurück gezogen wird. Umgekehrt steht aber auch jede bestätigende Evidenz im Sinne der Ausdauervorhersage von Carver et al. der Alternativerklärung offen, daß das Befundmuster nur unter dem Einfluß des inneren Rückzugs zustande gekommen ist, was aber den Annahmen des Handlungskontrollmodells entgegen stehen würde.

Wie sollte innerer Rückzug erhoben werden können? Auch wenn alles Technische erst im empirischen Kapitel 3 erklärt wird, so muß doch zum besseren Verständnis der generelle Ansatz schon hier genannt werden. Es wird eine Ausdaueraufgabe gegeben, bei der alles zieldistanzreduzierende Verhalten beobachtet werden kann: eine Trackingaufgabe. Es wird also ein Zielpunkt verfolgt. Dieser wandert auf wohlbekannter Bahn, so daß es keinerlei Grund zum Innehalten und Nachdenken über Lösungsmöglichkeiten gibt. Immer wenn das Bedienelement zur Zielpunktverfolgung nicht betätigt wird, wird die Zeit bis zum Weiterverfolgen oder zum Abbruch gemessen. Diese Zeiten heißen Auszeiten. Carver und Scheier (1981) würden Auszeiten, in denen die Bearbeiter nichts tun, um das Ziel zu erreichen, als Zeiten inneren Rückzugs betrachten.

Obwohl innerer Rückzug durch die Carver-Arbeitsgruppe nicht zum Gegenstand ihrer Forschung gemacht worden ist, haben Carver und Scheier (1981) konkrete Vorstellungen über die Bedingungen des Auftreten von innerem Rückzug. Die Vorhersage lautet: Bearbeiter mit ungünstiger Erfolgserwartung zeigen mehr inneren Rückzug als bei günstiger Erfolgserwartung. Sie beziehen sich hier auf Heckhausen (1967), der wie folgt begründet: "A change in the valence of the task may occur during the performance period as a function of [failure] feedback; even a complete reapperception of the situation may take place such as 'going-out-of-the-field'' ... in the face of threatening experiences or prospects of failure." (Heckhausen, H., 1967, S. 109, Einfügung von Carver und Scheier, 1981, S. 193).

2.4.3 Die Experimente der Carver-Arbeitsgruppe

Die Wirkung der Erfolgserwartung und Selbstaufmerksamkeit sagen Carver, Blaney und Scheier (1979) so vorher:

> A positive expectancy - the perception that the gap can be closed successfully - should lead to reassertion attempts. This should be reflected by increased efforts to do well on a subsequent task. A negative expectancy - the perception that the discrepancy cannot be altered - should lead to an impetus to withdraw. This should be exaggerated by increased self-awareness (Carver, Blaney und Scheier, 1979, S. 1860).

2.4.3.1 Experimentalanordnung von Carver et al.

Zur Überprüfung wurde Probanden günstige oder ungünstige Erfolgserwartung induziert. In beiden Gruppen erfolgte dies via unlösbarer Induktionsaufgaben mit Gottschaldt-Figuren als Material. Es wurde den Probanden gesagt, daß mit der Gottschaldt-Aufgabe eine eng mit der Fähigkeitsanforderung der nächsten Aufgabe zusammenhängende Fähigkeit erhoben würde. Zur Induktion günstiger Erfolgserwartung wurde erklärt, daß der Zusammenhang zwischen den beiden Aufgaben negativ ist. Wer bei den Gottschaldt-Figuren schlecht abschneidet, wird bei der kommenden Designaufgabe gut sein. Zur Induktion ungünstiger Erfolgserwartung wurde ein positiver Zusammenhang dargestellt. Wer in der einen Aufgabe schlecht ist, ist dies auch in der anderen. Danach wurde den Probanden allerdings gesagt, "By the way, this first one is the hardest one. Hardly anyone gets it, so don't be too surprised if you don't" (Carver, Blaney und Scheier, 1979, S. 1862). Auf diesen Punkt wird zurückzukommen sein. Carver, Blaney und Scheier sagten ihren Probanden diesen Text, weil sie in Vorversuchen feststellten, daß die Ausdauer sonst unhandhabbar ausgedehnt wäre. "... This comment had the effect of reducing subjects' persistence slightly overall" (S. 1862).

Zunächst wurde nun als Manipulationskontrolle erfaßt, ob die Erfolgserwartung auf einer Neun-Punkte-Skala von "extremely poor" bis "extremely well" auf die Frage "How well do you expect to do on your first task" (Carver, Blaney und Scheier, 1979, S. 1861) entsprechend der Manipulation ausgefallen sind. Zur Induktion von Selbstaufmerksamkeit wurde ein Spiegel verwendet. Gemessen wurde die Zeit von Aufnahme der Bearbeitung bis zum Abbruch der unlösbaren Ausdaueraufgabe. Dabei handelte es sich um eine sogenannte Designaufgabe, wie sie auch schon von Feather (1961; 1963) zur Messung von Ausdauer verwendet wurde. Die Anforderung an den Probanden ist dabei, eine vorgegebene Figur aus Linien auf derselben so nachzuzeichnen, daß weder der Stift angehoben und zum Zeichnen neu angesetzt wird, noch eine schon nachgezeichnete Linie beim Zeichnen gekreuzt wird. Es konnte immer wieder von neuem begonnen werden, wenn der Bearbeiter den vorangegangenen Versuch als mißlungen verworfen hatte.

In der günstig-Gruppe ergaben sich hypothesenwidersprechende Ergebnisse. Daher wurde in dieser Experimentalbedingung ein zweites Mal erhoben. Kritisch ist anzumerken, daß neben einer geringfügigen Änderung in der Erfolgserwartungsinduktion die maximal zugelassene Bearbeitungszeit von vorher 10 auf nunmehr 20 Minuten erhöht wurde. Im Ergebnis hatten also die Probanden in der günstig-Bedingung 10 Minuten mehr Zeit zur Verfügung. In dieser Zweiterhebung waren die Ergebnisse dann auch in der günstig-Bedingung hypothesenkonform.

1982 wurde von Scheier und Carver dieses Experiment von der Konzeption her wiederholt. Nach den Worten der Autoren wurde alles bei der Verfahrensweise von 1979 belassen, bis auf die Induktionen der beiden unabhängigen Variablen. Statt der Selbstaufmerksamkeitsinduktion via Spiegel wurde zwei Wochen vor dem Experiment Selbstaufmerksamkeit mit dem Selbstaufmerksamkeits-Fragebogen von Fennigstein, Scheier und Buss (1975) erhoben und die Scores auf der Subskala 'Private Selbstaufmerksamkeit' (PSC) medianhalbiert in das Design aufgenommen. Erfolgserwartung wurde durch eine andere Aufgabenart (Anagramme) induziert; günstige Erfolgserwartung durch leichte Aufgaben, die laut Rückmeldung gelöst wurden und ungünstige Erfolgserwartung durch schwere Aufgaben, die nicht gelöst wurden.

2.4.3.2 Ergebnisse von Carver et al.

Die Ergebnisse von Carver, Blaney und Scheier (1979) und Scheier und Carver (1982) bestätigen die Vorhersagen in den Augen der Autoren.

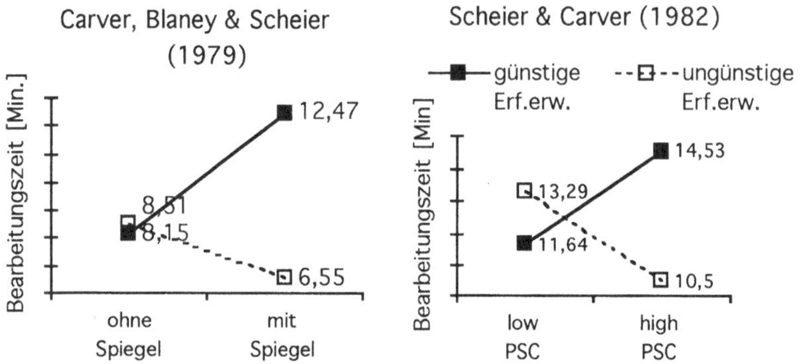

Abb. 2.4.4 Ergebnisse der Carver-Arbeitsgruppe. 1979 wurde Selbstaufmerksamkeit per Spiegel induziert, 1982 als Privat Self-Consciousness vorab erhoben und medianhalbiert (low PSC vs. high PSC) ins Design aufgenommen.

Bei erhöhter Selbstaufmerksamkeit wird bei günstiger Erfolgserwartung eine höhere, bei ungünstiger eine niedrigere Ausdauer gezeigt, als dies in den jeweiligen Erfolgserwartungsbedingungen mit niedriger Selbstaufmerksamkeit der Fall ist. Allerdings ist in der Studie von 1979 nicht die dort vorhergesagte größere Ausdauer auch ohne Selbstaufmerksamkeit zu finden und 1982 finden Scheier und Carver ohne Selbstaufmerksamkeit sogar das Gegenteil: Probanden mit günstiger Erfolgserwartung arbeiten nur 11.64 Minuten und Probanden mit ungünstiger Erfolgserwartung länger, nämlich 13.29 Minuten. Dabei hatten Scheier und Carver (1982) auch ihre Hypothese anders formuliert:

> ... we anticipated that subjects high in private self-consciousness who had received success feedback would be more persistent than those who had received failure feedback. But we anticipated that such a difference would not occur among subjects low in private self-consciousness (Scheier und Carver, 1982, S. 411).

Problematisch daran ist, daß gerade der letzte Satz den Behauptungen von Carver (1979) (siehe Abb. 2.4.4) und Carver, Blaney und Scheier (1979) entgegen steht, wonach auch ohne Selbstaufmerksamkeit die Ausdauer der Probanden mit günstiger Erfolgserwartung höher sein soll als mit ungünstiger. Daß die Autoren die Ergebnisse trotzdem als eine Bestätigung ihres Modells ansehen, zeigt, daß sie Erfolgserwartung darin nicht in die zugrundegelegten Mechanismen integriert haben. Auch wird in beiden Experimenten Erfolgserwartung nicht während, sondern vor der Ausdaueraufgabe variiert. Das experimentelle Vorgehen von Carver et al. entspricht darin nicht ihrem theoretischen Ansatz, der von Erfolgserwartung während der Aufgabenbearbeitung ausgeht, wie Dahme, Rudolph und Hyla-Brüschke (1993) vermerken.

2.4.4 Replikationsversuche der Befunde von Carver et al. durch die Dahme-Arbeitsgruppe

In der einzigen publizierten Studie zur Replikation der Carver-Interaktion berichtet McDonald (1980) über eine Interaktion wie bei Carver, Blaney und Scheier (1979), bei der aber die Wirkungen von günstiger und ungünstiger Erfolgserwartung vertauscht sind. Carver und Scheier (1981) kritisieren am Vorgehen von McDonald, daß die Manipulationskontrolle der Erfolgserwartungsinduktion unterlassen wurde. Bedeutsamer ist aber, daß bei McDonald die Bearbeiter nicht bis zum Scheitern, sondern bis sie mit ihrem Ergebnis zufrieden waren, gearbeitet haben. Wenn man Carver et al. beim Wort nimmt, ist das auch nur konsequent; soll doch Selbstaufmerksamkeit den Unterschied zwischen geringer Ausdauer bei ungünstiger Erfolgserwartung und erhöhter Ausdauer bei günstiger Erfolgserwartung deshalb vergrößern, weil die Diskrepanz zum Standard deutlicher ist als ohne Selbstaufmerksamkeit. Dies sollte für nur vage spezifizierte Standards wie bei McDonald um so stärker wirken.

Rudolph und Dahme (1991), Dahme, Bleich und Rudolph (1992), Dahme, Rudolph und Hyla-Brüschke (1993) sowie Dahme, Rudolph, Hyla-Brüschke und Eichstaedt (1994) haben über eine Reihe Replikationsversuche berichtet. Die untersuchte Haupthypothese ist immer die Carver-Interaktion.

2.4.4.1 Selbstaufmerksamkeit induzierende Erfolgserwartungsabfrage

Die erste Pilotstudie (Rudolph und Dahme, 1991) diente dazu, ein geeignetes Untersuchungsparadigma zu finden. Dieses wurde in der Verwendung von Konzeptidentifikationsaufgaben (Levine, 1971) erblickt. Dabei hatten die Bearbeiter in einer nach jeder Einzelaufgabe abbrechbaren Reihe von Aufgaben eine zugrundeliegende Regel zu entdecken, die de facto aber so schwer war, daß sie nie entdeckt wurde. Operationalisierung der abhängigen Variable Ausdauer geschah hier auf zweierlei Art; einerseits als Zeit von der Aufnahme dieser Reihentätigkeit bis zum selbst verfügten Abbruch oder, als Alternative, die Anzahl der bearbeiteten Einzelaufgaben bis zum Abbruch. Unabhängige Variable war Selbstaufmerksamkeit, induziert durch häufiges Nachfragen nach der subjektiven Erfolgserwartung, die wiederum als weitere Variable in ihrer Prädiktivität auf Ausdauer untersucht wurde. Um den Effekt der Selbstaufmerksamkeit auf Ausdauer bemessen zu können, wurde eine Kontrollgruppe gebildet, in der die ständige Nachfrage nach der Erfolgserwartung unterblieb.

Der Zusammenhang zwischen Ausdauer als verstrichene Zeit und als Anzahl der Einzelaufgaben bis zum Abbruch erwies sich als sehr hoch ($r = .95$), so daß von demselben abhängigen Maß in beiden Operationalisierungen gesprochen wird. Es fand sich kein Zusammenhang zwischen subjektiver Erfolgserwartung und Ausdauer ($|r| < .1$). Auch findet sich nicht der erwartete Unterschied zwischen Experimental- und Kontrollgruppe. Die induzierte Selbstaufmerksamkeit zeigt keinerlei Wirkung auf beiderlei Ausdauermaß. Dafür ist ein Abfall der Erfolgserwartungen von Anfangs 52% bis auf 18% am Ende der Bearbeitung zu verzeichnen. Des weiteren ist als korrelativer Zusammenhang nachweisbar, daß die Ausdauer um so höher ist, je weniger die Bearbeiter in einer Nachbefragung ihre Leistung auf mangelnde Anstrengung und zu geringe "Motivation" attribuieren ($r= -.39$, $p< .01$). Weiterhin geht niedrige Ausdauer einher mit Attribution auf interne Ursachenquellen. Unter den vier Maßen der Personmerkmale (Selbstkonzept der eigenen Begabung (SKB), Furcht vor sozialer Bewertung (FSB), Handlungs-Lage-Orientierung nach Mißerfolg (HOM) und Life-Orientation-Test (LOT) läßt sich nur für die SKB-Skala ein Zusammenhang von $r=.28$ ($p=.07$) nachweisen. Es wird also um so ausdauernder gearbeitet, je höher das Konzept der eigenen Begabung ausgeprägt ist.

2.4.4.2 Konzeptidentifikation mit Erfolgserwartungsinduktion via Testscorerückmeldung

Es wurden wiederum Konzeptidentifikationsaufgaben verwendet und Ausdauer auf dieselbe Art, wie im vorangegangen Experiment, operationalisiert. Die unabhängige Variable Erfolgserwartung wurde aber diesmal via Induktion der Erfolgserwartung operationalisiert. Dabei wurden an den zukünftigen Bearbeitern in einer Sitzung zwei Wochen vor dem Ausdauerexperiment eine Reihe von Persönlichkeitsmaßen ("Selbstkonzept der eigenen Begabung (SKB), Furcht vor sozialer Bewertung (FSB), öffentliche Selbstaufmerksamkeit (ÖSA; Fennigstein, Scheier und Buss, 1975), Life-Orientation Test (LOT), soziale Erwünschtheit (SE), wahrgenommene Selbstwirksamkeit (SW), Handlungs-Lage-Orientierung nach Mißerfolg (HOM), Zahlen-Folge-Aufgaben (aus dem IST-70 von Amthauer) erhoben. Entsprechend zufälliger Zuordnung zur Gruppe mit günstiger oder ungünstiger Erfolgserwartung wurde den Bearbeitern zu Beginn des Experiments entweder gesagt, die Ergebnisse der Tests lassen auf eine erfolgsreiche oder auf eine nicht erfolgreiche Bearbeitung schließen. Nach dieser Rückmeldung wurde die subjektive Erfolgserwartung erhoben. Sodann begann die Ausdaueraufgabe. Die zweite unabhängige Variable 'Selbstaufmerksamkeit' wurde via Kamera induziert, die den Bearbeiter während seiner Arbeit vorgeblich aufzeichnet. In der Bedingung mit niedriger Selbstaufmerksamkeit fehlte die Kamera und jeder Hinweis auf eine Aufzeichnung im Setting.

Wie eine Manipulationskontrolle zeigt, ist es nicht gelungen unterschiedliche Erfolgserwartung zu induzieren (ungünstig-Bedingung: 39%, günstig-Bedingung: 40%). Es zeigten sich auch keinerlei signifikante Effekte der unabhängigen Variablen auf Ausdauer. Eines der erhobenen Persönlichkeitsmerkmale korreliert mit Ausdauer: Je höher die Furcht vor sozialer Bewertung (FSB), desto geringer die Ausdauer ($|r| > .3$, $p < .05$ für beide Ausdauermaße).

2.4.4.3 Konzeptidentifikation mit Erfolgserwartungsinduktion via Induktionsaufgaben

Es wurden hier ebenfalls Konzeptidentifikationsaufgaben als Ausdaueraufgabe verwendet. Die Induktion der Erfolgserwartung erfolgte hier aber mittels positiver vs. negativer nicht-kontingenter Erfolgsrückmeldung nach Induktionsaufgaben desselben Materials, wie zum Ausdauermessen. Damit gelang die Erfolgserwartungsmanipulation (ungünstig-Bedingung: 31.4%, günstig-Bedingung: 50.7%; $t(52)= 3.21$, $p < .005$). Wiederum aber konnte kein Effekt der unabhängigen Variablen auf Ausdauer nachgewiesen werden.

Bezüglich Anstrengung bzw. Gründlichkeit, operationalisiert als die Durchschnittsdauer einer Einzelbearbeitung, ist ohne Selbstaufmerksamkeit ein Trend zu langsamerem Arbeiten ($F(1,49)=3.75$, $p< .10$) zu verzeichnen und ein schnelleres Arbeiten bei günstiger Erfolgserwartung ($F(1,49)=4.37$, $p<.05$). Eine Interaktion aus Erfolgserwartung und Selbstaufmerksamkeit ($F(1,49)=6.52$, $p<.05$) folgt nicht dem Muster der Carver-Interaktion. Es wird vielmehr ohne Selbstaufmerksamkeitsinduktion von den Bearbeitern der ungünstig-Bedingung langsamer gearbeitet als in der günstig-Bedingung, während bei induzierter Selbstaufmerksamkeit sich die Erfolgserwartungsgruppen nicht unterschieden.

2.4.4.4 Wiederholung des Experiments 'Konzeptidentifikation' mit Erfolgserwartungsinduktion via Induktionsaufgaben

Mit kleinen Vereinfachungen im Blockdesign wurde das eben beschriebene Experiment mit den gleichen Operationalisierungen für abhängige und unabhängige Variablen wiederholt. Wiederrum gelang die Erfolgserwartungsmanipulation (ungünstig-Bedingung: 24%, günstig-Bedingung: 55%; $t(52)= 3.21$, $p < .005$) und abermals konnte die Carver-Interaktion nicht nachgewiesen werden. Dagegen wurde als nicht vorhergesagter Haupteffekt ($F(1,36)=15.43$, $p< .001$) gefunden, daß bei günstiger Erfolgserwartung ausdauernder als bei ungünstiger Erfolgserwartung gearbeitet wird.

2.4.4.5 Designaufgaben

Es wurde nun das gleiche Aufgabenmaterial verwendet, das auch in den Experimenten von Carver, Blaney und Scheier (1979) sowie von Scheier und Carver (1982) zu Anwendung gekommen ist. Es handelt sich um eine Paper & Pencil - Aufgabe, der Designaufgabe, wie sie schon von Feather (1961; 1963) verwendet worden ist. Um die Aufgabe zu lösen, muß dabei der Bearbeiter ein Layrinthdiagramm mit einem Stift nachzeichnen, ohne den Stift anzuheben, und ohne eine Linie zu kreuzen. De facto waren diese Ausdaueraufgaben unlösbar. Selbstaufmerksamkeit wurde hier durch einen Spiegel induziert, ebenso wie in der Orginalstudie von Carver, Blaney und Scheier (1979). Erfolgserwartung wurde mittels leichter oder unlösbarer Induktionsaufgaben, die in der günstig-Bedingung gelöst wurden und in der ungünstig-Bedingung nach gegebener Zeit nicht gelöst wurden. Auch hier gelang diese Manipulation (ungünstig-Bedingung: 24,9%, günstig-Bedingung: 86,3%; $t(40)=$, $p < .001$) und ebenso blieb die Carver-Interaktion aus.

2.4.4.6 Konzeptidentifikation mit ständiger Abbruchabfrage

Für dies letzte Experiment dieser Reihe wurden wieder Konzeptidentifikationsaufgaben verwendet. Es wurde Selbstaufmerksamkeit wieder per Spiegel induziert und Erfolgserwartung durch nichtkontingente Rückmeldung vorangegangener Aufgabeninstanzen induziert. Hier lag auch der Unterschied zu den vorangegangenen Experimenten; der Übergang von Induktions- zu Experimentalaufgaben war für die Bearbeiter nicht zu erkennen. Auch diese Manipulationsart hat die erwünschte Wirkung auf die abgefragte Erfolgserwartung (ungünstig-Bedingung: 15%, günstig-Bedingung: 69%; $t(38)= 9.204$, $p < .01$) und wieder konnte die Carver-Interaktion nicht nachgewiesen werden. Statt dessen fand sich ein nicht vorhergesagter Haupteffekt Selbstaufmerksamkeit ($F(1,39)=6.229$, $p < .02$) mit größerer Ausdauer bei induzierter Selbstaufmerksamkeit.

2.4.4.7 Reformulierung der Vorhersagen durch Dahme et al. (1993)

In keinem der überwiegend als Doppelblindstudien durchgeführten Experimente konnte die von Carver, Blaney und Scheier (1979) bzw. Scheier und Carver (1982) gefundene Interaktion repliziert werden. Dahme, Rudolph und Hyla-Brüschke (1993) stellen als neu am Handlungkontrollmodell von Carver, Blaney und Scheier (1979) heraus, daß es

> a) als entscheidend für den Handlungsabbruch nicht die Höhe der Erfolgserwartung vor Bearbeitungsbeginn, sondern die während der erfolglosen Bearbeitung annimmt, sowie b) daß es zwischen äußerem Rückzug (offenem Handlungsabbruch) und innerem Rückzug (mental disengagement) unterscheidet. (Dahme, Rudolph, und Hyla-Brüschke, 1993, S. 2)

Die Autoren weisen auf die Unrichtigkeit der Hypothesenableitung von Carver, Blaney und Scheier (1979) hin, die darin besteht,

> daß die Autoren für die Erfolgserwartung vor Beginn der unlösbaren Aufgabe geprüft haben, was nach ihrem Modell nur für die während der erfolglosen Aufgabenbearbeitung aufrechterhaltene Erwartung gilt. Bei einer Aufgabe, bei der man kontinuierlich Mißerfolg hat, sinkt die Erfolgserwartung früher (wenn sie zuvor ungünstig war) oder später (wenn sie zuvor günstig war) in den ungünstigen Bereich. Wenn hohe Selbstaufmerksamkeit bewirkt, daß die Ungünstigkeit früher und deutlicher erkannt wird, dann bewirkt sie dies für beide Gruppen, die mit hohen wie die mit niedrigen Anfangserwartungen: sie brechen früher ab mit als ohne Selbstaufmerksamkeit. Allerdings erreichen Personen mit hoher Ausgangswahrscheinlichkeit diesen Punkt später, d.h. sie sind in beiden Selbstaufmerksamkeitsbedingungen ausdauernder.

> D.h., wir würden aus dem Modell nicht, wie seine Schöpfer, den beschriebenen Interaktionseffekt, sondern zwei Haupteffekte dergestalt ableiten, daß bei nichtlösbaren Aufgaben nicht-selbstaufmerksame Personen sowie Personen mit hohen Anfangserwartungen ausdauernder sind (Dahme, Rudolph, und Hyla-Brüschke, 1993, S. 4 f.)

Es wird von einem stetigen Absinken der Erfolgserwartung während der Aufgabenbearbeitung ausgegangen, d.h. Ausdauer wird als Ergebnis eines volitionalen Prozesses angesehen, in dem Erfolgserwartung als motivational wirksame Größe, im Sinne Atkinsons (1957) durch Veränderung des Aufgabenanreizes, die Ausdauer determiniert. Dies steht allerdings im Widerspruch zum Rubikonmodell von Heckhausen und Gollwitzer (1987), das, wie in Kap. 1.2 erwähnt, motivationale Erfolgserwartung als nicht relevant in der aktionalen Phase ansieht, in der Ausdauer stattfindet.

Auch für diese Ableitung von Dahme, Rudolph, und Hyla-Brüschke (1993) aus dem Handlungskontrollmodell läßt sich in den Ergebnissen der Dahme-Arbeitsgruppe keine Evidenz finden.

2.5 Reinterpretationsmöglichkeiten

2.5.1 Carver-Interaktion durch Suchraumpartitionierung

Bei Carver, Blaney und Scheier (1979) wird von vornherein ein großer Teil der äquifinalen Mittel und Wege zum Zweck abgeschnitten. Weil Vorversuche zeigten, daß ihre Probanden sehr ausdauernd sind, sagten sie den Bearbeitern vor Beginn der Ausdaueraufgabe: "Hardly anyone gets it, so don't be too suprised if you don't. ... This comment had the effect of reducing subjects' persistence slightly overall" (S. 1862). Dasselbe Vorgehen wurde auch von Scheier und Carver (1982) sowie Carver, Peterson, Follansbee und Scheier (1983) eingehalten. Während Scheier und Carver zur Beschreibung ihres experimentellen Vorgehens auf Carver, Blaney und Scheier (1979) verweisen, haben Carver et al. (1983) bezüglich des kritischen Statements, von dem in vorliegender Arbeit behauptet wird, es schränke den Suchraum ein, wie folgt ihr Vorgehen beschrieben. "The experimenter indicated that the anagrams were somewhat challenging, since they were drawn from the upper ranges of the IQ test. Therefore, it was likely that the subject would not be able to figure them all out" (S. 344). Anders als Carver, Blaney und Scheier (1979) meinen, bewirkt diese Suchraumeinschränkung in den Experimentalbedingungskombinationen aus Erfolgserwartung und Selbstaufmerksamkeit unterschiedliches (s.u.).

Die Wirkung von Selbstaufmerksamkeit läßt sich als Tendenz zu einer autonomen Suche konzeptualisieren. Gesucht wird nach Informationen, die eine Wahrnehmung lokaler Kausalität bewirken. Autonom bedeutet dabei, daß auf solchen Wegen gesucht wird, die von vornherein vom Aktor abhängen, also interne Kausalquellen implizieren. Geringe Selbstaufmerksamkeit läßt sich entsprechend als Tendenz konzeptualisieren, eher heteronom auf Wegen zu suchen, die zunächst von externen Ursachenquellen abhängen, aber unter die Kontrolle des Aktors gebracht werden sollen. Duval und Wicklund (1973) zeigen, daß Selbstattribution von hypothetischen Handlungsergebnissen durch Induktion von Selbstaufmerksamkeit vermehrt wird. Dies wurde von Buss und Scheier (1976) als Trend bestätigt. In Erweiterung des Befunds fanden sie eine deutlich erhöhte Selbstattribution bei Probanden mit erhöhter habitueller privater Selbstaufmerksamkeit (PSC). Dem widersprechend finden Franzoi und Sweeney (1986), daß in keiner ihrer drei Studien Personen mit hoher privater Selbstaufmerksamkeit mehr internale Attributionen machen als mit niedriger privater Selbstaufmerksamkeit. Statt dessen fanden sie in allen ihren Studien einen Self-Serving-Bias zu mehr internalen Attributionen bei positiven und mehr externalen Attributionen bei negativen Handlungsergebnissen. Nun könnte es gerade dieser bei Franzoi und Sweeney überdeutlich ausgefallene Self-Serving-Bias sein, der die Wirksamkeit von privater Selbstaufmerksamkeit in ihrer Verstärkung von Internal-Attributionen verdeckt. Daher muß die Tendenz zu mehr Internal-Attribution *vor* Eintreffen des Handlungsergebnisses - der Quelle des Self-Serving-Bias - erhoben werden. Für eine Generalisierung der vermuteten Tendenz zu mehr Internalität von selbstaufmerksamen Bearbeitern ist dies sogar unerläßlich. Beim ausdauernden Arbeiten an einer Leistungsaufgabe wird ja der Handlungseffekt des Scheiterns erst nach der Willensentscheidung zum Abbruch offenbar. Die Attributionen, die die Willensentscheidung zum Abbruch beeinflussen können, finden vor dem Scheitern statt. Es muß also empirisch gezeigt werden, daß Selbstaufmerksamkeit zur bevorzugten Suche nach Informationen führt, die eine Internal-Attribution zum Ergebnis haben (siehe Kap. 2.7, Vorhersage I.4.2 sowie Kap. 3.5.4.4).

Carver et al. (1983) variierten nicht Erfolgserwartung sondern Testangst, von der sie dasselbe erwarten wie von Erfolgserwartung. "We would suggest that persons high in test anxiety have relatively unfavorable expectancies for doing well ... . Persons low in test anxiety, on the other hand, are less likely to have such doubts" (S. 336). Auch nach der Ausdauer-ist-gleich-Suchdauer-Annahme sollte Erfolgserwartung und Testangst das gleiche bewirken. Bei hoher Testangst ist der Suchraum auf Mittel zur Zielerreichung beschränkt, die auch mit diesem Handikap noch ausprobiert werden können. Bei niedriger Testangst werden vornehmlich Wege ausprobiert, die ohne Testangst gangbar sind. Carver et al. (1983) können an einer Stichprobe die Carver-Interaktion sowohl mit per Spiegel induzierter als auch mit habitueller Selbstaufmerksamkeit zeigen. Allerdings stellt es für Carver et al. ein Problem dar, das es diesmal nicht, wie bei Scheier und Carver (1982), habituelle private sondern habituelle öffentliche Selbstaufmerksamkeit ist. Auch Carver und Scheier (1978) zeigen nur die Vergleichbarkeit von Selbstaufmerksamkeitsinduktion und privater - nicht öffentlicher - Selbstaufmerksamkeit. Für die Ausdauer-ist-gleich-Suchdauer-Annahme stellt dies kein Problem dar. Zeigen doch Carver et al. (1983) die Carver-Interaktion an klassischen Intelligenztestaufgaben, nämlich Anagrammen. Bei einem solchen System äquifinaler Wege zum Ziel sind diese Wege vornehmlich nicht nach dem subjektiv empfundenen Können angeordnet. Weil es sich um Intelligenztestaufgaben handelt, sind die Wege zum Ziel danach angeordnet, welches Können *inter*subjektiv nach IQ zum 'gehen' des Wegs erforderlich ist. Das gilt um so mehr für Testangst-Probanden. Klar, daß hier die Suchtendenz besser durch öffentliche als durch private Selbstaufmerksamkeit abgebildet werden muß.

Bezüglich der Carver-Interaktion ergibt sich dann folgendes Bild: Bei eingeschränktem Suchraum kann die Erfolgserwartungsinduktion für Bearbeiter mit autonomer Suchtendenz auf Ausdauer besonders wirksam werden (siehe Abb. 2.3.4 rechts). Suchen doch nur die Bearbeiter mit günstiger Erfolgserwartung im relevanten Bereich der Wege und Mittel nach lokaler Kausalität, die eine hohe Fähigkeit oder Anstrengung voraussetzen. Eine Suche nach lokaler Kausalität unter den verbleibenden Wegen und Mitteln, die auch mit geringer Fähigkeit oder Anstrengung gangbar blieben, ist durch die Mitteilung, wonach die Aufgabe sehr, sehr schwer sei, abgeschnitten.

Dieselbe Suchraumeinschränkung verhindert ein Wirksamwerden der Erfolgserwartungsinduktion bei Bearbeitern mit heteronomer Suchtendenz. Obwohl diese generell wegen der Zweidimensionalität ihres Suchraums eine größere Menge an Wegen und Mitteln auf lokale Kausalität hin prüfen müssen, kann nur eine mittlere, zwischen diesen beiden Bedingungen nicht unterscheidbare Suchzeit sich ergeben: Der Suchraum ist auf den in diesen beiden Gruppen gleich großen negativen Bereich eingeschränkt. Die zusätzlich durch Induktion günstiger Erfolgserwartung hinzukommenden positiven Wege und Mittel werden nicht überprüft, weil sie durch Suchraumeinschränkung abgeschnitten sind (siehe Abb. 2.3.4 links).

2.5.2 Grübeln statt innerer Rückzug

Die hier vertretene theoretische Auffassung muß auch Auszeiten (siehe Kap. 2.4.2.3) anders einstufen. Danach sind diese Ausdruck der Suche nach lokaler Kausalität, wenn physisch schon keine neuen Wege zum Ziel mehr ausprobiert werden können. Es handelt sich demnach um eine Suche ins Leere, die sich als Grübeln beschreiben läßt. Der Hauptunterschied zwischen innerem Rückzug sensu Carver und Scheier (1981) und dieser Suche ins Leere besteht darin, daß dieses in den Auszeiten geäußerte Grübeln nicht nur gehäuft gegen Ende der Bearbeitungszeit auftreten sollte, sondern auch während des gesamten Verlaufs der Bearbeitung der Ausdaueraufgabe. Diese Suche nach Lösungsmöglichkeiten trägt dann zurecht die Bezeichnung Grübeln. Die Suche ist dysfunktional. Die zugrunde liegende Zielintention ist degeneriert (Beckmann, 1994). Sie wird nie zum Auffinden von neuen Lösungsmöglichkeiten führen, weil die einzig möglichen schon bekannt sind. Als Aufgabenart wird deshalb eine Trackingaufgabe verwendet. Dysfunktionalität von Auszeit ist hier dadurch sicherstellt, daß keinerlei Nachdenken beim einfachen Verfolgen eines Zielpunktes zielführend sein kann. Vielmehr wird mit jedem Innehalten in der Zielverfolgung offenbar, daß eben das Ziel gerade auch nicht verfolgt wird. Diese Auszeiten werden als Operationalisierung für Grübeln über den ganzen Bearbeitungsprozeß erhoben. Im dafür zu konstruierenden Untersuchungsparadigma wird die Zielintention 'Aufgabe lösen!' in der unlösbaren Aufgabe nicht erreicht, um Ausdauer als Zeit bis zum Aufgeben zu erheben. Gleichzeitig wird per Prozeßbeobachtung ermittelt, ob, wann, wie lange und wie häufig die Bearbeitung ausgesetzt wird.

Zur Ausdauer gesellt sich hier also eine zweite Variable hinzu, an der zwischen dem Handlungskontrollmodell von Carver und Scheier (1981) und dem hier vertreten Ansatz entschieden werden kann. In gewisser Weise ist diese Variable sogar noch kritischer für die hier unterbreiteten Vorschläge, denn eine gegen Ende der Bearbeitungszeit auftretende innere Rückzugszeit wäre schon für sich genommen ein deutlicher Gegenbefund gegen die hier vertretene Grundauffassung vom Abbruchzeitpunkt als dem Zeitpunkt, an dem die Willensentscheidung zu Abbruch fällt. Wie könnte das sein, wenn sich nach der eigentlichen Willensentscheidung noch eine Weile innerlich zurückgezogen würde? Der Abbruchzeitpunkt würde dann nicht den Zeitpunkt der Willensentscheidung zum Abbruch markieren.

Sollten Auszeiten aber anders verteilt sein und nicht gehäuft gegen Ende der Bearbeitungszeit, dann ergibt sich die Interpretationsmöglichkeit von Auszeit als Grübeln. Der Unterschied zu innerem Rückzug liegt darin, daß die Determinierung durch den gesetzten Standard nicht einfach aufhört zu wirken. Es wird wie in Martin und Tessers (1989; 1996) Ansatz die auslösende Bedingung für Grübeln in nicht erfüllten Zielintentionen gesehen. Diese Autoren gingen ursprünglich (1989) von Klingers (1977) Konzept der current concerns aus als "... state of an organism between the time it commits itself to a goal and the time it disengages from that goal. ... . Like Klinger, we assumed that recurrend thoughts are related to unattained goals" (Martin und Tesser, 1996, S. 4). Die aktuelle Formulierung ihrer Position lautet so: "Rumination occure only when the rate of progress is not what the person expects it to be (i.e., is faster or slower)" (a.a.O.). Im Verständnis der Autoren bezüglich Klingers Position muß der Organismus relevante von irrelevanter und dringliche von weniger dringlicher Information unterschieden. Dies geschieht durch Zuordnen von Prioritäten zu Konzepten, die mit der Zielerreichung assoziiert sind. Deshalb aktivieren Cues aus der Umwelt, die mit den Current- concerns-Konzepten in Verbindung stehen, sehr leicht mit dem Ziel verbundenes Denken. Diese Leichtigkeit der Gedankenaktivierung bleibt dabei vom Annehmen eines Zieles bis zum Erreichen oder Aufgeben des Zieles erhalten. Martin und Tesser betonen dabei die Annahme, daß 'concerns' nur in dem Ausmaß Einfluß nehmen, in dem sie Emotionen evozieren. Anders als Klinger nehmen die Autoren nicht an, daß eine Zielblockade zu einem Rückzug von Versuchen der Zielerreichung bewirkt. Vielmehr ist dies der eigentliche Auslöser von Grübeln, wenn dies in der Fortschrittsrate (rate of progress; siehe Kap. 2.4.2.2) offenbar wird.

Ist Grübeln erst einmal ausgelöst, so ist nach Martin und Tesser Grübeln "... a class of conscious thoughts that revolve around a common instrumental theme and that recur in the absence of immediate environmental demands requiring the thoughts" (S. 7). In Erweiterung sagen Martin und Tesser über Auslösebedingungen von Grübeln: "There is no necessary correspondence between the occurrence of any given event and the onset or content of subsequent rumination" (S. 14). Erber und Wegner (1996) kommentieren dies schroff so: "This is the squirrel-on-a-tread-mill approach to a theoretical engine" (S. 74). In der Tat scheinen hier Martin und Tesser ihren Ausgangspunkt von Klingers Theorie wieder zu verwerfen, wurde dort doch noch ausgegangen von einer - wenn auch über Cues und Prioritäten vermittelten - Verknüpfung von Grübelgedanken und current concerns. Sie begründen obige Position mit der Undurchsichtigkeit - selbst für den Aktor - welches Ziel gerade blockiert ist und dem Grübeln zugrunde liegt. Generell gilt aber: "The content of rumination revolves around a goal that ... is the goal that has been thwarted" (Martin und Tesser, 1996, S. 14). Dies kann Erber und Wegner freilich nicht überzeugen, gehen sie doch gar nicht von der Notwendigkeit einer Zielblockade aus. "When someone thinks for years about something that objectively should not matter, the blocked goal theory is in serious trouble" (S. 73). Alles, was dazu aus Sicht von Martin und Tesser gesagt werden kann, ist, daß mit ihrem Ansatz nicht der ganze Phänomenbereich Grübeln abgedeckt werden kann, sondern nur der Teil von Grübeln, der durch nicht erreichte Ziele verstanden werden kann.

Beckmann (1994) geht vom gleichen Ausgangspunkt unerreichter Zielintentionen aus, wird aber spezifischer, indem er Grübeln als Evaluation der vorausgegangenen Tätigkeit in der postaktionalen Phase im Rubikon-Modell konzeptualisiert. Demnach müßte Grübeln sensu Beckmann gegen Ende der Bearbeitungszeit als eine Form inneren Rückzugs gehäuft auftreten, was für den hier verfolgten Ansatz eben dasselbe bedeuten würde, wie innerer Rückzug sensu Carver und Scheier (1981). Der Abbruchzeitpunkt könne nicht als der Zeitpunkt interpretiert werden, an dem die Willensentscheidung zu Abbruch gefällt wird. Damit wäre der Hauptansatz der vorliegenen Arbeit hinfällig. Deshalb wird dieses Problem zuerst einer empirischen Klärung zugeführt. Gleichzeitig ergeben sich dabei auch Schlußfolgerungen für das Rubikon-Modell. Häufen sich Auszeiten gegen Ende der Bearbeitungszeit, so wäre Evidenz für die Existenz einer postaktionalen Bewertungsphase als Abschluß der im

Rubikon-Modell postulierten Phasenabfolge erbracht. Sind Auszeiten aber über die ganze aktionale Phase verteilt, so kann zumindest im hier verfolgten Untersuchungsparadigma nicht länger eine postaktionale Phase angenommen werden, die die Ausdauerzeiten vor Abbrechen der Aufgabe zusätzlich verlängern. Ein Grübeln sensu Beckmann, das in der eigentlichen postaktionalen Phase nach dem Abbruch eintritt, kann nicht erhoben werden.

Kuhl (1994a, S.11) sieht sein Konzept der Lageorientierung überlappend mit Grübeln, wie es bei Martin und Tesser (1989) konzeptualisiert ist. Nach Kuhl ist Grübeln auf fälschliche Internalisierung von Zielen zurückzuführen, die durch Lageorientierung eher als selbstkompatibel erlebt werden, obwohl nur mangelhafte Realisationsmöglichkeiten vorliegen. Degenerierte Zielintentionen sind die Folge. Weil dadurch Lageorientierung laut Kuhl behaviorale Passivität gerade bei kognitiver Überaktivität bewirkt, besteht ein enger Zusammenhang mit der hier vorgeschlagenen Operationalisierung von Grübeln als Auszeit, in der eben dysfunktionalerweise kein offenes Zielannäherungsverhalten beim Bearbeiten der Trackingaufgabe zu beobachten sein soll. Daneben sollte das durch Auszeiten erfaßte Grübeln um so extensiver sein, je lageorientierter die Bearbeiter sind. Dies schließen z.B. auch Kuhl und Goschke (1994, S. 115).

Neben der zentralen Position, die Grübeln für das Ausdauerparadigma hat, besteht zusätzlich noch ein enger inhaltlicher Zusammenhang mit dem willenstheoretischen Hintergrund der hier verfolgten Ausdauerexperimente. Kluwe (1996) schließt aus seiner Übersicht kognitionspsychologischer Ansätze zu willentlicher Steuerung von Denkprozessen, daß die subjektive Sicherheit, willensfrei das eigene Denken gestalten zu können, vor der Einsicht schützt, daß dies vielleicht gar nicht möglich ist. Dies legt die Sicht frei auf eine willenstheoretische Grundlage von Grübeln, die in der subjektiven Entdeckung steckt, daß das eigene Denken determiniert ist. Bereits in der Einleitung (Kap. 1.3) wurde mit Jaspers (1923) auf den Zwangsaspekt von Grübeln hingewiesen. In der Tat hat Grübeln durchaus auch Inhalte, denen kein blockiertes Ziel anzumerken ist, die womöglich tatsächlich nicht auf unerreichte Zielintentionen zurückgehen. Mit dem folgenden Kapitel 2.6, in dem eine verallgemeinerte Sichtweise von Zielintentionen als Spezialfall der viel umfangreicheren Klasse Intentionen ausprobiert wird, ergibt sich eine Spekulation, die erst in der Diskussion (Kap. 4.1.8) wieder aufgenommen werden kann. Demnach haben allgemein alle intentionalen Inhalte das Potential, zu Grübelinhalten zu werden: Sie werden vom Subjekt als zu ihm gehörig erlebt. Sie können als *gerichtete* Inhalte anderen Inhalten den Rang ablaufen und daher auch 'current concerns' unterbrechen oder stören. Diese Diskussion wird auch deutlich machen, wie der 'suppression cycle' (Wegner, 1992) aufrechterhaltende Bedingung für Grübeln sein kann, von dem Erber und Wegner (1996) zu Recht glauben, daß er Martin und Tessers 'theoretische Maschine' erst in Schwung bringt. Einstweilen wird aber dem offensichtlicheren Fall Zielintention als Untersuchungsfeld der Vorrang beim empirischen Vorgehen eingeräumt.

Vor Erber und Wegners Vorschlag zur Erweiterung der Theorie von Martin und Tesser ist aber zunächst noch ein schwerwiegendes Manko auszuräumen. Wenn nach Worten Martin und Tessers (1996) folgendes gilt: "... rumination is a manifestation if people's tendency to persist in goal-directed action until they have either attained their goal or given up the desire for it ..." (S. 11), dann macht das nur Sinn, wenn die Theorie auch erklären kann, wie lange versucht wird Ziele zu erreichen, d.h. wie ausdauernd Menschen sind. Andernfalls könnte Grübeln z.B. immer schnell beendet werden, indem sofort bei der ersten Schwierigkeit auch das 'desire' erlischt. Auch könnte bei jedem Menschen Grübeln ins unermeßliche gesteigert werden, wenn nur die Persistenz der Zielintention einfach immer weiter aufrecht erhalten würde. Für Martin und Tesser ist also eine wirklich prädiktive Theorie ausdauernden Verhaltens unerläßlich. Der vorliegende Vorschlag in dieser Arbeit bietet sich hier als Grundlage besonders an, wenn empirische Evidenz für die Hauptannahme der Ausdauer als Suchdauer nach lokaler Kausalität beigebracht werden kann; gehen doch auch Martin und Tesser (1996) von folgendem aus: "Rumination is a form of looking. It persists until people find what they are looking for (e.g., a way to attain their goal)" (S. 11).

Das sich in den Auszeiten manifestierende Grübeln ist ein zwar unangepaßtes aber doch weiterhin auf die Erreichung des Zwecks gerichtetes Verhalten; mithin die Wirkung einer unerfüllten Zielintention. Wird nach Lösungsmöglichkeiten gegrübelt, wo ein Nachdenken bei einer Trackingaufgabe nicht zielführend sein kann? Dies sollte häufiger in solchen Bedingungen stattfinden, in denen die Bearbeiter die wenigen subjektiv zur Verfügung stehenden Möglichkeiten zur Zielerreichung schon abgesucht haben, wo die Bedingung aber nicht verrät, daß dies schon alles war. Es wird dann ins Leere gesucht. Eine induzierte Suchraumeinschränkung bringt genau diese wichtige Zusatzinformation, daß es sich nämlich nicht lohnt, noch weiter nach Lösungen zu suchen. Sie verrät, daß es keine weiteren Möglichkeiten gibt. Insofern schützt sie vor Grübeln nach Wegen zum Ziel, die es nicht gibt. Dies ist ein zusätzlicher Vorschlag einer Bedingung, die Grübeln löscht. Sie ist insofern relevant, als nach Martin und Tessers (1996) Theorie allein die Erfüllung der Zielintention wirksam Grübeln beenden kann. "The best way (i.e., the permentent way) to stop rumination is to attain the goal" (S.16). Was aber, wenn das Ziel nie erreicht werden kann, z.B. wenn über unerfüllte Zielintentionen aus der Vergangenheit gegrübelt wird? In der vorliegenden Arbeit wird geprüft, ob Grübeln, verstanden als Suche nach Zielintentionserreichung im Vakuum der Unmöglichkeit, eindämmbar ist durch den erlebten Nachweis, daß da nichts mehr ist, was noch begrübelt werden kann.

2.5.3 Nettohoffnung als differentielle Suchtendenz

Hoffnung auf Erfolg soll nach Weiner und Kukla (1970; Weiner, 1974b) bei günstigen Handlungsergebnissen mit internalen und stabilen Attributionen einhergehen. Bei ungünstigen Handlungsergebnissen soll eher external oder internal variabel attribuiert werden. Furcht vor Mißerfolg führt zu entgegengesetzten Attributionsmustern bei Erfolg wird external variabel attribuiert, bei Mißerfolg internal stabil. Heckhausen (1987) bringt dies auf den Nenner von positiven vs. deprimierten Attributionsmustern. Im hier verfolgten Erklärungsrahmen kann dies als eine vom aktuellen Handlungserfolg abhängende Suchtendenz bei der Suche nach lokaler Kausalität konzeptualisiert werden. Mit Hoffnung auf Erfolg sieht das Bild so aus: Wenn Fortschritte gemacht werden, wird auf autonomen Wegen nach lokaler Kausalität gesucht, die also von vornherein vom Aktor abhängen. Wenn aktuell Rückschläge erlitten werden, wird auf heteronomen Wegen gesucht, die nämlich zunächst von externen Ursachenquellen abhängen, aber unter Kontrolle des Aktors gebracht werden sollen. Bei Furcht vor Mißerfolg wird bei aktuellem Fortschritt auf heteronomen Wegen gesucht, bei aktuellen Rückschlägen auf autonomen Wegen.

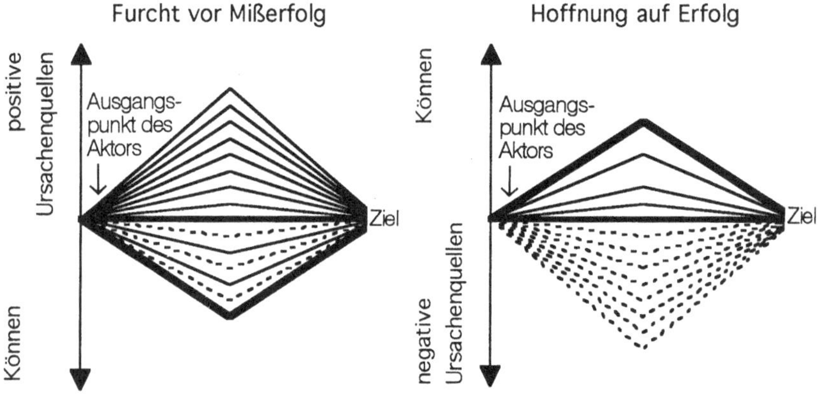

Abb. 2.5.1: Wege zu Ziel bei günstiger (ununterbrochene Linie) und ungünstiger (unterbrochene Linien) Erfolgserwartung, angeordnet nach den bei Hoffnung auf Erfolg und Furcht vor Mißerfolg assoziierten Suchtendenzen, bei Suchraumeinschränkung (fett umrandet).

In Verbindung mit Suchraumeinschränkung ergibt sich eine vergleichbare Suchraumpartitionierung wie bei Suchtendenzen, die unabhängig vom aktuellen Fortkommen sind. Ebenso sind die Partitionierungen ohne Suchraumeinschränkung analog. Allerdings sollten bei ungünstiger Erfolgserwartung die Erfolgsmotivierten ausdauernder sein als Bearbeiter mit Furcht vor Mißerfolg, während bei ergebnisunabhängiger Suchtendenz die auf autonomen Wegen Suchenden weniger ausdauernd sein sollten als Bearbeiter, die auf heteronomen Wegen nach lokaler Kausalität suchen.

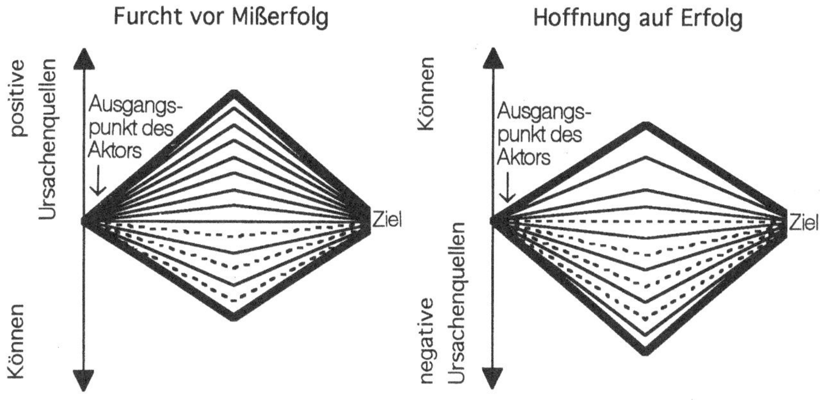

Abb. 2.5.2: Wege zu Ziel bei günstiger (ununterbrochene Linie) und ungünstiger (unterbrochene Linien) Erfolgserwartung, angeordnet nach den bei Hoffnung auf Erfolg und Furcht vor Mißerfolg assoziierten Suchtendenzen, ohne Suchraumeinschränkung.

Zusammenfassend kann gesagt werden, daß das Erfolgsmotiv, wie auch die Selbstaufmerksamkeit, als Tendenz konzeptualisierbar ist, auf autonomen oder heteronomen Wegen zu suchen. Selbstaufmerksamkeit resp. Leistungsmotiv in Verbindung mit subjektiver Erfolgserwartung und Suchraumeinschränkung ergibt eine Partitionierung des Suchraums nach lokaler Kausalität. Ausdauer muß demnach durch die Größe des jeweils realisierten Suchraumkompartiments determiniert sein. Ausdauer als Suchzeit nach lokaler Kausalität ist um so kürzer, als je kleiner das Suchraumkompartiment erlebt wird.

2.5.4 Wirkung selbstwerterhaltender Entschuldigung auf Ausdauer

Ein etwaiger Effekt der Suchraumeinschränkung auf Ausdauer steht einer Alternativerklärung offen. Carver und Mitarbeiter hatten in ihren Experimenten den Bearbeitern vor Beginn der Aufgabe sinngemäß gesagt, daß sie die Aufgabe sowieso nicht lösen können, weil sie zu schwer sei (s.o.). Dies wurde hier als Suchraumeinschränkung bezeichnet. Demgegenüber kann aber auch überlegt werden, ob dies nicht eine den Bearbeitern nahegelegte Entschuldigung ist. Diese würde den Abbruch weniger selbstwertbedrohend machen. Eine zuvor gegebene Entschuldigung kann als Vorbedingung für das Eintreffen der Carver-Interaktion nach dem Handlungskontrollmodell interpretiert werden. Mit Carver und Scheiers Annahmen von 1981 könnte wie folgt argumentiert werden:

Selbstwerterhaltung ist ein dem Programm-Level übergeordneter Standard. "Perhaps the process of keeping discrepancies small with regard to this particular superordinate standard is what we have been calling self-esteem maintenance or egoism" (Carver und Scheier, 1981, S. 257). D.h. Carver und

Scheier liefern hier eine Alternativerklärung ihrer Ausdauerergebnisse (Carver, Blaney und Scheier, 1979; Scheier und Carver, 1982; Carver et al. 1983). Probanden mit ungünstiger Erfolgserwartung sind mit Selbstaufmerksamkeit weniger ausdauernd als ohne, weil Selbstaufmerksamkeit die Selbstwertbedrohung während der nicht lösbaren Ausdaueraufgabe deutlicher macht. Dem können sie sich mit Entschuldigung entziehen, nicht aber ohne. Nur so kann der übergeordnete Standard der Selbstwerterhaltung erreicht werden. Probanden mit günstiger Erfolgserwartung sind mit Selbstaufmerksamkeit ausdauernder als ohne, weil hier die Diskrepanz zum Standard auf Programmlevel, nämlich die Aufgabe zu lösen, deutlicher hervortritt als ohne Selbstaufmerksamkeit, wo sich deshalb kein Unterschied zwischen Bearbeitern mit günstiger und ungünstiger Erfolgserwartung ergibt. Dies kann nur mit Entschuldigung zu erhöhter Ausdauer führen, weil nur dann diese erhöhte Anstrengung nicht dem übergeordneten Ziel, den Selbstwert zu erhalten, entgegen steht. Vor allen aber muß dies bei ungünstiger Erfolgserwartung mit Entschuldigung umgekehrt sein, weil hier Selbstaufmerksamkeit die Selbstwertbedrohung während der nicht lösbaren Ausdaueraufgabe deutlicher macht. Damit wäre eine konsistente Ableitung der Carver-Interaktion im Rahmen einer egoismustheoretisch erweiterten Handlungskontrolltheorie von Carver (1979; Carver und Scheier, 1981) möglich, die Dahme, Rudolph und Hyla-Brüschke (1993) in der Formulierung von Carver, Blaney und Scheier (1979) vermissen (siehe Kap. 2.4.4.7).

Wenn man den Versuch, Carver und Scheiers Theorie durch die egoismustheoretischen Aspekte zu retten, ganz unterläßt und statt dessen alles mit dem Streben nach Selbstwerterhaltung begründet, kommt man zu einer einfacheren Erklärung: Die Induktion von Selbstaufmerksamkeit erhöht die Selbstwertrelevanz. Federoff und Harveys (1976) Induktion von Selbstaufmerksamkeit via Kamera wird von Heckhausen (1989) als Induktion von erhöhter Selbstwertrelevanz interpretiert. Auch Federoff und Harvey argumentieren unter Bezug auf Ickes, Wicklund und Ferris (1973), "that self-awareness may lead to an exaggeration in an individual's prevailing moods and self-evaluations" (Federoff und Harvey, 1976). Sie erklären ihre Befunde zu Attribution von Handlungsergebnissen (siehe oben) mit einer erhöhten Selbstwertbedrohung durch Selbstaufmerksamkeitsinduktion (siehe aber auch einen gegenläufigen Befund von Holroyd, Westbrook, Wolf und Badhorn, 1978).

Ungünstige Erfolgserwartung erhöht die Gefahr einer Selbstwertverletzung weiter, günstige verringert sie. Entsprechend wird bei geringer Bedrohung später, bei starker Bedrohung früher abgebrochen. Denn mit Entschuldigung kann einer Selbstwertverletzung durch Abbruch der Aufgabenbearbeitung begegnet werden. Das geschieht, indem der eigentliche Grund der Selbstwertbedrohung, nämlich das mit dem Abbruch verbundene Eingeständnis des Scheiterns, mit der Entschuldigung erklärt wird. So kann die Selbstwertbedrohung abgewendet werden. Diese Möglichkeit fehlt ohne Entschuldigung. Dann sind Probanden bei günstiger Erfolgserwartung deshalb mit Selbstaufmerksamkeit ausdauernder als ohne, weil die erhöhte Selbstwertrelevanz hier zunächst ansporned wirkt. Die gegenteilige Wirkung bei ungünstiger Erfolgserwartung entsteht durch die erhöhte Gefahr einer Selbstwertverletzung, die durch Selbstaufmerksamkeit um so aversiver wird. Mit Entschuldigung wird dann am schnellsten abgebrochen. Ohne anspornende wie selbstwertbedrohende Selbstaufmerksamkeit ergibt sich mit günstiger wie ungünstiger Erfolgserwartung eine mittlere Bearbeitungszeit. Durch die prävalente Entschuldigung führt Erfolgserwartung hier nicht zu unterschiedlicher Selbstwertbedrohung. Diese Erklärung stünde im Einklang mit der sog. egoismustheoretischen Erklärung des Phänomens Ausdauer von Frankel und Snyder (1978).

Die Erklärung über den Selbstwerterhalt scheint schlüssig genug, um als mögliche Alternativerklärung ernstgenommen zu werden. Daher wird im Experiment 'Verantwortlichkeit' eine zusätzliche Hypothese im Sinne der Selbstwerterhaltungsannahme überprüft.

2.6. Vom Willen zur Intention, zum Sinn

Oft werden das Wort 'Wille' und das Wort 'Intention' synonym gebraucht. Das hat vielleicht seinen Ursprung darin, daß das, was jemand will, als der Inhalt seines Strebens betrachtet wird. Das Konzept 'Intention' ist aber in der Philosophie (Husserl, 1901; Dennett, 1987, Beckermann, 1992a) und Psychologie (Brentano, 1924; Gerjets und Westermann, in Druck; Brunswik, 1934) breiter.

> Intention bedeutet im herkömmlichen Sinne bewußtes Abzielen auf etwas, später im übertragenen Sinne auch "erlebte Beziehung auf einen Inhalt . . . Richtung auf ein Objekt" [Fußnote a.a.O.: Brentano, 1924], "Bewußtsein von etwas" [Fußnote a.a.O.: Husserl, 1913] und zwar nicht nur im Sinne von 'etwas wollen' sondern auch im Sinne von 'etwas erkennen, wahrnehmen, beurteilen u.s.w..'. Zur Unterscheidung wollen wir in ersterem Falle von 'pragmatischer' im letzterem von 'kognitiver' Intention sprechen (Brunswik, 1934, S. 17f).

Es sind, kurz gesagt, Bewußtseinsinhalte und damit subjektive Sinngehalte gemeint. Das Gleichsetzen des Inhalts einer pragmatischen oder kognitiven Intention mit subjektivem Sinn von 'etwas' findet seine Berechtigung in der folgenden Auffassung: Der Sinn von etwas besteht darin, wie es verwendet wird (Peirce, 1878; Wittgenstein, 1958); genauer: wie es intendiert ist, verwendet zu werden (Hörmann, 1978). Er schreibt dazu:

> Der *intentionale Akt*, in welchem sich das bewußte Ich mit der ihm gegenüberstehenden Welt in Beziehung setzt, ist unserer Ansicht nach (und das ist natürlich nicht mehr HUSSERLsch) nur durch kleine und unscharfe Unterschiede von dem getrennt, was man den Kern oder die *Impulsfigur* jener Handlung ansehen kann, welche bei BRIDGMAN und - in wieder etwas anderer Form - beim späten WITT-

GENSTEIN das Grundprinzip von Bedeutung ist, hinter das man mit Fragen vernünftig nicht mehr zurückgehen kann (S. 196f).

Womöglich ist das auch der Grund, warum sich Intentionen als Untersuchungsobjekt in der empirisch betriebenen Psychologie so schwer fassen lassen. Ist doch nicht der vermeinte[4] (Husserl, 1901) und intendierte, sondern nur der tatsächlich ausgeführte Gebrauch overt, d.h. an offenem Verhalten beobachtbar. Eine Neukonzeptualisierung des Begriffs 'Intention' von Brunswik (1934) für den nur scheinbar klaren Fall der visuellen Wahrnehmung muß deshalb in die von ihm ins Leben gerufene 'Psychologie vom Gegenstand her' münden. Was als etwas anderes wahrgenommen wird, kann er nur als 'intentional nicht erreicht' konzeptualisieren.

Können mit dem hier vertretenen Ansatz des primären Willensakts im Abbruch einer Ausdaueraufgabe auch Einsichten gewonnen werden in den Prozeß der Sinnentstehung? Das wäre zu fordern, wenn die hier angestellten Überlegungen in eine empirische Untersuchung von *Intentionen* münden sollen.

Der generelle Ansatz dabei ist, daß der Sinn von 'etwas' darin liegt, wie 'es' verwendet wird (Peirce, 1878; Wittgenstein, 1958). Um dies untersuchbar zu machen, wird dem Interpret, bei dem der Sinn entsteht, eine Aufgabe gestellt. Da es sich um eine Ausdaueraufgabe handelt, besteht der Sinn der Bearbeitungsinformationen darin, ob es für den Interpret noch sinnvoll ist, die Aufgabe weiter zu bearbeiten. Die intersubjektiven Zeichen sind die Anzeichen des Bearbeitungsprozesses, die anzeigen, wie weit der Interpret vom determinierten Ziel entfernt ist. Um diese Zieldistanzen zu - für diesen Sinn - relevanten Anzeichen der Vorgänge beim Bearbeiten zu machen, werden die aktuellen Zieldistanzen in den Kontext der zuvor erreichten Zielannäherungen gestellt. Es wird also scheinbar gar keine Sinnentstehung untersucht, sondern "Sinnverschwindung". Aber diese kann zu Sinnentstehung umgekehrt werden, weil sensu Sigwart (1889; siehe auch Kap. 2.1.3) 'nolle' - d.h. die Abbruchentscheidung - ebenso eine pragmatische Intention mit einem *bestimmten* sinnhaften Inhalt[5] darstellt. Es entsteht der Sinn 'Aufhören!'. Ob der Sinn 'Zielerreichen!' noch vom Interpret als Bedeutungsintention erlebt wird, ergibt sich in der empirischen Überprüfung im Ausdauerparadigma einfach daraus, ob noch ausdauernd gearbeitet wird. Damit wird eine Hypothese über die Entstehung von Sinn experimentell überprüfbar.

---

4 Prechtl (1991) erklärt den Akt des Vermeinens so: "Den Umstand, daß ich mich mittels einer Bedeutung auf ein Gegenständliches beziehe, nennt Husserl 'Bedeutungsintention'. Darin drückt sich der intentionale Charakter des Bewußtseins aus" (S. 30f). Der sinnverleihende *Akt* wird bei Husserl als eine *spezifische* Leistung des gerichteten Denkens konzeptualisiert.

5 "Sucht man nach einem faßbaren Inhalte dieses Wollens, so kann man nur die Freiheit des Subjekts [finden], die abstracte Möglichkeit etwas anders zu wollen" (Sigwart, C., 1889, S. 126).

2.6.1 Der Informationsverarbeitungsansatz zur Untersuchung von Intentionen

Im Informationsverarbeitungsansatz wird Verhalten als Ergebnis der Verarbeitung der Informationen verstanden, die dem Individuum gegeben werden. Dabei wird explizit auch Gebrauch von Annahmen über nicht beobachtbare, zugrundeliegende Verarbeitungsmechanismen gemacht. Als Beispiel mag der 'Logical Theorist' (LT) von Newell, Shaw und Simon (1958) dienen. Es handelt sich um ein Computerprogramm, daß logische Sätze beweisen kann, und damit um einen spezifischen Teilbereich menschlichen Problemlösens. Das Computerprogramm ist dann eine mögliche Beschreibung, wie die Informationsverarbeitung von Menschen ablaufen könnte - bei diesen speziellen Problemen. Dabei bekommt das Programm Inputinformationen und wendet darauf bestimmte Informationsverarbeitungsschritte an. Im Falle des LT waren das Beweistheoreme, die dem Programm als 'Wissensbasis' zur Verfügung standen. Der Output, insbesondere der fehlerhafte, wird mit dem von realen menschlichen Problemlösen verglichen. Angestrebt werden äquivalente Output-Charakteristika.

Der Informationsverarbeitungsansatz muß aber nicht notwendigerweise mit einer Modellierung und Simulation verbunden sein. Es reicht aus, nach den Informationsverarbeitungsschritten zu fragen, um zu Vorstellungen darüber zu kommen, welche internen Mechanismen beobachtbarem Verhalten zugrundeliegen könnten. Im vorliegenen Fall wird zweimal gefragt: Welche Schritte der Verarbeitung bei der gegebenen Informationen aus dem Bearbeitungsprozeß haben zu den beobachteten Ausdauerzeiten geführt? Und: Welche Unterschiede in der Informationsausgangslage und der Art der Verarbeitungsschritte können die unterschiedliche Ausdauer erklären? Ein Hauptspezifikum von kognitiven Aktivitäten, die mit dem Informationsverarbeitungsansatz erklärt werden sollen, ist ihre Nichtbeobachtbarkeit. Man kann zunächst nicht sehen, was im Bearbeiter zur Auswahl eines spezifischen Abbruchzeitpunktes geführt hat. Es wird mit dem vorliegenden Ansatz nicht versucht, Intentionalität zu naturalisieren (siehe Kap. 1.1.4.2; Beckermann, 1992a), wie es mit dem Modellierungsansatz des LT impliziert ist, sondern es wird eine Beobachtungsmethode vorgeschlagen, die es erlaubt, zu entscheiden, ob Intentionalität nicht schon von vornherein ein naturwissenschaftlich beschreibbares Phänomen ist.

2.6.1.1 Psychologie vom Gegenstand her als objektivistische Auffassung von Intentionen

Brunswik (1934) betreibt in einer breit angelegten Forschungsreihe eine 'Psychologie vom Gegenstand her' und meint damit eine rein objektivistische Betrachtungsweise der Phänomene der Wahrnehmungspsychologie. Unter den objektiven Gegenständen der Wahrnehmung versteht Brunswik gemessene, rechnerische und allgemein denkmäßige Konstruktionen. Damit trachtet er dem philosophischen Realitätsproblem "... aus dem Wege zu gehen ..." (S. 23). Praktisch für seine empirschen Untersuchungen schafft er mehr. Er kommt hier an eine 'sozial definierte' oder konstruktionistische[6] Fassung von Wirklichkeit (Lenk, 1995) heran. Die von Brunswik vorgeschlagene Messung zur Beschreibung der Gegenstände ist dann die kollektiv vereinbarte Definitionsform. Das, was von den Gegenständen wahrgenommen wird, nennt er das Gegebene. Er setzt sich in seiner Leistungsanalyse der Wahrnehmung zur Aufgabe, "... nach geeigneten *Zuordnungsgesichtspunkten zwischen Gegebenheiten und Gegenständen* " (S. 17) zu suchen. "Die Zuordnungen, die auf diesem Wege gefunden werden können, bezeichnen wir als *intentionale*" (a.a.O.). Er versucht damit " ... möglichst *eindeutige* Beziehungen (Kopplungen) zu finden" (a.a.O.). Diese sind aber nur dann gegeben, wenn wirklich das 'gegeben', also wahrgenommen, ist, was auch als Gegenstand gemessen werden kann, wenn der Gegenstand sensu Brunswik 'intentional erreicht' ist. "'Intentional erreicht' bedeutet für uns einfach: *durch eine biologisch zweckmäßig funktionierende Einrichtung des Organismus erreicht"* (S. 17). Er stellt daher in Frage,

> ob uns mit einer bestimmten Gegebenheit der intendierte und der intentional erreichte Gegenstand schon mit angezeigt ist, d.h. ob intentionale Zuordnungen unmittelbar gegeben sind. Man glaubte dies zuweilen. Brentano (a.a.O.) z.B. lehrte anfangs, jedes psychische Phänomen 'enthält etwas als Objekt in sich', aber selbst dann, wenn man wie Brentano es später tut, unter Objekt ausdrücklich nicht das wirkliche, sondern nur ein gedachtes Objekt versteht, ist das sicher phänomenologisch nicht richtig (S. 18).

Dabei betont er Bewußtheit, wie auch Brentano (1924), womöglich zu sehr. Wenn nur phänomenal erlebte 'Objekte' überhaupt Erklärungsgegenstände sind, ist Brunswiks Ablehnung dieser Sichtweise und Hinwendung zu einer rein objektivistischen Betrachtung der Wahrnehmung nur folgerichtig:

> Außerdem ist die Frage, ob wir uns nicht über Intendiertes und Erreichtes täuschen können. Man weiß oft nicht, was man will und was man erreicht hat, oder man ist sich dessen sehr unsicher; insbesondere in der Wahrnehmung will man oft gar nichts und insbesondere merkt man den Gegebenheiten nicht immer an, ob sie täuschen oder nicht; oft wird 'der Gegenstand dort' bloß *vermeintlich perzeptiv* erreicht, d.h. trotz Richtigkeitsbewußtsein falsch geschätzt bzw. agnosziert sein (a.a.O.).

Brunswiks Konklusion ist eine Psychologie vom Gegenstand her, d.h. für seine Wahrnehmungspsychologie: intendiert ist, was der zugehörige Gegenstand qua Messung ist. Deshalb gibt es auch 'Grade intentionaler Erreichung', wie nahe nämlich das anscheinend Gegebene dem Gegenstand kommt. Brunswik kann

---

6 "Jeglicher Konstitutionalismus, der unaufgebbar das gesamte verfeinerte Methodengerüst und Zugriffsverfahren der heutigen Wissenschaften durchdringt, ist ein Interpretationismus, ein Interpretationskonstruktionismus" (Lenk, 1995, S. 248).

dies in Erweiterung der psychophysikalischen Methode mit Hilfe der Methode der subjektiven Gleichungen beziffern. Er braucht so nicht auf den Inhalt der Wahrnehmung zu rekurrieren. 'Grad intentionaler Erreichung' ist demnach ein Prädikat ohne semantischen Gehalt und erfüllt Beckermanns (1992b) Beschreibung von Prädikaten, die den Zustand eines Systems in seinen kausalen Bezügen und nicht den intentionalen Gehalt als propositionaler Inhalt darstellen. Wäre Brunswiks Forschungsprogramm demnach eine auf empirische Weise durchgeführte Vorwegnahme von Beckermanns (1992a) meßtheoretischer Betrachtung des Intentionalitätsproblems und dessen 'Auflösung in Prädikate'?

Jedenfalls ist Brunswiks damaliges Forschungsprogramm als eine experimentelle Untermauerung dessen anzusehen, was in empirischer Hinsicht als Intentionalitätsproblem angesehen werden könnte. Wie können Repräsentationen intentionalen Gehalts empirisch untersucht werden - ohne Introspektionen zu ontologisieren (Prinz, 1992), wenn sie doch nicht overt sind? Beckermanns (1992a) meßtheoretische Auflösung des Intentionalitätsproblems scheint nichts am *empirischen Intentionalitätsproblem* zu ändern.

2.6.1.2 Intentionen als Ergebnisse des Informationsverarbeitungsprozesses

Was aber, wenn man zusätzlich Brentanos (1924) Sicht: 'jedes psychische Phänomen enthält etwas als Objekt in sich' auch ein nicht-bewußtes 'etwas' zuläßt? Dies 'etwas' wäre nach dem Informationsverarbeitungsansatz der *Inhalt* des aktuellen Informationsverarbeitungsprozesses. Das könnte auch ein Zwischenergebnis des 'gegebenen' Inputs sein, also ein vorläufiges Perzept. Dabei kann dies Zwischenergebnis auch noch so falsch sein. Es kann, nach dem es im Verlauf der Informationsverarbeitung eine bestimmte Wirkung entfaltet hat, auch nicht mehr verfügbar sein. Dennoch ist es im hier gebrauchten Sinne des Wortes intendiert - also der Inhalt, auf den sich bis dahin die 'Rechnung' der Informationsverarbeitung zubewegt hat - wie auch jedes Zwischenglied auf dem Rechenweg bis zum letztendlichen Perzept. Intention als Inhalt der Informationsverarbeitung zu konzeptualisieren, bedeutet demnach, daß nicht phänomenologisch im Sinne von Brentano oder Husserl argumentiert werden kann. Nach deren Auffassung ist nur das ein Gegenstand der Phänomenologie, was einen phänomenologisch nachvollziehbaren Effekt im Subjekt hat, was also bewußt ist.

Krasser noch ist der Gegensatz, wenn man sich die 'Rechnung' nicht mehr als Informationsverarbeitung eines Menschen, sondern z.B. eines Computers vorstellt. Brentano (1924) sagt, daß menschliche psychische Phänomene gradezu durch Intentionalität von physischen Phänomenen abgegrenzt werden müssen. Beckermann (1992a) stellt zunächst heraus, daß jeder Versuch einer Naturalisierung auf einige, seiner Meinung nach, nicht lösbare Schwierigkeiten stößt. Sodann führt er seine Idee vor, wodurch das Intentionalitätsproblem aufzulösen sei. Meßtheoretisch ist es so zu behandeln, daß Intentionen nicht wie Propositionen, sondern wie Prädikate gesehen werden können. Damit scheint das Intentionsproblem logisch gelöst. Das empirische Intentionsproblem bleibt aber weiter bestehen: Wie sollen Intentionen beobachtbar gemacht werden?

2.6.2 Erfassung des Informationsverarbeitungsprozesses in Ausdaueraufgaben

Das Ausdauerparadigma erlaubt es, sich auf den soeben vorgeschlagenen Intentionsbegriff einzulassen. Die Intention kann vom Inhalt her benannt werden, weil dieser als pragmatische Intention per Determinierung via Instruktion schlichtweg gesetzt wird. Wobei das Ziel sensu Brunswik intentional nie erreicht wird. Dabei kann intentional Nicht-Erreichtes - eben nicht vom Gegenstand her, sondern vom Inhalt der Informationsverarbeitung her - als das determinierte Ziel pragmatisch intendierend benannt und empirisch untersucht werden. Es wird mit Ausdauer gemessen, wie lange diese Intention persistiert und wann aus dem Informationsverarbeitungsprozeß der Aufgabenbearbeitung das logische Gegenteil der Zielintention als neuer Sinn, Inhalt oder Intention[7] entsteht.

Ähnliche Sichtweisen lassen sich auch bei Haken (1986) finden, der vom folgenden ausgeht: "... we can only attribute a meaning to a message if the response of the receiver to that message is taken into account ..." (S. 127). Haken und Haken-Krell (1989) konstatieren:

> Leider gibt es bis heute noch keine ausgearbeitete Theorie darüber, wie Semantik in den Informationsbegriff einzubauen ist, und wir können deshalb hier nur erste Ansätze schildern. Ein erster Ansatzpunkt zur Lösung des Problems ergibt sich, wenn wir uns daran erinnern, daß eine Nachricht stets bei einem Empfänger etwas bewirken soll. ... Wir müssen daher der Information ein Attribut hinzufügen, daß sich zugleich auf ihr Wirken auf den Empfänger bezieht.
>
> Unsere Aufgabe wird also als erstes darin bestehen, den Empfänger zu modellieren, wobei diese Modellierung natürlich möglichst allgemein sein soll. Eine Möglichkeit wird von der Synergetik bereitgestellt (S. 50)[8].

Von einer Modellierung kann hier aber Abstand genommen werden. Es wird im übernächsten Kapitel ein experimentelles Paradigma beschrieben, nämlich eine Trackingaufgabe. Sie erlaubt es, einen viel direkteren Weg zu beschreiten. Diese Aufgabenart ist so simpel, daß von dem, was die Bearbeiter an Reaktion via Reglerbewegungen zeigen, direkt darauf geschlossen werden

---

[7] Falls dieser Ansatz tragfähig ist, können die Begriffe Sinn, Inhalt und Intention synonym gebraucht werden.

[8] Siehe auch Zaus' (1992, S. 25) Rezeption dieser Textstelle, der den Teilsatz aus obigen Zitat ", daß eine Nachricht stets bei einem Empfänger etwas bewirken soll" so interpretiert, daß dann Informationsgehalt nicht wahrscheinlichkeitstheoretisch aufgebaut sein müsse und daß er auf evolutionsgenetischen Aspekten basiere.

darf, was die dabei dargebotenen Reizkonstellationen, nämlich die gerade dargestellten Zieldistanzen, bewirken.

Wegen dieser kruden Einfachheit der Beobachtungssituation darf hier das Naturalisierungsproblem (Beckermann, 1992a) und die 'Philosopy of Mind' (z.B. Dennett, 1979) vernachlässigt werden. Es braucht nicht gefragt zu werden, ob und wie ein Informationsverarbeiter simuliert werden kann, um dann seine inneren Informationsverarbeitung studieren zu können (siehe die philosophische Kontroverse zwischen Churchland und Churchland 1990 vs. Searle, 1990). Wozu, wenn es einen Weg gibt, dies direkt zu beobachten?

Haken und Haken-Krell führen, aufbauend auf einer Modellierung über sog. Attraktormodelle, das Konzept der relativen Wichtigkeit von Nachrichten ein. Dies ist über a priori vorhandene Wichtigkeit bestimmter Zustände des Systems (Attraktor) konzipiert. Die Autoren bleiben dabei nicht stehen: "Offensichtlich hängt die relative Wichtigkeit der Botschaft nicht nur vom System selbst ab, sondern auch von den Aufgaben, die es erfüllen soll" (S. 52). Auch dieser interessante Aspekt läßt sich mit dem hier verfolgten Paradigma einfacher fassen, denn die 'Aufgabe' ist für die Bearbeiter zu jedem Zeitpunkt nur zu klar: 'erreiche den Zielpunkt!'. Dabei wurde die per Instruktion gegebene Aufgabenstellung als Determinierung im Sinne Achs (1910) konzipiert. Das zahlt sich jetzt noch einmal aus, denn damit ist eine Konkretisierung von 'Aufgabe' sensu Haken und Haken-Krell möglich.

Es darf beim ausdauernden Arbeiten bei einer Trackingaufgabe vermutet werden, daß beobachtbarer und intendierter Gebrauch so nahe beieinander liegen, daß sich dies im Ergebnis nicht unterschiedet. Auch dies ist wieder eine Folge der Determinierung. Durch sie ist klar, welche Wertigkeit die Bearbeitungsinformation im Hinblick auf das determinierte Ziel hat.

2.6.3 Semiotischer Ansatz

Semiotik wird auch die Philosophie der Zeichen genannt, deren hier als wichtigste zu nennende Vertreter Charles Sanders Peirce, George Herbert Mead und Charls W. Morris sind. Zentral ist dabei der Begriff des Zeichens. Dies besteht aus dem signifier, dem 'Material' des Zeichens und dem signified, dem Konzept, das es bezeichnet. Die senderseitig zugewiesene Bedeutung bekommen die Reize aus der Ausdaueraufgabe aber als Repräsentamen (potentielle Zeichen) erst, wenn dem Bearbeiter als Interpret - per determinierender (Ach, 1910) Instruktion - gesagt wird, was die Reize aus der Ausdaueraufgabe zu 'bedeuten' haben und was er daraufhin tun soll. Dabei wird der Computer (siehe Kap. 3.1), der die Ausdaueraufgabe interaktiv zur Bearbeitung darbietet, als Sender, und der Bearbeiter als Empfänger gedacht. Sender und Empfänger kommunizieren mit senderseitig sematisierten Zeichen eingeschränkter 'molekularer Bedeutung'. Das ist noch nicht der emergente Sinn von Zielintentionen, nach dem hier gesucht wird, sondern nur die Grundbausteine auf dem Wege dorthin. Das ist kein Nachteil, sondern eine Notwendigkeit. Wenigstens auf oberster molarer Ebene, nämlich an der Stelle, an der der Sinn 'Aufhören!' entsteht, muß das Konglomerat aus Zeichen und Anzeichen empfängerseitig semantisiert sein. Praktisch ist das die Forderung, einerseits den Probanden zu sagen, was die dargebotenen Reize bedeuten, aber andererseits, eben in der Ausdaueraufgabe nicht preiszugeben, was ein Zeichen dafür ist, daß der Bearbeiter die Aufgabe nicht bewältigen kann.

2.6.4 Systemtheoretischer Ansatz

Im Grunde handelt es sich bei den bisher in den vorangegangen Kapiteln gemachten Annahmen um Behauptungen über den *Verlauf* der Informationsverarbeitung, die zur Willensattribution führt. Entsprechend müssen auch Längsschnittdaten aus dem Bearbeitungs*prozeß* betrachtet werden, der die darin eingehenden Informationen generiert. Es wird hier ein Ansatz entwickelt, mit dem der zugrundeliegende Mechanismus der Willensentscheidung zum Abbruch sichtbar gemacht werden kann; eine Ansatz also, mit dem der Längsschnittverlauf der Wahrnehmung lokaler Kausalität berechnet werden kann. Was da berechnet wird, kann systemtheoretisch das Führungssignal des Bearbeitungsprozesses genannt werden. Ein Führungssignal ist ein Prozeßparameter eines dynamischen Systems, der das Verhalten des Systems bestimmt. Als System wird dabei die Einheit aus Bearbeiter und Ausdaueraufgabe gedacht. Dabei ist es allerdings möglich, daß das Führungssignal selbst wieder unter dem Einfluß der Entscheidungen des Bearbeiters steht. Der Kausalitätsbegriff ist hier also ein anderer. Es kann nicht gesagt werden, daß das Führungssignal den Bearbeiter determiniert, vielmehr sind Führungssignal und Bearbeiter interdependent. Eine Aussage ist nur bezüglich des Systems Bearbeiter-Aufgabe sinnvoll. Das Verhalten dies Systems wird vom Führungssignal bestimmt.

Die Informationstheorie ist der Teilbereich der Systemtheorie, der hier angewendet wird. Sie wird in Kap. 3.6.1.1 in den Teilen eingeführt, die zur Operationalisierung des Führungssignals erforderlich sind.

2.7 Zusammenfassung, Ableitung der Vorhersagen und empirisches Vorgehen

2.7.1 Ausdauer

Es wird so lange ausdauernd gearbeitet, wie der Bearbeiter es will. Was zunächst allzu einfach klingt, wird zu einer interessanten Sichtweise, wenn Wille als Attribution konzeptualisiert und danach gefragt wird, was die Informationsgrundlage für die Willensattribution ist. Die wichtigste Grundlage wird in der Wahrnehmung lokaler Kausalität gesehen.

Die grundlegende und zugleich weitestgehende Behauptung aus den Annahmen des vorherigen Kapitels ist die, daß die Willensentscheidung zum Abbruch dann fällt, wenn keine lokale Kausalität mehr bezüglich der äquifinal auf das Ziel führenden Wege und Mittel wahrgenommen werden kann. Der Raum aller Möglichkeiten ist um so schneller abgesucht, je kleiner er ist. Um gleichzeitig auch den scheinbaren Mißerfolgseffekt von der suchraumeingrenzenden Wirkung der subjektiven Erfolgserwartung abgrenzen zu können, wird für das erste Experiment 'Suchraumeinschränkung' folgendes vorhergesagt:

*Vorhersage A.1** : Ohne Suchraumeinschränkung wird später abgebrochen als mit Suchraumeinschränkung. Erfolgserwartung wirkt im Sinne einer Suchraumeingrenzung auf Ausdauer, was zu erhöhter Ausdauer bei günstiger Erfolgserwartung führt. D.h. die auf die Konfundierung von Suchraumeinschränkung und Erfolgserwartung zurückgehende höhere Ausdauer nach Induktion ungünstiger Erfolgserwartung (scheinbare Mißerfolgseffekt) wird ins Gegenteil verkehrt.

Dies stellt also gleichzeitig eine Aufhebung der in natürlichen Situationen fast immer enthaltenen Konfundierung dar. Konfundiert ist Erfolgserwartungsbedingung mit Suchraumeinschränkung durch Wechsel der Bearbeitbarkeit der Induktionsaufgaben (bei günstiger Erfolgserwartung: leicht bearbeitbar) im Vergleich mit der notwendigerweise unlösbar schweren Ausdaueraufgabe.

Zur Überprüfung, ob Ausdauer anhand des Handlungskontrollmodells auch ohne Beachtung des Primären Willensaktes im Abbruch vorhergesagt werden kann, wird im zweiten Experiment 'Standard' eine erneute Replikation der Ergebnisse der Carver-Arbeitsgruppe versucht.

Dabei wird auch die Konfundierung von Suchraumeinschränkung mit Erfolgserwartung in Kauf genommen, denn Carver et al. trennen nicht zwischen Erfolgserwartung und Suchraumeinschränkung. Sie könnten Suchraumeinschränkung als integralen Bestandteil von Erfolgserwartung betrachten und in ihrem Modell gerade so konzeptualisiert haben. Auch wird keine Suchraumeinschränkung vorgenommen. Diese ist zwar nach den in Kap. 2.5.2 angestellten Überlegungen eine notwendige Bedingung für die Replizierbarkeit der Carver-Interaktion. Aber auch sie ist nicht Teil des Handlungskontrollmodell von Carver (1979; Carver und Scheier, 1981). Nur wenn die Carver-Interaktion ohne Suchraumeinschränkung replizierbar ist, kann gesagt werden, daß Willenserleben als psychologische Größe irrelevant ist. Vielleicht ist auch das ab jetzt verwendete Aufgabenmaterial generell besser für eine Replikation geeignet, was ebenfalls zeigen würde, daß Willenserleben irrelevant ist. Freilich kann nicht die von Carver et al. verwendete Designaufgabe verwendet werden, soll doch die Beobachtung von innerem Rückzug möglich sein (siehe Kap.

---

* Der Buchstabe bezeichnet die abhängige Variable: A: Ausdauer, I: Internalität, P: Pausen- oder Auszeit, F: Führungssignal. Die Zahl bezeichnet die laufende Nummer des Experiments, mit dem die Vorhersage geprüft wird.

3.1.2). Sollte eine Replikation mit oder ohne innerem Rückzug möglich sein, dann kann auf Willenserleben als psychologische Erklärungsgröße ganz verzichtet werden. Entsprechend braucht auch nicht weiter über die hier vorgeschlagene Willensattribution nachgedacht zu werden. Eine Replikation der Carver-Ergebnisse in der Dahme-Arbeitsgruppe schlug bereits sechs Mal fehl. Deshalb wird nun von der Dekontamination der Ausdauerzeit von der Zeit inneren Rückzugs erwartet, daß nun die Carver-Interaktion replizierbar ist:

Vorhersage A.2: Die Carver-Interaktion ist replizierbar, wenn die Ausdauerzeit um die Zeit inneren Rückzugs bereinigt wird.

Falls eine Replikation der Carver-Interaktion auch unter Berücksichtigung des inneren Rückzugs nicht möglich ist, soll versucht werden, ob der hier verfolgte Ansatz über eine Willensattribution dies ungelöste Problem enträtseln kann. Unter Berücksichtigung des Willenserlebens besteht die Randbedingung für die Replizierbarkeit der Carver-Interaktion in einer Suchraumeinschränkung. Diese erst realisiert eine Partitionierung des Raums zur Suche nach lokaler Kausalität dergestalt, daß sich die Carver-Interaktion als Folge unterschiedlich langer Suchzeiten ergibt.

Vorhersage A.3: Die Carver-Interaktion ist nur mit, nicht aber ohne Suchraumeinschränkung nachweisbar.

Wenn Ausdauer wirklich ein Ausdruck der Suchdauer nach lokaler Kausalität ist, hat die Carver-Interaktion als zweite notwendige Bedingung, daß in der Bearbeitungsinformation überhaupt lokale Kausalität wahrgenommen werden kann.

Vorhersage A.4: Die Carver-Interaktion ist nur replizierbar, wenn die Bearbeitungsinformationen eine Suche nach lokaler Kausalität zulassen.

Ist dies nicht möglich, weil der Bearbeiter - für ihn unübersehbar - gar nicht selbst die Ursache für das Scheitern an der Aufgabe ist, sollte die Carver-Interaktion bei solcher Fremdverantwortlichkeit auch mit Suchraumeinschränkung nicht eintreffen. Zum Zeitpunkt des zur Überprüfung dieser Behauptungen angestellten Experiments bestand keine genauere Hypothese bezüglich der Bedingung ohne Suchraumeinschränkung. Freilich wird sie zum besseren Verständnis des hier verfolgten Erklärungsansatzes dennoch genannt.

Es kann nur bei Selbstverantwortlichkeit die Carver-Interaktion gefunden werden, weil hier verschieden dimensionierte Suchraumkompartimente zu unterschiedlich langer Suche nach lokaler Kausalität führen. Bei Fremdverantwortlichkeit kann es deshalb nicht zur Carver-Interaktion kommen. Es kann hier eine günstige bzw. ungünstige Erfolgserwartung durch eine günstige bzw. ungünstige externe Kausalquelle nur bei Bearbeitern mit heteronomer Attributionstendenz einen Effekt haben. Bearbeiter mit heteronomer Attributionstendenz werden also in der günstig-Bedingung ausdauernder sein als in der ungünstig-Bedingung. Ist für diese doch in ersterem Fall der Suchraum groß, in letzterem klein. Bearbeiter mit autonomer Attributionstendenz erleben durch Variation externer Ursachenquellen keine Suchraumgrößenänderung. In großen Zügen werden also zwei verschiedene Konzeptionen gegeneinander getestet: Ausdauer als Bemühung, einen Standard zu erreichen sensu Carver et al. versus Ausdauer als Suchzeit nach lokaler Kausalität.

Zusammenfassend kann gesagt werden: Der Status der Replikationsversuche der Carver-Interaktion ist ein dreifacher:

1. Überprüfung der Relevanz der Annahme eines primären Willensaktes im Abbruch.
2. Eine recht komplizierte Suchraumpartitionierung zur Prüfung der Behauptung, Ausdauer sei Suchdauer.
3. Induzierte Informationslagen, die nach determinierter Zeit zum primären Willensakt, nämlich zum Zweck des Abbruchs führten.

2.7.2 Selbstaufmerksamkeit = Internalität

Die Rekonzeptualisierung von Selbstaufmerksamkeit als autonome Suchtendenz ist die notwendige Bedingung, damit die Carver-Interaktion via der Partitionierung des Raums zur Suche nach lokaler Kausalität erklärt werden kann. Nur dann kann mit berechtigter Hoffnung auf Replikationserfolg davon ausgegangen werden, daß Suchraumeinschränkung die Suchraumpartitionierung für eine Carver-Interaktion qualifizieren kann. Bei einer solchen Replikation unter willensattributionstheoretischer Voraussetzung sollte daher folgendes gelten:

Vorhersage I.3: Die Carver-Interaktion ist dieselbe, egal ob Selbstaufmerksamkeit oder statt dessen habituelle Internalität als autonome Suchtendenz in das Experimentaldesign aufgenommen wird, weil es nur darauf ankommt, die Suchrichtung nach lokaler Kausalität zu unterscheiden.

Diese Vorhersage wird im Experiment 'Suchraumpartitionierung' überprüft. Dabei handelt es sich bezüglich der behaupteten Äquivalenz von Selbstaufmerksamkeit und habitueller Internalität als autonome Suchtendenz um eine indirekte Prüfung nur der behaupteten Wirkung auf die Suchtendenz. Ob Selbstaufmerksamkeit sich wirklich in einem erhöhten Anteil internaler Attributionen äußert, ist dann immer noch nicht bekannt. Weder vor Beginn der Ausdaueraufgabe noch nach Abbruch kann an die unverfälschte Attributionstendenz heran gekommen werden. Vor Beginn können Fragen danach zu leicht einen Hinweis auf die de facto Unlösbarkeit für die Bearbeiter beinhalten. Nach Abbruch werden eher Entschuldigungsattributionen im Sinne von Snyder, Higgins und Stucky (1983) erhoben. Muß doch der Gescheiterte sich gegenüber dem Versuchsleiter so rechtfertigen, daß er keine Selbstwertverletzung erleidet. Daher wird die Attributionstendenz in Gestalt der Ursachenzuschreibungen während der Aufgabenbearbeitung erhoben. Eine geeignete Beobachtungsmethode vorausgesetzt, sollte folgendes gelten:

Vorhersage I.4.1: Bei erhöhter Selbstaufmerksamkeit sollte während der Bearbeitung eine erhöhte Internalität in den Ursachenzuschreibungen beobachtet werden können.

2.7.3 Suchtendenz durch Aktorperspektive

Es ist hier eine generelle Tendenz zur Attribution auf die eigenen Zielintentionen behauptet worden. Dies soll einerseits eine Folge der Situation sein, die durch Determinierung geschaffen wird, nämlich die Perspektive des Aktors. Andererseits sollen Attributionen auf den eigenen Willen darauf zurückzuführen sein, daß nicht Handlungsergebnisse, sondern der Ursprung der Handlung der Gegenstand ist, für den ein Grund gesucht wird. Letzteres wurde zwar schon durch Eggers (1986) gezeigt, aber bei ihm und bei Oeltjen (1977) konnte nicht nachgewiesen werden, daß die Perspektive des Aktors in vermehrten Attributionen auf die eigene Zielintention resultieren. Ein Anzeichen für solche Willensattributionen ist die Suche nach autonomen Informationen.

Vorhersage I.4.2: Wenn der Proband Aktor ist, sollte während der Bearbeitung ein autonome Suche beobachtet werden können. Wenn er diesen Status nicht hat, sollte dies in einer heteronomen Suche resultieren.

2.7.4 Auszeit

Der zu erhebende Anteil der Pausen- oder Auszeit an der Gesamtbearbeitungszeit hat, wie auch Ausdauer, zwei konkurrierende Bedeutungen, je nach dem, ob die Annahmen Carvers et al. oder die hier vertretenen die valideren sind. Aus dem Handlungskontrollmodell wird geschlossen, daß darin eine Operationalisierung von innerem Rückzug zu sehen ist. Nach der Ausdauer-ist-gleich-Suchdauer-Annahme ist es ein Ausdruck von Grübeln, das durch Suche nach lokaler Kausalität ins Leere entsteht. Falls Auszeiten ein Ausdruck inneren Rückzugs sind, sollten sie gegen Ende der Bearbeitungszeit gehäuft auftreten. Das würde aber bedeuten, daß der Zeitpunkt des Abbruchs nicht den Zeitpunkt der Willensentscheidung zum Abbruch markiert.

Demnach könnte es sein, daß die Bearbeiter in einer ausweglosen Situation nach einem Ausweg grübeln. Danach wird bei uneingeschränktem Suchraum als Folge einer Suche ins Leere öfter gegrübelt als bei expliziter Einschränkung, weil hier nicht nach nicht vorhandenen weiteren Wegen zur Zweckerreichung gesucht wird. Ohne Suchraumeinschränkung wird ins Leere gesucht. Ist doch dem Bearbeiter nicht klar, daß er schon den ganzen Raum nach lokaler Kausalität abgesucht hat. Wird der Suchraum z.B. durch eine vorab gegebene Entschuldigung eingegrenzt, muß nicht nach weiteren gangbaren Wegen zum Ziel gegrübelt werden, sondern die Bearbeiter gehen von vornherein von einem eingeschränkten Suchraum aus, in dem es sich deshalb auch nicht lohnt, nach weiteren Wegen zum Ziel zu grübeln. Es wird daher ohne Suchraumeinschränkung mehr gegrübelt als mit.

Ist dagegen die Annahme inneren Rückzugs nach dem Handlungskontrollmodell von Carver et al. die zutreffende, dann sollte nach Carver und Scheiers (1981) Vorhersage bei ungünstiger Erfolgserwartung mehr gegrübelt werden als bei günstiger.

Vorhersage P.1: Wenn es sich um inneren Rückzug handelt, sollten Probanden mit ungünstiger Erfolgserwartung sich häufiger innerlich zurückziehen, als Probanden mit günstiger Erfolgserwartung. Suchraumeinschränkung sollte auf inneren Rückzug keine Wirkung haben.

Vorhersage P.2: Ist aber die Erklärung mit der Suche ins Leere wahr, sollte ohne Suchraumeinschränkung mehr gegrübelt werden als mit Suchraumeinschränkung und es sollte bei günstiger Erfolgserwartung mehr gegrübelt werden als bei ungünstiger Erfolgserwartung. Vor allem sollte aber die Auszeit nicht gehäuft gegen Ende der Bearbeitungszeit auftreten.

Sollte die Konzeptualisierung als Grübeln die validere sein, ist weiterhin folgendes zu prüfen:

Vorhersage P.3: Grübeln als Auszeitanteil sollte vermehrt bei Bearbeitern mit internaler Attributionstendenz auftreten.

Internalen wird eine höhere Vulmerabilität für Grübeln zugeschrieben, wobei hier *gerade nicht* die Disposition 'Internalität' die Erklärung darstellt, sondern der folgende dahinter stehende Informationsverarbeitungsprozeß: Bei internaler Attributionstendenz und Suchraumeinschränkung ist die Suche nach lokaler Kausalität auf einen positiven Bereich beschränkt, der ausreichende Fähigkeiten und Anstrengung voraussetzt. Es sind dies nur die Wege, die auch bei eigenem vermutetem großen Unvermögen (ungünstige Erfolgserwartung bei autonomer Attributionstendenz bedeutet eben dies) noch beschritten werden können. Entsprechend wird nach Überprüfung dieser wenigen Wege viel länger ins Leere gesucht als bei externaler Attributionstendenz. Dort sind es generell mehr Wege, die alle auf lokale Kausalität hin überprüft werden müssen. Diese Wege sind bei kontingenter Leistungsrückmeldung in der günstig-Bedingung real vorhanden, es wird also nicht ins Leere gesucht. Es werden sowohl im Positiven alle Wege abgesucht, die der Zweckerreichung förderlich sind, als auch im Negativen alle Aspekte auf lokale Kausalität hin überprüft, die eine Zweckerreichung behindern. Dies können Bearbeiter nicht tun, wenn sie Auszeiten nehmen.

2.7.5 Führungssignal des Bearbeitungsprozesses

Nach den Determinanten ausdauernden Arbeitens zu fragen, heißt systemtheoretisch das Führungssignal des Bearbeitungsprozesses zu suchen. Dies Führungssignal wird hier in der Wahrnehmung lokaler Kausalität erblickt. Bisher wurde davon gesprochen, daß die Wahrnehmbarkeit im Experiment unabhängig variiert werden soll und damit der Kausalzusammenhang zwischen 'Möglichkeit zur Wahrnehmung lokaler Kausalität' und Ausdauer einer experimentellen Prüfung unterzogen wird. Als Ergänzung soll vom systemtheoretischen Standpunkt aus versucht werden, das Führungssignal informationstheoretisch aus dem Prozeß des Aufnehmens und Abgebens der Informationen zu berechnen, die der Wahrnehmung lokaler Kausalität zugrunde liegen. Alle bisherigen Vorhersagen zu Ausdauer gingen davon aus, daß so lange ausdauernd gearbeitet wird, wie noch lokale Kausalität wahrgenommen wird. Das sollte sich im Führungssignalverlauf über die Bearbeitungszeit widerspiegeln. Es sollte zunächst schnell ansteigen, eine trügerisch sichere Wahrnehmung lokaler Kausalität anzeigend, um dann immer weiter abzusinken, die schwindende Wahrnehmung lokaler Kausalität beim stetigen Scheitern dokumentierend. Der Zeitpunkt, an dem dies Führungssignal am niedrigsten ist, sollte daher ein guter Schätzer für den Abbruchzeitpunkt sein.

Vorhersage F.4: Wenn das Führungssignal am niedrigsten ist, wird abgebrochen.

Aus Effizienzgründen wird dieses nicht an jedem Experiment überprüft, gleichwohl die Daten dazu erhoben werden, sondern nur beim letzten Experiment 'Verantwortlichkeit'. Das ist noch etwas spannender, weil sich dann auch zeigen müßte, daß bei Fremdverantwortlichkeit und externaler Attributionstendenz der Zusammenhang zwischen Zeitpunkt des niedrigsten Führungssignals und Ausdauer viel kleiner sein müßte.

3 Empirische Arbeiten

1935 schreibt Narziß Ach über die Gründe des "Mangels an Einheitlichkeit der Auffassungen auf dem Gebiete der Willenserscheinungen" (S. 3 f.),

> daß es bei der außerordentlichen Vielgestaltigkeit der Willensphänomene tatsächlich große Schwierigkeiten bereitet, Methoden zu erfinden, die es ermöglichen, den zu untersuchenden Willensvorgang so in Erscheinung treten zu lassen, daß er der Beobachtung in einwandfreier Weise zugänglich wird, und die außerdem die Möglichkeit einer experimentellen Variierung der Bedingungen in sich schließen (S. 4).

Daher wird im ersten Teilkapitel auf Grundlage der Forschungsreihe der Dahme-Arbeitsgruppe ein Aufgabenmaterial entwickelt, daß für die von Ach genannten Anforderungen der Willensmessung - hier mittels Ausdauer - gewappnet ist. In den darauffolgenden vier Teilkapiteln kann dann Experiment auf Experiment folgen, um schließlich im letzten Teilkapitel durch eine Längsschnittanalyse der einer Willensattribution zugrundeliegenden Informationsverarbeitung abgeschlossen zu werden. Diese letzte Ex-post-Facto-Analyse ist korrelativer Natur und steht daher nicht auf dem Status der vorherigen vier Experimente, in denen der Kausalzusammenhang zwischen Wahrnehmung lokaler Kausalität und Ausdauer überprüft wird.

3.1 Ein Fazit aus den Erfahrungen der Dahme-Arbeitsgruppe zur Formulierung der Anforderungen an das Aufgabenmaterial der Experimente

Die Struktur dieses Teilkapitels ist so gehalten, daß Beschreibung der Anforderung an das Aufgabenmaterial, wie sie sich im Licht der Erfahrungen aus der Dahme-Arbeitsgruppe ergeben hat, und Darstellung der konkreten, hier realisierten Lösung der Anforderung sich abwechseln. Das so beschriebene Aufgabenmaterial und die hier dargestellten Techniken zur Realisierung der experimentellen Manipulationen, die zur Prüfung der Vorhersagen aus dem vorhergehenden Theoriekapitel erforderlich sind, werden hier ausführlich beschrieben, um dann in den Kapiteln 3.2 bis 3.6 verwendet zu werden. Auch der generelle Ablauf der Experimente wird hier in bezug auf die darin realisierten Anforderungen erklärt. Die ganze Darstellung hier dient vornehmlich dazu, die praktische Realisierung in bezug auf die in Kapitel 2 dargestellten theoretischen Absichten verständlich zu machen. Wie in diesem Teilkapitel entwickelt wird, sind sehr komplizierte und technisch hoch aufwendige Experimentalanordnungen erforderlich, um die abgeleiteten Vorhersagen zu überprüfen. Eine verbale Beschreibung, anhand der eine Eins-zu-Eins-Replikation der Befunde möglich wäre, ist deshalb bei weitem zu fehleranfällig, sowohl was Auslassungen und Verzerrungen in der Formulierung angeht, wie auch beim Vorgang der Rezeption in Form von Mißverständnis und Mißgewichtung. Je genauer und detaillierter die Beschreibung wird, desto mehr ähnelt sie einer Auflistung von Anweisungen an einen Interpreten mit minimalem Vorwissen, nämlich einem Computerprogramm, daß, durch einen Computer interpretiert, tatsächlich die Form der praktischen Realisierung der vorliegenden Experimentalanordnungen ist. Die Quellcodes in der Programmiersprache C++ und die ausführbare Version der Computerprogramme sind bei Eichstaedt (in Vorbereitung) nachzulesen und zu entnehmen. Wer eine höhere Detailliertheit der Experimentalbeschreibung benötigt, sei an diese Stelle verwiesen. Nur durch die Comuterprogramme kann man sich ein maximal konkretes Bild über die experimentellen Behandlungen machen. Nur in den Quellcodes ist alles enthalten, was zum Nachbau der hier realisierten Experimentalanordnung nötig ist. Ein Nachvollziehen und auch eine an inhaltlichen Gesichtspunkten orientierte Replikation der hier vorgelegten Befunde soll aber auch anhand der vorliegenden Beschreibung in diesem Teilkapitel mit der Darstellung des jeweiligen Experiments möglich sein.

3.1.1 Setting und Art der Leistungsaufgabe

3.1.1.1 Leistungssituation

Sowohl in den Experimenten von Carver, Blaney und Scheier (1979), Scheier und Carver (1982) sowie Carver, Peterson, Follansbee und Scheier (1983) als auch in den Experimenten der Dahme-Arbeitsgruppe wurde jeweils eine Leistungssituation realisiert, um die untersuchte Ausdauer als Facette von leistungsmotiviertem Handeln auffassen zu dürfen. Bei Ausdauer, als Arbeiten an einer Leistungsaufgabe bis zum Abbruch, ist diese Leistungssituation nicht ganz leicht aufrechtzuerhalten. Dazu ist für die in dieser Arbeit geplanten Experimente auf kontingente Leistungsrückmeldung zu achten. Anderenfalls wird die Zielerreichung von der Bearbeiterleistung unabhängig und zu einer Konvention in einer sozialen Situation zwischen Bearbeiter und Versuchsleiter. In einer solchen sozialen Situation hängt es eben nicht von der Bearbeiterleistung ab, ob die Aufgabe als gelöst gilt oder nicht, sondern von der Konvention. So etwas ist insbesondere bei Ausdaueraufgaben nicht tolerierbar, weil diese zum Messen der Ausdauer für den jeweiligen Bearbeiter nicht lösbar sein dürfen. Anders kann Ausdauer nicht gemessen werden, soll damit Willenshandlung und -entscheidung im Abbruch von Leistungsaufgaben beforscht werden.

Andererseits darf die Ausdaueraufgabe aus logischen Gründen auch nicht unlösbar sein, weil die einzig richtig zu wertende Antwort auf eine unlösbare Aufgabe die ist, sie unlösbar zu nennen. So gesehen, können zur Ausdauermessung gar keine unlösbaren Aufgaben verwendet werden. Sonst würde nicht Ausdauer, sondern Leistung erhoben, die sich danach bemessen würde, wie schnell ein Bearbeiter die einzig richtige Antwort auf so eine Aufgabenstellung findet, nämlich daß die Aufgabe unlösbar ist.

Es ist aus den genannten Gründen eine Aufgabe erforderlich, die den Probanden als Bearbeiter - für diesen deutlich - in ein Setting einordnet, daß die Lösung der Aufgabe als Leistung fordert. Das Setting muß also einen klaren Aufforderungscharakter zum Leistungerbringen haben. Dazu werden die Aufgaben dem Bearbeiter als ein Test seiner sensumotorischen Koordinationsfähigkeiten vorgestellt.

3.1.1.2 Art der Leistungsaufgabe

Bei Dahme et al. wurde in fünf der sechs Experimente sog. Konzeptidentifikationsaufgaben (Levine, 1971) verwendet. Ziel war es, eine bestimmte Regel zu finden. Ein übergeordnetes Ziel ist die wichtigste Maßnahme, damit aus einer Leistungsaufgabe keine Reihentätigkeit wird, so daß sie mit dem Aufgabenmaterial im Paradigma der psychischen Sättigung (Karsten, 1928) vergleichbar wäre. Das Charakteristikum eines Sättigungssettings ist, daß eine unter Leistungsvorzeichen begonnene Aufgabenbearbeitung im Verlauf der monotonen, reizarmen Bearbeitungssituation durch den Vorgang der psychischen Sättigung am Ende eben nicht mehr die Eigenschaft einer Leistungssituation besteht. Neben dieser langsamen Bewegung aus dem Leistungssetting heraus, ist das schwerwiegendste Problem, daß auch nicht mehr von einem Erlebnisinhalt des primären Willensaktes im Abbruch (siehe Kap. 2.3) gesprochen werden kann. Das Ende der Bearbeitung beinhaltet hier weniger die willentliche Entscheidung zum Abbruch, sondern es ist vielmehr ein Versanden in Gleichgültigkeit.

Als weiteres Problem von Reihentätigkeiten kommt die Unklarheit hinzu, ob es gerechtfertigt ist, von einer zusammenhängenden Aufgabe über die Einzelinstanzen hinweg zu sprechen, oder ob es sich per se um einzelne Ausdaueraufgabenteile handelt. In letzterem Falle kann ebensowenig wie im Sättigungssetting von einem primären Willensakt im Abbruch am Ende einer der vielen Ausdaueraufgabenhäppchen gesprochen werden.

Damit zum Abbruch eine willentliche Entscheidung im Sinne eines primären Willensaktes gegen das bisher angestrebte Ziel erforderlich ist, muß die ganze Bearbeitung auf ein einziges Ziel - die Lösung der Aufgabe - ausgerichtet sein. Das muß zu jedem Zeitpunkt der Bearbeitung auch klar ersichtlich sein. Die Ausrichtung auf nur ein Ziel, über die Teilaufgaben hinweg, ist auch bei den Konzeptidentifikationsaufgaben bei Dahme et al. gewahrt.

3.1.1.3 Realisation im hier verwendeten Aufgabenmaterial

Es wird eine Aufgabe als Material für die weiteren Experimente konstruiert, die als ein Test sensumotorischer Leistungsgüte dargestellt wird. Und in der Tat wird auch wirklich eine Trackingaufgabe vorgegeben. Wie bei allen Trackingaufgaben gilt es, einen Zielpunkt zu verfolgen. Lösungskriterium für die Bearbeiter ist, einen Zielpunkt zehn Sekunden mit der Zieldistanz Null zu verfolgen. Dieses Zeitkriterium zu erfüllen, ist also die per Instruktion induzierte Zielintention; hierin liegt eine Determinierung sensu Ach (1910).

Ähnliche Trackingaufgaben werden auch real zur Erfassung von sensumotorischer Koordinationsfähigkeit im Rahmen von Fahreignungstests z.B. im Wiener-Testsystem oder bei Hirnorganikern zur Diagnose motorischer Beeinträchtigung angewendet. Dieser Hintergrund wird aber nicht erwähnt, sondern es wird mitgeteilt, daß sensumotorische Koordinationsfähigkeit ein Aspekt der allgemeinen Leistungsfähigkeit unter vielen ist. Dadurch wird zwar einerseits die geforderte Leistungssituation hergestellt, andererseits aber ist das zur Ausdauermessung als Bearbeitungszeit notwendige Scheitern weniger selbstwertbedrohend als z.B. bei der Designaufgabe (Feather, 1961; 1963; Carver, Blaney und Scheier, 1979; Scheier und Carver, 1982), die als Intelligenztest dargestellt wird. Dies wird wichtig, wenn nach einem Experiment eine Nachbefragung z.B. über die Gründe des Abbruchs erfolgt. Selbstwertbedrohung muß soweit im Hintergrund steht, daß Selbstwertschutz nicht die oberste Maxime der Beantwortung ist. Nur dann sind Auskünfte auch über die Entscheidungsvorgänge zu erwarten, die zum Abbruch geführt haben und damit erst im Effekt zu der nachfolgenden selbstbedrohenden Situation führen. Jeder Bearbeiter wird nach absolviertem Experiment über die für ihn bestehende Unlösbarkeit der Aufgabe in einem ausführlichen Debriefing in Kenntnis gesetzt wird.

Es handelt sich bei der Trackingaufgabe auch nicht um eine Reihentätigkeit, sondern es wird ein einziges Ziel verfolgt, das durch ein eindeutiges Lösungskriterium definiert ist. Die Lösung der Aufgabe wird durch eine zuvor gelöste Demonstrationsaufgabe real erfahren. Dadurch soll den Bearbeitern, während sie die Induktions- und Experimentalaufgaben bearbeiten, das Ziel vollständig klar vor Augen stehen. Diese Aufgabe wird dem Bearbeiter explizit als besonders leichte Demonstrationsaufgabe vorgestellt. Um dies zusätzlich salient zu machen, sind extra Hilfsanweisungen auf dem Bildschirm eingeblendet (Hinweispfeile, in welche Richtung die Probanden das Bedienelement steuern müssen). Dabei ist die Information aus dem Bearbeitungsprozeß immer kontingent. Sie besteht bei einer Trackingaufgabe aus dem Abstand zwischen zu verfolgendem Zielpunkt und dem aktuell erreichten Punkt, im weiteren kurz Zieldistanz genannt.

Die Experimentalanordnung, d.h. alle experimentellen Variationen und Behandlungen der Probanden zur Kontrolle von Störvariablen, ist weitgehend vollständig in Form eines Computerprogramms realisiert. Dadurch ist das Vorgehen im Experiment sehr weitgehend standardisiert. Es wird als Eingabegerät für den Bearbeiter ein am Computerbildschirm dargestellter Schieberegler verwendet (siehe Abb. 3.1.1), der per Computer-Mouse oder Track-Ball bedient wird. So ist gleichzeitig der Beeinflussungsbereich und damit die Regelstrecke als Bereich dargestellt, in dem der Regler bewegt werden kann.

3.1.1.4 Realisiertes Setting

Das Setting, also die Situation, in der das Experiment stattfindet, ist schon beim Einwerben der Probanden bedeutsam. Daher erfolgt das Einwerben auf standardisierte Weise, indem den zukünftigen Probanden nur eine knappe Form der Cover-Story mitgeteilt wird. Auf Nachfragen, worum es in dem Experiment gehe, wird nur mit Variationen dieses Inhalts geantwortet. Die Einwerbung erfolgte meist in Lehrveranstaltungen durch die Versuchsleiter, die zu diesem Zeitpunkt den Inhalt der Hypothesen des Experimentes noch nicht kennen (Ausnahme: siehe Kap. 3.4.2). Es wird gesagt, daß es sich um einen Test sensumotorischer Koordinationsfähigkeit handelt, der im Kern so aussieht, daß am Computer ein unscharfes bzw. verrauschtes Bild rauschfrei einzustellen ist. Weiterhin wird mit dem Argument um Teilnahme am Experiment gebeten, daß es sich für die Versuchsleiter um ihre Diplomarbeit handelt, für die Daten gesammelt werden. Auch beim Einwerben wird zum Zweck der Datenerhebung nur gesagt, daß sensumotorische Leistungsfähigkeit durch Lösen von Leistungsaufgaben erhoben würde. Jeder Hinweis auf die Erfassung von Ausdauer fehlt. Neben der Teilnahme aus freien Stücken und aufgrund Bekanntschaft mit dem Versuchsleiter, gab es Probanden, die sich durch ihre Teilnahme am Experiment eine Bescheinigung erwerben konnten, die sie als Zusatzbedingung für Qualifikationsnachweise brauchen.

Die Versuchsleiter haben den gleichen Status wie die Probanden, es handelt sich immer um Studenten (Ausnahme: siehe Kap. 3.4.2). Der Umgangston während der Einwerbung, wie auch im Experimentalsetting, ist entsprechend informell. Das Vorgehen ist dagegen sehr standardisiert und die Inhalte, über die gesprochen wird, sind vorgeben bzw. das Vorgehen so gestaltet, daß wenig Variation in diesen Inhalten steckt. Besonders wird darauf geachtet, daß die Leistungssituation im Vordergrund steht und diese ernst zu nehmen sei.

Das Experiment fand in Einzelsitzungen statt und der Proband sah sich auch nur einem Versuchsleiter gegenüber. Das Experiment fand immer in Räumen statt, in denen Versuchsleiter und Proband während der Experimentalphase sich nicht direkt sehen konnten. Bei Experiment 'Suchraumeinschränkung' war dies in einem Experimentalraum des Psychologischen Instituts III in Hamburg dadurch realisiert, daß Versuchsleiter und Proband an verschiedenen Tischen in größtmöglichem Abstand mit dem Rücken zueinander saßen. Experiment 'Standard' fand in einer leer geräumten Bibliothek an der Universität der Bundeswehr in Hamburg an Leseplätzen mit Sichtschutz statt, wo Versuchsleiter und Proband an auseinanderliegenden Plätzen saßen. In den Experimenten 'Suchraumpartitionierung' und 'Verantwortlichkeit' waren Versuchsleiter und Proband durch eine hölzerne Sichtschutzwand getrennt. In allen Experimenten wurde gesagt, daß der Versuchsleiter zwar gerne Fragen beantwortet, aber nicht während der Testaufgaben. Während dieser Testaufgaben, so wurde mitgeteilt, sitzt der Versuchsleiter an seinem Platz und bearbeitet oder liest Texte, die nichts mit dem Experiment zu tun haben. Dies sollte bewirken, daß der Proband sich beim Bearbeiten und schließlich beim Abbrechen nicht durch die soziale Situation zu einer Entscheidung gedrängt sieht.

Der für das Setting charakteristische Ablauf aller Experimente ist der folgende. Die Probanden werden begrüßt und es wird der Arbeitsplatz gezeigt, an dem sie die Testaufgaben bearbeiten werden. Dort ist der Computer bereits aufgebaut. Für Experiment 'Standard' sind auch Bögen Papier für einen vor dem Ausdauerexperiment stattfindenden Satzergänzungstest am Platz des Probanden bereitgelegt. Weitere Fragebögen und ein Interviewleitfaden für eine Befragung nach Experiment 'Standard' sind an einem weiteren gesonderten Tisch in einem vor und während des Experimentes nicht einsehbaren Teil des Raumes vorbereitet. Der Versuchsleiter startet nicht sofort mit dem Experiment, sondern nimmt sich Zeit für die Warming-up-Phase. Sie dient dazu, daß sich der Proband mit der Situation vertraut machen kann. In diese Warming-up-Phase läßt der Versuchsleiter die Frage einfließen, ob der Proband schon etwas über dies Experiment erfahren hat, das über den Inhalt der Coverstory hinausgeht. Es wird zunächst vorsichtig, dann aber explizit, an das Folgende herangetastet (hier der Wortlaut aus Experiment 'Standard', bei den anderen Experimenten entsprechend sinngemäß): "Erzähl mal, was Du schon über dieses Experiment gehört hast, vielleicht muß ich dann nicht so viel erklären! [Abwarten, ob hier schon nicht tolerierbares Vorwissen bekundet wird, sonst weiter nachfassend:] Das hier ist ein Experiment, von dem unsere [beide Versuchsleiter haben gemeinsam als Diplomanden die Probanden angeworben] Diplomarbeit abhängt. Die Arbeit können wir wegwerfen, wenn unsere Testpersonen schon zuvor Informationen über das Experiment erhalten haben...". Wenn nun noch immer keinerlei mit Ausdauer zusammenhängende Äußerungen vom Proband gemacht werden, wird dem Proband die Bedienung des Computers erklärt. Ihm wird gesagt, daß alles Weitere am Computer stattfindet. Die Probandennummer wird durch den Versuchsleiter eingegeben. Weil in ihr einige Daten des Probanden vercoded werden, fragt der Versuchsleiter nach Alter, Studienfach, Studiensemester und gibt zusätzlich einen Schlüssel für Geschlecht und auch für Experimentalbedingung ein. Der Versuchsleiter erklärt, was er eingibt, nur die letzte Komponente läßt er unerwähnt. Der Proband wird, falls noch nicht geschehen, gebeten, jetzt seinen Platz einzunehmen. Auch die Instruktion wird am Computerbildschirm angezeigt, die es gelte, wirklich genau zu lesen. Es wird dem Proband gesagt, daß er immer so viel Zeit hat, wie er will. Nun begibt sich der Versuchsleiter auf seinen Platz. Dabei teilt er dem Proband mit, daß er gerne noch Fragen stellen könne, wenn er etwas aus der Instruktion nicht versteht. Nur wenn die Testaufgaben beginnen, könne er als Versuchsleiter nicht mehr antworten, weil sonst das standardisierte Vorgehen für alle Probanden nicht mehr gewährleistet sei.

Es folgt im Experiment 'Standard' ein Satzergänzungstest. Da es in diesem um Inhaltliches (nämlich Selbstaufmerksamkeit) geht, wird sein Zweck und Ablauf aus Gründen der Klarheit erst in Kap. 3.3.3 geschildert. Die anderen Experimente beginnen direkt mit dem Durcharbeiten der Instruktion, die zu Beginn ein Teach-In zur Benutzung des Bedienelementes beinhaltet, das für die Bearbeitung der Ausdaueraufgaben benötigt wird. Für alle Experimente folgt nun eine Demonstrationsaufgabe (siehe Kap. 3.1.1.3). Dazu setzt sich der Versuchsleiter bei Bedarf auch neben den Probanden, damit er eventuell benötigte Hilfestellung bei dieser ersten Benutzung des Aufgabenmaterials geben kann. Diese Demonstrationsaufgabe ist nur durch Lösung zu beenden. Es ist so sichergestellt, daß wirklich jeder Proband die Aufgabe bearbeiten und prinzipiell lösen kann. Nur wenn der Proband auch nach langer Zeit gar nicht zur Lösung kommt, wird die Sitzung beendet.

Nun beginnt die Induktion der unabhängigen Variable Erfolgserwartung, die in den verschiedenen Experimenten unterschiedlich operationalisiert wurde (siehe entsprechende Beschreibungen in den Kap. 3.2, 3.3, 3.4 und 3.5). Es folgt eine Manipulationskontrolle der Erfolgserwartung in Form einer Abfrage, bei der die Probanden stufenlos ihre Erfolgswahrscheinlichkeit auf einer analogen Streckenskala von 0 bis 100 eingeben können (siehe Abb. 3.1.1).

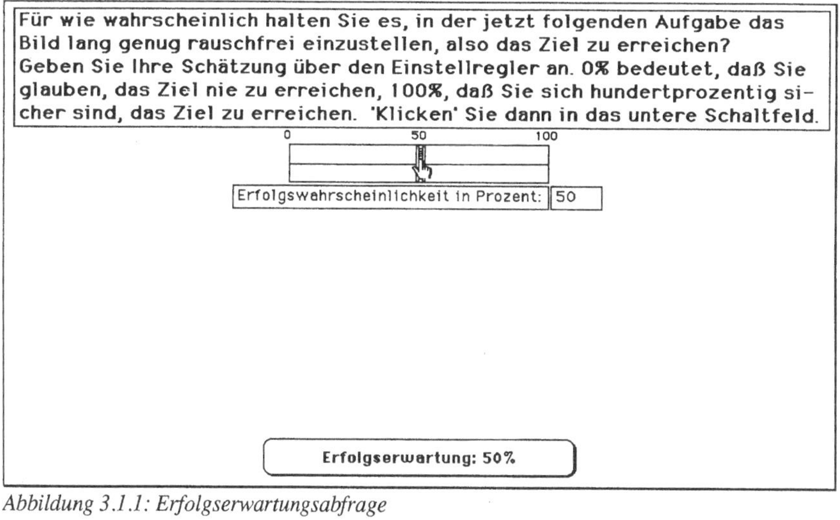

Abbildung 3.1.1: Erfolgserwartungsabfrage

Nach der Abfrage folgt die Experimentalphase, die bei Experiment 'Suchraumeinschränkung' und 'Standard' aus einer, und bei Experiment 'Suchraumpartitionierung' und 'Verantwortlichkeit' aus vier Aufgaben besteht. Bei Experiment 'Standard' sind die Probanden in dem Glauben, daß noch weitere Aufgaben der gleichen Art und Schwierigkeit folgen. Eine entspechende Instruktion gab dies vor. Bei Experiment 'Suchraumeischränkung' war bekannt, daß keine weitere Aufgabe folgt. Die Phase ist beendet, wenn der Proband die Abbruchtaste der letzten Aufgabe betätigt hat.

Für Experiment 'Standard' beginnt jetzt die Nachbefragung im oben erwähnten gesonderten Teil des Experimentalraums. Begonnen wird mit einem standardisierten Interview, daß hier nicht weiter ausgewertet wird. Es folgt ein Fragebogen bestehend aus einer Itemsammlung, die von Dahme, Rudolph, Hyla-Brüschke und Eichstaedt (1993) übernommen wurde. Von weiteren Fragebögen ist hier nur noch der HAKEMP-88 (Kuhl, 1988) relevant. Für eine Befragung nach dem Scheitern an einer Leistungsaufgabe ist wichtig, daß dabei folgendes Vorgehen genau eingehalten wird. Der Proband wird zum Tisch geführt an dem die Nachbefragung statt findet. Wenn der Proband vor dem Tisch steht, muß er zwei Stapel von Befragungsunterlagen sehen. Das Deckblatt des einen Stapel enthält den deutlich lesbaren Schriftzug 'Fragebogen für Vpn, die die letzte Aufgabe nicht gelöst haben' der andere Stapel hat ein Deckblatt mit der Aufschrift 'Fragebogen für Vpn, die die letzte Aufgabe gelöst haben'. Die Schrift ist so gesetzt, daß der unterscheidende Teil 'nicht' sofort ins Auge fällt. Darauf hin wird der Proband gefragt, ob er die letzte Aufgabe gelöst habe und auf seine Antwort hin ohne Routine der Stapel mit dem 'nicht' im Schriftzug herangezogen und mit der Nachbefragung begonnen. Dies Vorgehen soll sichern, daß etwaige Zweifel an der Lösbarkeit beim Probanden nicht erst durch die Befragung hervorgerufen werden. Die Nachbefragung soll unter anderem möglichst unverfälscht ergeben, ob solche Lösbarkeitszweifel zum Abbruch geführt haben.

Den Abschluß aller Experimente bildet ein Debriefing. Insbesondere wird hier der Proband darüber aufgeklärt wird, daß er keine Schuld daran trägt, daß er die Aufgabe nicht bewältigt hat, sondern daß dies beabsichtigt war. Es wird ihm mitgeteilt, daß es sich nicht um einen Test seiner sensumotorischen Leistungsfähigkeit handelt, sondern daß mit dem Material andere Dinge erfaßt werden. Der Proband wird eindringlich gebeten, nichts über das Experiment weiterzuerzählen. Zur Begründung wird gesagt, daß nicht alle Probanden in den Bedingungen getestet werden, in der er gewesen ist. Er würde also unrichtige Dinge weitergeben. Andererseits dürfe er nichts weiter erzählen, weil sonst die ganze Datenerhebung nebst der damit verknüpften Diplomarbeit zunichte gemacht würde.

3.1.2 Innerer Rückzug bzw. Grübeln

3.1.2.1 Das Problem der Bestimmung des Endpunktes des ausdauernden Arbeitens

Carver und Scheier (1981) selbst lassen eine Erklärungsmöglichkeit für die Nicht-Replizierbarkeit der Carver-Interaktion offen. Sie gehen nämlich davon aus, daß die Bemühungen, den Standard zu erreichen, nicht unbedingt durch offenen Abbruch beendet werden. Sie räumen vielmehr explizit ein (S. 193 ff.), daß statt des offenen Abbruchs auch ein innerer Rückzug stattfinden könnte. Das erheben sie aber nicht. Damit berücksichtigen sie eine der wichtigen Neuerungen an ihrem Ansatz selbst nicht. Innerer Rückzug kann so immer eine Alternativerklärung für das Nichteintreffen ihrer Ausdauervorhersagen sein. So wäre Ausdauer, die mit innerer Rückzugzeit kontaminiert ist, aus Carver und Scheiers (1981) theoretischer Position heraus eigentlich untauglich zur Überprüfung ihres Modells. Denn darin wird die Dauer zieldiskrepanz-reduzierenden Verhaltens vorhergesagt und nicht die Gesamtverweildauer im Aufgabensetting inclusive innerem Rückzug.

Es ist hier also eine Alternativerklärung für die Unreplizierbarkeit der zitierten Befunde gegeben: die Ausdauerzeiten werden durch inneren Rückzug künstlich verlängert und die Unterschiede womöglich nivelliert. So besteht die schwierige Anforderung, daß in einem Experiment, das die Carver-Interaktion zur Vorhersage hat, neben der Ausdauer auch eine Erhebungsmethode für inneren Rückzug möglich sein muß. Wie kann innerer Rückzug, der per Definition eben innerlich, d.h. von außen nicht beobachtbar ist, doch beobachtet werden, ohne daß er die Eigenschaften inneren Rückzugs verliert?

Noch darüber hinaus ist zu fordern, daß diese Erhebung ebenso valide auch das Phänomen Grübeln erfaßt, von dem nach der hier verfolgten Suche-ins-Leere-Konzeption viel eher erwartet wird, daß es auftritt (siehe Kap. 2.5.2). Wie kann also sowohl Grübeln als auch innerer Rückzug so erhoben werden, daß zwischen beidem unterschieden werden kann?

3.1.2.2 Realisation der Beobachtung von innerem Rückzug bzw. Grübeln

Die Beobachtung inneren Rückzugs scheint mit einer Trackingaufgabe möglich zu sein. Hier ist alles zielführende immer auch beobachtbares Verhalten. Wenn der Bearbeiter die Zielverfolgung stoppt, also seine Eingaben unterbricht, so kann er das Ziel nicht verfolgen. Deshalb kann aus Bearbeitungspausen geschlossen werden, daß sich der Bearbeiter nun innerlich zurückzieht oder grübelt. Diese Pausen werden im weiteren Auszeit genannt, denn in ihnen setzt der Bearbeiter zeitweise die Zielverfolgung aus. Aber die Zielverfolgung ist nur dann wirklich ausgesetzt, wenn Bearbeitungspausen nicht zum Nachdenken über Lösungsmöglichkeiten (z.B. Problemlöseaufgaben, wie der Turm von Hanoi) genutzt werden können. Nachdenken ist wie beim bloßen Zielpunktverfolgen in einer Trackingaufgabe sinnlos. Um das sicherzustellen, ist die Aufgabe, was die Absehbarkeit der Lösungswege angeht, höchst simpel. Es führt nur primitives Nachfolgen des Zielpunktes in nahezu übermenschlich ruhiger und kontinuierlicher Weise zum Ziel. Dies erlebt jeder Bearbeiter zuvor in einer Demonstrationsaufgabe. Dort wird auch evident, daß mit keinem ausdenkbaren Trick die Lösung erreicht werden kann. So ist alles, was zum Ziel führen kann, für die Bearbeiter vollständig bekannt, damit nicht doch eine Auszeit zum Nachdenken über den Lösungsweg genutzt werden kann und damit funktional für die Zielerreichung ist. Wenn unter diesen Umständen doch nach einem Schlupfloch zur Lösung gegrübelt wird, weil der Bearbeiter doch glaubt, durch Nachdenken zum Ziel zu kommen, dann kann das nur dysfunktional genannt werden.

Was dabei erhoben wird, ist also die Auszeit, d.h. die Zeit, in der der Regler nicht bewegt wird, obwohl doch das Ziel durch Reglereingaben zu verfolgen ist. Damit bleibt die Möglichkeit offen, daß die Bearbeiter den Regler wohl noch bewegen, aber sozusagen nur noch herumspielen, ohne das Ziel zu verfolgen. Unbeobachtet bleibt dies Verhalten dagegen nicht. Wie in Kap. 3.1.7 ausgeführt, werden alle Eingaben des Bearbeiters als Prozeßdaten aufgezeichnet. Damit steht das anfallende Datenmaterial für weitere Analysen zur Verfügung. Hier soll aber nur der erfolgversprechendeste Ansatz versucht werden. Der besteht in der Erhebung von Auszeiten als Nichtbewegen des Reglers, weil dies am sichersten als nicht-zielführend interpretiert werden können. Jede Reglerbewegung, die als zur Auszeit gehörig definiert wird, könnte auch leicht fehlinterpretiert sein. Beispielsweise könnten alle Momente als Auszeit betrachtet werden, in denen das Ziel mehr als die Hälfte der Reglerstrecke entfernt ist. Dann besteht aber natürlich die Gefahr, daß hier ausdauerndes aber ungeschicktes Arbeiten wie innerer Rückzug betrachtet wird.

Auszeit ist die Operationalisierung für zwei alternative Konzeptionen: einerseits innerer Rückzug, andererseits Grübeln (siehe Kap. 2.5.2). Ein Ziel der nachfolgenden Experimente ist es, zwischen beidem zu unterschieden. Dies wird möglich, indem die Auszeiten über die gesamte Bearbeitungszeit erhoben werden. So wird ermittelt, ob sie sich gegen Ende der Bearbeitungszeit häufen, wie es für inneren Rückzug zu erwarten wäre. Andererseits kann auch beobachtet werden, ob sie über die ganze Bearbeitungszeit verteilt sind, was eher für Grübeln als Suche ins Leere sprechen würde. Es kann so auch ermittelt werden, ob eine von Auszeiten bereinigte Ausdauerzeit als abhängiges Maß in einem erneuten Replikationsversuch zur Carver-Interaktion führt (siehe Kap. 3.3).

Dabei gilt jede Eingabeunterbrechung von mehr als einer Sekunde als Auszeit. Das ist die konservativste Wahl, weil dann jede Unterbrechung, die nicht auf die Langsamkeit der Probanden beim Verfolgen des Zielpunktes zurückzuführen ist, mit aufgenommen ist und keine Unterbrechung willkürlich ausgeschlossen wird. Unterbrechungen von weniger als einer Sekunde gehen darauf zurück, daß der Bearbeiter den Regler sehr langsam bewegt. Die einzelnen Positionen auf der Reglerstrecke sind ja bei einer Realisation am Computer diskret. Deshalb äußert sich ganz besonders langsames Bewegen über diese

Reglerstrecke in Verweildauern auf aufeinanderfolgenden Positionen, die in Ausnahmefällen auch bis zu einer Sekunde betragen können. Um solch ganz besonders langsame Bewegungen nicht fälschlich als Auszeit zu interpretieren, ist die untere Grenze von einer Sekunde notwendig.

Die so beobachteten Auszeiten können aber nicht als Gesamtauszeit zur abhängigen Variable gemacht werden, weil sie direkt von Ausdauer als Gesamtbearbeitungszeit abhängig wäre. Je länger die Bearbeitungszeit, desto höher ist auch die Wahrscheinlichkeit zur Beobachtung von Auszeiten. Um dies zu umgehen, wird der Anteil der Auszeit an der Gesamtbearbeitungszeit als Operationalisierung für inneren Rückzug wie für Grübeln verwendet.

3.1.3 Selbstaufmerksamkeitsinduktion

3.1.3.1 Besteht genügend Aufmerksamkeit für die Selbstaufmerksamkeitsinduktion?

In den von der Dahme-Arbeitsgruppe berichteten Experimenten sind bis auf eine Ausnahme immer Aufgaben am Computer zu bearbeiten. Daß die Carver-Interaktion nie repliziert werden konnte, mag auch daran liegen, daß der Computer die Aufmerksamkeit des Bearbeiters zu sehr gefangennimmt. Deshalb könnten selbstaufmerksamkeit-induzierende Cues, wie Spiegel oder Kamera, zu selten beachtet worden sein, die dann auch keine Selbstaufmerksamkeit erzeugt hätten (Dahme, Bleich und Rudolph, 1992; siehe auch Gröters, 1993).

Damit trotz Aufmerksamkeitsvereinnahmung durch den Computer genügend Aufmerksamkeit über selbstaufmerksamkeitinduzierende Cues auf das eigene Selbst gelenkt wird, muß der Selbstaufmerksamkeit induzierende Cue (bei Dahme et al. waren das Spiegel oder Kamera) im zu bearbeitenden Aufgabenmaterial integriert sein. Dem liegt die Annahme zugrunde, daß bei einer einfachen Tätigkeit auf diese Art die Aufmerksamkeit zwischen Selbst- und Aufgabenaspekten ohne Aufwand hin und her oszilliert werden kann. Dies räumen auch Duval und Wicklund (1972) als Möglichkeit ein, Selbst und Nichtselbst nahezu gleichzeitig zu fokussieren. Das ist um so eher zu erwarten, je räumlich enger Selbstaufmerksamkeit induzierender Cue und zu bearbeitendes Material beieinander stehen, weil mit Treisman und Gelade (1980) davon auszugehen ist, daß visuelle Aufmerksamkeit auch an räumliche Lokationen gebunden ist.

3.1.3.2 Realisation im Aufgabenmaterial

Um Selbstaufmerksamkeit induzierendes Aufgabenmaterial verwenden zu können, wird das Tracking an einem durch Rauschen gestörten Bild vorgenommen. Dies Bild ist entweder das eigene Portrait des Probanden (dies wurde zuvor von allen Probanden digitalisiert und in den entsprechenden Experimentalbedingungen per Probandennummer zugeordnet) oder eine entsprechende Darstellung eines TV-Nachrichtensprechers. In letzterer Neutralbedingung wurden die Bilder von TV-Nachrichtensprecher verwendet, um einerseits so etwas wie einen Fernseher vorzustellen, andererseits aber auch, damit alle Probanden ein bekanntes Portrait bearbeiten. Das Bearbeiten dieses Materials gestaltet sich folgendermaßen:

Wie bei einem Fernseher, bei dem der Sender verstellt ist, kann der Bearbeiter durch Reglereinstellungen ein störendes Rauschen beeinflussen. Dies Rauschen bestand aus schwarzen Bildpunkten in Zufallsverteilung. Die Aufgabe des Bearbeiters, es 10 sec lang ganz zum Verschwinden zu bringen, wird dadurch erschwert, daß der Zielpunkt, an dem das Bild rauschfrei ist, auf der Regelstrecke wandert, die als Einstellbereich eines Schiebereglers visualisiert wird; und zwar kontinuierlich immer von einem Ende zum anderen und zurück.

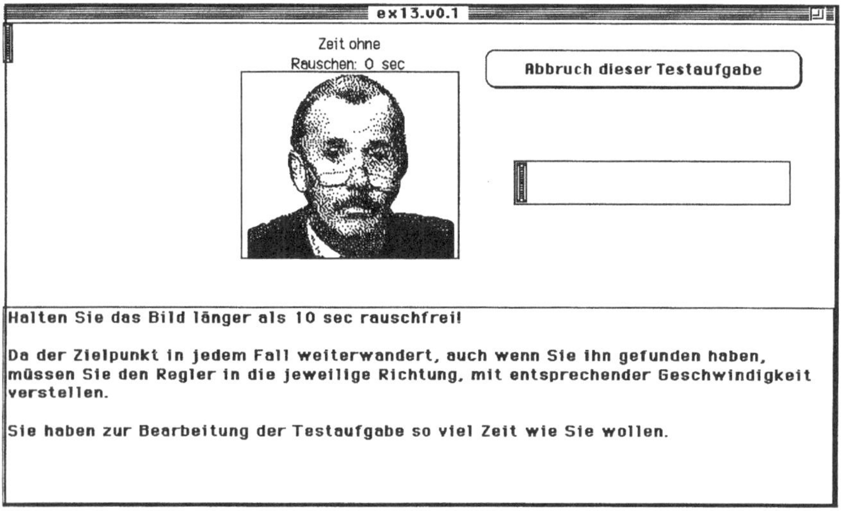

Abb. 3.1.2 Aufgabenmaterial

Der Proband muß also erstens den rauschfreien Punkt - den Zielpunkt - finden, dabei ist die Rückmeldung aus dem Bearbeitungsprozeß eindeutig und kontingent: je weiter er vom Ziel entfernt ist, desto mehr rauscht es, je kleiner die Zieldistanz, desto geringer ist das Rauschen. Zweitens muß er den Zielpunkt durch Mitziehen in der richtigen Geschwindigkeit halten. Darin besteht das Tracking.

Die einfache Tätigkeit, an der die Ausdauer erfaßt wird, ist also, an einem digitalisierten Portrait so lange Einstellungen vorzunehmen, bis ein gesetztes Kriterium erreicht ist. Dieses Kriterium ist, das eigene Portrait oder das eines TV-Nachrichtensprechers 10 Sekunden in Folge rauschfrei zu halten.

In Experiment 'Standard' wurde noch eine zweite Form der Selbstaufmerksamkeitsinduktion realisiert. Dazu wurde eine Kamera auf den Probanden gerichtet, die ihn aufzeichnete. Diese klassische Form wurde in vielen Studien zu Selbstaufmerksamkeit und auch von Carver und Scheier (1978) verwendet. Diese Form der Induktion wird im Experiment 'Standard' mit der Portrait-Selbstaufmerksamkeit verglichen.

Selbstaufmerksamkeit kann auch induziert werden, indem das Spiegelbild des Bearbeiters via Videokamera in das Aufgabenmaterial eingeblendet wird, das er bearbeitet. Dieses *elektronische Spiegelbild* ist dann das rauschfrei zu haltende Bild. In der Bedingung ohne Selbstaufmerksamkeit wird, statt dem eigenen, das bewegte Videobild eines fremden Bearbeiters eingeblendet. Um diese wortgetreu-gegenständliche Version von 'Aspekte des Selbst zum Objekt seiner eigenen Aufmerksamkeit machen' zu realisieren, ist ein Computer mit Videohardware und eine Menge zusätzliche Programmierarbeit erforderlich. Daher ist diese Operationalisierung von Selbstaufmerksamkeit erst im letzten Experiment (Kap. 3.5) enthalten.

3.1.4 Art der Erfolgserwartungsinduktion

3.1.4.1 Wie kann Erfolgserwartung via kontingenter Bearbeitungsinformation induziert werden, ohne eine Konfundierung mit Schwierigkeitswechsel zuzulassen?

Erfolgserwartung wurde in den Experimenten der Dahme-Arbeitsgruppe auf zweierlei Weise induziert. Im zweiten der Experimente (Rudolph und Dahme, 1991) wurde per Instruktion induziert. Die zuvor vorgeblich erhobenen Persönlichkeitseigenschaften wurden den Probanden entweder als günstig oder ungünstig für das Lösen der Experimentalaufgabe dargestellt. Dies war wenig effektiv. In den folgenden Experimenten wurde deshalb dazu übergegangen, via realer Ergebnisse an demselben Aufgabentyp wie in der Experimentalphase, Erfolgserwartung zu induzieren. Dies hatte den erwünschten Effekt. Eine theoretische Erklärung dafür bietet Banduras (1977) Self-efficacy-Theorie (siehe auch Kap. 2.3.4.2). Bandura postuliert explizit eine größere Wirksamkeit einer Induktion via Leistungsrealisationen (performance accomplishments) gegenüber anderen Induktionsarten, weil direkt persönliche Erwartungen des eigenen Könnens beeinflußt werden.

Bei Dahme et al. wie bei Carver et al. wurde Erfolgserwartung via vorheriger Induktionsaufgaben manipuliert. Mittels Induktionsaufgaben ist Erfolgserwartung also induzierbar. Es muß beim Experimentieren sowohl an dies praktische Vorgehen Anschluß gefunden werden, wie auch an die theoretischen Annahmen von Carver, Blaney und Scheier (1979), wonach Erfolgserwartung *während* der Aufgabenbearbeitung gebildet wird (siehe Kap. 2.4.2). Nicht eine Anzahl zuvor gelöster Induktionsaufgaben beeinflußt demnach die Erfolgserwartung in der nachfolgenden Experimentalaufgabe. Es ist vielmehr der Fortgang während der Experimentalaufgabe, der die Erfolgserwartung dabei beeinflußt. Daher wird die Induktion von Erfolgserwartung auf zwei alternative Weisen vorgenommen.

Die erste Form sind klassisch zu nennende separate Induktionsaufgaben. Dabei soll die zur Erfolgserwartung führende Leistungsrückmeldung immer kontingent sein, damit die Bearbeiter bezüglich der Erreichbarkeit des Ziels nicht mißtrauisch werden. Günstige Erfolgserwartung wird induziert, indem der Bearbeiter die Induktionsaufgaben löst, ungünstige, indem er sie nicht löst. Dabei ist *dasselbe* Aufgabenmaterial, wie in der nachfolgenden Ausdaueraufgabe zu verwenden, damit die einmal gebildete Erfolgserwartung auch für die Ausdaueraufgabe übernommen wird. Waren doch die Erfolgserwartungsunterschiede bei Carver, Blaney und Scheier (1979) eher gering und im Gegensatz dazu bei Dahme et al. dann deutlicher, wenn dasselbe Aufgabenmaterial sowohl zur Induktion von Erfolgserwartung als auch zur Messung der Ausdauer verwendet wurde.

Eine Konfundierung von Erfolgserwartungsbedingung mit Suchraumeinschränkung entsteht bei der eben genannten ganz üblichen Induktionsprozedur, wie sie z.B. auch von Scheier und Carver (1982) verwendet wurde. Es werden Induktionsaufgaben verwendet, die in der günstig-Bedingung auch während der Bearbeitung der Induktionsaufgabe leicht *bearbeitbar* erscheinen. Wenn dann die notwendigerweise unlösbare und damit schwer bearbeitbare Ausdaueraufgabe angegangen wird, ist sofort der Eindruck geschaffen, daß jetzt nicht mehr so viele Möglichkeiten zur Lösung ausprobiert werden können. Gerade das ist aber dann die Einschränkung des Suchraums, die verhindert, daß viele Wege zum Ziel auf lokale Kausalität hin überprüft werden können. Bei einer solchen Induktion von günstiger Erfolgserwartung ist also gleichzeitig eine Suchraumeinschränkung realisiert.

Die zweite Form ist eine Induktion der Erfolgserwartung während der Aufgabenbearbeitung. Es soll eine weitere Induktionsart gefunden werden, die es erlaubt, via kontingenter Leistungsrückmeldung die Erfolgserwartung während der Ausdaueraufgabe entweder niedrig oder hoch zu halten. Dabei kann ein Vorgehen aus Heiders (1958) Analyse naiver Psychologie gefolgert werden. Ihm zufolge besteht eine a-priori-Verbindung zwischen 'Verlangen' und 'Freude' (beides sind bei ihm theoretische Begriffe). Heider diskutiert die Wirkung einer Manipulation des Abstands zwischen der Person und dem Angestrebten, so daß auch für die Induktion von Erfolgserwartung ein experimentelles Vorgehen abgeleitet werden kann. In Heiders Terminologie muß einfach der Abstand zwischen x (dem Ziel) und p (dem Bearbeiter) variiert werden, um Erfolgserwartung zu manipulieren. Bei der hier verwendeten Trackingaufgabe mit Zeitkriterium ist Teilzielerreichung dann das Maß, von dem die subjektive Erfolgserwartung, verstanden als Handlungsergebniserwartung (Heckhausen, 1989), direkt abhängen müßte.

3.1.4.2 Realisation im Aufgabenmaterial

Bei diesem Aufgabenmaterial kann durch Variation der Geschwindigkeit und der Weite des rauschfreien Intervalls die Aufgabe beliebig schwerer oder leichter gemacht werden. Wenn in der Erfolgsbedingung garantiert ein Erfolg beschert werden soll, kann quasi unter den Händen des Bearbeiters die Aufgabe immer leichter werden, bis das Ziel erreicht ist. Dies wird durch Variation eines Toleranzintervalls realisiert, innerhalb dessen der Bearbeiter den Zielpunkt noch halten darf, obwohl er in Wirklichkeit zu ungenau regelt.

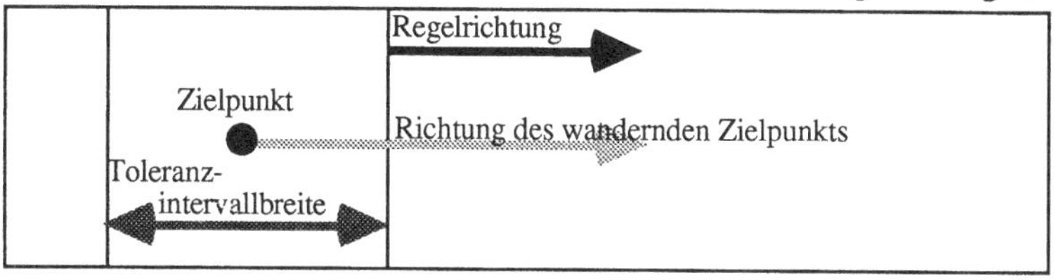

Abb. 3.1.3 Toleranzintervall ist der Bereich, innerhalb dessen der Zielpunkt noch als erreicht gilt, obwohl real der vom Bearbeiter eingeregelte Punkt nie mit dem Zielpunkt identisch ist.

Daraus ergeben sich zwei verschiedene Induktionsmöglichkeiten für Erfolgserwartung. Die erste ist, den Bearbeitern in Induktionsaufgaben desselben Materials, wie in der Ausdaueraufgabe, in der günstig-Bedingung via großem Toleranzintervall die Lösung zu ermöglichen. Dadurch kann auch ungeschickten Bearbeitern die Lösung ermöglicht werden. In der ungünstig-Bedingung wird durch ein kleines Toleranzintervall die Lösung sehr erschwert, so daß keiner der Bearbeiter sie erreicht. Diese Induktionsart wird in den ersten beiden Experimenten verwendet.

Als weitere Möglichkeit kann der erlebte Schwierigkeitsgrad während der Bearbeitung der Ausdaueraufgabe variiert werden, indem das Toleranzintervall dynamisch gesteuert wird. In der ungünstig-Bedingung wird bereits nach sehr niedrigen Teilzielerreichungsgraden von 0 bis 2 des 10-sekündigen Zielkriteriums das Toleranzintervall so verkleinert, daß der Bearbeiter den Zielpunkt bei der geringsten Unachtsamkeit verliert. Direkte Ursache ist dabei die Unachtsamkeit des Bearbeiters, nicht das kleine Toleranzintervall, was für die attributionstheoretischen Betrachtungen relevant ist. In der günstig-Bedingung wird einfach auf selbe Weise ein hoher Teilzielerreichungsgrad ermöglicht. Hat der Bearbeiter das rauschfreie Bild dann verloren, wird das Toleranzintervall wieder in den erreichbaren Bereich vergrößert. Um beim Bearbeiter keinen Verdacht zu erwecken, darf nicht immer im selben Moment das

Toleranzintervall verkleinert werden. Deshalb wird zur Induktion ungünstiger Erfolgserwartung ab einem Teilzielerreichungsgrad zwischen null und zwei Sekunden interveniert, zur Induktion günstiger Erfolgserwartung ab einem Teilzielerreichungsgrad zwischen sechs und acht Sekunden. Nach welcher Zeit in diesen beiden Bereichen jeweils das Toleranzintervall verkleinert wird, ist von einem Zufallsalgorithmus gesteuert. Dabei wird die Verkleinerung jeweils um die aktuelle Position des Bearbeiters herum vorgenommen, damit nicht die Verkleinerung den Zielpunktverlust aktiv bewirkt.

Eine Induktion von Erfolgserwartung während der Experimentalaufgabe vermeidet die Konfundierung von Erfolgserwartung mit Suchraumeinschränkung via Schwierigkeitswechsel zwischen Induktions- und Ausdaueraufgaben. Es werden gar keine Induktionsaufgaben benötigt.

Die Variation des Teilzielerreichungsgrades während der Induktionsaufgaben erlaubt es, die Konfundierung durch unabhängige Variation von Erfolgserwartung und Suchraumeinschränkung gezielt zu untersuchen. Der Faktor Erfolgserwartung, 'günstig' vs. 'ungünstig', kann auf klassische Weise variiert werden durch vorherige Bearbeitungsergebnisse in Induktionsaufgaben. Zur Induktion günstiger Erfolgserwartung kann entweder während der ganzen Induktionsaufgabe ein hoher Teilzielerreichungsgrad erreicht werden oder die ganze Zeit ein niedriger Teilzielerreichungsgrad. In beiden Fällen wird erst nach vorgegebener Zeit das Toleranzintervall lange genug so weit gehalten, daß die Aufgabe gelöst werden kann. Es ist so tatsächlich möglich, den Zeitpunkt der Lösung auf Sekunden genau vorherzubestimmen. Zur Induktion ungünstiger Erfolgserwartung läuft ein zuvor vereinbartes Zeitlimit beim Bearbeiten der Induktionsaufgaben ab, entweder mit hohem Teilzielerreichungsgrad - leicht bearbeitbar - oder aber mit niedrigem - schwer bearbeitbar.

Mit Suchraumeinschränkung durch Wechsel erleben die Probanden die Induktionsaufgaben als leicht bearbeitbar und die separate, nachfolgende Experimentalaufgabe als schwer bearbeitbar. Ohne Suchraumeinschränkung durch Schwierigkeitswechsel werden sowohl Induktions- als auch die Experimentalaufgabe als gleich schwer bearbeitbar erlebt, wegen des gleichen Teilzielerreichungsgrads in Induktions- wie Experimentalaufgabe. Es wird in der Wechselbedingung der Glaube an leichte Bearbeitbarkeit, der in der Induktionsaufgabe aufkeimt, durch die schroffe Schwierigkeit der Ausdaueraufgabe *erschüttert*. Ohne Wechsel sind sowohl Induktions- als auch Ausdaueraufgabe von dieser schroffen Schwierigkeit durch niedrigen Teilzielerreichungsgrad. Noch einmal deutlich: die Experimentalaufgabe hat hier für alle Bearbeiter denselben niedrigen Teilzielerreichungsgrad. Es wird in der Schwierigkeitswechselbedingung ein Schwierigkeitswechsel*erdbeben* ausgelöst, das zu Beginn der Ausdaueraufgabe den Bereich der Möglichkeiten, nach lokaler Kausalität zu suchen, in weiten Teilen verschüttet.

Alle hier geschilderten Interventionen sind technisch so realisiert, daß ein Bemerken nahezu auszuschließen ist. Sollte es dennoch bemerkt werden, wird dies bewirken, daß die jeweils realisierten Manipulationen nicht gelingen. Ein Bemerken durch die Bearbeiter wird daher nie dazu führen, daß fälschlich eine Hypothese als bestätigt angesehen wird. Daher ist dies Verfahren zur strengen Testung der in der Theorie gemachten Behauptung geeignet. Schlimmstenfalls können keine Unterschiede zwischen den Experimentalgruppen der nachfolgenden Experiement gefunden werden.

3.1.5 Prinzipielle Lösbarkeit

3.1.5.1 Das logische Problem bei unlösbaren Ausdaueraufgaben

Bei Dahme et al. wurde aus gründlichen Nachbefragungen deutlich, daß viele der Bearbeiter die tatsächliche Unlösbarkeit der Ausdaueraufgabe während der Bearbeitung bemerkten. Das hat die logische Konsequenz, daß mit der Bearbeitungsdauer dann eigentlich eher Leistung erhoben wird. Die Leistung würde sich danach bemessen, wie schnell ein Bearbeiter die einzig richtige Antwort auf eine unlösbare Aufgabenstellung findet, nämlich die, daß die Aufgabe unlösbar ist. Daneben hat dies die ganz praktische Konsequenz, daß in erheblichem Maß zusätzliche Varianz in die Beobachtung mit eingeht, die auf die unterschiedlichen Wissensbestände der Bearbeiter zurückgeht. So zeigte sich bei Dahme et al.' s Replikationsversuchen mit dem gleichen Material, wie es auch Carver, Blaney und Scheier (1979) sowie Scheier und Carver (1982) verwendeten, nämlich den graphischen Labyrinthen der sog. Designaufgaben, folgendes: Bearbeiter, die einen ingenieurwissenschaftlichen Studiengang belegt hatten, zeigten deutlich mehr Lösbarkeitszweifel als Pädagogen, Geschichtswissenschaftler und Politologen. Ingenieure waren nicht so ausdauernd wie diese anderen Studenten. Sie konnten nämlich anhand ihres mathematischen Vorwissens graphentheoretisch (implizit oder explizit) auf die Unlösbarkeit der Aufgabe schließen.

3.1.5.2 Realisation im Aufgabenmaterial

Bei einer Trackingaufgabe bietet sich hier ein weiterer wichtiger Vorteil an. Wenn beim Zielpunktverfolgen dieser immer von jedem Bearbeiter zumindest gefunden werden kann und etwaige Zielannäherungen immer kontingent zurückgemeldet werden, kann kaum Verdacht auf Unlösbarkeit aufkommen. Auf keinen Fall kann anhand von Vorwissen auf Unlösbarkeit geschlossen werden. Allerdings darf dann das Lösungskriterium auch nicht einfach die Zielpunktentdeckung sein. Statt dessen muß ein wandernder Zielpunkt eine vorgegebene Zeitspanne durch Mitziehen 'gehalten' werden. D.h. durch geeignete Eingaben über dasselbe Bedienelement, mit dem auch schon der Zielpunkt gefunden wurde, muß die Zieldistanz danach lange genug bei Null gehalten werden. Wie bereits erwähnt, liegt dieses Zeitkriterium bei zehn Sekunden.

Weiterhin kann die Aufgabenschwierigkeit so kalibriert werden, daß zwar keiner der Bearbeiter die Lösung erreicht, aber dennoch mit genug Expertise die Aufgabe z.B. durch den Versuchsleiter gelöst werden kann. Damit wird die logische Implikation von prinzipiell unlösbaren Aufgaben vermieden. Es wird also tatsächlich Ausdauer und nicht Leistung gemessen.

Dadurch, daß es sich um eine Trackingaufgabe mit Zeitkriterium handelt, ist sie prinzipiell und erkennbar lösbar. Bei jeder Zielannäherung wird dem Bearbeiter vor Augen geführt, daß er nur ein wenig länger den Zielpunkt halten müßte, um das Ziel zu erreichen. Laientheorien der Probanden darüber, was in diesem Material vorgeht, können natürlich nicht ausgeschlossen werden. Wenn sie nicht dem entsprechen, was mit den jeweiligen Bedingung erreicht werden soll, werden sie etwaige Effekte schmälern. Nicht zu erwarten ist, daß dadurch Artefakte entstehen.

3.1.6 Manipulation der erlebten Verantwortlichkeit während der Aufgabenbearbeitung sowie Erhebung von Attributionen während der Aufgabenbearbeitung

3.1.6.1 Wie soll Verantwortlichkeit für das Scheitern via kontingenter Bearbeitungsinformationen induziert werden?

Es muß eine Bedingung geschaffen werden, in der die Zielerreichung gar nicht vom Bearbeiter abhängt. Dies ist zur Untersuchung der Entschuldigungstheoretischen Überlegungen aus Kap. 2.3.2 und 2.5.4 erforderlich. Meist wird im leistungsmotivationspsychologischen Bereich aber eine Variation der Untersuchungsbedingungen entlang der Attributionsdimension internal-external vorgenommen. In den wenigen Studien mit der abhängigen Variablen Ausdauer oder Erfolgserwartung, in denen Attributionstendenzen per Treatment manipuliert wurden (Dyck, Vallentyne und Breen, 1979; Stephan, Bernstein, Stephan und Davis, 1979; Henry und Sniezek, 1993; Rudisill, 1988), wird dies über Nahelegen einer Attribution auf Aufgabenschwierigkeit vs. Anstrengung realisiert.

Attributionstheoretisch wird durch Induktion auf der Dimension internal-external bei Ausdaueraufgaben eine komplizierte Situation geschaffen. Ausdaueraufgaben sind notwendigerweise zum Messen von Ausdauer für den Bearbeiter immer unlösbar. D.h. es werden per se Situationen geschaffen, in denen auf Aufgabenschwierigkeit attribuiert werden kann. Dann ist eine Variation entlang der Weinerschen (1972) internal-external-Dimension problematisch, eben durch induzierte Attribution auf Aufgabenschwierigkeit. Das Konzept 'Können' von Heider (1958), die Resultierende aus sog. persönlicher Macht und Aufgabenschwierigkeit, scheint hier aussagekräftiger zu sein. Es hängt von Konsensusinformationen sensu Kelley (1967) ab, ob auf die eigene Person attribuiert wird oder auf Umstände im Aufgabenmaterial. Heider (1958) führt für sein Standardbeispiel 'Freude' aus: "Man beachte, daß die Formulierung 'Ich freue mich über x' sowohl ein 'Ich' als auch ein 'x' enthält; es bleibt der psychologischen Faktorenanalyse überlassen, ihre Gewichtung festzustellen" (1977, S. 176). Wenn aber, wie bei den hier durchzuführenden Experimenten, der Bearbeiter mit der Ausdaueraufgabe allein gelassen wird, dann fehlt jede Konsensusinformation. Um dennoch sicher Attributionen auf die eigene Person versus auf Ursachenquellen außerhalb der eigenen Person induzieren zu können, muß ein zweiter Aktor bei der Lösung der Aufgabe mitwirken. So etwas haben auch Carver und Scheier (1982) in einer Studie zu Aufgabenleistung realisiert. Sie manipulierten Verantwortlichkeit, indem die Probandin mit einer scheinbaren Mitprobandin (in Wirklichkeit eine Confederate) in Kooperation die Aufgabe bearbeiten mußte. Auch bei den hiesigen Experimenten muß es jemand anderen geben, mit dem *gemeinsam* die Lösung zu erreichen ist. Wenn in einer solchen Situation beim Tracking der Zielpunkt verloren wird, kann dies entweder am Bearbeiter oder dem zweiten Aktor liegen. So kann mit kontingenter Bearbeitungsinformation eine Selbstverantwortungs- und eine Fremdverantwortungsbedingung hergestellt werden.

3.1.6.2 Wie sollen Attributionen während der Aufgabenbearbeitung beobachtet werden?

Nach Bassili und Regan (1977) sucht der Aktor immer nach der Attributionsinformationsklasse, die seine aktuelle Attribution bestätigt. Es wird dem Bearbeiter deshalb eine Möglichkeit zur Suche nach attributionsrelevanten Informationen während der Aufgabenbearbeitung eingeräumt. Dem liegt, wie in Kap. 2.2.2 ausgeführt, die Annahme zugrunde, daß nicht erst das Endergebnis als Handlungseffekt eine Attribution auslöst, sondern daß schon die Handlung selbst - bevor sie zu einem Ergebnis geführt hat - ein Gegenstand ist, für den Attributionen bestehen. Dabei ist es aber durchaus möglich, daß Teilergebnisse der Handlung Attributionen auslösen und ihnen auch die Richtung geben, was zur Induktion von Attributionen genutzt werden kann.

Für die Erhebung von Attributionen ist wichtig sicherzustellen, daß die Art der abgerufenen Information einen sicheren Schluß auf die dabei realisierte Attribution zuläßt. Da eine Manipulation der Onlineattributionsinformation nur entweder in Richtung Selbst- oder Fremdverantworlichkeit erfolgt, würde natürlich die Suche z.B. nach der autonomen Hälfte der Information sofort den Schluß auf die externale Hälfte erlauben. So wäre nicht klar interpretierbar, über welche Hälfte der Bearbeiter Informationen sammelt. Deshalb muß der Informationssuche eine zusätzliche Funktion verliehen werden. Das geschieht, indem die zusätzliche Hilfefunktion herausgestellt wird, die die gesammelten Informationen für den jeweiligen Aktor beinhalten.

3.1.6.3 Realisation im Aufgabenmaterial

Attribuiert wird für die ganze Handlung, die durch die Absicht bezeichnet ist, die Aufgabe zu lösen. Diese Handlung besteht aus dem Erreichen oder Nicht-Erreichen von Teilabsichten. Der für den Bearbeiter zu erklärende Effekt ist dann der Zielpunktverlust; also: "warum habe ich den rauschfreien Punkt, den ich bis eben noch halten konnte, (wieder) verloren?". Es sollen in Bedingungen mit Selbstverantwortung aus dem Bearbeitungsverlauf für den Bearbeiter nur Informationen entstehen, die ihn zu einer Attribution der Zielpunktverluste auf eigenes Unvermögen bringen. Entsprechend sollen in der Fremdverantwortungsbedingung nur Informationen über den Zielpunktverlust verfügbar sein, die auf eine andere Ursache hinweisen als das eigene Unvermögen. Für die External-Bedingung wird daher ein zweiter Aktor in das Setting aufgenommen, der den Zielpunktverlust verursacht.

Der Bearbeiter muß zusammen mit einem sog. Computermitarbeiter das Ziel in kooperativer Weise erreichen. Der Bearbeiter muß den oberen Teil des Bildes rauschfrei halten, der Computermitarbeiter den unteren. Nur wenn beide gleichzeitig für zehn Sekunden den Zielpunkt halten können, gilt die Aufgabe als gelöst.

In der Internal-Bedingung wird das Aufgabenmaterial so gestaltet, daß der Bearbeiter den aktuellen Zielpunktverlust verursacht. Er ist es, der fortwährend den Zielpunkt verliert. Der Computermitarbeiter hält seinen unteren Bildschirmbereich während der ganzen Zeit rauschfrei. Das Rauschen des Bearbeiters wird ihm kontingent im oberen Bildbereich rückgemeldet, wenn er bei dem hohen Schwierigkeitsgrad real selbst die Fehler macht. In der Fremdverantwortlichkeits-Bedingung ist es einfach so, daß der Computermitarbeiter seinen Bereich - sichtbar für den Bearbeiter - nicht rauschfrei hält. Es ist so im Verlauf der Experimentalaufgabe durch die aktuell verfügbaren Bearbeitungsinformationen variiert, ob der Bearbeiter die Aktorperspektive alleine inne hat oder ob der zweite Aktor den Hauptteil der Verantwortung für die ständigen Zielpunktverluste trägt.

Das Informationssammeln wird erhoben, indem den Bearbeitern Attributionsindikatortasten zur Verfügung gestellt werden, die dann die vorgebliche Hilfe auslösen (siehe Abb. 3.1.4 bis Abb. 3.1.6).

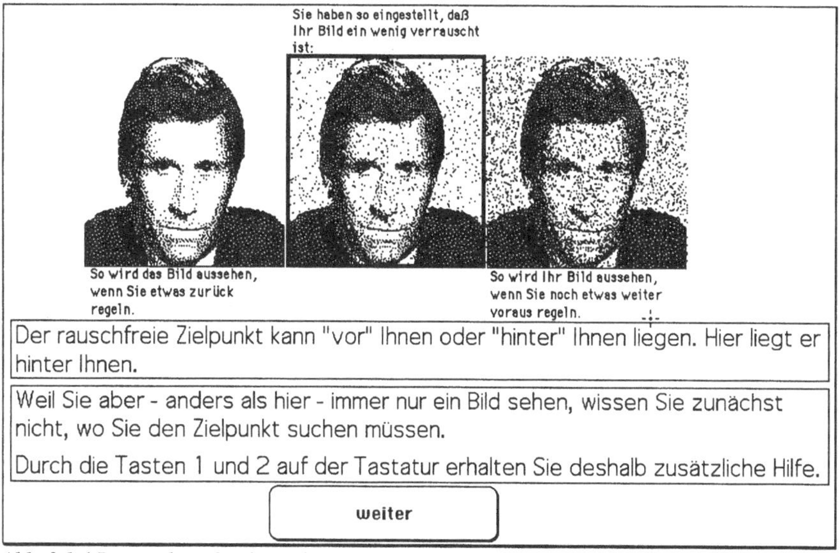

Abb. 3.1.4 Begründung für den Hilfegehalt der Indikatortasten in der Instruktion.

Abb. 3.1.4 stellt ein Teil der Instruktion dar, mit der den Bearbeitern erläutert wird, daß die zusätzliche Information entweder ihnen selbst oder dem Computermitarbeiter hilft. Auch wenn das Tastedrücken dem Computermitarbeiter hilft, ist dies im Interesse des Bearbeiters, weil er ja nur gemeinsam mit dem Computermitarbeiter das Ziel erreichen kann. In beiden Fällen ist die Verwendung der Indikatortasten für die Zielerreichung instrumentell, aber nur wenn sie nach Meinung des Bearbeiters über die Ursache der jeweils aktuellen Hindernisse hinweg hilft. Und diese Meinung ist die Attribution, die damit erfaßt wird. Wenn der Bearbeiter bei der sehr schweren Ausdaueraufgabe glaubt, er verschulde den aktuellen Zielpunktverlust, so läßt er sich über die Indikatortasten selbst Hilfe zukommen. Er attribuiert auf sich selbst. Wenn er aber glaubt, der Computermitarbeiter sei schuld, dann muß er ihm Hilfe über die zweite Indikatortaste zukommen lassen, nur so darf er hoffen, die Aufgabe zu lösen. Er attribuiert auf den zweiten Aktor.

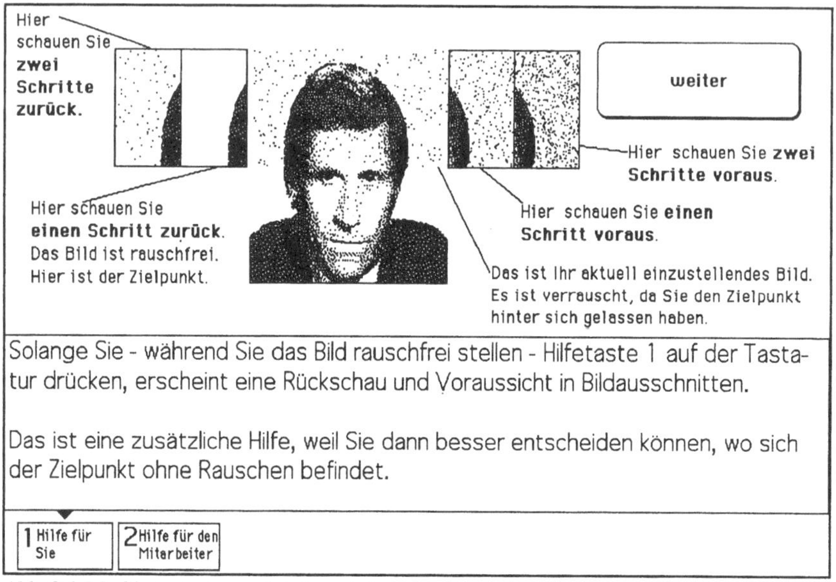

Abb. 3.1.5 Indikatortaste zur Erhebung internaler Attributionen.

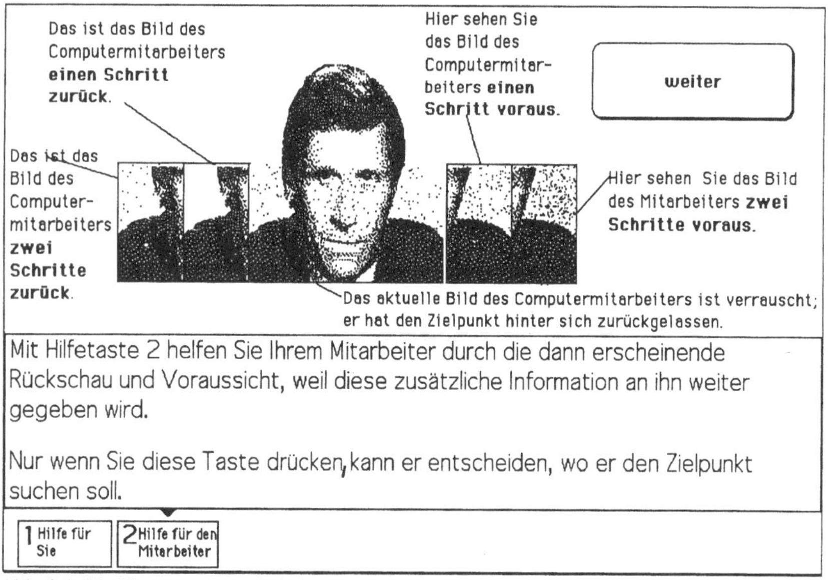

Abb. 3.1.6 Indikatortaste zur Erhebung externaler Attributionen.

3.1.7 Prozeßbeobachtung

3.1.7.1 Echtzeittreue

Um die Annahmen über den Bearbeitungsverlauf überprüfen zu können, ist das Erheben von Längsschnittdaten aus dem Bearbeitungsprozeß sinnvoll. Dabei kommt die Simplizität der Trackingaufgabe der Interpretierbarkeit der Daten zugute. Es soll alles aufgezeichnet werden, was dem Bearbeiter als Reize dargeboten wird, sowie alles für die Aufgabe relevante Verhalten, das vom Bearbeiter daraufhin gezeigt wird. Ein wichtiger Aspekt dabei ist, daß die Daten echtzeitgetreu aufgezeichnet werden. Was nutzen Prozeßdaten, bei denen man sich über den Zeitpunkt, an dem sie erhoben worden sind, nicht sicher sein kann. Etwa bei Latenzen zwischen Stimulusonset einer dargebotenen Reizkomponente und der Latenz bis zur Reaktion des Bearbeiters darauf. Das ist in der technischen Realisierung nicht ganz trivial, weil zur Zeitmessung und zur Reizdarbietung dasselbe Gerät oder gekoppelte Geräte verwendet werden müssen.

3.1.7.2 Realisation im Aufgabenmaterial

Um aus dem Bearbeitungsprozeß interpretierbare Daten zu erhalten, ist es erforderlich, diese echtzeitgetreu zu erheben. Es sollen einerseits alle Reizdarbietungen erfaßt werden. Sie bestehen im wesentlichen aus den unterschiedlichen Rauschstufen, abhängig von der jeweiligen Zieldistanz. Andererseits soll alles zielgerichtete Verhalten aufgezeichnet werden, das bei diesem simplen Aufgabenmaterial aus den Reglerbewegungen besteht. Diese Daten sollen mit möglichst hoher Samplingrate, d.h. möglichst oft pro Zeiteinheit aufgezeichnet werden. Für die Echtzeittreue ist einerseits ein Abgehen von üblichen Programmierstrategien erforderlich. Andererseits könnte eine einfach anzuwendende Technik auch für andere Forscher von Wert sein, die an Überprüfungen von Verlaufsannahmen interessiert sind. Daher soll das hier ausgeführte Vorgehen kurz erläutert werden.

Das Computerprogramm soll also neben der Reizdarbietung auch eine echtzeitgetreue Prozeßdatenerfassung leisten. Das generelle Problem besteht darin, daß die Genauigkeit der Zeitmessung von derselben Rechenkapazität des Computers abhängt, die auch für die anderen Aufgaben genutzt wird, die er zu erledigen hat. Dabei handelt es sich nicht um zufällige Abweichungen, sondern, weil eine dieser zusätzlichen Tätigkeiten des Computers eben die Reizdarbietung ist, ist meist gleich eine nicht tolerable Konfundierung passiert. Es führen nämlich entsprechend der Experimentalbedingungen unterschiedene Reizdabietungen auch zu 'langsameren' oder 'schnelleren' Zeitmessungen. Mithin entsteht der schlimme Fall einer Konfundierung der Zeitmeßergebnisse mit bestimmten Treatments.

Der hier verwendete Lösungsansatz funktioniert mit unabhängig voneinander laufenden virtuellen Uhren, die sich in ihrem Lauf selbst korrigieren. D.h.

es ist gleichgültig, wie beschäftigt der Prozessor während der Zeitmessung ist, es wird immer die wirkliche Zeitspanne gemessen. Dabei ist es nicht erforderlich, dies neu zu erfinden. Es wird der sog. TimeManager des MacOs genutzt, der die dazu benötigte Funktionalität zur Verfügung stellt (Apple Computer, 1992). Dabei handelt es sich um einen Teil des Betriebssystems von Apple-kompatiblen Computern, das per Funktionsaufruf durch Programmiersprachen wie C++ oder Pascal im Computerprogramm, das die Experimentalanordnung realisiert, verwendet werden kann. Diese Uhren geben nun Zeitsignale in den Experimentalablauf, anhand derer eine echtzeitgetreue zeitliche Zuordnung der aufzuzeichnenden Ereignisse erreicht wird. Dies ist auch in Rekursion, d.h. ineinander verschachtelt, möglich. Dies ist nicht im prozeduralen Programmierparadigma erreichbar. Es müssen unter Zuhilfenahme objektorientierter Verfahren autonome 'Uhrenobjekte' eingeführt werden. Diese stehen dann zur echtzeitgetreuen Zeitmessung im Experimentalablauf zur Verfügung.

3.1.8 Realisierbarkeit

Wie bereits klar geworden ist, gibt kaum eine andere Möglichkeit zur Realisierung, als die Experimentalanordnung als Computerprogramm zu entwickeln. Nur so kann in angemessener Zeit ein Aufgabenmaterial hergestellt werden, daß all die oben genannten Forderungen erfüllen kann. Besonders die Forderung nach Echtzeittreue macht aber auch beim Programmieren Schwierigkeiten. Demgegenüber sind auch ineinander verschränkte Prozesse echtzeitgetreu schon mit dem Hipp'schen Chronometer (Ach, 1905) meßbar. Aber wie sollte dies in einer Trackingaufgabe erfolgen mit Selbstaufmerksamkeit induzierendem Material? Sicher wäre so etwas möglich, was man im Computerzeitalter etwas spöttisch Hardwarebastelei nennt. Es müßte also ein recht komplexer mechanisch-elektrischer Apparat gebaut werden. Der nicht hinnehmbare Nachteil einer Hardwarebastelei ist aber, daß damit angestellte Experimente nur dort repliziert werden können, wo entweder derselbe Apparat hingeschafft wird, der die Befunde zum ersten Mal meßbar gemacht hat, oder ein wirklich äquivalenter wird neu gebaut. Praktisch heißt das, daß Experimente, mit einem solch spezifischen Material wie es hier verwendet wird, nie repliziert würden. Demgegenüber ist es bei einem Computerprogramm möglich, ein heute allgemein verfügbares Medium wie den Computer, mit einer Software, in *genau* die Experimentalanordnung zu verwandeln, die zur Replikation erforderlich ist. Ist die Software einmal erschaffen, kann sie von *jedem* Forscher auf einem Computer, der heute allgemein verfügbar ist, zur Überprüfung experimenteller Ergebnisse verwendet werden.

Das hier verwendete Computerprogramm wurde durch den Verfasser in C++ programmiert. Da eine detailliertere technische Darstellung zum Verständnis der hier ausgeführten Experimente nicht beitragen kann, ist sie gesondert in Eichstaedt (in Vorbereitung) dargestellt. Dort findet sich auch eine Beschreibung, wie das Computerprogramm aus einem sog. Autorensystem (z.B. HyperCard; Apple Computer 1993) heraus eingesetzt wird. Damit ist es für andere Forscher möglich, das hier realisierte Aufgabenmaterial - ohne eigene Programmierarbeit - in eigenen Experimentalanordnungen - die auch sehr verschieden von den hier realisierten sein können - zu verwenden.

3.2 Experiment 'Suchraumeinschränkung'

Zur experimentellen Überprüfung der ersten Vorhersage A.1 (Kap. 2.7) muß die in Kap. 2.3.1 und 3.1.4.1 besprochene Konfundierung von Schwierigkeitswechsel mit Erfolgserwartungsmanipulation aufgehoben werden. Einerseits weil Schwierigkeitswechsel als Suchraumeinschränkung wirkt, andererseits mag die Aufhebung dieser Konfundierung bei einer ganzen Reihe von Befundmustern mit der unabhängigen Variable Erfolgserwartung erhellend wirken. Das geschieht, indem Erfolgserwartung nur durch das Bearbeitungsergebnis in Induktionsaufgaben (gelöst oder nicht gelöst) variiert wird. Es wird hier behauptet, das dies allein noch nicht den Schwierigkeitsgrad tangiert, den die Probanden während der Aufgabenbearbeitung erleben. Der wird in den Induktionsaufgaben unabhängig vom Bearbeitungsergebnis manipuliert, nämlich durch niedrige oder hohe Zielannäherung an das Lösungskriterium, die Zieldistanz in der Trackingaufgabe 10 sec lang bei Null zu halten (siehe UV *Wechsel*). In der Experimentalaufgabe ist die Zielannäherung in allen Bedingungen identisch.

Daneben wird zur Unterscheidung zwischen innerem Rückzug und Grübeln die Vorhersage P.1 überprüft.

3.2.1 Operationalisierung

Abhängige Variablen:

Ausdauer wird operationalisiert als Bearbeitungszeit an einer für den Probanden nicht zu lösenden Trackingaufgabe, bis zum Abbruch der Aufgabe durch den Probanden selbst.

Innerer Rückzug ist als Anteil der Auszeit an der Gesamtbearbeitungszeit operationalisiert. Auszeit ist die Zeitspanne, in der das Ziel nicht verfolgt wird. Jede Unterbrechung, die eine Sekunde oder länger ist, wird als Auszeit gewertet, kumuliert und ins Verhältnis zur Gesamtbearbeitungszeit gesetzt.

Unabhängige Variablen:

Erfolgserwartung wird via vorheriger Bearbeitungsergebnisse variiert. Und zwar an vier Induktionsaufgaben desselben Typs, wie zum Messen der Ausdauer. Jede dieser vier Aufgaben dauert drei Minuten. Dazu werden die ersten vier Aufgaben dem Probanden als Probeaufgaben mit jeweils drei

Minuten Zeitbegrenzung dargestellt, die dazu dienen, ihm eine Einschätzung des Schwierigkeitsgrades des Aufgabenmaterials der Testphase zu ermöglichen. Deshalb solle er nach den Probeaufgaben auch eine Einschätzung seiner Erfolgserwartung machen. Zur Induktion niedriger Erfolgserwartung ist die Aufgabe im Ergebnis so schwer, daß der Proband sie nicht löst. Es wird, entsprechend der Zeitbegrenzung, nach drei Minuten abgebrochen. Zur Induktion hoher Erfolgserwartung werden die Aufgaben während der Bearbeitung automatisch so justiert, daß sie nahezu genau nach drei Minuten gelöst werden. Dies wird realisiert, indem die Lösung erst zum bestimmten Zeitpunkt per Vergrößerung des Toleranzintervalls in den Bereich der Möglichkeiten des Bearbeiters adjustiert wird.

Suchraumeinschränkung wird variiert als Wechsel des erlebten Bearbeitbarkeit der Aufgaben. Dies ist ein Versuch, den allgemeinen Fall einer Suchraumeinschränkung zu realisieren (siehe Kap. 2.3.1), nämlich eine auftretende Handlungsbarriere, die Teile des Suchraums vor der weiteren Suche nach lokaler Kausalität verschließt. Das wird realisiert, indem während des Trackings der Teilzielerreichungsgrad entweder nur zwischen 0 und 2 Sekunden der geforderten 10 liegt. Die Aufgaben sollen dann als schwer bearbeitbar erlebt werden. Oder es wird während des Trackings das Material automatisch so justiert, daß ein hoher Teilzielerreichungsgrad zwischen 6 und 8 Sekunden ermöglicht wird. Die Induktionsaufgaben sollen dann als leicht erlebt werden. Mit Wechsel erleben die Probanden die Induktionsaufgaben als leicht bearbeitbar und die Experimentalaufgabe als schwer. Ohne Wechsel werden sowohl Induktions- als auch die Experimentalaufgabe als gleich schwer erlebt. Dadurch kann nur mit Wechsel die Bearbeitbarkeit salient werden - durch einen Kontrasteffekt im Sinne Helsons (1964).

3.2.2 Design, Stichprobe und Ablauf des Experiments

Zur Entscheidung über die Richtigkeit der Vorhersagen wird ein 2×2 varianzanalytisches Betweendesign mit dem Faktor *Erfolgserwartung* (günstig vs. ungünstig) und dem Faktor *Suchraumeinschränkung* (mit vs. ohne Suchraumeinschränkung) realisiert. Die Anzahl der Probanden wird vorab auf N = 40 festgelegt. Es wird eine Manipulationskontrolle der Erfolgserwartungsinduktion via Varianzanalyse in demselben Design, wie zur Entscheidung über die Hypothesen, gerechnet. Geplante Kontraste müssen signifikante Unterschiede zwischen den Bedingungskombinationen bezüglich Erfolgserwartung, nicht aber bezüglich Suchraumeinschränkung ausweisen.

Die *Stichprobe* bestand aus 25 weiblichen und 15 männlichen Studierenden des psychologischen Fachbereiches der Universität Hamburg. Das Alter lag zwischen 21 und 56 Jahren, das Altersmittel bei 30 Jahren. Es wurden drei

Probanden vorab ausgeschlossen, bei denen das Computerprogramm der Experimentalanordnung nicht funktionierte.

Die Versuchsleiter sind ebenfalls Studierende der Universität Hamburg. Sie wurden bezüglich der Hypothesen erst nach Abschluß der Experimente eingeweiht. Sie sind auch gegenüber allen Variationen der unabhängigen Variablen blind, da diese selbsttätig durch das Computerprogramm der Experimentalanordnung vorgegeben werden. Es handelt sich also um ein Doppelblindexperiment. Es fand zwischen Juli und November 1995 statt.

Nach der Begrüßung der Probanden und dem Warming-Up werden die relevanten Teile der Computerbenutzung erklärt. Das Experimentalprogramm wird gestartet und der Computer übernimmt die weitere Steuerung des Experimentalablaufs. Nach der Instruktion, die das Aufgabenmaterial als ein Test sensumotorischer Koordinationsleitung darstellt, erhält der Proband eine Demonstrationsaufgabe, die erst durch die Lösung durch den Proband beendet wird. Dadurch ist sichergestellt, daß der Proband die Aufgabenstellung verstanden hat und die schon in der Instruktion beschriebene einzig mögliche Art der Lösung der Aufgabe selbst beherrscht. Das ist wichtig, um Auszeiten als dysfunktionales Grübeln interpretieren zu dürfen (siehe dazu auch Kap. 3.1.2.2). Die Probanden können durch Nachdenken der Lösung um kein Stück näherkommen. Es folgen die vier jeweils dreiminütigen Induktionsaufgaben entsprechend der Erfolgserwartungsbedingung mit der nachfolgenden Abfrage der subjektiven Erfolgserwartung (siehe Abb. 3.1.1).

Nach dieser Manipulationskontrolle folgt die Experimentalaufgabe, die der Proband jederzeit über einen Abbruchknopf beenden kann (siehe Abb. 3.1.3.2). Tut er dies, folgt das Debriefing.

3.2.3 Hypothesen

Ausdauer:

$H_{1.1}$: Ohne Suchraumeinschränkung wird ausdauernder als mit Suchraumeinschränkung gearbeitet. Erfolgserwartung bewirkt keinen scheinbaren Mißerfolgseffekt, d.h. ungünstige Erfolgserwartung führt nicht zu erhöhter Ausdauer, sondern bei günstiger Erfolgserwartung wird ausdauernder gearbeitet als bei ungünstiger Erfolgserwartung.

Auszeit:

$H_{1.2}$: In der ungünstig-Bedingung ist der Auszeitanteil höher als in der günstig-Bedingung.

$H_{1.3}$: In der günstig-Bedingung ist der Auszeitanteil höher als in der ungünstig-Bedingung. Ohne Suchraumeinschränkung ist der Auszeitanteil höher als mit Wechsel.

Hier, wie im weiteren, sind die entsprechenden Nullhypothesen nicht explizit aufgeführt, weil sie immer das jeweilige Gegenteil der in den hier formulierten Alternativhypothesen enthaltenen Behauptungen bezeichnen. Ihr Inhalt ist somit schon bekannt. Auch auf eine gesonderte Formulierung der aus diesen Hypothesen folgenden statistischen Hypothesen wird hier verzichtet. In ihnen soll beschrieben werden, welche Statistiken zur Prüfung der Hypothesen konkret herangezogen werden (Hager, 1987). Dies kann hier besser kurz damit beschrieben werden, daß immer Varianzanalysen gerechnet wurden. Die in Frage stehenden Statistiken sind also letztlich immer die Varianzen in den Zellen der Varianzanalyse. Diese gesondert in statistischen Hypothesen aufzuführen, kann ein Verständnis nicht befördern.

3.2.4 Ergebnisse

3.2.4.1 Manipulationskontrolle

Das Ergebnisdiagramm der nach der Induktionsphase erhobenen Erfolgserwartungen weist auf eine gelungene Manipulation der subjektiven Erfolgserwartung hin. Das kann mit der entsprechenden Varianzanalyse mit einem Haupteffekt für den Faktor Erfolgserwartung ($F(1,36) = 74.038$, $\alpha < 0.1\%$) als abgesichert gelten. Der Faktor Wechsel hat keinen statistisch signifikanten Einfluß auf die Erfolgserwartung ($F(1,36) = 0.3$). Auch die Interaktion zwischen beiden Faktoren ist statistisch nicht nachweisbar ($F(1,36) = 0.526$).

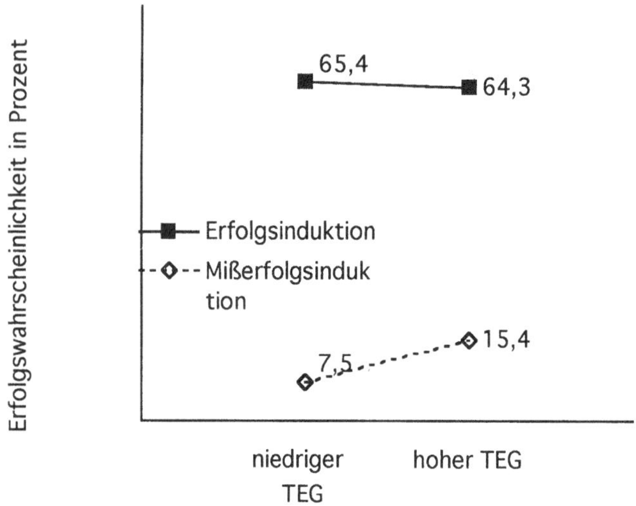

Abb. 3.2.1 Manipulationskontrolle der Erfolgserwartungsinduktion bei unterschiedlichen Teilzielerreichungsgraden (TEG).

Ein Scheffé-Test zeigt, daß die Zellenmittelwertvergleiche zwischen den verschiedenen Erfolgserwartungsbedingungen hoch signifikant ($\alpha < 0.1\%$) sind und nicht zwischen den verschiedenen Teilzielerreichungsgraden.

3.2.4.2 Ausdauer und Grübeln

Bezüglich Hypothese 1 sind die Ausdauerergebnisse im linken Ergebnisdiagramm relevant. Ohne Suchraumeinschränkung wurde nach 18,66 Minuten abgebrochen. Mit Suchraumeinschränkung erfolgt die Abbruchentscheidung dagegen schon nach 5,7 Minuten. Die vorhergesage größere Ausdauer ohne Suchraumeinschränkung ist also eingetroffen ($F(1,36) = 3.532$; $\alpha < 5\%$). Bei günstiger Erfolgserwartung wird im Mittel mit 12,69 Minuten nur unwesentlich ausdauernder gearbeitet als bei ungünstiger Erfolgserwartung (11,36 Minuten; $F(1,36) = .020$; n.s.). Demnach ist der scheinbare Mißerfolgseffekt zwar verschwunden, aber es ist nicht das vorhergesagte entgegengesetzte Befundmuster zu sehen. Das liegt aber an zwei Ausreißern, die mit 130,57 und 70,73 Minuten weit (mehr als zwei Standardabweichungen) über dem arithmetischen Mittel von 12,18 Minuten liegen. Insgesamt ist die Verteilung sehr linkssteil (3. Moment der Verteilung: 4.32, sig.). Da die technisch als Ausreißer zu betrachtenden Fälle in Bedingungskombinationen vorliegen, in denen ohnehin hohe Ausdauer zu beobachten ist, liegt neben einer Verletzung der Homogenitätsvoraussetzung für Varianzanalysen (Levene-Test: $p= .030$) gleichzeitig eine hohe Korrelation von Mittelwert mit Standardabweichung vor ($r= .89$). Daher wurde mit den durch Logarithmieren schiefekorrigierten Daten eine erneute Varianzanalyse gerechnet. Schiefe, Homogenitätsverletzung und Korrelation von Mittelwert mit Standardabweichung sind durch die Schiefekorrektur beseitigt und es zeigt sich neben dem nahezu unveränderten Haupteffekt Suchraumeinschränkung ($F(1,36) = 3.784$; $\alpha < 5\%$) auch der vorhergesagte Haupteffekt für die höhere Ausdauer bei günstiger Erfolgserwartung ($F(1,36) = 4.442$; $\alpha < 5\%$). Ein Interaktionseffekt ist ohne Schiefekorrektur ($F(,36)= 0.000$, n.s.), wie mit Schiefekorrektur ($F(1,36) = .007$; n.s.) nicht nachzuweisen.

Der in Hypothese 2 erwartete höhere Auszeitanteil bei ungünstiger Erfolgserwartung ist ausgeblieben. Statt dessen ergibt sich als Evidenz für Hypothese 3 ein höherer Auszeitanteil mit günstiger (15,24 %) als mit ungünstiger Erfolgserwartung (7,96%; $F(1,36) = 3.002$; $\alpha < 5\%$), sowie höherer Auszeitanteil ohne Suchraumeinschränkung (15,2%) und ein niedrigerer mit Suchraumeinschränkung (8,01%; $F(1,36) = 3.077$; $\alpha < 5\%$). Dies ist im rechten Ergebnisdiagramm dargestellt. Die relevanten Unterschiede sind jeweils statistisch signifikant.

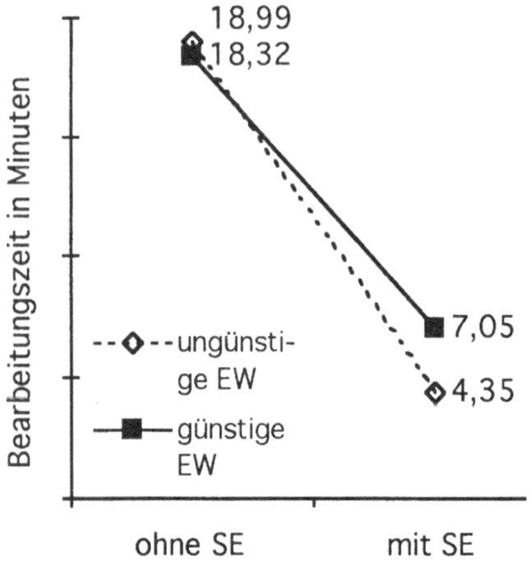

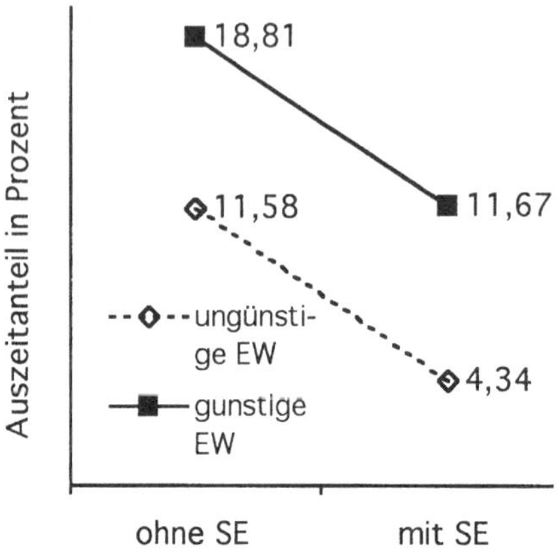

Abb. 3.2.2 Ausdauer in Abhängigkeit von Erfolgserwartung (EW) und Suchraumeinschränkung (SE).

Abb. 3.2.3 Auszeit in Abhängigkeit von Erfolgserwartung (EW) und Suchraumeinschränkung (SE).

Die $H_{0.1}$ und $H_{0.3}$ müssen demnach zugunsten der $H_{1.1}$ und $H_{1.3}$ verworfen werden. Die $H_{0.2}$ ist aber beizubehalten.

3.2.5 Diskussion der Ergebnisse

3.2.5.1 Manipulationskontrolle der Erfolgserwartungsinduktion

Die Erfolgserwartungsmanipulation gelang vollständig. Es gibt keinen Unterschied bezüglich des Teilzielerreichungsgrades. Es ist möglich, günstige Erfolgserwartung auch durch schwer bearbeitbar erscheinende Induktionsaufgaben zu induzieren. Relevant für die von den Bearbeitern geäußerte Erfolgserwartung ist scheinbar nur das Bearbeitungsergebnis der Induktionsaufgaben. Das gilt auch für Induktionen ungünstiger Erfolgserwartung mit leicht bearbeitbaren Induktionsaufgaben. Dort wird - allein entsprechend dem negativen Bearbeitungsergebnis - eine sehr niedrige Erfolgserwartung angegeben.

3.2.5.2 Grübeln als Ausdruck einer Suche ins Leere

Statt des vermehrten inneren Rückzugs nach Mißerfolg, der laut Hypothese $H_{1.2}$ vorhergesagt wurde, ist mehr Grübeln bei günstiger Erfolgserwartung als bei ungünstiger Erfolgserwartung zu verzeichnen sowie ein erhöhter Auszeitanteil ohne Suchraumeinschränkung erkennbar. Dies ist Evidenz für Hypothese $H_{1.3}$, nicht aber für $H_{1.2}$. Das bedeutet, die Auszeiten reflektieren Grübeln, das im Suchen nach lokaler Kausalität ins Leere besteht. Sie reflektieren nicht inneren Rückzug, der unter den hier realisierten Bedingungen nicht der Vorhersage von Scheier und Carver (1981) folgt. Da

Grübeln aus Auszeiten während Zielerreichungsbemühungen erhoben wird, kann nicht davon gesprochen werden, daß hier Grübeln sensu Beckmann (1994) als Evaluation in der postaktionalen Phase erhoben worden wäre. Dann muß aber gesagt werden, daß es zumindest zusätzlich zum postaktionalen noch ein Grübeln während der aktionalen Phase gibt. Dies ist nicht gehäuft gegen Ende der Bearbeitungsphase, wie man vielleicht auch mit Beckmann (1994) als Überleitung zu einer angenommenen postaktionalen Bewertungsphase erwarten könnte.

Ohne Suchraumeinschränkung wird ein größerer Auszeitanteil dazu aufgewendet, im uneingeschränkten Suchraum nach Wegen zum Ziel zu suchen. Real ist hier genauso wenig Information enthalten, die zur Wahrnehmung lokale Kausalität Anlaß gibt, wie mit Suchraumeinschränkung. Weil aber subjektiv noch Möglichkeiten gesehen werden, kann die Suche nur ins Leere gehen.

Gegrübelt wird, wenn man nicht mehr weiter weiß, d.h. dann, wenn man glaubt, eine Weile über den nächsten Weg nachdenken zu müssen, um diesen dann auf lokale Kausalität hin zu überprüfen. Die Bearbeiter suchen ins Leere, weil de facto gar keine Wege zum Ziel verfügbar sind. Mit Wechsel ist für die Bearbeiter viel klarer, daß kein anderer Weg mehr offen steht als der des Abbruchs. Hierin liegt ein Schutz vor Grübeln, der über die von Martin und Tesser (1996) eingeräumten Möglichkeiten zum Stoppen von Grübeln hinausgeht. Diese Autoren gehen davon aus, daß Grübeln letztlich nur durch Erfüllen der zugrundeliegenden Zielintention gestoppt werden kann. Das ist im typischen Falle von retrospektivem Grübeln über verlorene Dinge oder Gelegenheiten keine Lösung. Demgegenüber scheint sich hier ein weiterer Weg zu eröffnen. Er liegt in der Erkenntnis des nach Erreichung der Zielintention Suchenden, daß es gar keine Wege mehr gibt, die zur Wahrnehmung lokaler Kausalität führen. Diese Erkenntnis kann durch geeignete Maßnahmen hier auch induziert werden.

3.2.5.3 Ausdauer mit und ohne Konfundierung von Erfolgserwartung durch Suchraumeinschränkung

Die Ausdauerergebnisse stützen die Hypothese $H_{1.1}$. Suchraumeinschränkung führt zu geringerer Ausdauer. Der Grund ist im kleineren Suchraum nach Informationen zu sehen, die eine Wahrnehmung lokaler Kausalität zulassen. Es können hier viel weniger äquifinal auf den Zweck führende Wege und Mittel daraufhin überprüft werden, ob sie kontrollierbar sind. Ist der Suchraum nicht eingeschränkt, so ist es längere Zeit möglich, nach Informationen zu suchen, die eine Wahrnehmung lokaler Kausalität zulassen. Ausdauer ist demnach Suchdauer. Für eine Willensattribution ist, neben der dauernd neu zu überprüfenden lokalen Kausalität, die zweite Bedingung Äquifinalität bei zielgerichtem Verhalten immer erfüllt. Deshalb wird solange gearbeitet, wie diese Wahrnehmung besteht. Der Abbruchzeitpunkt ist der Moment, in dem die Willensattribution - aus Mangel an wahrgenommener lokaler Kausalität - der Willensentscheidung zum Abbruch weicht. Der Bearbeiter als Aktor sagt einfach, daß er alle Lösungsmöglichkeiten ausprobieren würde. Es ist die Existenz dieser Attribution, die die Dauer der Willenshandlung bestimmt.

Der zweite wichtige Befund ist, daß der scheinbare Mißerfolgseffekt einem entgegengesetzten Befundmuster gewichen ist: Bei günstiger Erfolgserwartung wird ausdauernder gearbeitet als bei ungünstiger Erfolgserwartung. Der scheinbare Mißerfolgseffekt geht tatsächlich auf eine Konfundierung von Erfolgserwartung mit Suchraumeinschränkung zurück. Das kann auch an der Ausdauer in den beiden Bedingungskombinationen gesehen werden, die in einem konfundierten Versuchsplan vorliegen. Bei günstiger Erfolgserwartung aber mit Suchraumeinschränkung wird 7,05 Minuten gearbeitet, während mit ungünstiger Erfolgserwartung aber ohne Suchraumeinschränkung 18,99 Minuten gearbeitet wird. Durch die hier jeweils gegenläufige Suchraumeinschränkung wird die höhere Ausdauer bei günstiger Erfolgserwartung ins Gegenteil verkehrt. So entsteht der scheinbare Mißerfolgseffekt durch Konfundierung.

Neben der Suchraumeinschränkung, die hier durch Bearbeitbarkeitswechsel induziert worden ist, kann der Suchraum auch durch Erfolgserwartung eingeschränkt sein. Bei ungünstiger Erfolgserwartung ist sozusagen ein großer Teil der Wege zum Ziel abgeschnitten, nämlich alle diejenigen, für die das eigene Können sensu Heider (1958) nicht ausreicht. Je niedriger die Erfolgserwartung, desto kleiner auch der Suchraum. Bearbeitungsinformationen werden dann viel länger als hinreichend für die Willensattribution bewertet, wenn ohne Schwierigkeitswechsel oder bei günstiger Erfolgserwartung der Suchraum nach lokaler Kausalität größer ist.

Die hier aufgehobene Konfundierung von Erfolgserwartung mit Schwierigkeitswechsel ist auch im Experiment von Scheier und Carver (1982) enthalten. Dort wurde günstige Erfolgserwartung wie in der Bedingungskombination 'Induktionsaufgabe gelöst & leicht bearbeitbar' induziert. Ungünstige Erfolgserwartung wurde wie in der Bedingungskombination 'Induktionsaufgaben nicht gelöst & schwer bearbeitbar' induziert. In den Bedingungen niedriger habitueller Selbstaufmerksamkeit findet sich deshalb dieselbe größere Ausdauer der Probanden mit ungünstiger Erfolgserwartung gegenüber denen mit günstiger Erfolgserwartung, wie im vorliegenden Experiment in den entsprechenden Bedingungen. Im Experiment von Carver, Blaney und Scheier (1979) wurden in der Erfolgserwartungsinduktionsphase ausschließlich unlösbare Aufgaben gegeben. Die Konfundierung ist dort also nicht enthalten und es wird entsprechend auch kein scheinbarer Mißerfolgseffekt sichtbar. Das bedeutet für die Replikationsversuche des handlungskontrolltheoretisch abgeleiteten Carver-Interaktionseffekts, daß das Interaktionsmuster der Ergebnisse von Carver, Blaney und Scheier (1979) zu replizieren ist und nicht das - mit dem scheinbaren Mißerfolgseffekt kontaminierte - von Scheier und Carver (1982). Dies gilt sowohl für das nachfolgende Experiment 'Standard' als auch für die beiden Experimente 'Suchraumpartionierung' und 'Verantwortlichkeit'.

Das direkt anschließende Experiment 'Standard' muß nun aber die beschriebene Konfundierung weiter enthalten bleiben. Es stellt nämlich einen Replikationsversuch der Carver-Interaktion dar, der sich weitestgehend auf den theoretischen Rahmen der Handlungskontrolltheorie stützt. Weil es nach dieser Theorie die aufgezeigte Konfundierung eigentlich nicht geben sollte, wird Erfolgserwartung klassisch induziert via leicht bearbeitbarer Aufgaben, die gelöst werden, und schwer bearbeitbarer Aufgaben, die nicht gelöst werden.

3.3 Experiment 'Standard'

3.3.1 Forschungslogisches Vorgehen

Dies Experiment überprüft wie seine Vorgängerexperimente der Dahme-Arbeitsgruppe (siehe Kap. 2.4.4) die Carver-Interaktion als Hypothese. Um die neue Selbstaufmerksamkeitsinduktionsart via eigenem Portrait (siehe Kap. 3.1.3) auf ihre Wirksamkeit zu testen, wird ein Validierungskriterium genutzt, daß auch Carver und Scheier (1978) verwendeten. Es handelt sich dabei um einen projektiven Test von Exner (1973) zur Erhebung von Egozentrismus. Dies Konzept wird von Carver und Scheier (1978) als ein zu Selbstaufmerksamkeit sehr ähnliches eingestuft, so daß es dort zur Konzeptvalidierung eingesetzt wurde. Weiterhin wird mit 'Kamerasetting' eine heute schon klassisch zu nennende Induktionsform als Alternative zur Selbstaufmerksamkeit via eigenem Portrait verwendet. Erwartet wird, daß sowohl diese neue Portraitinduktion als auch die Kamerainduktion zu höheren Egozentrismusscores führt als in neutralem Setting. Bezüglich der Ausdauer aber wird nur mit der Portrait-Operationalisierung ein Befundmuster entsprechend der Carver-Interaktion erwartet. Nur mit Portrait als selbstaufmerksamkeit-induzierendem Cue kann ein Aufmerksamkeitskonflikt zwischen dem Cue und Aufgabenaspekten vermieden werden. Eine Trackingaufgabe wird soviel Aufmerksamkeit binden, daß ein äußerer Cue, wie die Kamera, nicht zu Selbstaufmerksamkeit führen kann (siehe Kap. 3.1.3.1).

Um zu ermitteln, ob Ausdauerzeiten durch inneren Rückzug künstlich verlängert werden, wird in zwei Schritten vorgegangen. Zunächst wird eine Möglichkeit, inneren Rückzug zu erheben, auf ihre Validität hin überprüft. Dazu wird eine Vorhersage von Carver und Scheier (1981) herangezogen, wonach Bearbeiter mit ungünstiger Erfolgserwartung mehr inneren Rückzug zeigen als bei günstiger Erfolgserwartung (siehe Kap. 2.4.2.3). Dabei handelt es sich klar um eine konkurrierende Konzeption zu Grübeln als Suche ins Leere. Im Experiment 'Suchraumeinschränkung' wurde bei günstiger Erfolgserwartung ein höherer Auszeitanteil gefunden als bei ungünstiger Erfolgserwartung. In der Tat widerspricht die Vorhersage von Carver und Scheier (1981) den Ergebnissen aus dem Experiment 'Suchraumeinschränkung'. Aber ebenso, wie bei der in Kauf zu nehmenden Konfundierung von Erfolgserwartung mit Suchraumeinschränkung soll die Replikation und besonders das möglicherweise für die Handlungskontrolltheorie wichtige Bereinigen der Ausdauerzeit von innerer Rückzugzeit ganz im Rahmen der Handlungskontrolltheorie erfolgen. 'Nicht-immanente' Vorstellungen, wie sie sich aus dem Experiment 'Suchraumeinschränkung' ergeben, sollen nicht davon abhalten, erneut (siehe Kap. 2.4.3) zu ermitteln, ob nicht vielleicht doch das ganze Willenskonzept überflüssig ist. Die Replikation der Carver-Interaktion würde nämlich genau dies nahelegen. Denn mit der Handlungskontrolltheorie wird behauptet, daß Ausdauer, ohne Beachten der Bedingungen der Willensentscheidung zu Abbruch, allein durch Erfolgserwartung und Selbstaufmerksamkeit als Bedingungen der Bewertung der Diskrepanzreduktion in Rückkopplungsschleifen zwischen Ist- und Sollzustand vorhergesagt werden kann. Nach der Validierung von Auszeiten als innerer Rückzug sensu Scheier und Carver (1981) wird in einem zweiten Schritt dann die Gesamtbearbeitungszeit von der kumulierten Auszeit bereinigt. Das so erhaltene bereinigte Ausdauermaß stellt dann die abhängige Variable zur Überprüfung der Replizierbarkeit der Befunde von Carver et al. dar.

Mit einer Befragung nach dem Abbrechen der Ausdaueraufgabe wird explorativ der Frage nachgegangen, weshalb oftmals ein niedriger Zusammenhang zwischen in Nachbefragungen geäußerten Attributionen der Handlungsergebnisse und Ausdauer zu beobachtet wird (s.u.). Dies steht nämlich im Gegensatz zu Annahmen von z.B. Weiner, Frieze, Kukla, Reed, Rest und Rosenbaum (1971) oder Andrews und Debus (1978).

3.3.2 Operationalisierungen

Abhängige Variablen:

Ausdauer:

Als Maß der Ausdauer wird die Zeit von Beginn der Bearbeitung bis zum vom Bearbeiter frei verfügten Abbruchzeitpunkt in Minuten erhoben.

Selbstbezogene Antworten:

In einem vorgeschalteten Satzergänzungstest von Exner (1973) wird erhoben, ob selbstaufmerksame Personen mehr selbstbezogene Satzergänzungen produzieren. Der Selbstbezogenheitsscore wird, wie bei Scheier und Carver (1978), aus dem Anteil der als selbstbezogen klassifizierten Antworten an der Gesamtheit aller Antworten gebildet. Die Klassifikation der Satzergänzungen folgt dabei den Anweisungen Exners in der Anwendung von Carver und Scheiers (1978). Drei Rater hatten die Ergänzungen den verschiedenen Kategorien zuzuordnen. Bei ungleichen Klassifikationen wurde in einem weiteren Durchgang Einigung erzielt.

Innerer Rückzug:

Wie in Experiment 'Suchraumeinschränkung' ist innerer Rückzug auch hier als Anteil der Auszeit an der Gesamtbearbeitungszeit operationalisiert. Auszeit ist die Zeitspanne, in der das Ziel nicht verfolgt wird. Jede Unterbrechung, die eine Sekunde oder länger ist, wird als Auszeit gewertet, kumuliert und ins Verhältnis zur Gesamtbearbeitungszeit gesetzt.

Auszeitbereinigte Ausdauer:

Die Summe der Auszeiten wird von der Gesamtbearbeitungszeit abgezogen.

Unabhängige Variablen:

Selbstaufmerksamkeit:

In einer Portraitbedingung hat der Bearbeiter während der ganzen Zeit sein eigenes Konterfei vor Augen, ohne seine Aufmerksamkeit vom Aufgabenmaterial wegzuwenden.

Dieser Bedingung wird ein Setting mit Kamera als eingeführter Induktionsart für Selbstaufmerksamkeit und ein neutrales Setting gegenübergestellt. In diesen beiden Bedingungen werden Portraits von bekannten TV-Nachrichtensprechern statt des eigenen Portraits des jeweiligen Bearbeiters dargeboten. Im Kamerasetting wird auf den Bearbeiter eine Kamera gerichtet, mit der er während der Bearbeitung der Experimentalaufgabe und während der Bearbeitung des Satzergänzungstests - für ihn deutlich sichtbar - gefilmt wird.

Es ergeben sich zwei jeweils zweifach gestufte Faktoren: Kamera-Selbstaufmerksamkeit in den Faktorstufen Neutral und Kamera sowie Portrait-Selbstaufmerksamkeit in den Faktorstufen Neutral und Portrait.

Erfolgserwartung:

Es werden zur Induktion ungünstiger Erfolgserwartung zwei Aufgaben gegeben, die schwer bearbeitbar sind und die die Bearbeiter nicht lösen können. Die erste Aufgabe wird nach 5 Minuten durch den Versuchsleiter abgebrochen. Dies geschieht mit den Worten "Ach, Du bist ja immer noch bei dieser Aufgabe! Da hast Du wohl Probleme mit, probier' mal diese!". Dann wird die zweite Induktionsaufgabe präsentiert. Nach weiteren 3,5 Minuten erscheint der Versuchsleiter erneut beim Bearbeiter und sagt "Damit bist Du wohl auch nicht zurecht gekommen! Versuch' es jetzt mal mit dieser Aufgabe, dabei werde ich Dich nicht mehr unterbrechen". Es wird nun durch den Versuchsleiter zur Erfolgserwartungsabfrage geschaltet, auf die dann die Experimentalaufgabe folgt.

Bei günstiger Erfolgserwartung werden ca. 8,5 Minuten lang leicht bearbeitbare Aufgaben vorgegeben, die der Bearbeiter löst. Es folgt auch hier nach der Lösung der letzten Induktionsaufgabe die Erfolgserwartungsabfrage.

3.3.3 Design, Stichprobe und Ablauf des Experiments

Alle Variationen erfolgten zwischen den Probanden, die den Experimentalbedingungen per Zufall zugeordnet wurden. Es wird bezüglich Ausdauer dasselbe varianzanalytisches Design verwendet, wie bei Carver et al., d.h. es werden einzelne Varianzanalysen gerechnet, separat für jede der beiden Arten der Selbstaufmerksamkeitsinduktion.

Die 60 männlichen Freiwilligen der anfallenden Stichprobe sind alle Studierende an der Universität der Bundeswehr in Hamburg im ersten Trimester der Studiengänge allgemeine Pädagogik und Geschichtswissenschaften. Das mittlere Alter lag bei ca. 25 Jahren, der Range zwischen 21 und 28 Jahren.

Die Versuchsleiter - ebenfalls zwei Studenten der Universität der Bundeswehr - wurden in den Inhalt der Hypothesen erst nach Abschluß der Experimente eingeweiht. Sie betrieben die Datenerhebung im Rahmen ihrer Diplomarbeit (Fries, 1994; Schummer, 1994). Es handelt sich, bezüglich der für sie nicht bekannten Hypothesen, um ein Doppelblindexperiment, wenngleich die Versuchsleiter die Bedingungskombinationen kannten, weil sie diese aktiv zu gestalten hatten.

Der Ablauf des Experiments wird nur in seinen hier relevanten Teilen geschildert. Eine detaillierte Darstellung ist Schummer (1994) zu entnehmen. Verfahrensweisen, die im wesentlichen für alle Experimente gelten, sind in Kap. 3.1 geschildert. Das Experiment fand im November und Dezember 1993 statt. Nach der Begrüßung und dem Warming-Up wird die Wirkung der Selbstaufmerksamkeitsinduktionen in einem Vortest überprüft.

Dazu werden auf dem Computerbildschirm Satzanfänge gegeben, die der Proband auf bereitgelegtem Papier schriftlich weiterzuführen hatte. In der Kamera-Bedingung wurde dazu die laufende Kamera direkt auf ihn gerichtet. Der Versuchsleiter justiert die Kamera wirklich so, daß eine gute Aufnahme des Probanden gemacht wird. Nach dem Satzergänzungstest wird die Kamera zunächst abgeschaltet und vom Proband abgewendet und erst vor der Experimentalphase wieder auf den Proband gerichtet und eingeschaltet. Das wurde gegenüber dem Proband mit einer zusätzlichen Beobachtung per Video begründet, die später ausgewertet werden soll. Der Probanden weiß immer, ob er gerade gefilmt wird oder nicht. In der Portraitbedingung ist den Satzanfängen am Computer ein Portrait von ihm beigefügt. In der Neutral- und in der Kamerabedingung befindet sich statt dessen das Bild eines TV-Nachrichtensprechers an derselben Stelle. Wenn der Satzergänzungstest beendet ist, sammelt der Versuchsleiter die Bögen mit den Ergänzungen ein.

Danach wird die Erfolgserwartung durch Induktionsaufgaben manipuliert. Sodann wird zur Manipulationskontrolle eine Erfolgserwartungsabfrage in Prozent vorgenommen (siehe Abbildung 3.2.2.1). Nun folgt die Experimentalaufgabe zum Messen der Ausdauer, zur Prüfung der Carver-Interaktions-Hypothese. Direkt nach der Ausdaueraufgabe wird eine Itemsammlung gegeben. Sie ist eine Weiterentwicklung einer Liste von Dahme, Rudolph und Hyla-Brüschke (1993) und ist in der hier verwendeten Form von Dahme, Rudolph, Hyla-Brüschke und Eichstaedt (1994) übernommen. Der Antwortmodus für die Items Nr. 1 bis 54_8 (siehe Tab. 3.3.1) besteht im Ankreuzen auf einer Skala von 1 (gar nicht zutreffend) bis 7 (zutreffend). Die Items 52 und 53 sind Einschätzungen in Prozent. Außerdem werden die Items der Handlungsorientierungs-Subskala des HAKEMP-88 (Kuhl, 1988; siehe auch Dahme, Bleich, Jungnickel und Rathje, 1992) gegeben (zum Vorgehen dabei siehe Kap. 3.1.1.). Den Abschluß bildet das Debriefing, in dem der Bearbeiter über den eigentlichen Zweck der Leistungsaufgabe aufgeklärt wurde. Insbesondere wird erklärt, daß er nicht schuld daran ist, daß er die Aufgabe nicht gelöst hat, sondern daß dies zum Messen von Ausdauer beabsichtigt war. Die Aufgabe sei zwar lösbar, aber extrem schwer.

3.3.4 Hypothesen

$H_{1.1}$: Die Kamera-Operationalisierung wie die Portrait-Operationalisierung sind gleichermaßen selbstaufmerksamkeitsinduzierend - solange nicht Aufmerksamkeit durch die Trackingaufgabe abgezogen wird. Im Anteil der selbstbezogenen Antworten zeigen sich daher zwischen Portrait-Operationalisierung und Kamera-Operationalisierung keine Unterschiede, wohl aber ein höherer Anteil in beiden Selbstaufmerksamkeitsbedingungen gegenüber der Neutral-Bedingung.

$H_{1.2}$: Mit Portrait-Selbstaufmerksamkeit wird die Carver-Interaktion bei Ausdauer gefunden, nicht jedoch mit Kamera, die als externer Cue wegen starker Aufmerksamkeitsbelastung der Trackingaufgabe nicht wirkt.

$H_{1.3}$: In der ungünstig-Bedingung wird mehr innerer Rückzug gezeigt, als in der günstig-Bedingung.

$H_{1.4}$: Mit Portrait-Selbstaufmerksamkeit wird die Carver-Interaktion bei von Auszeiten bereinigter Ausdauer gefunden, nicht jedoch mit Kamera.

Es resultiert für die AV Ausdauer ein 2×2 - Design; eines mit Kamera-Selbstaufmerksamkeit und eines mit Portrait-Selbstaufmerksamkeit. Diese werden varianzanalytisch ausgewertet, wie dies auch bei Carver et al. geschehen ist (siehe Kap. 2.4.3.3).

Zur Überprüfung der 1. Hypothese wird eine einfaktorielle Varianzanalyse mit dem dreistufigen Faktor SA gerechnet. Da hier in der Folge von Carver und Scheier (1978) das Verhältnis von Häufigkeiten in diese Scores eingeht, muß von Intervallskalenniveau ausgegangen werden.

3.3.5 Ergebnisse

Zu Hypothese 1:

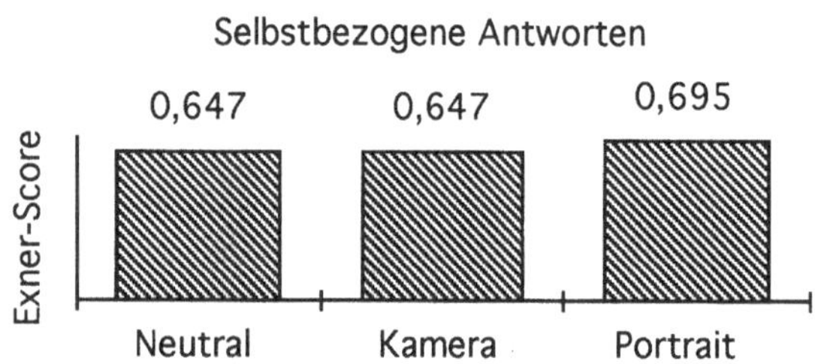

Abb. 3.3.1: Exner-Scores in den drei Selbstaufmerksamkeitsbedingungen.

Einen Mittelwertunterschied im Anteil selbstbezogener Antworten zwischen Null- und Kamerabedingung gibt es nicht, der Unterschied zwischen Null und Portraitbedingung liegt im Zufallsbereich ($F(2, 57) = 0.922$; n.s.). Nach diesen Ergebnissen des projektiven Satzergänzungstests können keine Unterschiede in der Stärke der Selbstaufmerksamkeitsinduktion gefunden werden. Die Nullhypothese ist somit beizubehalten.

Zu Hypothese 2:
Das Mittelwertmuster der Carver-Interaktion tritt weder in der Varianzanalyse mit Kamera- noch in der mit Portrait-Selbstaufmerksamkeit auf. Kein Faktor und keine Interaktion daraus führt zu F-Werten größer 1. Auch die höhere Ausdauer bei Kamera-Selbstaufmerksamkeit gegenüber der Neutralbedingung ist insignifikant ($F(1,36)=1.352$; $\alpha=25.3\%$). Ebenso ist dies in einer zusammenfassenden 3×2-Varianzanalyse insignifikant ($F(1,54)=1.504$; $\alpha=23.1\%$). Alle anderen Effekte sind auch in dieser Analyse nicht signifikant und haben F-Werte kleiner 1. Die Nullhypothese ist also ebenfalls hier beizubehalten.

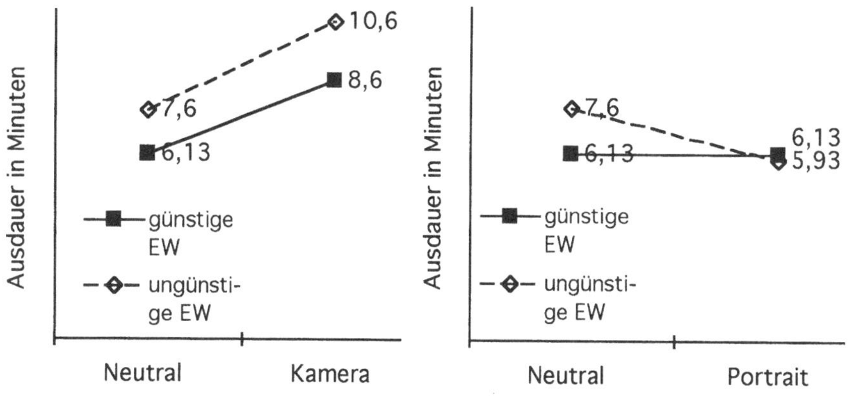

Abb. 3.3.2: Ausdauer ohne Auszeitbereinigung.

<u>Zu Hypothese 3:</u>

Der Anteil der Auszeit an der Gesamtbearbeitungszeit ist in der hier realisierten ungünstig-Bedingung, wie von Carver und Scheier (1981) vorhergesagt, höher als in der günstig-Bedingung (t(58)= 1.77; $\alpha < 5\%$). Es ist die Nullhypothese zu verwerfen und die $H_{1.3}$ anzunehmen.

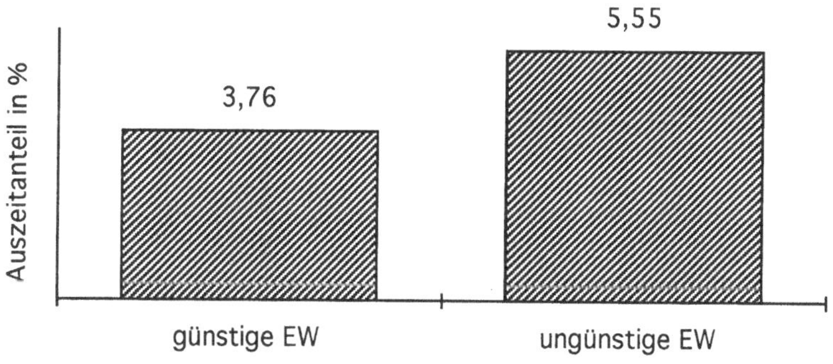

Abb. 3.3.3: Auszeit bei günstiger und ungünstiger Erfolgserwartung.

<u>Zu Hypothese 4:</u>

Auch wenn Ausdauer von der Summe der Auszeiten bereinigt wird, ähnelt das Befundmuster mit keiner der beiden Selbstaufmerksamkeitsinduktionsarten der Carver-Interaktion. Auch 'bereinigt' ist die höhere Ausdauer in der Kamera-Bedingung insignifikant (F(1,36)=1.416; $\alpha = 24.2\%$). Das gilt ebenso für Selbstaufmerksamkeit als Haupteffekt im 2×3 - Design (F(1,36)=1.538; $\alpha = 22.4\%$). Die Nullhypothese ist in jedem Fall beizubehalten.

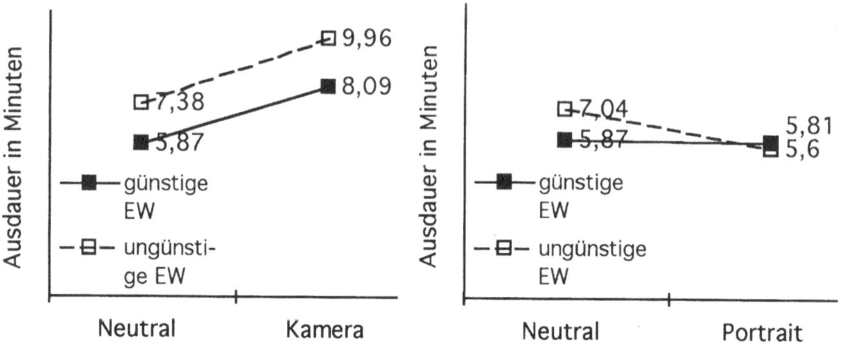

Abb. 3.3.4: Nicht-Replikation der Carver-Interaktion: Ausdauer mit Auszeitbereinigung in Erfolgserwartungs- und Selbstaufmerksamkeitsbedingungen.

3.3.5.1 Darstellung der Nachbefragungsergebnisse

Mit der Nachbefragung ist keine Hypothesenüberprüfung verbunden. Auch sind die vorliegenden Befragungsergebnisse ohne gleichzeitige Interpretation schwer verständlich. Daher wird vom sonst für Ergebnisdarstellungen zu fordernden neutralen Ton abgegangen.

Die Einzelitems über alle Bedingungen können Ausdauer nicht vorhersagen (siehe Tab. 3.3.1, mittlere Spalte). Allein das Statement "Ich habe mir zu wenig Zeit genommen" korreliert mit Bearbeitungszeit zu - .37; was aber - wenn nicht ohnehin eine Plattitüde - leicht nachvollziehbar ist; Bearbeiter, die sehr frühzeitig abgebrochen haben, sind sich darüber auch bewußt. Interessanter sieht es aus, wenn nach Selbstaufmerksamkeitsbedingungen getrennt wird (siehe Tab. 3.3.2). Je eher internal und stabil attribuiert wird, desto ausdauernder wurde zuvor gearbeitet.

Die Ergebnisse aus einer Hauptkomponentenanalyse (siehe Tab. 3.3.1) über die Fragebogenitems liefern zunächst einen scheinbar wenig effektiven Prädiktor für Ausdauer. Unter den Scores der vier extrahierten Faktoren nach Varimaxrotation hat nur der erste eine statistisch absicherbarer Korrelation mit Ausdauer (.28; p=.028, n=60). Dieser Faktor 1 stellt das Ausmaß wahrgenommender lokaler Kausalität dar. Dies spiegelt sich in den Faktorladungen der Items wider. Es sind von hoch auf diesem Faktor scorenden Probanden immer solche Antwortengegeben worden, die eine Verantwortungsübernahme und gar keine Ausflucht in externe Ursachenbegründungen beinhalten. Daher kann der Faktor vereinfachend 'ich bin lokale Kausalquelle' genannt werden. Die Korrelation mit Ausdauer ist allerdings niedriger als für das Einzelitem "Ich habe mir zu wenig Zeit genommen" (siehe oben). Diese wenig befriedigende Ergebnislage ist aber keineswegs schon das Endergebnis.

Wenn Selbstaufmerksamkeit, wie in Kap. 2.5.4 behauptet, neben einer eher autonomen Informationssuche auch zu Selbstwertbedrohung führt, ist eine zusätzliche Selektion nach Selbstaufmerksamkeitsbedingungen begründbar. Wegen der Selbstwertbedrohung kann Selbstaufmerksamkeit *in der Nachbefragung* nicht gleichzeitig auch zu vermehrter Internal-Attribution führen. Durch Selbstwertbedrohung werden eher externale Entschuldigungsattributionen hervorgerufen (siehe Kap. 2.5.4). Wenn geringe Selbstverantwortlichkeitszuschreibung nicht durch Selbstwertbedrohung per Selbstaufmerksamkeitsinduktion wieder konterkariert werden, ist eine deutlicher Zusammenhang des Selbstverantwortlichkeitsfaktorscores mit Ausdauer zu verzeichnen. Das gleiche gilt auch auf Einzelitemebene, wenn nach Selbstaufmerksamkeitsbedingung getrennt analysiert wird (siehe Tab. 3.3.2). Die Korrelation beträgt in dieser Neutralbedingung .65 (p=.002, n=20). Faktor 2 könnte nach den Ladungen 'eigene Abbruchentscheidung' genannt werden. Die Bearbeiter scheinen dann hohe Faktorscores 2 zu haben, wenn sie in der Nachbefragung ihren Abbruch als eine eigene explizite Entscheidung darstellen. Fakor 3 könnte 'Entschuldigung' genannt werden. Er reflektiert die Tendenz in der Nachbefragung, den eigenen Abbruch mit externen Ursachen oder Gründen zu rechtfertigen. Faktor 4 ist am besten 'Desinteresse an der Aufgabe' zu nennen.

Aus einer Varianzanalyse über die Scores des Faktors 'Entschuldigung' wird deutlich, daß die Bearbeiter in der Nachbefragung um so eher Entschuldigungen für ihr Scheitern vorbringen, je selbstaufmerksamer sie sind ($F(1, 56)= 3.218$; $\alpha < 5\%$). Kein anderer Effekt wird signifikant.

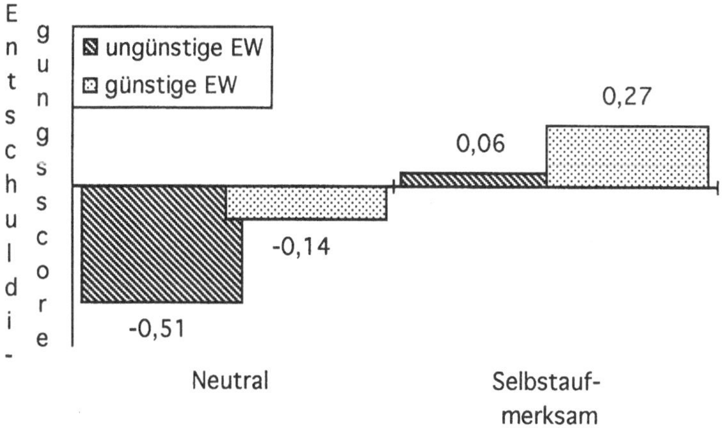

Abb. 3.3.4: Entschuldigungsgehalt der Antworten mit und ohne Selbstaufmerksamkeitsinduktion, bei günstiger oder ungünstiger Erfolgserwartung (EW).

Nr.	Bezeichnungsstichworte	$\bar{x}$	SD	Korrel.mit Ausdauer	Faktorladungen 1	2	3	4
	Fakor 'Ich bin lokale Kausalquelle'			.28	Eigenwert: 7.86743			
52	Ziel kann nicht erreicht werden.	63.33	34.41	-.14	-.77400			
55	Für alle unlösbar vs. für mich unlösbar.	2.625	1.076	.14	.71786			
31	Ob ich hier getäuscht worden bin?	4.308	2.303	-.05	-.69800			
22	Aufgabe ist generell unlösbar.	3.625	2.286	-.17	-.66329			
54_7	Leistg. abh. v. zu wenig Übung.	4.267	1.892	.17	.65898		.31214	
53	Rauschfreiheit ist reglerunabhängig.	33.07	35.04	-.24	-.65734			
49	Mit mehr Übung würde ich das Ziel erreichen.	4.658	2.053	.24	.55465	.36893	.30949	
54_6	Leistg. abh. v. zu schlechter Sensumotorik.	2.850	1.905	.12	.54462			.34969
26	Mir fiel nichts mehr ein.	5.008	2.106	.03	-.48134			
54_5	Leistg. abh. v. zu geringer Lernfähigkeit.	1.983	1.337	.26	.43304			.34980
	Faktor 'eigene Entscheidung'			-.02	Eigenwert: 5.71216			
12	Keine Zeit mehr gehabt.	1.942	1.740	-.15		.67244		
23	Habe mir eine Zeitspanne vorgenommen.	2.958	2.130	-.15		.65298		
5	Falsche Strategie gewählt.	3.367	1.978	.03		.62895		
46	War kurz davor, das Ziel zu erreichen.	2.608	1.853	.30	.32215	.60245		
54_3	Leistg. abh. v. zu geringer Anstrengung.	3.153	2.056	.00	.33091	.55669		
3	Zu wenig Zeit genommen.	3.750	2.293	-.37		.53960		
54_1	Leistg. abh. v. Tagesform.	2.792	1.819	.12	.40529	.52597		
33	Nicht darauf gekommen, abzubrechen.	3.375	2.495	.32		.50780		
13	Situation wurde unangenehm.	2.675	1.857	.06		.50042	.40335	.34080
7	Pech gehabt.	1.908	1.310	.01		.43444		
6	Aufgabenstellung nicht richtig verstanden.	1.275	.846	.00		.40912		
1	Konnte mich nicht konzentrieren.	2.758	1.733	.18		.39303		
54_2	Leistg. abh. v. Pech.	1.950	1.628	.05		.37863		
10	Bin zu aufgeregt gewesen.	1.525	.941	.20				
	Faktor 'Entschuldigung'			.13	Eigenwert: 4.12890			
11	Frustriert und verärgert.	3.992	2.110	.05			.62515	
8	Keine Übung für diese Art der Aufgaben.	4.250	2.043	.19	.41835		.59724	
18	Wollte mich nicht blamieren.	1.758	1.202	.03			.56282	

54_8	Leistg. abh. v. Aufgabenschwierigkeit.	4.733	1.936	-.04			.53084	
20	Trackball ist zu unempfindlich.	3.258	2.150	.29			.49697	
14	Gedacht, andere sind auch nicht besser.	4.042	2.169	-.10			.48218	
44	Gedacht, es ging um mein Durchhaltevermögen.	3.275	2.108	-.12			.43232	
43	Wenigstens über kurze Zeit rauschfrei halten.	5.117	1.833	.03			.42935	
15	Aufgabe zu schwierig.	4.825	1.845	.03	-.35583		.42558	
9	Keine Lust mehr gehabt.	4.725	1.901	.12			.42466	
27	Werde ich kontinuierlich besser?	3.925	2.253	.09			.40161	
45	Andere haben auch sehr lange gearbeitet.	2.933	2.057	-.10			.39547	
17	Wollte dem Vl nicht so viel Zeit stehlen.	1.575	1.193	-.13		.31574	.37520	.35269
39	Wollte noch ein wenig probieren.	5.142	1.985	-.05			.36984	
16	Habe mich beobachtet gefühlt.	1.492	1.002	.14			.35903	.33971
29	Verbessern sich meine Strategien?	4.292	2.130	.00			.35131	
28	Wie hoch sind meine Fähigkeiten?	3.942	2.089	-.12			.33927	
	Faktor 'Desinteresse'			-.08	Eigenwert: 3.46258			
41	Gebe niemals so leicht auf.	5.517	1.712	.13				-.67518
40	Aufgabe hat mich gereizt.	4.725	1.932	.17				-.65315
36	Wollte das Ziel unbedingt noch erreichen.	5.308	1.761	.26				-.63514
42	War zuversichtlich, die Lösung noch zu finden.	4.708	1.840	.17		.32750		-.60720
37	Habe mit maximaler Anstrengung gearbeitet.	5.242	1.491	.02	.36509		.32377	-.55182
24	Die Aufgabe war zu schlecht erklärt.	1.225	.384	.08		.39400		.50221
21	Die Aufgabe war zu langweilig.	2.400	1.575	-.19				.47287
4	Zu niedrige Fähigkeiten für diese Aufgabe.	3.342	1.726	.22	.31260	-.39580		.44401
48	Wollte noch mehr Informationen suchen.	4.058	2.032	-.00		.40783		-.41752
2	Zeitverschwendung.	2.567	1.630	-.08				.40686
19	Hätte lieber mehr Hilfestellung gehabt.	1.842	1.355	.02		.39373		.39940
54_4	Leistg. abh. v. zu geringer Intelligenz.	1.583	1.128	.28	.37046			.37278
47	Wollte herausfinden, worum es hier geht.	3.458	2.043	-.14		.30957		.35006
38	Habe zeitweise abgeschaltet u. herumgespielt.	2.375	1.743	-.12				.32937

Tab. 3.3.1: Korrelationen über alle Bedingungen und Faktoranalyse.

Korrelation mit Ausdauer	**ohne SA**	**Kamera**	**Portrait**
Fakor 'Ich bin lokale Kausalquelle'	**.6499** p=.002	**.3039** p=.193	.0398 p=.868
Faktor 'eigene Entscheidung'	.0196 p=.935	.2065 p=.382	-.2759 p=.239
Faktor 'Entschuldigung'	.0269 p=.910	.1350 p=.570	.1731 p=.465
Faktor 'Desinteresse'	.0226 p=.925	-.1976 p=.404	-.0989 p=.678
AT27 Werde ich kontinuierlich besser?	**.3180** p= .172	.2015 p= .394	**-.3730** p= .105
AT28 Wie hoch sind meine Fähigkeiten?	-.0001 p=1.000	-.1252 p= .599	**-.3833** p= .095
AT29 Verbessern sich meine Strategien?	.1383 p= .561	.2077 p= .380	**-.5385** p= .014
AT30 Ob ich die Lösung per Zufall finden	-.1591 p= .503	**-.3737** p= .105	**.4030** p= .078
AT31 Ob ich hier getäuscht worden bin?	-.1932 p= .414	-.2169 p= .358	**.3321** p= .153
AT33 Nicht darauf gekommen, abzubrechen.	.1551 p= .514	**.5549** p= .011	.2358 p= .317
AT36 Wollte das Ziel unbedingt noch erreichen.	**.4377** p= .054	.3062 p= .189	.1004 p= .674
AT37 Habe mit maximaler Anstrengung	.1813 p= .444	-.0582 p= .808	.0908 p= .704
AT38 Habe zeitweise abgeschaltet u.	-.1039 p= .663	-.0562 p= .814	**-.3449** p= .136
AT54_1 Leistg. abh. v. Tagesform.	-.0825 p= .730	.2799 p= .232	**.3287** p= .157
AT54_2 Leistg. abh. v. Pech.	-.1672 p= .481	.1393 p= .558	-.1336 p= .574
AT54_3 Leistg. abh. v. zu geringer Anstrengung.	.0424 p= .859	.2334 p= .336	**-.3422** p= .140
AT54_4 Leistg. abh. v. zu geringer Intelligenz.	**.6090** p= .004	.1801 p= .447	-.2689 p= .252
AT54_5 Leistg. abh. v. zu geringe Lernfähigkeit.	**.4470** p= .048	.2802 p= .232	-.0855 p= .720
AT54_6 Leistg. abh. v. zu schlechter Sensumotorik.	**.5547** p= .011	-.0399 p= .867	-.1674 p= .481
AT54_7 Leistg. abh. v. zu wenig Übung.	**.3356** p= .148	.1187 p= .618	.2289 p= .332
AT54_8 Leistg. abh. v. Aufgabenschwierigkeit.	**-.2979** p= .202	-.1055 p= .658	.2112 p= .371

Tab. 3.3.2: Korrelationen mit Ausdauer, nach Selbstaufmerksamkeitsbedingen getrennt dargestellt.

3.3.6 Diskussion der Ergebnisse

3.3.6.1 Ausdauer

Sowohl die Vorhersage von Carver, Blaney & Scheier (1979) als auch die von Scheier und Carver (1982) trifft auch in diesem Replikationsversuch nicht ein. Dies gilt sowohl für die Kamera- als auch für die Portrait-Operationalisierung.

Auch wenn man die neue Technik des Erhebens von innerem Rückzug in den Dienst einer Vorhersage von Ausdauer stellt, ist für die Replizierbarkeit der Carver-Interaktion festzustellen, daß die Ergebnisse auch dann nicht der Vorhersage entsprechen, wenn man die Gesamtbearbeitungszeiten von den Auszeiten bereinigt.

Damit befindet sich dies Experiment in einer Reihe mit sechs weiteren aus der Dahme-Arbeitsgruppe (siehe Kap. 2.3.4). So wie Carver et al. behaupten, ist Ausdauer nicht vorhersagbar. Weder die auf die Computersituation angepaßte Form der Selbstaufmerksamkeitsinduktion noch die klassisch zu nennende Induktion via Kamera hat mit den Bedingungen ohne Selbstaufmerksamkeit zur Carver-Interaktion geführt. Die Exnerscores sprechen nicht dafür, daß die Portrait- oder die Kamerabedingung Selbstaufmerksamkeit induziert. Dies könnte freilich ein Grund für die Nicht-Replikation sein. Andererseits könnte das Ergebnis in den selbstbezogenen Antworten auch am projektiven Exner-Satzergänzungstest gelegen haben, der die Wirkung der Selbstaufmerksamkeitsinduktion nicht zuverlässig erfaßt. An der Erfolgserwartungsinduktion kann es aber nicht liegen. Sie muß wegen der Manipulationskontrolldaten als vollständig gelungen angesehen werden, so daß die Kritik, die Carver und Scheier (1981) an McDonald geübt haben (siehe Kap. 2.4.4), hier nicht gelten kann. Ob es die, trotz aufwendiger Realisation, mangelhafte Induktion von Selbstaufmerksamkeit ist oder die Vorhersage generell nicht bestätigt werden kann, wird sich im Experiment 'Suchraumpartitionierung' erweisen. Dort wird die Ausdauer-ist-gleich-Suchdauer-Annahme der Handlungskontrolltheorie von Carver (1979; Carver und Scheier, 1981) in einem Experimentaldesign direkt gegenübergestellt. Einen ersten Eindruck, ob, wie in Kap. 2.5.1 hypostasiert, eine Suchraumeinschränkung erforderlich ist, um zur Carver-Interaktion zu kommen, kann aber schon an den in diesem Experiment vorliegenend Daten gewonnen werden (Kap. 3.3.7).

3.3.6.2 Innerer Rückzug

Es ist tatsächlich so, daß Probanden, die zuvor Mißerfolg erlitten, mehr inneren Rückzug zeigten, als Probanden, die zuvor Erfolg erlebten. Dies berechtigt dazu, Rückzugzeit von Gesamtbearbeitungszeit abzuziehen und die so bereinigte Ausdauer einer Analyse zu unterziehen.

Der problematische Befund für die Validität von Auszeitanteil als innerer Rückzug besteht darin, daß er nicht gehäuft gegen Ende der Bearbeitungszeit auftritt - wie man mit Carver und Scheier (1981) annehmen müßte. Zu sehen ist statt dessen eine Verteilung der Auszeitbeginne über die Dezentile der Gesamtbearbeitungszeiten pro Proband, die zeigt, daß in regelmäßigem Abstand gestoppt wird. Die Frage ist, zu welchem Zweck dies geschieht. Wiederum Carver, Blaney und Scheier (1979) sagen, daß bei jeder Unterbrechung von lösungsbezogenen Handlungen die Erfolgswahrscheinlichkeit durch den Aktor geschätzt würde. Wenn die Bearbeiter also Auszeiten machen, um ihre Erfolgserwartung neu zu schätzen, bedeutete dies aber, daß nicht innerer Rückzug erhoben worden wäre, sondern Innehalten zum Kalkulieren der eigenen Erfolgserwartung.

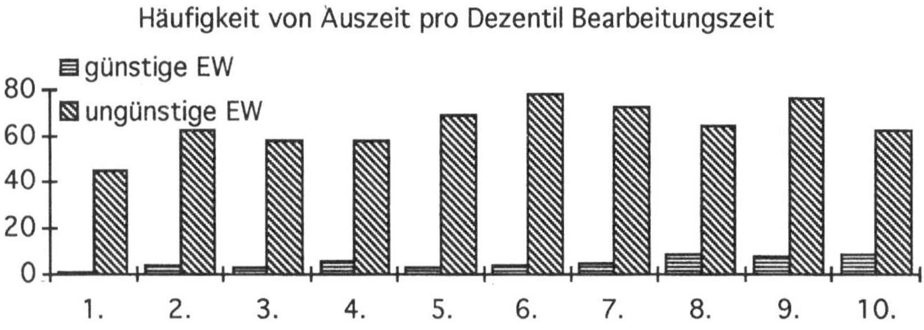

Abb. 3.3.5: Verteilung der Auszeiten über die Bearbeitungszeit aufgeteilt in Dezentile.

Diese Idee kann das Befundmuster aber nicht erklären. Wenn die Auszeiten zum Erfolgschancenkalkül genutzt würden, dann müßten Bearbeiter mit günstiger Erfolgserwartung mehr Auszeiten zeigen als bei ungünstiger Erfolgserwartung. Erfolgreiche Bearbeiter müßten ja ihre zunächst hohe Erfolgserwartung bei den sehr schweren Ausdaueraufgaben öfter korrigieren als Bearbeiter mit ohnehin niedriger Erfolgserwartung. Nun zeigen die Probanden mit ungünstiger Erfolgserwartung einen höheren Auszeitanteil. Sie haben aber eigentlich gar nichts zu kalkulieren, weil ihre Erfolgserwartung sowieso schon nahe Null liegt. Folglich können die Ergebnisse nicht auf ein Erfolgschancenkalkül zurückzuführen sein, das die Bearbeiter während der Auszeiten vornehmen.

Plausibler ist, daß die Auszeiten Grübeln reflektieren. Als zusätzliche Evidenz dafür kann eine Korrelation von r= - .32 (α <5%) nachgewiesen werden mit der Subskala 'Handlungsorientierung nach Mißerfolg' des HAKEMP-88 (Kuhl, 1988). Handlungsorientierung ist der entgegengesetzte Pol zu Lageorientierung. So wird auch kodiert, daher ergibt sich ein negativer Zusammenhang. Allerdings ist das nur in den Bedingungen ohne Induktion von Selbstaufmerksamkeit zu finden. Dieser Zusammenhang besagt, daß um so mehr gegrübelt wird, je lageorientierter die Bearbeiter nach Mißerfolg sind, wenn die lageorientierte Suchtendenz nicht künstlich verändert wird. Demnach entspricht das hier erhobene Grübeln dem, was auch nach Kuhls (1994a)

Theorie der Handlungs- Lageorientierung darunter verstanden wird (siehe Kap. 2.5.2).

Carver und Scheier (1981, S. 193) spekulieren ohne eigene Datenbasis, daß innerer Rückzug um so eher auftritt, je mehr ein Aufgeben via offenem Verhalten sozialen Regeln widerspricht. Wenn dem so ist, sollte umgekehrt innerer Rückzug verschwinden, wenn er in der sozialen Situation bemerkt werden kann. Indem die Rückmeldung über die Zieldistanz nicht nur, wie bisher, visuell, sondern auch akustisch gegeben wird, sollte dies in einem Experiment, über das Eichstaedt und Dahme (1995) berichten, erreicht werden. Wie Experiment 'Standardsetzung' wurde auch dieses als Doppelblindexperiment durchgeführt. Der erst nach Abschluß der Datenerhebung über die Hypothesen unterrichtete Versuchsleiter beschreibt das Experiment im Detail (Eisenberg, 1995). Die akustische Rückmeldung ist in der Lautstärkedimension ebenso kontingent wie die visuelle Rückmeldung über die Darstellung des Rauschens: je größer die Zieldistanz, desto lauter ist sie. Dazu wird ein rotes, d.h. von aversiven hohen Frequenzen befreites Rauschen verwendet. Mit akustischer Rückmeldung fällt ein Pausieren in der sozialen Situation zwischen Versuchsleiter und Bearbeiter sofort auf. In dieser Bedingung sollte Auszeit daher deutlich geringer sein, als in einer 'unbelauscht'-Bedingung, in der der Versuchsleiter das Auszeitproduzieren nicht registrieren konnte. Auch hier konnte bestätigt werden, daß Bearbeiter, die zuvor Mißerfolg erlebt haben, mehr inneren Rückzug zeigen (siehe Abb. 3.3.6).

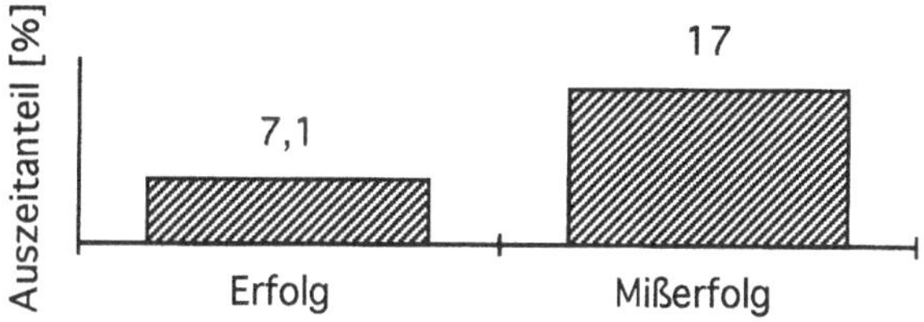

t(18)=2.53; $\alpha < 2\%$

Abb. 3.3.6: Auszeit in der Studie von Eichstaedt und Dahme (1995).

Scheinbar zeigt dies, daß mit dem Auszeitanteil tatsächlich so etwas wie innerer Rückzug erhoben wurde. Aber die Verteilung der Auszeiten über die Bearbeitungszeit zeigte wiederum, daß nicht einfach vom engagierten Arbeiten irgendwann zum inneren Rückzug übergegangen wird. Vielmehr kommen die Ergebnisse durch die im Experiment 'Suchraumeinschränkung' aufgeklärte Konfundierung von Erfolgserwartung mit Suchraumeinschränkung zustande. Auch bei Eichstaedt und Dahme (1995) ist diese Konfundierung enthalten. Die Bedingung mit günstiger Erfolgserwartung beinhaltet gleichzeitig einen den Suchraum einschränkenden Schwierigkeitswechsel, der in der Bedingung mit ungünstiger Erfolgserwartung fehlt. Da Suchraumeinschränkung Grübeln stoppen kann (siehe Kap. 3.2.5.2), wird in der günstig-Wechsel-Bedingung bei Eichstaedt und Dahme weniger gegrübelt als in der ungünstig-ohne-Wechsel-Bedingung.

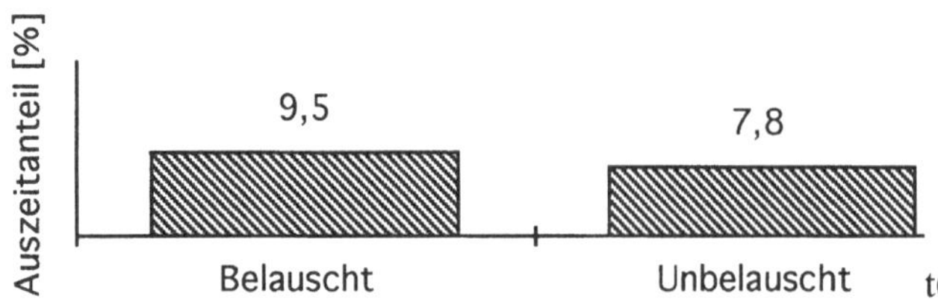

t(18)= - 0.639; n.s.

Abb. 3.3.7: Auszeitanteil in Abhängigkeit der sozialen Situation in der Studie von Eichstaedt und Dahme (1995).

Vor allcm weisen die Ergebnisse von Eichstaedt und Dahme darauf hin, daß nicht davon die Rede sein kann, daß Auszeitanteil irgendwie durch die soziale Situation moderiert wird (siehe Abb. 3.3.7). Die von Carver und Scheier (1981) abgeleitete Vorhersage eines reduzierten inneren Rückzugs, wenn dieser in der sozialen Situation zwischen Bearbeiter und Experimentator offenbar wird, kann nicht gestützt werden.

Die inhaltliche Ableitung von mehr innerem Rückzug nach Mißerfolg sensu Carver und Scheier (1981) kann so nicht aufrecht erhalten werden. Diese Autoren gingen davon aus, daß innerer Rückzug als Funktion der größeren Peinlichkeit, erneut zu scheitern, nach Mißerfolg vermehrt auftritt, um der peinlichen Situation zu entgehen. Auszeit ist aber in der peinlicheren Belauscht-Bedingung im Experiment von Eichstaedt und Dahme (1995) eher höher (n.s.).

Bei dem mittels Auszeitanteil beobachteten Verhaltensausschnitt scheint es sich also nicht um etwas zu handeln, daß einfach innerer Rückzug genannt werden kann. Es kommt der Datenlage näher, dies statt dessen Grübeln zu nennen. Es ist über die Bearbeitungszeit verteilt und in verfahrenen (ungünstige Erfolgserwartung) aber nicht ausweglos erscheinenden (keine Suchraumeinschränkung) Situationen gehäufter, wie hier der Mißerfolgsbedingung ohne Suchraumeinschränkung. Es wird nach Wegen zum Ziel gesucht, wo de facto keine mehr da sind; eine Suche ins Leere, die durch Suchraumeinschränkung gestoppt werden kann.

3.3.6.3 Nachbefragung

Die Nachbefragung mit der Itemsammlung von Dahme, Rudolph, Hyla-Brüschke und Eichstaedt (1994) gibt Hinweise darauf, daß die Bearbeiter solange gearbeitet haben, wie sie ein Willenserleben aufrecht erhalten konnten. Bei aller gebotener Vorsicht lassen sich die Nachbefragungsergebnisse so interpretieren, daß die Bearbeitung als eine Willenstätigkeit erlebt wird. Der Abbruch wird den Nachbefragungsergebnissen zufolge von den meisten Bearbeitern nicht leichtfertig vorgenommen, sondern erfolgt aufgrund einer zuvor reiflich überlegten Entscheidung. Dies wird hier als Evidenz gewertet, daß mit Recht von einem primären Willensakt in Achschen Sinne gesprochen werden darf.

Es scheinen die Befragungsergebnisse am ehesten als Begründungen zusammenfaßbar, warum die Bearbeiter jeweils ihren Willen, das Ziel zu erreichen, angesichts der vorliegenden Bearbeitungsinformationen nicht mehr länger 'durchsetzen' konnten. Daraus den Schluß zu ziehen, daß ein möglicherweise 'zwingend begründeter' Abbruch auch nicht auf einer Willensentscheidung beruhen kann, ist aber voreilig. Wie in Kap. 1.1 begründet, macht sich Indeterminiertheit, als Voraussetzung, um von Willensfreiheit sprechen zu dürfen, nicht an einer auch retrospektiven Unbegründbarkeit fest. Vielmehr kann Indeterminiertheit nur für zukünftige Ereignisse und nur aus Subjektperspektive vorliegen. Da es bisher keine Möglichkeit gibt, nach Begründungen für zukünftige Entscheidungen zu fragen, muß zunächst offen bleiben, ob Abbruchentscheidungen nicht nur logisch aus Subjektperspektive indeterminiert sind (Planck, 1937; Ryle, 1949; McKay, 1967), sondern auch im Moment des Abbruchs als eine freie Willensentscheidung erlebt werden.

Der oftmals zu findende niedrige Zusammenhang zwischen in Nachbefragungen geäußerten Attributionen und Ausdauer scheint für Ausdauerexperimente mit der unabhängigen Variablen Selbstaufmerksamkeit mit folgendem Gedankengang erklärbar zu sein: Duval und Wicklund (1973) sowie Buss und Scheier (1976) zeigen, daß erhöhte Selbstaufmerksamkeit zu vermehrter Selbstattribution hypothetischer Handlungsergebnisse führt. Andererseits sollte nach Federoff und Harvey (1976) Selbstaufmerksamkeit zu einer erhöhten Selbstwertrelevanz führen. Dies wirkt in Befragungen zu Ursachen in Ausdauerexperimenten gegeneinander, denn Ausdauer wird operationalisiert als Bearbeitungszeit bis zum Abbruch einer nicht gelösten Leistungsaufgabe; die Bearbeiter der Ausdaueraufgabe müssen scheitern. Vor dem Scheitern sollte im Zustand erhöhter Selbstaufmerksamkeit vermehrt internal attribuiert werden, was im Experiment 'Verantwortlichkeit' überprüft wird. Nach dem Scheitern äußern die selbstwertbedrohteren Bearbeiter der Selbstaufmerksamkeitsbedingung mehr externale Entschuldigungsattributionen (Snyder, Higgins und Stucky, 1983) als die weniger selbstwertbedrohten Bearbeiter ohne Selbstaufmerksamkeitsinduktion.

Dieser Entschuldigungseffekt kann an den vorliegenden Nachbefragungsdaten aufgezeigt werden. Mit Selbstaufmerksamkeit scheinen Nachbefragungen zu Entschuldigungsattributionen genutzt zu werden, ohne Selbstaufmerksamkeit nicht, wie die Varianzanalyse der Scores des Faktors 'Entschuldigung' zeigt (siehe Abb. 3.3.4). Substantielle Korrelationen zwischen Ausdauer und geäußerten Attributionen sind deshalb nur ohne Selbstaufmerksamkeitsinduktion nachweisbar.

Um nun auch die vermehrten Selbstattributionen unter Selbstaufmerksamkeit sensu Duval und Wicklund (1972) im Ausdauerexperiment zeigen zu können, dürfen Attributionen also nicht erst nach dem Self-Serving-Bias auslösenden Scheitern erhoben werden. Statt dessen müssen sie während der Ausdaueraufgabenbearbeitung erfaßt werden. Dazu wurde eine geeignete Erhebungsmethode in Kap. 3.1.6.3 entwickelt. Die Vorhersage, wonach die Induktion von Selbstaufmerksamkeit sich durch vermehrte internal-Attributionen während einer Ausdaueraufgabe äußert, wird im Experiment 'Verantwortlichkeit' (Kap. 3.5) überprüft.

3.3.7 Reanalyse mit Suchraumeinschränkung

Ein erster Eindruck darüber, ob eine Replikation der Carver-Interaktion unter Suchraumeinschränkung, und damit unter Berücksichtigung der für die Willensattribution benötigten Informationslage, möglich ist, kann sofort gewonnen werden. Um die in der Theorie spezifizierte Voraussetzung der Suchraumeinschränkung für das Zustandekommen der Carver-Interaktion zu realisieren, werden alle Probanden in die Analyse aufgenommen, bei denen ersichtlich ist, daß sie in einem eingeschränkten Raum nach lokaler Kausalität gesucht haben.

Aufgenommen werden alle, die die Wahrscheinlichkeit, daß die Zielerreichung gar nicht von ihnen abhing, kleiner als 50 % einschätzen. Diese Probanden brachen eher wegen Aufgabenschwierigkeit ab (Item Nr. 15, siehe Tab. 3.3.1) oder gaben hinterher an, daß die eigene Leistung durch eine hohe Aufgabenschwierigkeit eingeschränkt war oder sie sagten, daß sie während der Aufgabenbearbeitung über die eigenen Fähigkeiten nachgedacht haben.

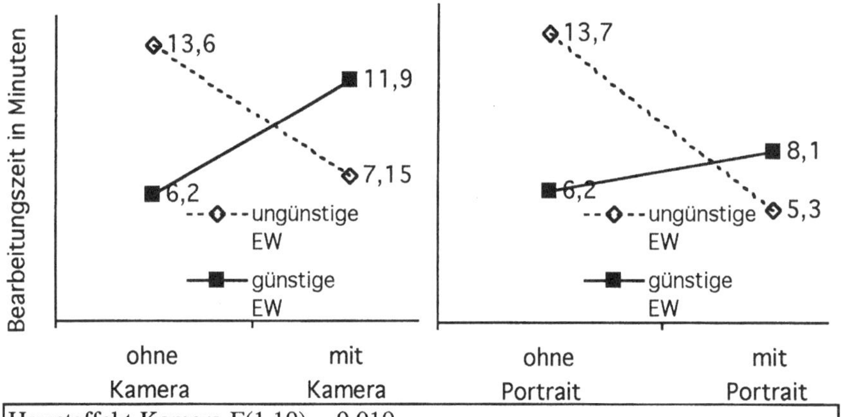

Haupteffekt Kamera $F(1,19) = 0.019$
Haupteffekt Erfolgserwartung $F(1,19) = 0.189$
Interaktionseffekt Erfolgserwartung × Kamera $F(1,19) = 3.829$, $\alpha < 8\%$

Haupteffekt Portrait $F(1,19) = 2.166$, $\alpha < 16\%$
Haupteffekt Erfolgserwartung $F(1,19) = 1.154$, $\alpha < 30\%$
Interaktionseffekt Erfolgserwartung × Portrait $F(1,19) = 5.304$, $\alpha < 4\%$

Abb. 3.3.8: Reanalyseergebnisse zum Einfluß wahrgenommender Suchraumeinschränkung.

Wenn man nur die Daten der Probanden einbezieht, die in eingeschränktem Suchraum operieren, entsteht ein zu den Ergebnissen von Scheier und Carver (1982) äquivalentes Befundmuster. Dies gilt allerdings sowohl für Portrait wie für Kamera-Selbstaufmerksamkeit. D.h. die Unterscheidung zwischen externem und im Aufgabenmaterial integrierten Selbstaufmerksamkeits-Cue ist nicht relevant. Auch Kamera, als externer Cue, wirkt selbstaufmerksamkeitsinduzierend, obwohl die Trackingaufgabe sicherlich den größten Teil der Aufmerksamkeit an sich bindet. Die größere Ausdauer in den Bedingungen ohne Selbstaufmerksamkeit der Bearbeiter mit ungünstiger Erfolgserwartung gegenüber Bearbeitern mit günstiger geht auf die Konfudierung von Schwierigkeitswechsel mit Erfolgserwartung zurück. Denkt man sich diesen scheinbaren Mißerfolgseffekt bei den Reanalyseergebnissen weg, entsteht das gleiche Befundmuster wie bei Carver, Blaney und Scheier (1979), das aber der Suchraumeinschränkung bedarf und daher allein durch die Ausdauer-ist-gleich-Suchdauer-Annahme erklärt werden kann. Diese Ex-Post-Fakto-Analyse bedarf einer Bestätigung durch ein Experiment, das dies Ergebnis als Hypothese prüft.

3.4 Experiment 'Suchraumpartitionierung'

Neben den Variationen, die zur Überprüfung der Vorhersagen A.3, I.3 und P.3 (Kap. 2.7) erforderlich sind, wird zusätzlich das Leistungsmotiv (Atkinson, 1957) erhoben. Zum Zeitpunkt des Experiments bestanden dazu keine Hypothesen. Aber es paßt sehr gut in die hier verfolgte Ausdauer-ist-gleich-Suchdauer-Konzeption und ermöglicht einen Konnex zur Befundlage zum Erwartung-×-Wert-Modell (Feather, 1961; 1963; siehe Kap. 2.3.4). Wie in Kap. 2.5.3 theoretisch abgeleitet, kann das Leistungsmotiv als differentielle Suchtendenz konzeptualisiert werden, abhängig vom erlebten Fortschritt bei der Aufgabenlösung.

3.4.1 Operationalisierungen

Abhängige Variablen:

Ausdauer wird operationalisiert als Bearbeitungszeit an einer für den Probanden nicht zu lösenden Trackingaufgabe, bis zum Abbruch der Aufgabe durch den Probanden.

Grübeln wird operationalisiert als Anteil der Auszeit an der Gesamtbearbeitungszeit. Auszeit ist die Zeitspanne, in der das Ziel nicht verfolgt wird, nämlich die Zeit, in der der Proband den Regler nicht bewegt. Jede Unterbrechung, die eine Sekunde oder länger ist, wird als Auszeit gewertet, kumuliert und ins Verhältnis zur Gesamtbearbeitungszeit gesetzt.

Unabhängige Variablen:

Erfolgserwartung während der Bearbeitung wird via Teilzielerreichungsgrad (siehe Kap. 3.1.4.1) variiert. Teilzielerreichung - und damit die Erfolgserwartung - ist hoch, wenn während der Bearbeitung kontinuierlich beim

Mitziehen in der Trackingaufgabe zwischen sechs und acht Sekunden, der zur Lösung geforderten zehn, geschafft werden. Niedrig ist der Teilzielerreichungsgrad und die Erfolgserwartung, wenn dies nur zwischen null und zwei Sekunden geschafft wird.

Habituelle Selbstaufmerksamkeit ist operationalisiert als Mediansplitt der PSC-Scores (private self consciousness) aus einer Fragebogenerhebung mit dem Fennigsteinfragebogen in der Übersetzung von Heinemann (1979; berichtet auch bei Merz, 1984), zwei Wochen vor dem Experiment.

Autonome Suchtendenz als habituelle Internalität der Ursachenzuschreibung ist operationalisiert als Mediansplitt der Internal-Scores aus einer Fragebogenerhebung mit dem ASQ (Peterson, Semmel, Baeyer, Abrahamson, Metalsky und Seligman; 1982) in einer Übersetzung von Brunstein (1986), zwei Wochen vor dem Experiment.

Nettohoffnung ist operationalisiert als Mediansplitt der Differenz aus Hoffnung-auf-Erfolg-Scores und Furcht-vor-Mißerfolg-Scores des AMS (Nygård und Gjesme, 1973; in deutscher Übersetzung von Göttert und Kuhl, 1980; siehe auch Dahme, Bleich, Jungnickel und Rathje, 1993) sensu Feather (1961; 1963), der Nettohoffnung anhand von Scores des TAT (Murrey, 1938; McClellend, 1953) aus der Differenz von Hoffnung-auf-Erfolg-Scores minus Furcht-vor-Mißerfolg-Scores errechnete.

Suchraumeinschränkung ist durch dreierlei operationalisiert: Einerseits wird in den Aufgaben mit Suchraumeinschränkung eine andere Visualisierung des Reglers zum Einstellen verwendet. Dies bietet die Möglichkeit, spezifisch (Abramson, Seligman und Teasdale, 1978) zu attribuieren. Andererseits wird schon in der Demonstrationsaufgabe dieser spezifische Regler als schwer bedienbar dargestellt, was zu einer externalen Attribution auf Aufgabenschwierigkeit führen soll. Drittens wird direkt vor der Aufgabe dieses eingeblendet:

Es folgt eine Aufgabe, bei der Sie den unhandlichen Kreisregler verwenden müssen. Kaum jemand hat mit dem Kreisregler diese Aufgabe gelöst, wundern Sie sich also nicht, wenn Sie es nicht schaffen.

Dies soll eine external-spezifische Attribution nahelegen; mithin die Definition von Entschuldigung, wie sie Snyder und Higgins (1988) geben. Die Formulierung ist eine Übertragung von "Hardly anyone gets it, so don't be too suprised if you don't" (Carver, Blaney, und Scheier, 1979, S. 1862) ins Deutsche und auf das verwendete Aufgabenmaterial. In der Bedingung ohne Entschuldigung wurde obiges Statement nicht gegeben. Bei dieser Art der Suchraumeinschränkung über Instruktion braucht nicht der kompliziertere Weg mittels Schwierigkeitskontrasteffekt gegangen zu werden. Der wurde im Experiment 'Suchraumeinschränkung' nur deshalb verwendet, weil damit zusätzlich der scheinbare Mißerfolgseffekt als Konfundierung von Schwierigkeitswechsel mit Erfolgserwartungsinduktion entlarvt werden konnte.

3.4.2 Ablauf, Design und Stichprobe

Zwei Wochen vor dem Experiment erfolgte eine Erhebung mit den Skalen ASQ, AMS und der Selbstaufmerksamkeitsskala von Fennigstein, Scheier und Buss (1975). Nach Begrüßung und Warming-Up werden zwei Demonstrationsaufgaben gegeben; eine mit dem Standardregler, die andere mit dem Kreisregler, damit die Bearbeiter mit beidem vertraut sind. Eine Manipulationskontrolle der Erfolgserwartungsinduktion muß hier unterbleiben, weil Erfolgserwartungsabfragen während der Aufgabenbearbeitung nicht möglich ist. Dem letzten Experiment (Kap. 3.5) wird aber eine Überprüfung dieser neuen Manipulationsart in separaten Aufgaben vorgeschaltet.

Im hiesigen Experiment war der Verfasser Versuchsleiter. Er war blind gegenüber den Experimentalbedingungen. Die Selbstaufmerksamkeitsgruppenzuordnung wurde erst nach Ablauf der Ausdauer-Datenerhebung vorgenommen und die Erfolgserwartungsgruppenzuordnung wurde durch den Computer unsichtbar für den Versuchsleiter zugewiesen. Die Experimentalphase umfaßt vier Aufgaben und beginnt direkt nach den Demonstrationsaufgaben. Wie in den vorhergehenden Experimenten wurde die Sitzung durch ein Debriefing abgeschlossen.

Ausdauer

Es wird ein 2×2 Mixed-Design mit Meßwiederholung auf den Faktoren Erfolgserwartung und Suchraumeinschränkung realisiert. Dabei werden jeweils einzelne Varianzanalysen mit und ohne Suchraumeinschränkung gerechnet. Zunächst mit den Faktoren Erfolgserwartung und PSC, dann mit den Faktoren Erfolgserwartung und Internalität und dann mit den Faktoren Erfolgserwartung und Nettohoffnung. Für die Ergebnisse mit Entschuldigung bestehen gerichtete Hypothesen, für die ohne Suchraumeinschränkung ungerichtete.

Innerer Rückzug

Es wird ein 2×2×2 - Mixed-Design mit Meßwiederholung auf den Faktoren Erfolgserwartung und Suchraumeinschränkung gebildet. Between variiert wird Internalität, dagegen Erfolgserwartung und Suchraumeinschränkung within.

Realisation der Meßwiederholung:

Die attributionsinduzierenden Eigenschaften werden gleichzeitig auch dazu benutzt, den Probanden zu erklären, daß sich eine erneute Bearbeitung der nächsten, andersartigen Aufgabe lohnt. Die Bedingungsabfolgen werden randomisiert. Die Meßwiederholung bewirkt gleichzeitig, daß die Ausdauer nicht übermäßig ausufert. Dadurch werden schon durch die Versuchsanlage Ausreißer wie in Experiment 'Suchraumeinschränkung' (Kap. 3.2) vermieden.

Stichprobe

Sie besteht aus 27 männlichen Studierenden der Universität der Bundeswehr in Hamburg. Es wurden drei Probanden ausgeschlossen. Einer konnte ohne richtige Brille das Aufgabenmaterial nicht deutlich genug sehen, ein anderer hatte den Selbstaufmerksamkeitsfragebogen nicht rechtzeitig ausgefüllt und ein Proband bewältigte die zweite Demonstrationsaufgabe nicht. Ein Proband fällt aus den Analysen "ohne Entschuldigung" heraus, weil er eine der Aufgaben ohne Entschuldigung lösen konnte. Die Aufgaben sind ja prinzipiell lösbar. Das mittlere Alter lag bei 26 Jahren mit einem Range von 22 bis 28 Jahren. Das Experiment fand im September 1996 statt.

3.4.3 Hypothesen

Ausdauer

$H_{1.1}$: Die Carver-Interaktion trifft nur bei Suchraumeinschränkung ein.

$H_{1.2}$: Habituelle Selbstaufmerkamkeit ist substituierbar durch autonome Suchtendenz als (mit dem ASQ gemessene) Tendenz, internal zu attribuieren.

Der Versuch einer weiteren Substitution von Selbstaufmerksamkeit durch Nettohoffnung ist eher explorativ.

Grübeln

$H_{1.3}$: Ohne Suchraumeinschränkung wird mehr gegrübelt als mit Suchraumeinschränkung. Bearbeiter mit internaler Attributionstendenz grübeln mehr als mit externaler Attributionstendenz.

$H_{1.4}$: Die Auszeiten sind nicht gegen Ende der Bearbeitungszeit gehäuft, sondern verteilen sich über die gesamte Bearbeitungszeit.

3.4.4 Ergebnisse

3.4.4.1 Replikation von Scheier und Carver (1982)

Wie das linke Ergebnisdiagramm zeigt, konnte die Carver-Interaktion mit Suchraumeinschränkung repliziert werden. Der Interaktionseffekt von Erfolgserwartung mit Selbstaufmerksamkeit weist dies als signifikant aus ($F(1,22) = 8.132$, $\alpha < 0.5\%$). Ebenfalls statistisch bedeutsam ist hier auch der Haupteffekt Erfolgserwartung ($F(1,22) = 11.089$, $\alpha < 0.5\%$), nicht aber der Haupteffekt Selbstaufmerksamkeit ($F(1,22) = 0.231$; n.s.). Wie das rechte Ergebnisdiagramm zeigt, ist ohne Suchraumeinschränkung, wie erwartet, die Carver-Interaktion einem anderen Befundmuster gewichen. Die Haupteffekte Selbstaufmerksamkeit ($F(1,21) = 3.814$, $\alpha < 7\%$) und Erfolgserwartung ($F(1,21) = 2.456$, $\alpha < 14\%$) sind beide nur als Trend nachweisbar. Die sich andeutende zur Carver-Interaktion entgegengesetzte Interaktion wird nicht signifikant ($F(1,21) = 1.748$, $\alpha < 21\%$). Insgesamt wird ohne Suchraumeinschränkung ausdauernder gearbeitet als mit Suchraumeinschränkung, was als Haupteffekt im $2 \times 2 \times 2$ - Design signifikant ist ($F(1,21) = 4.640$; $\alpha < 5\%$). Die Nullhypothese ist entsprechend zu verwerfen und die $H_{1.1}$ anzunehmen.

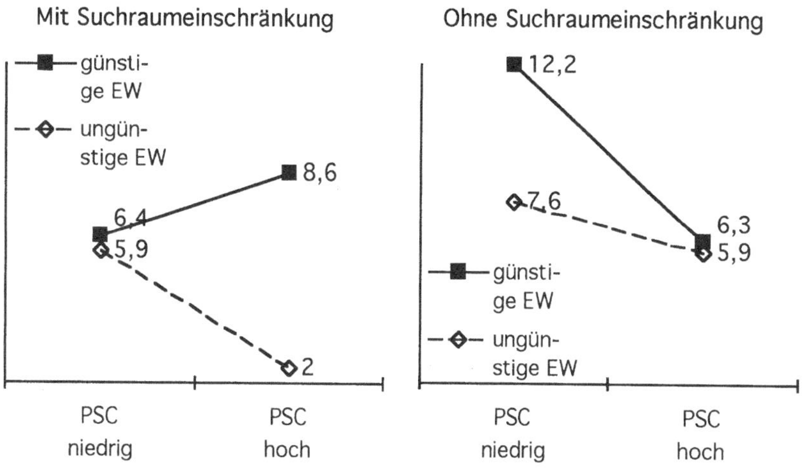

Abb. 3.4.1 Ausdauer (in Minuten), Selbstaufmerksamkeit (PSC) als Suchtendenzbedingung und Erfolgserwartung (EW).

3.4.4.2 Substitution von PSC durch Internalität der Ursachenzuschreibung

Wenn Selbstaufmerksamkeit durch autonome Suchtendenz ersetzt wird, so ergibt sich ein nahezu identisches Befundmuster, was aber *nicht* auf eine 1 zu 1 Zuordnung zwischen den Gruppen entlang des Mediansplitts aus den Selbstaufmerksamkeit-Scores und den I-Scores des ASQ zurückgeht. Die Korrelation zwischen den Gruppenzugehörigkeiten nach diesen Scores beträgt nur .34.

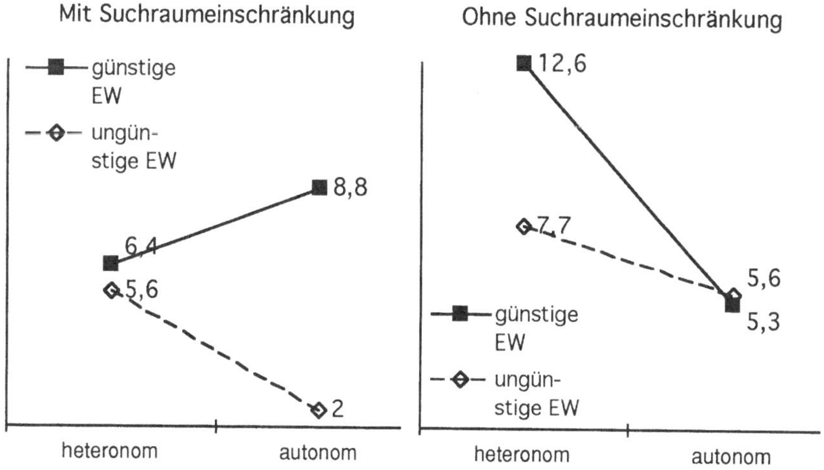

Abb. 3.4.2 Ausdauer und Internalität als Suchtendenzbedingung (heteronom vs. autonom).

Mit Suchraumeinschränkung:	Ohne Suchraumeinschränkung:
Internalität: F(1,22) = 0.121	Internalität: F(1,21)=6.237, $\alpha < 2\%$
Erfolgserwartung: F(1,22)=12.277, $\alpha < 0.2\%$	Erfolgserwartung: F(1,21) = 2.168, $\alpha < 16\%$
Internalität × Erfolgserwartung:	Internalität × Erfolgserwartung:
F(1,22) = 7.390, $\alpha < 1\%$	F(1,21) = 2.840, $\alpha < 11\%$
Haupteffekt Suchraumeinschränkung im 2 x 2 x 2 - Design: F(1,21) = 4.077; $\alpha < 6\%$	

Die Hypothese $H_{0.2}$ ist entsprechend zu verwerfen und die Alternativhypothese $H_{1.2}$ anzunehmen.

3.4.4.3 Substitution durch Nettohoffnung

Auch hier ist mit Suchraumeinschränkung die Carver-Interaktion zu finden, nicht aber ohne Suchraumeinschränkung. Die Interaktion (F(1,18) = 6.889, $\alpha < 2\%$) wie auch der Haupteffekt Erfolgserwartung (F(1,18) = 9.033, $\alpha < 1\%$) sind signifikant, nicht aber der Haupteffekt Selbstaufmerksamkeit (F(1,18) = 0.625).

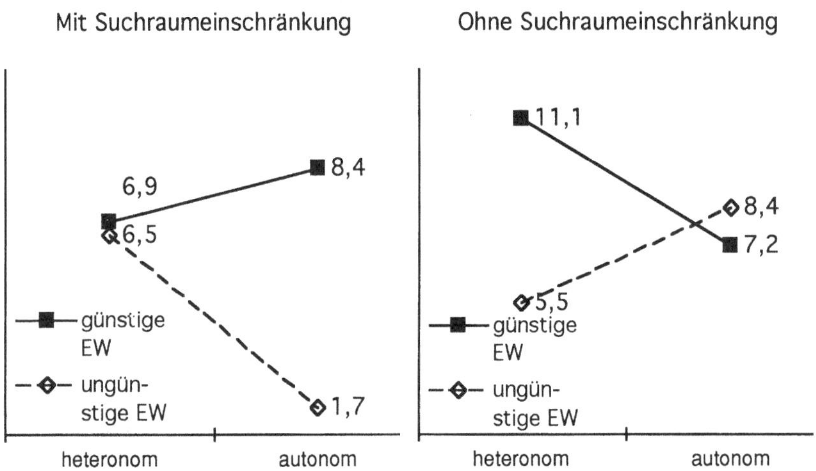

Abb. 3.4.3 Ausdauer (in Minuten) und Nettohoffnung als Suchtendenzbedingung.

Die zur Carver-Interaktion entgegengesetzte Interaktion ist signifikant (F(1,17) = 4.627, $\alpha < 5\%$). Der sich andeutende Haupteffekt Erfolgserwartung unterschreitet das Zufallsniveau nicht (F(1,17) = 1.851, $\alpha < 20\%$). Der Haupteffekt Nettohoffnung ist ebenfalls insignifikant (F(1,17) = 0.037).

3.4.4.3 Ergebnisse bezüglich der abhängigen Variable Grübeln

Ohne Suchraumeinschränkung (6.25%) wird mehr gegrübelt als mit Suchraumeinschränkung (16.2%; F(1,22) = 13.549, $\alpha < 0.1\%$). Bearbeiter mit internaler Attributionstendenz grübeln mehr (10%) als mit externaler Attributionstendenz (5.5%; F(1,22) = 4.780, $\alpha = 2\%$). Deshalb ist Hypothese $H_{0.3}$ zu verwerfen und $H_{1.3}$ anzunehmen. Darüber hinaus erweist sich der Haupteffekt Erfolgserwartung als bedeutsam ($F(1,22) = 21.973$ $\alpha < 0.1\%$), mit niedrigerem Auszeitanteil bei günstiger (4.36%) als bei ungünstiger Erfolgserwartung (12.13%). Es werden zusätzlich die Interaktionseffekte Entschuldigung × Internalität ($F(1,22) = 4.010$; $\alpha < 6\%$), Entschuldigung × Erfolgserwartung ($F(1,22) = 4.073$; $\alpha < 6\%$) und Internalität × Erfolgserwartung ($F(1,22) = 6.225$, $\alpha < 2\%$) signifikant.

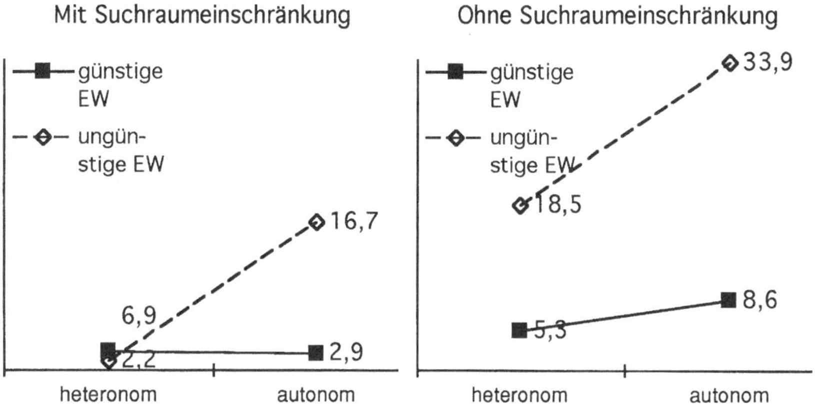

Abb. 3.4.4 Auszeitanteil (in Prozent) und Internalität als Suchtendenzbedingung.

Die mittlere Anzahl der Auszeiten pro Bearbeitungszeitdezentil in allen Bedingungen wurde berechnet, um eventuelle Häufungen gegen Ende der Bearbeitungszeit zu ermitteln. Ein Polynominaltest zweiter Ordnung weist in einem 2×2×2×10 -Design den sich andeuteten quadratischen Trend als signifikant aus ($F(1,24)=10.865$; $\alpha < 0.4\%$). Das widerspricht der Annahme von gegen Ende der Bearbeitungszeit entstehendem inneren Rückzug und ist als Evidenz für $H_{1.4}$ aufzufassen.

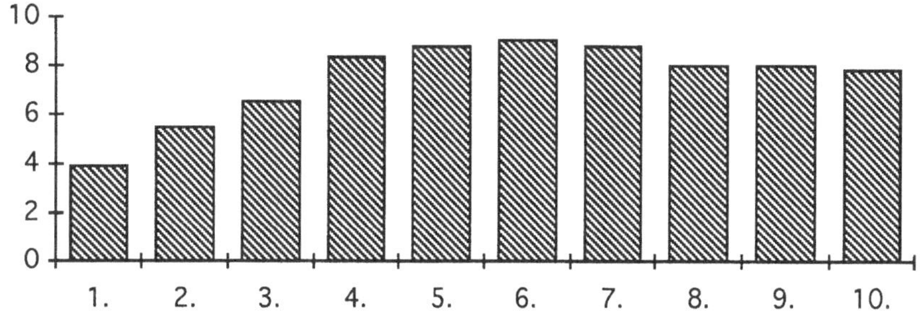

Abb. 3.4.5 Mittlere Anzahl der Auszeiten pro Bearbeitungszeitdezentil.

3.4.5 Diskussion der Ergebnisse

3.4.5.1 Ausdauer

Die Carver-Interaktion ist, wie vorhergesagt, nur in den Bedingungen mit Suchraumeinschränkung zu finden. Nur mit Suchraumeinschränkung entsteht die erforderliche Suchraumpartitionierung: bei heteronomer Suchtendenz zwei gleiche mittelgroße Suchräume bei günstiger und ungünstiger Erfolgserwartung, sowie bei autonomer Suchtendenz ein großer Suchraum bei günstiger Erfolgserwartung und ein kleiner bei ungünstiger Erfolgserwartung. Zusammen mit dem Haupteffekt Suchraumeinschränkung, der eine Replikation des Haupteffekts Suchraumeinschränkung aus dem vorangegangenen Experiment in Kap 3.2 darstellt, wird dies als erneute Evidenz für die Ausdauer-ist-gleich-Suchdauer-Annahme gewertet. Eine Bestätigung für die Handlungskontrolltheorie von Carver und Scheier (1981) stellt dies dagegen nicht dar. Aus ihr ist nicht ohne Zusatzannahmen begründbar, warum die Carver-Interaktion nur mit - nicht aber ohne - Suchraumeinschränkung eintrifft.

Um auch die Ergebnisse ohne Suchraumeinschränkung resp. Entschuldigung erklären zu können, braucht die Ausdauer-ist-gleich-Suchdauer-Annahme nur konsequent angewendet zu werden. Es ist bei heteronom Suchenden eine höhere Ausdauer mit günstiger als mit ungünstiger Erfolgserwartung zu verzeichnen. Dieses liegt daran, daß bei günstiger Erfolgserwartung in positive wie negative Richtung gesucht wird, während bei ungünstiger Erfolgserwartung nur der negative Bereich abgesucht wird. Autonom Suchende beider Erfolgserwartungs-Induktionsgruppen können sich hinsichtlich ihrer Such- und damit Ausdauerzeiten nicht unterscheiden. Bearbeiter mit günstiger Erfolgserwartung suchen die Wege und Mittel nach lokaler Kausalität ab, die hohe Fähigkeit oder Anstrengung voraussetzen. Dagegen suchen Bearbeiter mit ungünstiger Erfolgserwartung auf Wegen, die nur eine niedrige Fähigkeit oder Anstrengung voraussetzen. In beiden Fällen werden so in etwa gleich große Räume abgesucht.

Die Interaktion mit Suchraumeinschränkung stellt eine Dissoziation der Erfolgserwartungswirkung dar. Daran wird deutlich, daß nicht einfach solange gearbeitet wird, wie die Erfolgserwartung noch nicht auf Null gesunken ist (siehe Kap. 2.3.4.1). Vielmehr ist Erfolgserwartung eine unter mehreren Möglichkeiten, den Suchraum zu partitionieren. Wenn sozusagen in Collage zusätzlich noch Suchrichtung und Suchraumeinschränkung auf diesen Raum wirken, ergeben sich unterschiedlich große Kompartimente (siehe Kap. 2.3.5). Aus deren Größe geht hervor, wie lange nach lokaler Kausalität gesucht werden kann. Ist der Suchraum abgesucht, so wird die Willensattribution nicht länger aufrechterhalten, weil keine Informationen mehr vorhanden sind, die dies Informationsverarbeitungsergebnis liefern. Das führt zur Willensentscheidung zum Abbruch. Es ist der Zeitpunkt, an den keine Informationen mehr verfügbar sind, die zur Wahrnehmung lokaler Kausalität führen, der den Zeitpunkt dieser Willensentscheidung vorhersagbar macht.

3.4.5.2 Entschuldigungswirkung wegen Selbstwerterhaltung

Randbedingung für das Eintreffen der Carver-Interaktion ist Suchraumeinschränkung. Wie in Kap. 2.5.4 avisiert, läßt sich dies auch mit einer egoismustheoretisch unterfütterten Interpretation der Handlungskontrolltheorie von Carver und Scheier (1981) erklären: Probanden mit günstiger Erfolgserwartung sind mit Selbstaufmerksamkeit ausdauernder als ohne, weil hier die Diskrepanz zum Standard deutlicher hervortritt als ohne Selbstaufmerksamkeit. Dort entsteht deshalb kein Unterschied zwischen Bearbeitern mit günstiger und ungünstiger Erfolgserwartung. Das ist nur mit entschuldigender Suchraumeinschränkung (im weiteren 'Entschuldigung' genannt) so. Nur hier steht diese erhöhte Anstrengung nicht dem übergeordneten Ziel entgegen, den Selbstwert zu erhalten. Bei ungünstiger Erfolgserwartung muß die Wirkung von Entschuldigung umgekehrt sein. Hier betont Selbstaufmerksamkeit die Selbstwertbedrohung während der nicht lösbaren Ausdaueraufgabe. Der Selbstwertbedrohung kann aber durch entschuldigten Abbruch entgangen werden.

Das Befundmuster ohne Entschuldigung paßt aber nicht in die von Carver und Scheier (1981) angedeutete Erklärung. Warum zeigt sich hier der Ausdauerunterschied entlang der Erfolgserwartung nur bei Bearbeitern ohne Selbstaufmerksamkeit? Eine Erklärung hierfür bietet auch die egoismustheoretische Erweiterung der Handlungskontrolltheorie von Carver (1979; Carver und Scheier, 1981) nicht.

Nach der egoismustheoretischen Erklärung sensu Frankel und Snyder (1978) sind Probanden bei günstiger Erfolgserwartung deshalb mit Selbstaufmerksamkeit ausdauernder als ohne, weil die erhöhte Selbstwertrelevanz hier zunächst anspornend wirkt. Die gegenteilige Wirkung bei ungünstiger Erfolgserwartung entsteht durch die erhöhte Gefahr einer Selbstwertverletzung, die durch Selbstaufmerksamkeit um so aversiver wird. In dieser Bedingung wird am schnellsten abgebrochen. Allerdings nur, wenn der Abbruch entschuldigt ist. Ohne anspornende wie selbstwertbedrohende Selbstaufmerksamkeit ergibt sich mit günstiger wie ungünstiger Erfolgserwartung eine mittlere Bearbeitungszeit, weil hier durch die prävalente Entschuldigung Erfolgserwartung nicht zu unterschiedlicher Selbstwertbedrohung führt.

Die Ergebnisse ohne Entschuldigung resp. Suchraumeinschränkung lassen sich so aber nicht erklären. Warum sollten die durch erhöhte Selbstwertrelevanz angespornten Probanden mit günstiger Erfolgserwartung, und somit geringer Selbstwertverletzungsgefahr, so schnell abbrechen? Vielleicht, weil dies der Zeitpunkt ist, an dem für Bearbeiter mit günstiger Erfolgserwartung die durch Selbstaufmerksamkeit erhöhte Selbstwertbedrohung so stark wird, daß sie abbrechen. Aber warum brechen dann die noch viel bedrohteren Bearbeiter mit ungünstiger Erfolgserwartung genau zum gleichen Zeitpunkt ab und nicht viel früher? Um einen Bodeneffekt handelt es sich jedenfalls nicht. Es ist in der Bedingungskombination 'mit Suchraumeinschränkung & ungünstige Erfolgserwartung & Selbstaufmerksamkeit' möglich, noch um einiges früher abzubrechen.

Zwar gibt das vorliegende Befundmuster in der Bedingung ohne Suchraumeinschränkung bereits einen Eindruck von der Begrenztheit von Begründungen mit Selbstwertverletzung, aber eine direkte Prüfung der Selbstwerterhaltungsannahme steht noch aus und wird erst im folgenden Experiment 'Verantwortlichkeit' durchgeführt.

3.4.5.3 Selbstaufmerksamkeit als Internalität

Die Substituierbarkeit von Selbstaufmerksamkeit durch Internalität, bei gleichzeitiger relativ niedriger Korrelation zwischen beiden, liefert Evidenz für die Behauptung, Selbstaufmerksamkeit wirke durch eine autonome, also auf internale Aspekte gerichtete Suche nach lokaler Kausalität. Die Hypothese $H_{1.2}$ kann demzufolge als bestätigt gelten. Generell bleibt das Austauschen von Selbstaufmerksamkeit durch Internalität aber ein indirekter Nachweis für die attributionale Wirkung der Selbstaufmerksamkeit auf Ausdauer. Der erforderliche direkte Nachweis, daß Selbstaufmerksamkeit zu einer autonomen Suchtendenz führt, wird im nachfolgenden Experiment 'Verantwortlichkeit' versucht.

3.4.5.4 Nettohoffnung

Auch das Leistungsmotiv (Atkinson, 1957) scheint als eine sehr ähnliche Suchtendenz zu wirken. Der Unterschied zur Attributionstendenz liegt nur in der differenzierenden Wirkung von Erfolg und Mißerfolg (siehe Kap. 2.5.3). Werden bei Hoffnung auf Erfolg Fortschritte gemacht, so wird auf autonomen Wegen nach lokaler Kausalität gesucht, die also von vornherein vom Aktor abhängen. Aktuelle Rückschläge führen bei Hoffnung auf Erfolg zur Suche auf heteronomen Wegen. Bei Furcht vor Mißerfolg wird bei aktuellem Fortschritt auf heteronomen Wegen gesucht, bei aktuellen Rückschlägen auf autonomen Wegen. Diese Überlegungen für die Suchtendenz sind somit ganz analog zur attributionalen Reformulierung des Leistungsmotivs von Weiner (1974b). Mit Suchraumeinschränkung wirkt Furcht vor Mißerfolg wie Externalität und Hoffnung auf Erfolg wie Internalität, weil der eingeschränkte Suchraum die wohl vorhandene differentielle Wirkung von Erfolg und Mißerfolg (FM: external bei Erfolg, internal bei Mißerfolg; HE: internal bei Erfolg, external bei Mißerfolg) wieder "wegkürzt".

Auch ohne Suchraumeinschränkung zeigt sich kaum ein Unterschied zwischen Motiv- und Attributionskonzept. Allein die wesentlich niedrigere Ausdauer der Bearbeiter mit Furcht vor Mißerfolg bei ungünstiger Erfolgserwartung verglichen mit externalen bei ungünstiger Erfolgserwartung unterschiedet sich. Die bei Furcht vor Mißerfolg und ungünstiger Erfolgserwartung eher internale Attribution auf mangelnde Fähigkeiten markiert einen kleineren effektiven Suchraum als bei Externalität nach dem ASQ. Dort erhält der generell etwas größere in positive wie negative Dimension reichende Suchraum die Illusion der Möglichkeit von lokaler Kausalität etwas länger aufrecht.

Um das vorliegende Ausdauerergebnis mit dem von Feather (1961; 1963) zu vergleichen, muß man sich den scheinbaren Mißerfolgseffekt mit dazudenken. Auch bei Feather (1961; 1963) war er als Konfundierung zwischen erlebtem Schwierigkeitswechsel und Erfolgserwartungsinduktion enthalten. Addiert man entsprechend zu allen ungünstig-Bedingungen eine Zeit, kommt man zu einer Replikation der Ergebnisse von Feather (1961; 1963) - allerdings nur mit Suchraumeinschränkung und daher im Sinne der Ausdauer-ist-gleich-Suchdauer-Annahme. Es ergibt sich eine gekreuzte Interaktion, die auch in der Reanalyse von Experiment 'Standard' das Ergebnis ist. Auch hier entsteht die Kreuzung durch die zusätzliche Suchzeit in den ungünstig-Bedingungen, weil gegenüber der günstig-Bedingung der Schwierigkeitswechsel fehlt.

3.4.5.5 Grübeln

Der Internalitätseffekt und der größere Auszeitanteil ohne Suchraumeinschränkung weisen darauf hin, daß es sich dabei nicht um inneren Rückzug handelt, sondern um Grübeln. Die Verteilung der Auszeiten über die Gesamtbearbeitungszeit und der darin enthaltene quadratische Trend mit dem Maximum in der Mitte der Bearbeitungszeit zeigen dies noch deutlicher. Zusammen mit dem Internalitäts- und dem Attributionstendenzeffekt wird es sinnvoll, eher von Grübeln zu sprechen, als von innerem Rückzug. Falls dies wahr sein sollte, ist ein Weg gefunden, Grübeln experimentell zu induzieren. Wenn man den ins-Leere-Suchen-Effekt ernst nimmt, kann gesagt werden, welche Bedingungen Grübeln besonders begünstigen. Kurz gesagt sind das Bedingungen, in denen der Bearbeiter einen größeren Suchraum absucht als er real zur Verfügung hat. Er muß dann ins Leere suchen.

Nicht vorhergesagt war der Erfolgserwartungseffekt auf Auszeitanteil mit höherem Auszeitanteil bei ungünstiger Erfolgserwartung. Er weist nicht darauf hin, daß es sich hier doch um inneren Rückzug handelt, weil die Häufung gegen Ende der Bearbeitungszeit fehlt. Vielmehr stützt der Erfolgserwartungseffekt die Suche-ins-Leere-Vermutung. Ein niedriger Teilzielerreichungsgrad, die Operationalisierung niedriger Erfolgserwartung, bedingt einen frühzeitigen Stopp aktiver Suchbemühungen nach lokaler Kausalität, wie auch die niedrige Ausdauer in diesen Bedingungen verrät. Es handelt sich bei niedrigem Teilzielerreichungsgrad sogar um eine besonders rigide Form von Suchraumverkleinerung. Es ist praktisch so, daß die Bearbeiter nichts tun können, als immer wieder den Zielpunkt neu aufzunehmen, um ihn sofort wieder zu verlieren. Ist doch das Material so programmiert, daß *nie* länger als bis zum Beginn der zweiten Sekunde der Zielpunkt gehalten werden kann.

Hier ist also der Fall realisiert, daß ein Suchraum de facto noch viel kleiner ist, als der Bearbeiter erwartet. Er sucht nach neuen Lösungsmöglichkeiten unter den wenigen Möglichkeiten, die er alle schon probiert hat, immer weiter und dreht sich, bildlich gesprochen, im Kreis. Um so wahrscheinlicher werden dann Unterbrechungen (Auszeit) sichtbarer Lösungsversuche durch Suche ins Leere. Der starke Effekt der Erfolgserwartungsinduktion ist somit auf die real stark unterschiedlich großen Suchräume der günstig- vs. ungünstig-Bedingung zurückzuführen. Im Experiment 'Suchraumeinschränkung', wo in den beiden Erfolgserwartungsbedingungen die realen Suchräume gleich groß sind, bewirkt die erlebte Größe analog der Erfolgserwartung den entgegengesetzten Effekt. Hier sind Bearbeiter mit günstiger Erfolgserwartung grüblerischer als Bearbeiter mit ungünstiger Erfolgserwartung, weil die subjektiv vermutete Größe des Suchraums nicht von der real existierenden Suchraumgröße unterschritten wird.

Insbesondere zeigt die fehlende Häufung der Auszeiten gegen Ende der Bearbeitungszeit, daß der Abbruchzeitpunkt recht gut dokumentiert, wann die Entscheidung zum Abbruch - und damit der primäre Willensakt - stattfindet. Dieser wichtige Befund konnte hier zum zweiten Mal bestätigt werden. Der Zeitpunkt des Abbruchs stimmt also weitgehend überein mit dem Zeitpunkt, an dem die Willensentscheidung zum Abbruch gefällt wird.

3.5 Experiment 'Verantwortlichkeit': Zur Wirkung der Aktorperspektive

3.5.1 Forschungslogisches Vorgehen

Dies Experiment soll einerseits die Kernbehauptungen der Ausdauer-ist-gleich-Suchdauer-Annahme überprüfen (Vorhersage A.4). Andererseits soll es auch zwischen den Erklärungsalternativen 'egoismustheoretisch erweiterte Handlungskontrolltheorie' und 'Volition durch Attribution' entscheiden. Neben der AV Ausdauer, muß das auch bezüglich 'Suche nach attributionsrelevanter Information' möglich sein (Vorhersage I.4.1 und I.4.2). Außerdem stellt das Experiment eine Replikation des Experiments 'Suchraumpartitionierung' dar. Dabei ist die vorausgesetzte Äquivalenz von habitueller und induzierter Attributionstendenz ebenfalls Gegenstand der Überprüfung.

3.5.1.1 Manipulationskontrolle der Erfolgserwartungsinduktion via Teilzielerreichungsgrad

Es gilt vorab zu ermitteln, ob die in Experiment 'Suchraumpartitionierung' verwendete Art der Erfolgserwartungsinduktion via Teilzielerreichungsgrad überhaupt wirkt. Dazu wird vor dem eigentlichen Hauptexperiment eine Manipulationskontrollphase in einer gesonderten Phase durchgeführt. Es müssen nämlich zwei Anforderungen erfüllt sein. Einerseits muß die Kontrolle *wäh-*

rend der Bearbeitung der Aufgabe passieren. Andererseits wird die Erhebung der Erfolgserwartung einen Einfluß auf den Verlauf der Bearbeitung haben.

Vorhergesagt wird eine günstige, d.h. über 50% liegende, Erfolgserwartung in Aufgaben mit einem hohen Teilzielerreichungsgrad, und eine ungünstige, also unter 50% liegende, Erfolgserwartung in Aufgaben mit niedrigem Teilzielerreichungsgrad. Weiter wird entsprechend der Vorhersage von Dahme, Rudolph und Hyla-Brüschke (1993) (siehe Kap. 2.4.4.7) erwartet, daß die Erfolgserwartung im Bearbeitungsverlauf abnimmt.

Es wird im Verlauf einer festgelegten Bearbeitungszeit von 3 Minuten Erfolgserwartung mit derselben Frage und demselben Antwortmodus erhoben, wie in den bisherigen Experimenten mit Induktion von Erfolgserwartung durch Induktionsaufgaben. Erhoben wird in vier, für die nachfolgenden Aufgaben zur Ausdauermessung als Probe geltenden Aufgaben. Darin werden die Erfolgserwartungs- und Verantwortlichkeitsbedingungen realisiert. Eine Selbstaufmerksamkeitsinduktion erfolgt nicht. Die Manipulationskontrolle muß in allen Experimentalbedingungen des nachfolgenden Hauptexperiments erfolgen, um zu ermitteln, ob sie auch in allen Bedingungen wirkt. Um die Induktionswirkung nicht zu verzerren, werden die Aufgaben mit hohem Teilzielerreichungsgrad gelöst, und die mit niedrigem Teilzielerreichungsgrad nicht gelöst. Das wird wie in Experiment 'Suchraumeinschränkung' realisiert. Der Zeitpunkt der Lösung bzw. des Abbruchs bei Nichtlösung der gestellten Aufgabe ist für alle Probanden (zumindest nahezu) gleich (siehe Kap 3.1.4).

Eine dreimalige Wiederholung der Erfolgserwartungserhebung soll den Verlauf der Erfolgserwartungsänderung über die Bearbeitungszeit einer Aufgabe erfassen. Nach jeweils einer halben Minute wird die Aufgabenbearbeitung unterbrochen, um auf einer Prozentskala die Erfolgserwartung als Lösungswahrscheinlichkeit für die aktuelle Aufgabe abzufragen. Dabei soll der Befragungszeitpunkt so flexibel sein, daß immer dann unterbrochen wird, wenn nach Verstreichen von 30 sec. nach Start oder der letzten Befragung der Zielpunkt gerade erneut gefunden wird. Damit soll ausgeschlossen werden, daß, z.B. nach acht Sekunden fehlerfreiem Zielverfolgen, eine Unterbrechung zwecks Abfrage als zusätzliche Handlungsbarriere die Erfolgserwartung verändert. Die Erhebungsmethode selbst wäre dann ein wirksames Hindernis bei der Aufgabenlösung. Da dies nur bei Induktion günstiger Erfolgserwartung auftreten würde, wird so eine Konfundierung von zusätzlicher Handlungsbarriere mit günstig-Bedingung vermieden.

3.5.1.2 Handlungskontrolltheorie vs. Ausdauer-ist-gleich-Suchdauer-Annahme

Um zwischen der egoismustheoretisch erweiterten Handlungskontrolltheorie von Carver und Scheier (1981) (siehe Kap. 2.5.4; 3.4.5.2) und der Attributionsverlaufserklärung unterscheiden zu können, muß ein Fall gefunden werden, bei dem beide Alternativen zu unterschiedlichen Vorhersagen kommen. Nun könnte eine 'internale' Entschuldigung formuliert werden, die nicht selbstwertschützend ist, um unterschiedliche Vorhersagen zu provozieren. Dies könnte aber zu Recht als allzu synthetisch kritisiert werden; ist doch nach Snyder und Higgins' (1988) Entschuldigungstheorie das Hauptmerkmal einer Entschuldigung eben, daß sie external ist. Daher wird eine normale externale Entschuldigung gegeben, um in allen Bedingungen eine Suchraumeinschränkung zu induzieren. Es soll zwischen egoismustheoretisch erweiterter Handlungskontrolltheorie und der Ausdauer-ist-gleich-Suchdauer-Annahme unterschiedliche Vorhersagen provoziert werden. Daher wird die Verantwortlichkeitsbedingung durch einen sogenannten Computermitarbeiter als zweiter Aktor eingeführt (siehe Kap 3.1.6). Der Bearbeiter muß mit dem zweiten Aktor gemeinsam, nicht etwa gegen ihn, das Ziel erreichen.

Die Selbstverantwortlichkeitsbedingung ist im selben Maße selbstwertbedrohend, wie in den bisherigen Experimenten. Sie zeichnet sich dadurch aus, daß der Bearbeiter sich, trotz Anwesenheit des zweiten Aktors, jeden Zielpunktverlust (die einzige Form von Rückschlägen bei Trackingaufgaben) selbst zuzuschreiben hat. In der Fremdverantwortlichkeitsbedingung ist nicht der Bearbeiter sondern ein zweiter Aktor schuld an allen Zielpunktverlusten. Für den Bearbeiter ist dies weniger selbstwertbedrohend. Neben der Selbstwertrelevanz beinhaltet die Selbstverantwortlichkeitsbedingung für den Bearbeiter die Rolle als alleiniger Aktor. Die Fremdverantwortlichkeitsbedingung weist dagegen dem zweiten Aktor zusätzlich die gleiche Rolle zu (siehe Kap. 3.1.6). Die Selbstverantwortlichkeitsbedingung soll internale Attributionen nahelegen, die Fremdverantwortlichkeitsbedingung externale.

Carver und Scheiers Vorhersage ist in der Selbstverantwortlichkeitsbedingung weiterhin dieselbe, die sie explizit formuliert haben und durch eine egoismustheoretische Unterfütterung, sensu Frankel und Snyder (1978), gegen den Entschuldigungsbefund aus Experiment 'Suchraumpartionierung' zu immunisieren scheinen. Bei Fremdverantwortlichkeit ist egoismustheoretisch zu erwarten, daß sich zwei Haupteffekte einstellen. Selbstwertbedrohende ungünstige Erfolgserwartung sollte eher zum Abbruch führen als günstige Erfolgserwartung, und Selbstaufmerksamkeit sollte durch stärkere Selbstwertbedrohung eher zum Abbruch drängen als ohne Selbstaufmerksamkeit und damit geringer Selbstwertbedrohung. Darüber hinaus sollte die selbstwertbedrohendere Selbstverantwortlichkeitsbedingung eher zum Abbruch führen als die Fremdverantwortlichkeitsbedingung.

Aus der Ausdauer-ist-gleich-Suchdauer-Annahme folgt, daß die Carver-Interaktion nur dann entlang der Suchraumpartitionierung durch Selbstaufmerksamkeit resp. Attributionstendenz und Erfolgserwartung eintreffen kann, wenn überhaupt die Bearbeitungsinformationen auf lokale Kausalität absuchbar sind. Dies ist für die Bearbeiter mit internaler Attributionstendenz nur bei

Selbstverantwortlichkeit gegeben. Dieses Experiment stellt also gleichzeitig eine Replikation der Ergebnisse aus Experiment 'Suchraumpartionierung' dar. Eine Entschuldigung als Suchraumeinschränkung wird ja vorab gegeben. Als zweite notwendige Bedingung kommt jetzt aber die Selbstverantwortlichkeit hinzu. Bei Fremdverantwortlichkeit kann es nach der Ausdauer-ist-gleich-Suchdauer-Annahme nicht zur Carver-Interaktion kommen. Obwohl nicht Hypothese (siehe Vorwort), soll doch schon hier aus Gründen des besseren Verständnisses gesagt werden, was für ein Befundmuster bei Fremdverantwortlichkeit zu erwarten ist. Es kann hier eine günstige bzw. ungünstige Erfolgserwartung durch eine günstige bzw. ungünstige heteronome Kausalquelle nur bei Bearbeitern mit heteronomer Attributionstendenz in Effekt treten. Bearbeiter mit heteronomer Suchtendenz werden also in der günstig-Bedingung ausdauernder sein als in der ungünstig-Bedingung. Ist für diese doch in ersterem Fall der Suchraum groß, in letzterem klein. Bearbeiter mit autonomer Suchtendenz erleben durch Variation externer Ursachenquellen keine Suchraumgrößenänderung.

3.5.1.4 Internalität

Es wird während der Bearbeitung erhoben, nach welchen attributionsrelevanten Informationen der Bearbeiter sucht (siehe Kap. 3.1.6). In Kap. 2.7.2 wurde die Vorhersage I.4.1 abgeleitet, wonach erhöhte Selbstaufmerksamkeit zu einer internalen Attributionstendenz führt. Diese soll sich während der Bearbeitung durch mehr internale als externale Attributionen äußern. Internalität der Ursachenzuschreibung kann nur während der Bearbeitung der Experimentalaufgaben beobachtet werden. Anderenfalls würde entweder vor Beginn der Ausdaueraufgabe die für den Bearbeiter bestehende Unlösbarkeit verraten. Oder nach dem Scheitern würden vornehmlich Entschuldigungsattributionen erhoben werden, wie die Befragung nach Experiment 'Standard' ergeben hat. Ebenso im Verlauf der Experimentalaufgabe muß durch die aktuell verfügbaren Bearbeitungsinformationen variiert werden, ob der Bearbeiter die Aktorperspektive alleine inne hat, oder ob der zweite Aktor den Hauptteil der Verantwortung für die ständigen Zielpunktverluste trägt. Dabei soll die erhobene Internalität der Ursachenzuschreibung neben der Entscheidung über I.4.1 auch als Manipulationskontrolle bezüglich der Verantwortlichkeitsinduktion genutzt werden. Erlaubt die Onlineattributionsinformation eine Suche nach lokaler Kausalität, so sollte eher internal attribuiert werden, erlaubt sie dies nicht, sollte eher external attribuiert werden.

3.5.1.5 Änderungen in der praktischen Durchführung

Statt des bisher verwendeten Schiebereglers als Eingabegerät für den Bearbeiter, erhält er hier einen Drehknopf. Der wesentliche Unterschied besteht darin, daß mit dem Drehknopf einfach kontinuierlich nur in eine Richtung der Zielpunkt verfolgt werden muß. Dagegen muß mit dem Schieberegler jeweils am Ende der Regelstrecke die Richtung gewechselt werden. Daher ist auch keine Darstellung des Einstellbereichs mehr erforderlich. Es ist mit dem Drehknopf für den Bearbeiter nicht mehr erforderlich, gleichzeitig Zieldistanz und Reglerposition zu beachten. Das mag in den vorherigen Experimenten die Aufgabe verkompliziert haben. Die Bearbeiter werden angewiesen, die Einstellungen am Drehknopf jeweils mit der nichtdominanten Hand vorzunehmen. So wird mit höherer Wahrscheinlichkeit die Indikatortasten durch die dominante Hand betätigt werden.

3.5.3 Operationalisierungen

Abhängige Variablen:

Ausdauer: Bearbeitungszeit bis zum durch den Bearbeiter initiierten Abbruch der Aufgabe.

Internalität der Ursachenzuschreibung: Zeitanteil der Internal-Attributionen minus dem Anteil der External-Attributionen im Verhältnis zur Gesamtbearbeitungszeit. Eine Internal-Attribution wird daran erkannt, daß der Aktor hilfreiche Zusatzinformationen über seine Lage zum Zielpunkt aufsucht. Eine External-Attribution wird entsprechend daran erkannt, daß der Aktor Zusatzinformationen über die Lage des Mitarbeiters aufsucht.

Unabhängige Variablen:

Selbstaufmerksamkeit bzw. *Attributionstendenz*: Das rauschfrei zu haltende Bild ist entweder das via Kamera auf den Computerbildschirm wiedergegebene Spiegelbild des Bearbeiters, oder das bewegte Bild eines fremden Bearbeiters. In der Selbstaufmerksamkeitsbedingung wird dazu eine Videokamera so auf den Bearbeiter gerichtet, daß das Bild seines Gesichtes gut im Aufgabenmaterial zu sehen ist.

Selbst- vs. Fremdverantwortlichkeit: Entweder der Zielpunkt wird verloren, weil der Computermitarbeiter Fehler macht, oder er wird verloren, weil der Bearbeiter Fehler macht. Wenn der Mitarbeiter die Fehler macht, ist die Aufgabe für den Bearbeiter sehr leicht eingestellt. Wenn der Bearbeiter die Fehler macht, ist die Aufgabe für ihn schwer eingestellt und der Mitarbeiter macht keine Fehler.

Günstige *Erfolgserwartung* wird durch einen hohen Teilzielerreichungsgrad (TEG), ungünstige durch einen niedrigen Teilzielerreichungsgrad induziert. Ob dies wirksam ist, wird in den Probeaufgaben überprüft.

3.5.4 Hypothesen

Ausdauer

$H_{1.1}$: Die Carver-Interaktion trifft nur bei Selbstverantwortlichkeit und Suchraumeinschränkung ein.

$H_{1.2}$: Selbstwert-Hypothese: Bei Fremdverantwortlichkeit wird bei ungünstiger Erfolgserwartung eher abgebrochen als bei günstiger Erfolgserwartung. In der Neutralbedingung wird weniger ausdauernd gearbeitet als in der Selbstaufmerksamkeitsbedingung. Bei Selbstverantwortung wird eher abgebrochen als bei Fremdverantwortung.

$P_{1.3}$:[1] Ausdauer-ist-gleich-Suchdauer-Hypothese: Bei Fremdverantwortlichkeit wird bei heteronomer Attributionstendenz und günstiger Erfolgserwartung ausdauernder als bei ungünstiger Erfolgserwartung gearbeitet. Bei autonomer Suchtendenz wird in den beiden Erfolgserwartungsbedingungen etwa gleich lange gearbeitet.

Internalität

$H_{1.4}$: Induzierte Selbstaufmerkamkeit bewirkt höhere Internalität über die Bearbeitungszeit hinweg als in der Neutralbedingung gezeigt wird.

$H_{1.5}$: In der Selbstverantwortlichkeitsbedingung ist der Anteil der Internal-Attributionen höher als in der Fremdverantwortlichkeitsbedingung.

3.5.4 Design und Stichprobe und Ablauf

Erfolgserwartung und Selbst- bzw. Fremdverantwortlichkeit werden jeweils zweistufig within variiert. Selbstaufmerksamkeit bzw. Attributionstendenz wird, wie habitueller Attributionsstil im Experiment 'Suchraumeinschränkung', between variiert.

3.5.4.1 Erster Experimentalblock zur Erhebung der Erfolgserwartung

Die Manipulationskontrolle der Erfolgserwartungsinduktion erfolgt im Within-design mit den zweistufigen Faktoren Teilzielerreichungsgrad (TEG) und Verantwortlichkeits-Bedingung an 'Probeaufgaben' vor den Experimentalaufgaben des Hauptexperiments. Darauf aufsetzend wird zusätzlich eine dreistufige Meßwiederholung angelegt, um zu ermitteln, ob die Erfolgserwartung im Bearbeitungsverlauf der unlösbaren Aufgaben wie erwartet abnimmt.

3.5.4.2 Zweiter Experimentalblock zur Erhebung von Ausdauer und Internalität

Erfolgserwartung und Onlineattributionsinformation werden wiederum within variiert. Attributionstendenz wird between variiert, obwohl dies bei Induktion über das elektronische Spiegelbild nicht grundsätzlich erforderlich wäre. So ist das Design zum vorherigen Experiment mit habitueller Selbstaufmerksamkeit resp. Attributionstendenz vergleichbar. Zur Prüfung von $H_{1.1}$ wird ein

[1] Die vorliegene Formulierung ist eine spätere Einsicht. Sie wird nur zum besseren Verständnis zusammen mit den Hypothesen aufgeführt und wie diese behandelt (siehe Vorwort). Der Buchstabe P kommt von Post-hoc-Erklärung, denn darum handelt es sich.

2×2-Design mit den Faktoren Erfolgserwartung und Selbstaufmerksamkeit in der Bedingung 'Selbstverantwortlichkeit' gerechnet. Zur Entscheidung über $H_{1.2}$ und $P_{1.3}$ wird dasselbe Design für die Fremndverantwortlichkeitsbedingung gerechnet. Bezüglich Internalität wird für die Hypothesen $H_{1.4}$ und $H_{1.5}$ das 2×2×2-Gesamtdesign mit allen drei Faktoren Erfolgserwartung, Selbstaufmerksamkeit und Verantwortlichkeit gerechnet.

3.5.4.3 Stichprobe

Die Stichprobe besteht aus 50 studierenden Frauen und Männern der Universität Hamburg und der Universität der Bundeswehr. Die belegten Fächer waren Pädagogik, Psychologie, Elektrotechnik, Geschichte und Wirtschaftswissenschaften. Das mittlere Alter lag bei 27, der Range zwischen 21 und 58 Jahren. Teilweise wurden sogenannte Versuchspersonenbescheinigungen vergeben, die als ein Teil der Nachweise zur Zulassung zum Vordiplom in Psychologie benötigt werden. Die Teilnahme war freiwillig. Die Anwerbung erfolgte durch die Versuchsleiter. Diese waren bezüglich Hypothesen und within variierten Treatments blind, nicht aber bezüglich der Selbstaufmerksamkeitsinduktion. Die Zuordnung zu den Bedingungskombinationen erfolgte ebenso per Zufall wie deren Abfolge. Das Experiment fand im März und April 1996 statt.

3.5.4.4 Ablauf

Der Ablauf erfolgt wie in den vorhergehenden Experimenten, mit dem Unterschied, daß nach der Demonstrationsaufgabe eine Experimentalphase nur zur Erfassung der Erfolgserwartung, bestehend aus vier Aufgaben, eingeschoben ist. Erst danach wird durch den Versuchsleiter die Kamera hervorgeholt, über einen Videorekorder angeschlossen, justiert und eingeschaltet. Er gibt dabei vor, daß er dies Kamerabild nur als Notlösung jetzt in das Aufgabenmaterial einspielt, weil das eigentlich zu verwendende Videoband nicht verfügbar sei. In der Neutralbedingung legt der Versuchsleiter das Videoband nach längerem Suchen danach (was in etwa so lange dauert, wie das Aufbauen der Kamera) in den vorbereiteten Videorekorder ein und startet die Wiedergabe. In der Neutralbedingung ist von einer Kamera nichts zu sehen. Es folgt die Experimentalphase zur Erfassung von Ausdauer, Auszeit und Internalität. Der Abschluß erfolgt wie immer durch ein Debriefing.

3.5.5 Ergebnisse

3.5.5.1 Erfolgserwartungsmanipulation

Die Diagramme in Abb. 3.5.1 zeigen in allen Bedingungen eine Abnahme der Erfolgserwartung vom ersten zum dritten Meßzeitpunkt ($F(1,36) = 37.468$; $\alpha < 1\%$). Sowohl bei Fremd- , wie bei Selbstverantwortlichkeit ist die Erfolgserwartung bei niedrigem Teilzielerreichungsgrad (TEG) deutlich ($F(1,36) = 9.189$; $\alpha < 1\%$) niedriger als bei hohem Teilzielerreichungsgrad.

Die Verantwortlichkeitsmanipulation hatte keinen Einfluß auf die Erfolgserwartung (F(1,36) = 0.194).

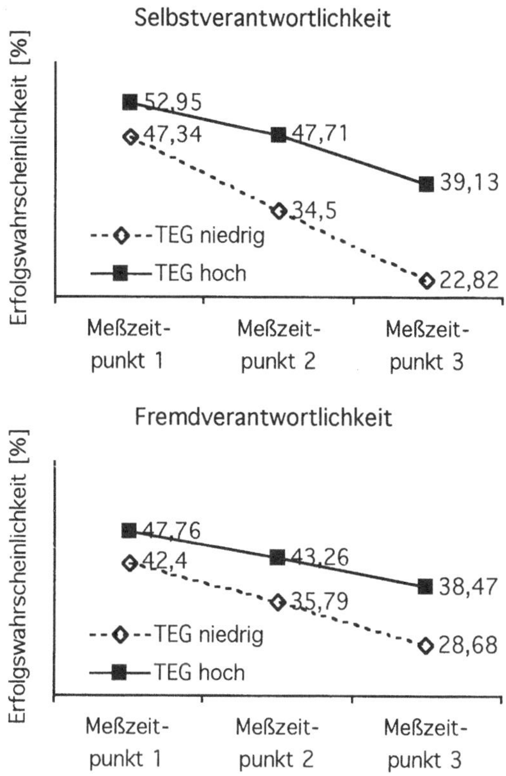

Abb. 3.5.1 Erfolgserwartung im Verlauf der Probeaufgaben.

Es zeigt sich der erwartete lineare Trend; je später die Messung erfolgt, desto niedriger die Erfolgserwartung: F(2,35) = 23.564; $\alpha < 1\%$. Dabei ist dieser Zusammenhang bei Induktion günstiger Erfolgserwartung hypothesenkonform weniger ausgeprägt, als bei ungünstiger Erfolgserwartung: F(2,35) = 3.363; $\alpha < 5\%$.

3.5.4.2 Manipulationskontrolle der Verantwortlichkeitsinduktion - Testung bezüglich $H_{1.5}$

Wenn die Bearbeitungsinformation auf Verantwortlichkeit des Bearbeiters für den aktuellen Zielpunktverlust hindeutet, wird eher die eigene Hilfetaste gedrückt gehalten; wenn die Bearbeitungsinformation auf Verantwortlichkeit des Computermitarbeiters für den aktuellen Zielpunktverlust hindeutet, wird eher dessen Hilfetaste gedrückt gehalten (t(47)= 8.991; α <1%). Die Manipulation der erlebten Verantwortlichkeit ist also gelungen.

Gleichzeitig bedeutet dies, daß in Situationen, in denen der Bearbeiter Aktor ist, eher internal attribuiert wird, während in Situationen, in denen jemand anderes Aktor ist, eher external attribuiert wird. Aufgrund dieses Befundmusters ist die entsprechende Nullhypothese zu verwerfen und die $H_{1.5}$ anzunehmen.

Im weiteren werden nur die Ergebnisse der Teilstichprobe berichtet, bei der diese Manipulationen nicht paradox gewirkt haben. Solch eine paradoxe, also entgegengesetzte, Wirkung war einerseits eine zu jedem Meßzeitpunkt unter 50% liegende Erfolgserwartung bei hohem Teilzielerreichungsgrad. Andererseits gab es auch Probanden, die in einer der Verantwortlichkeitsbedingungen jeweils ein entgegengesetztes Verhältnis von Selbst- zu Fremdverantwortlichkeitszuschreibungen realisiert haben. Ausgeschlossen wurden alle Probanden, bei denen eine oder beide Manipulationsarten entgegengesetzt gewirkt haben. Selbst diese Minimalforderung erfüllten nur 11 der 50 Probanden.

3.5.4.3 Ausdauer

Das linke Ergebnisdiagramm in Abbildung 3.5.2 zeigt in der Selbstverantwortlichkeitsbedingung die vorhergesagte Carver-Interaktion, die hier aber nur als Trend statistisch abgesichert werden kann (F(1,9) = 2.750; α < 7%). In der Selbstverantwortlichkeitsbedingung ist darüber hinaus auch ein Haupteffekt Erfolgserwartung (F(1,9) = 5.821; α < 2%) zu verzeichnen. Der Haupteffekt Suchtendenz ist insignifikant (F(1,9) = 2.981; α < 12%). Die Nullhypothese $H_{0.1}$ ist zu verwerfen und die Alternativhypothese $H_{1.1}$ anzunehmen.

Das rechte Ergebnisdiagramm zeigt das Befundmuster in der Fremdverantwortlichkeitsbedingung. Die Haupteffekte Erfolgserwartung (F(1,9) = 0.770; n.s.), Suchtendenz (F(1,9) = 0.000; n.s.) und im dreifaktoriellen Design auch der Haupteffekt Verantwortlichkeit (F(1,9) = 1.443; n.s.) sind insignifikant. Die Nullhypothese $H_{0.2}$ bezüglich der Selbstwerterhaltungs-Annahme ist beizubehalten. Die Interaktion mit höherer Ausdauer bei günstiger Erfolgserwartung gegenüber niedriger Ausdauer bei ungünstiger Erfolgserwartung jeweils bei heteronomer Suchtendenz und dem umgekehrten Verhältnis bei autonomer Suchtendenz ist signifikant (F(1,9) = 7.451; α < 2%). Dies Ergebnis hat auch zu der Erklärung in $P_{1.3}$ geführt.

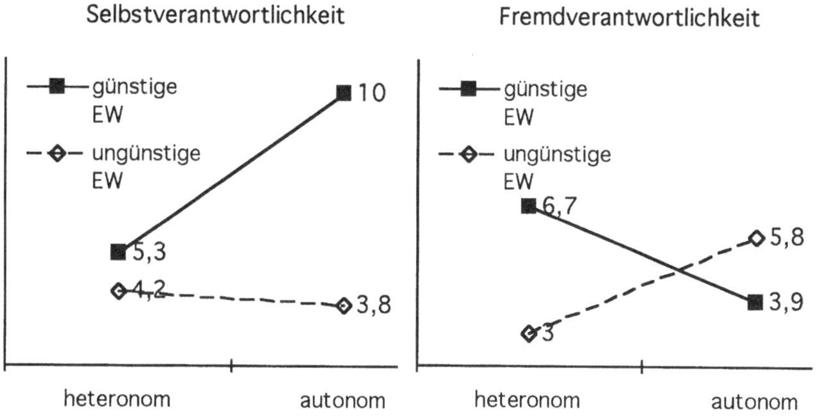

Abb. 3.5.2 Ausdauer (in Minuten) im zweiten Experimentalblock.

3.5.4.4 Internalität der Ursachenzuschreibung

Bezüglich Hypothese $H_{1.4}$ zeigen beide Verantwortlichkeitsbedingungen gleichermaßen einen höheren Anteil an internal-Attributionen bei autonomer Suchtendenz. Dieser Haupteffekt ist signifikant ($F(1,9) = 5.031$; $\alpha < 3\%$), daher ist die entsprechnde Nullhypothese zu verwerfen und die Alternativhypothese $H_{1.4}$ anzunehmen.

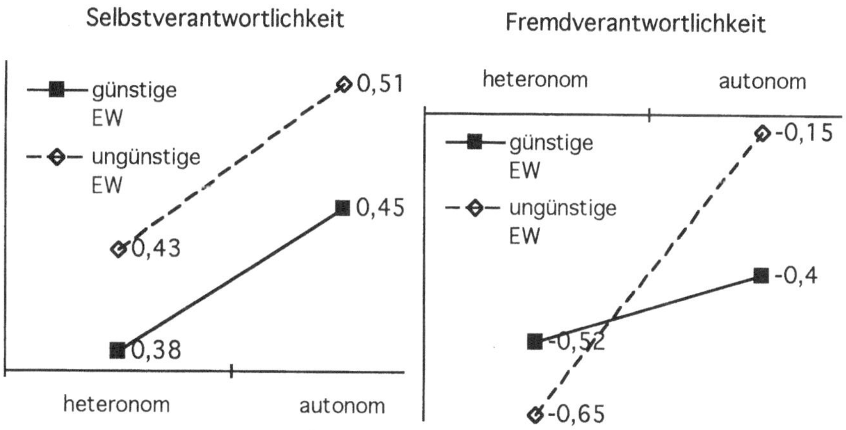

Abb. 3.5.3 Internalität der Ursachenzuschreibung im zweiten Experimentalblock: im positiven Bereich bei Selbstverantwortlichkeit und im negativen Bereich bei Fremdverantwortlichkeit.

Man beachte bezüglich der Hypothese $H_{1.5}$ (siehe oben Kap. 3.5.4.2), daß der Anteil internaler Attributionen bei Selbstverantwortlichkeit im positiven, bei

Fremdverantwortlichkeit aber im negativen Bereich liegt. Die Testung bezüglich $H_{1.5}$ erfolgte freilich vor Selektion entlang der Manipulationskontrolle (und ist deshalb in Kap. 3.5.4.2 enthalten). Im vorliegenen Design mit Selektion ist zusätzlich noch der Haupteffekt Erfolgserwartung (F(1,9) = 5.821; $\alpha < 2\%$) und der Interaktionseffekt Attributionstendenz× Erfolgserwartung (F(1,9) = 4.619; $\alpha = 6\%$) signifikant.3.5.5 Diskussion der Ergebnisse

3.5.5.1 Manipulationskontrollen

Die Manipulation der Erfolgserwartung kann anhand der Erfolgserwartungseinschätzungen aller Bearbeiter als noch gelungen angesehen werden. Allerdings ist das Ziel einer deutlich über 50% liegenden Erfolgserwartung, zumindest während des ersten Drittels der Aufgabe, nicht erreicht. Die Vorhersage von Dahme et al. (1993) (siehe Kap. 2.4.4.7) sensu Feather (1963) ist eingetroffen. Die Erfolgserwartung sinkt im Laufe der Bearbeitung.

Auch die Manipulationskontrolle bezüglich der Verantwortlichkeitsinduktion zeigt, daß, alle Bearbeiter in Betracht gezogen, diese Induktion gelungen ist. Wie erwartet, sind die Bearbeiter demnach nicht prinzipiell frei in ihren Attributionen (siehe Kap. 2.2.1), sondern folgen den Informationen, die zur Verfügung stehen. Wenn sie selbst schuld am Zielpunktverlust sind, attribuieren sie eher internal, wenn der Mitarbeiter schuld ist, external.

Anhand dieser beiden Manipulationskontrollen wurde eine Selektion der Stichprobe vorgenommen (siehe vorheriges Teilkap.), nach der nur 20% der ursprünglichen Stichprobe für die weiteren Analysen zur Verfügung stehen. Bei allen anderen Bearbeitern funktionierte eine oder beide Manipulationen nicht. Das Setting mit dem emulierten Computermitarbeiter ist anscheinend zu künstlich. Alle weiteren Befunde unterliegen also der Einschränkung, daß sie nur für die Probanden gelten, bei denen die Manipulationen nicht mißlungen sind. Das Kriterium für 'mißlungen' ist, das eine oder beide Induktionen entgegengesetzt gewirkt haben, also z.B. ein Bearbeiter in der ungünstig-Bedingung durchweg Erfolgserwartungen über 50% angegeben hat.

3.5.5.2 Internalität der Ursachenzuschreibung

Die während der Aufgabenbearbeitung gemachten Ursachenzuschreibungen sind, wie vorhergesagt, in der Selbstaufmerksamkeitsbedingung internaler als in der Neutral-Bedingung. Dies bekräftigt die Auffassung, daß Selbstaufmerksamkeit, zumindest in den hier hergestellten Bedingungen, durch eine Manipulation der Suchtendenz in autonome Richtung wirksam ist. Dadurch wird sie zu einem Bestimmungsstück in der Suchraumpartitionierung und ihre Wirkung kann durch die Ausdauer-ist-gleich-Suchdauer-Annahme vorhergesagt werden.

Das hier verwendete Online-Erhebungsverfahren umgeht die generellen Probleme für eine Erhebung von Attributionen in Ausdauersettings. Diese bestehen in einem generellen Bias zu Entschuldigungsattributionen nach dem Scheitern an der Aufgabe. Die Nachbefragung nach Experiment 'Standard' hatte ergeben, daß dieser Bias um so ausgeprägter ist, je selbstwertrelevanter das Scheitern durch Selbstaufmerksamkeitsinduktion ist. Auf die Willensentscheidung zum Abbruch, die freilich vor dem beobachtbaren Abbruch liegt, hatten die selbstwertrelevanten Aspekte der Selbstaufmerksamkeitsinduktion nicht gewirkt. Daher ist die Nullhypothese bezüglich der Selbstwert-Hypothese beibehalten worden. Demgegenüber scheint Antwortverhalten nach dem Scheitern für selbstwertrelevante Aspekte der Selbstaufmerksamkeitsinduktion sensitiv zu sein. Dies zeigte sich in der Befragung nach Experiment 'Standard'.

Die aktuellen Ergebnisse zeigen außerdem, daß Mißerfolg die Selbstaufmerksamkeit erhöht. Dies gilt aber nur unter der Voraussetzung, daß auch der umgekehrte Schluß von gefundener erhöhter Internalität auf erhöhte Selbstaufmerksamkeit erlaubt ist. Dieser Befund bestätigt Ergebnisse von Greenberg und Pysczynky (1986).

Aus Aktorperspektive in der Selbstverantwortlichkeitsbedingung ist der Anteil der Internal-Attributionen deutlich höher als bei Fremdverantwortlichkeit. Das zeigt die hypostasierte und gefundene Tendenz zur Internal-Attribution, wenn der Bearbeiter als Aktor in einem äquifinalen, auf das Ziel hin ausgerichteten System von Mitteln und Wegen steckt. Aktorperspektive und Äquifinalität ergeben mit dieser Attributionstendenz eine Voraussetzung für Attributionen auf die eigene Zielintention. Hinzu kommt noch, daß intentionale Erklärungen bei unvollendeten Handlungen häufiger sind als bei Handlungsergebnissen (Eggers, 1986). Dies sind drei Vorausbedingungen für die Willensattribution. Das Interessante dabei ist, daß sie immer gegeben sind, sobald ein Subjekt beginnt, ein bestimmtes Ziel zu verfolgen. Die Handlung ist unvollendet, es bestehen verschiedene, äquifinal auf das Ziel zulaufende Mittel oder Wege und das Subjekt agiert, ist Aktor. Was fehlt ist nur noch Information, die zur Wahrnehmung lokaler Kausalität führt, um als Ergebnis mit Notwendigkeit die Willensattribution zu ergeben.

3.5.5.3 Ausdauer

Die Replikation der Carver-Interaktion gelingt, wie vorhergesagt, nur in der Bedingung mit Selbstverantwortlichkeit. Damit ist Evidenz erbracht, daß es die Bearbeitungsinformationen aus Aktorperspektive sind, die den Zeitpunkt des Eintreffens des primären Willensaktes im Abbruch determinieren. Bedingung für die Carver-Interaktion ist, daß unter Informationen gesucht werden kann, die für die 'Zeitdauer der Ausdauer' eine Wahrnehmung lokaler Kausalität ermöglichen. Das ist nur aus Aktorperspektive möglich. Nur dann kann, für die mit Suchraumeinschränkung, Erfolgserwartung und Suchtendenz realisierte Suchraumpartitionierung, eine Interaktion in Gestalt der Carver-Interaktion gefunden werden. Die Zusatzspezifikationen Suchraumeinschränkung und Selbstverantwortlichkeit sind nicht mit der Handlungskontrolltheorie von

Carver (1979; Carver und Scheier, 1981) begründbar. Auch die oben beschriebene egoismustheoretische Erweiterung sensu Frankel und Snyder (1978) kann nicht alle hier erbrachten Befunde erkären.

Soweit bisher zu sehen ist und empirische Evidenz vorliegt, ist die Ausdauer-ist-gleich-Suchdauer-Annahme nicht falsch. Sie vermag auch das Befundmuster bei Fremdverantwortlichkeit zu erklären.

Die Größe des Suchraums bestimmt, wie lange gesucht wird. Dann muß für Bearbeiter mit heteronomer Suchtendenz eine durch externe Ursachenquellen manipulierte Erfolgserwartung zu einem deutlichen Unterschied zwischen günstiger und ungünstiger Erfolgserwartung führen. Wenn der zweite Aktor seinen Beitrag an der gemeinschaftlichen Zielerreichung nicht leistet, muß die Such-, also Ausdauer klein sein. Bei günstiger Erfolgserwartung ist sie durch diese externe Kausalquelle hoch. Demgegenüber ziehen Autonome nur interne Ursachenquellen bei der Suche nach lokaler Kausalität in Betracht. Eigentlich ist also zu erwarten, daß die Erfolgserwartung via externer Kausalquelle nicht wirkt und eine mittlere Suchdauer entsteht. Nach den einfachen Mittelwertunterschieden sind aber die Bearbeiter in der ungünstig-Bedingung ausdauernder als in der günstig-Bedingung. Was hier niedrige Erfolgserwartung induzieren sollte, wirkt vielleicht als ein deutlicher Leistungsunterschied zu ihren Gunsten und bewirkt, daß diese Bearbeiter dann zusätzlich Suchraum überprüfen müssen, der hohe Fähigkeiten voraussetzt. Anders verhält es sich bei einem guten Computermitarbeiter, der eigentlich, aufgrund der positiven, zielführenden externen Ursachenquelle, eine hohe Erfolgserwartung hervorrufen sollte. Hier wird sich ein Autonomer höchstens als eine Nasenlänge voraus sehen. Es könnte hier vielleicht deshalb keine so hohe Handlungsergebniserwartung entstehen, wie wenn internal orientierte Bearbeiter ihre Leistungsergebnisse alleine zu kontrollieren glauben.

Bei induzierter Fremdverantwortung entsprechen die Ergebnisse in der ungünstig-Bedingung nicht den Vorhersagen der Selbstwerterhaltungserklärung. Die Nullhypothese bezüglich der Selbstwerterhaltungserklärung ist daher beizubehalten. Es hätten hier die Bearbeiter mit ungünstiger Erfolgserwartung und zusätzlicher Selbstaufmerksamkeit am frühesten abbrechen müssen. Es ist aber umgekehrt; bei ungünstiger Erfolgserwartung sind die Selbstaufmerksamen ausdauernder als die Bearbeiter in der Neutral-Bedingung. Die Selbstwerterhaltungserklärung kann angesichts dieser Ergebnisse nicht aufrecht erhalten werden. Egal ob die Erfolgserwartungsinduktion nun den entgegengesetzten Effekt gehabt hat oder nicht. Ein durch Selbstaufmerksamkeitsinduktion forcierter Drang zum Selbstwerterhalt erklärt dies Befundmuster in keinem Fall. Damit kann die Handlungskontrolltheorie - auch mit der egoismustheoretischen Unterfütterung, die zur Formulierung der Hypothese $H_{1.2}$ geführt hat (Kap. 2.5.3), zur Erklärung der vorliegenden Befunde nicht herangezogen werden.

3.6 Überprüfung der Annahmen über den Verlauf der Bearbeitung

Es konnten die wesentlichen Behauptungen der Ausdauer-ist-gleich-Suchdauer-Annahme an den Querschnittdaten der vorhergehenden Experimente gestützt werden. Dazu mußten einige Umwege in Kauf genommen werden. Z.B. mußte zur Erklärung der Carver-Interaktion extra das Konzept Suchraumpartitionierung (Kap. 2.3.5 und 2.5.1) eingeführt werden. Auch bei der komplizierten Suchraumpartitionierung handelt es sich nur um eine Anwendung der Ausdauer-ist-gleich-Suchdauer-Annahme. Weil nun diese Annahme eigentlich eine Behauptung über den Verlauf ausdauernden Arbeitens ist, wird eine Analyse des Verlaufs wesentlich direkter die Grundannahme prüfen zu können. Ist es wirklich das Verschwinden der Wahrnehmung lokaler Kausalität, das schließlich zur Willensentscheidung zum Abbruch führt? Bei Experiment 'Verantwortlichkeit' geschah die Anwendung eines Querschnittdesigns um den Preis von 80% 'Ausfall'. Hier besteht die Frage, ob durch eine Reanalyse der Längsschnittdaten nicht nur eine direktere Prüfung der Hypothesen erfolgen kann, sondern auch, ob dies an allen Probanden möglich ist. So könnte der Geltungsbereich der Vorhersagen auf alle zur Verfügung stehenden Beobachtungseinheiten ausgeweitet werden.

Die Kernaussage der Ausdauer-ist-gleich-Suchdauer-Annahme ist systemtheoretisch, denn sie postuliert, daß die Wahrnehmbarkeit lokaler Kausalität das Führungssignal des Bearbeitungsprozesses ist. Dieses bestimmt, wie lange der Bearbeitungsprozeß überhaupt dauert (siehe Vorhersage F.4 in Kap. 2.7.5 und deren Ableitung in Kap. 2.6). Mit Sigwart (1889) wird hier davon ausgegangen, daß ein Bearbeiter nur dann einen Bearbeitungsprozeß beginnt, wenn er die Frage 'Kann ich?' bejaht. An den Querschittdaten aller vorhergehenden Experimente wurde gezeigt, daß nur so lange gearbeitet wird, wie überhaupt lokale Kausalität gesucht werden kann. Beides zusammengenommen ergibt den Eindruck, daß lokale Kausalität sozusagen das A und O des Bearbeitungsprozesses ist. Ist die Wahrnehmung lokaler Kausalität ein Führungssignal für das System aus Bearbeiter und Aufgabe?

Die Kernbehauptung heißt: *Es wird so lange gearbeitet, wie noch neue Wege und Mittel auf lokale Kausalität hin überprüft werden können.* Das wird im weiteren Suchmöglichkeits-Annahme genannt. Diese Annahme kann mit Hilfe der Informationstheorie im Längsschnitt noch viel direkter überprüft werden, als bisher an Querschnittdaten geschehen.

3.6.1 Wie sich die Suche nach lokaler Kausalität in der Informationsmenge des Bearbeitungsprozesses widerspiegelt

In folgenden wird kurz auf den Informationsbegriff eingegangen. Die bekannte Shannonsche Formel wird nur deshalb hier erwähnt, um darzustellen, wie sie auf Signalverläufe anzuwenden ist. Geschlossene Darstellungen über die Informationstheorie wie die von Attneave (1974), Mittenecker (1973) oder Coombs, Dawes und Tversky (1975) behandeln nur die Anwendung auf Querschnittdaten. Dies muß erweitert werden, damit eine Prozeßdatenauswertung möglich ist.

3.6.1.1 Der Informationsbegriff

Das Wort Information soll hier als Fachbegriff verstanden werden. Das ist wichtig zu vermerken, weil Information wie kaum ein anderes Wort der Alltagssprache in verschiedenstem Zusammenhang verwendet wird. Allen Verwendungen von 'Information' ist jedoch gemeinsam, daß sie nur dort gebraucht wird, wo noch "... ein gewisses Maß an Nicht-Wissen oder Unsicherheit besteht" (Attneave, 1974, S. 13). Als terminus technicus ist mit Information das gemeint, was diese Unsicherheit beseitigt oder reduziert. "Diese Definition hat eine wichtige Konsequenz: sobald wir imstande sind, Ungewißheit zu messen, können wir auf ähnliche Weise auch Information messen" (Attneave, 1974, S. 13). Diese Meßmethode besteht dann darin, die Anzahl an Fragen zu ermitteln, die erforderlich ist, um die Unsicherheit h über einen beliebigen Sachverhalt i zu ermitteln. Damit sich die ergebenen Anzahlen vergleichen lassen, werden einfach nur Fragen zugelassen, auf die nur mit 'ja' oder 'nein' geantwortet werden kann. Bei n gleichwahrscheinlichen Ja- oder Neinbeantwortungen gilt $h = ld\, n$. Wenn mehrere Sachverhalte erfragt werden, ergibt sich als durchschnittliche Unsicherheit h oder Entropie das folgende Maß aus den Anzahlen der jeweils erforderlichen Ja-Nein-Fragen n_i:

$$h = ld\, n - \frac{1}{n} \sum_i n_i \, ld\, n_i$$

Es handelt sich dabei um das Informationsmaß nach Shannon (1948), nämlich um den gewogenen Durchschnitt der mit den einzelnen Alternativen zusammenhängenden Unsicherheitsreduktionen und ist entsprechend inhaltsunspezifisch. Die hier verwendete Formel ist von Attneave (1974, S. 73) übernommen und hat den Vorteil, nur von Häufigkeiten auszugehen, wo in der ursprünglichen Formulierung mit Wahrscheinlichkeit operiert wird.

Die Inhaltsunspezifität ist gleichzeitig größter Vor- und Nachteil dieses Informationsmaßes. Einerseits erlaubt dies, Informationen vom Inhalt abstrahiert zu vergleichen. Das ist etwa dann von großem Vorteil, wenn es um die Frage geht, wieviel Information ein bestimmtes Speichermedium aufnehmen kann. Die Inhaltsunspezifität ist andererseits von Nachteil, wenn man von der übermittelten Informationsmenge darauf schließen will, was der Empfänger damit tut; also das Informationsmaß zur Verhaltensvorhersage nutzen möchte. Dieses Manko der Inhaltsunspezifiziertheit muß in irgendeiner Form neutralisiert werden, sonst kann das Shannonsche Informationsmaß hier nicht verwendet werden. Hier geht es ja um Verhaltensvorhersage. Was hier versuchen wird, ist Bedeutung, Sinn, aus dem herauszulesen, was der Bearbeiter an inhaltsleerer Information bekommt. Besteht die Möglichkeit, Sinn aus schierer Informations*menge* heraus destillieren zu können?

Eine Möglichkeit ist, den Informationsbegiff inhaltsspezifisch zu machen. Die andere Möglichkeit besteht darin, die ganze Beobachtungssituation so zu gestalten, daß ein inhaltsunspezifisches Informationsmaß zur Überprüfung der Suchmöglichkeits-Annahme hinreichend ist. Um beide Möglichkeiten ausschöpfen zu können, ist es erforderlich, zusätzlich noch das Konzept der Transferinformation einzuführen. Dabei handelt es sich um die Schnittmenge zweier (oder mehrerer) Entropien z und x. Die Berechnung erfolgt nach

$$h_{T(z;x)} = h(z) + h(x) - h(z,x) \quad ,$$

wobei $h(z,x)$ die Gesamtinformation ist, also die Vereinigungsmenge der beiden als Teilmengen gedachten Entropien z und x.

Nach von Eye und Hussy (1981) kann Transferinformation wie ein Kreuzkorrelationskoeffizient (siehe z.B. Kendall und Ord, 1990) betrachtet werden. Sie gibt den Betrag übertragener Information an. Damit bezeichnet sie so etwas wie die Konsistenz der 'Beantwortung'. Das ist im vorliegenen Anwendungsfall die Input-Entropie 'beantwortet' durch die Output-Entropie des Information verarbeitenden Systems 'Bearbeiter'. Während die Entropie eines einzelnen Signals um so kleiner wird, je ungleich verteilter die zugrundeliegenden Signalkategorien sind, ist Transferinformation ein Maß für die Konsistenz, mit der Signalkategorien aus den beteiligten Teilmengen gemeinsam auftreten.

Bisher wurde so getan, als ob die Informationsmenge nur für einen Zeitpunkt berechnet werden soll. Hier ist aber ein Entropieverlauf zu erfassen. Dies erfolgt nach der folgenden Formel:

$$h_{t_j} = ld\; n_{t_j} - \frac{1}{n_{t_j}} \sum_i n_{i_{t_j}}\; ld\; n_{i_{t_j}}$$

Wobei t_j mit $j = 0 .. T_{Abbruch}$ die Meßzeitpunkte aus dem echtzeitgetreu (siehe Kap. 3.1.7) erfaßten Bearbeitungsprozeß sind.

3.6.1.2 Inhaltsspezifischer Informationsbegriff

Oft wird Semantik in das Maß der Unsicherheit h eingefügt, indem von Situationen ausgegangen wird, "...wo es extensional bestimmte Klassen von Gegenständen einfach 'gibt' und wo Symbole dieser Klassen einfach 'bedeuten' können" (Jaeger, 1996, S. 166). Das ist auch im vorliegenen Fall so, denn für welchen Inhalt das Signal 'Zieldistanz' (z.B. '12 von Ziel entfernt') steht, ist intersubjektiv, kann nur in einer Bedeutung verwendet werden und ist für den Bearbeiter immer sichtbar, d.h. verfügbar. Das wäre zunächst nur ideal für ein sogenanntes Anzeichen (siehe Kap. 2.6.1.1). Darüber hinaus ist Zieldistanz in der Instruktion aber auch senderseitig semantisiert. D.h. eine molekulare Bedeutung ist vom Sender zugewiesen worden. Deshalb darf Zieldistanz als *Zeichen* benannt werden. Diese zugewiesene molekulare Bedeutung ist sensu Morris (1964) präskriptiv, d.h. hat zum Gehalt, was auf dies Zeichen hin getan werden muß. Das muß gleich noch präziser gefaßt werden, denn der präskriptive Gehalt ist noch nicht die Semantik, die in das noch inhaltsunspezifische Informationsmaß 'implantiert' (Haken, 1986; siehe Kap. 2.6.1.3) wird. Soll doch nicht die Reaktion 'Zieldistanz reduzierendes Verhalten' auf das Anzeichen 'Ziel ist distant' hin vorhergesagt werden, sondern Kriterium ist, wie lange dies versucht wird: Ausdauer.

Der Ansatz der direkten Setzung der präskriptiven Bedeutung des Zeichens 'Zieldistanz' ist nur so tragfähig, wie wirklich intersubjektiv Einigkeit über Bedeutungszuordnungen besteht. Im Falle Zieldistanz handelt es sich jedoch um ein 'mehr oder weniger'. Für den einen Bearbeiter ist eine Zieldistanz von 10 'weit entfernt vom Ziel', für den anderen schon 'ganz nahe dran'. Daher wird vom Standpunkt ausgegangen, daß sich Bedeutung dadurch erschließt, was ein zunächst inhaltsneutrales Signal beim Rezipienten bewirkt.

Das heißt hier: Konkrete Zieldistanzen bedeuten das, was sie an Reglereingaben in der Trackingaufgabe beim Bearbeiter bewirken. Damit wird einerseits Anschluß auch an Hakens (1986) Ansatz gefunden. Andererseits braucht, wegen des overten Outputs der Bearbeiter, nicht auch die Modellierung nachvollzogen zu werden, die von Haken und Haken-Krell (1989; siehe auch Kap 2.6.1) empfohlen wird.

Im vorliegenden Anwendungsfall sind die auf dem Computerbildschirm dargestellten Rauschstufen die *signifier* und die damit dargestellte einzelne Zieldistanz das *signified.* Die senderseitig zugewiesene 'Bedeutung' bekommen die Rauschstufen aber als Repräsentamen (potentielle Zeichen) erst, indem dem Interpret per determinierender (Ach, 1910) Instruktion mitgeteilt wird, das Repräsentamen in bestimmter Weise zu interpretieren. Die einzelne Rauschstufe ist dadurch zu einem senderseitig semantisierten molekularen Zeichen für die gerade erreichte Zieldistanz geworden; also mit nur dieser zugewiesenen, eingeschränkten Bedeutung. Dabei wird die interaktive Experimentalanordnung am Computer als Sender, und der Bearbeiter als Empfänger gedacht. Im Ganzen stellt sich die Situation also konkret wie folgt dar: Wenn die Experimentalanordnung im Computer den Bearbeitern vorhersagt: "Rauschstufe 'Mittel' steht für 'mittel weit weg vom Ziel' und das heißt für dich Bearbeiter, daß du die Zieldistanz verringern sollst!", dann ist vom Experimentalprogramm als Sender mit dem Bearbeiter als Empfänger ein Zeichen nebst Zeichengebrauch vereinbart. Das Experimentalprogramm kommuniziert mit dem Bearbeiter mit senderseitig sematisierten Zeichen eingeschränkter 'molekularer Bedeutung'.

In dem Aufsatz 'How to Make our Ideas Clear' (1878), der 1907 von William James zur Geburtsurkunde des Pragmatismus erklärt wurde, hat Charles Sanders Peirce folgendes formuliert, das als ein Ursprung der (auch von Haken (1986) sowie Haken und Haken-Krell (1989) nachvollzogenen) Idee gelten kann, wonach sich die Bedeutung von etwas aus seinem Gebrauch erschließt: "... for what a thing means is simply what habits it involves" (S. 288).

Die vom Sender zugewiesene Bedeutung des Zeichens Zieldistanz z ist die Aufforderung, diese Zieldistanz zu reduzieren. Der *Sinn des ganzen Verlaufs* der Zieldistanzänderungen ist daraus ablesbar, was der Bearbeiter daraufhin unternimmt. Und das ist immer durch die Reglereingaben x des Bearbeiters beobachtbar; es ist *overt* in einer Trackingaufgabe. Weil es sich um Tracking handelt, ist es legitim schlußzufolgern, daß sich intendiertes Zieldistanzreduzieren und tatsächlich ausgeführte Reglerbewegung praktisch nicht unterschieden. Daß es sich bei 'Zieldistanz' um Zeichen mit sensu Morris (1964) präskriptivem Gehalt handelt, ergibt sich in Präzisierung Morris' erst durch die Determinierung in Richtung auf Zieldistanzreduktion via Instruktion, z.B. den Zielpunkt 10 Sekunden zu halten. Erst dann ist intersubjektiv, was Zieldistanz präskribiert; was zu tun ist. Eben dies ist Voraussetzung, um eine übergeordnete molare Bedeutung 'Aufhören!' aus dem Gebrauch der Zeichen 'Zieldistanzen' ableiten zu können.

Sinn kann sich aber nur einstellen, wenn der Bearbeiter mehr weiß als die aktuelle Zieldistanz. Würde doch sonst davon ausgegangen, daß der Bearbeiter kein Gedächtnis von den vorhergehenden Zieldistanzen hat, die sensu Morris (1964) den Kontext bilden, in dem nur die Semiogenese stattfinden kann. Und natürlich hat der Bearbeiter aus diesem Kontext sich ergebene Wahrnehmungen. Z.B. 'schnelle Zielannäherungen', also ein Gefühl für Geschwindigkeit der Zieldistanzänderung, oder 'plötzlicher Zielverlust', was so etwas wie Beschleunigung beinhaltet.

Um diese Aspekte mit zu berücksichtigen, muß das Signal aus den Zieldistanzen vom Zeitpunkt t_0 und zurückliegenden Zeitpunkten bestehen. Das Lösungskriterium ist: 'halte den Zielpunkt 10 sec'. Deshalb ist es praktisch, in den zum Signal gehörigen Zieldistanzen zu jedem Zeitpunkt den aktuellen plus alle Zieldistanzen, bis 10 Sekunden rückwärts, zu berücksichtigen. Es wird zwar 10 mal pro Sekunde Zieldistanz und Reglergeschwindigkeit erhoben, aber nur eine Beobachtung pro Sekunde in den zehnelementigen Vektor gestellt. Die sich dabei ergebenen Zieldistanzmuster in einem solchen Zeitpunktevektor geben ein Abbild der Geschwindigkeit und Beschleunigung der Zieldistanzänderungen in den jeweils vergangenen 10 sec. Wenn das einfache Signalinventar Z aus den Zieldistanzen $z_0 .. z_{100}$ besteht, dann entsteht das multiple

Signal Z^{t_0} .. $Z^{t_{-9}}$, mit den Zieldistanzen zu den Zeitpunkten t_0 bis t_{-9}. Dies hat den positiven technischen Effekt, daß etwaige statistische Abhängigkeiten in Mustern aus Zieldistanzen (einer bestimmten Zieldistanz folgt mit höherer Wahrscheinlichkeit eine benachbarte als eine weiter entfernte) beim Berechnen der Entropie nicht bedacht zu werden brauchen, weil die Mustersorten untereinander prinzipiell unabhängig sind.

Die Zieldistanzen (Z^{t_0} .. $Z^{t_{-9}}$) wie auch die Reglerbewegungen (X^{t_0} .. $X^{t_{-9}}$) werden so mit sich selbst in Kontext gesetzt. Es kann jetzt mit Charls W. Morris' (1964/1975) von der fünfstelligen Relation der Semiosis ausgegangen werden.

> Die Semiosis (oder der Zeichenprozeß) wird als fünfstellige Relation aufgefaßt - *v, w, x, y, z* -, in der *v* in *w* die Disposition hervorruft, in einer gewissen Weise *x* auf eine gewisse Objektart *y* (die dann nicht als Reiz wirkt) unter gewissen Bedingungen *z* zu reagieren. In den Fällen, wo diese Relation gilt, sind die *v's Zeichen*, die *w's Interpreten*, die *x's Interpretanten*, die *y's Bezeichnungen* und die *z's* die *Kontexte*, in denen die Zeichen vorkommen (S. 200).

Auf den konkreten Fall des hier realisierten Untersuchungsansatzes bezogen heißt das: Die Bearbeiter sind die *Interpreten* und deren Determinierung zur Zielpunktverfolgung (siehe oben) ist der *Interpretant* (Regel, nach der interpretiert wird). Im *Kontext* vorheriger Zieldistanzen werden die Rauschzustände als *Zeichen* für die Zieldistanzen als *Objekte* verwendet.

Die dritte Stelle der Relation - der Interpretant - ist dann das, was Peirce in obigen Zitat 'habit' genannt hat, nämlich was der Input beim Interpreten qua determinierter Disposition bewirkt. Der Bearbeiter entnimmt dann dem einzelnen Bildzustand als Zeichen die präskribierende Zieldistanz als Signifikant. Dies wird im Kontext mit den gerade vergangenen einzelnen Zieldistanzzeichen und im Verein mit den Reglergeschwindigkeitsmustern zu einem empfängerseitig semantisierten molaren Anzeichen für das Ausmaß der lokalen Kausalität. Dieses Anzeichen für lokale Kausalität wird für den Bearbeiter im Verlauf immer schwerer als solches zu interpretieren, weil ja kaum lokale Kausalität wahrgenommen werden kann - bei einer nahezu unlösbaren Aufgabe. Der bisherige Sinn 'Zielerreichen!' schlägt dann irgendwann um in den spontan entstehenden Sinn 'Aufhören!'.

3.6.1.3 Ausnutzung der Inhaltsunspezifiziertheit, um Gesamtaussagen über den zugrundeliegenen Prozeß machen zu können

i) Vollständigkeit der Beobachtung
Mit dem multiplen Signal ist eine recht vollständige Beobachtung erreicht. Tatsächlich kann sie praktisch nicht weiter angereichert werden, ohne eine kombinatorische Explosion zu bewirken. Der zehnelementige Zieldistanzvektor und der ebenso mächtige Reglerbewegungsvektor ergeben zusammen be-

reits $10^5 \cdot 10^4$ Kombinationsmöglichkeiten, wenn fünf Zieldistanz- und vier Reglergeschwindigkeitsstufen zugelassen werden. Diese können alle auftreten und müssen in der Berechnung der Transfer-Entropie berücksichtigt werden. Mehr ist mit den zur Verfügung stehenden Computern kaum möglich. Dennoch wird nicht alles erfaßt. Alles, was z sonst noch bewirkt, wie z.B. negative Emotion bei wiederholt großem *z*, wird hier als irrelevant betrachtet. Insofern wird sich hier mit einem Ausschnitt der Bedeutung von *z* begnügt. Diese Bedeutung steckt in der Transferinformation $h_{T(z;x)}$ von *z* nach *x*. Freilich wird nur die Menge gemessen und nicht etwa welcher Inhalt im einzelnen.

ii) Wie soll beurteilt werden, ob die Transferinformation wirklich die Bedeutung trägt?

Was fehlt, ist ein Außenkriterium, das Aussagen darüber erlaubt, ob das so gebildete Informationsmaß wirklich Sinn widerspiegelt. Da mit Vollständigkeit der Beobachtung argumentiert wird, kann es sich nicht um einen weiteren Parameter aus dem Prozeß handeln. Andererseits kann sich Sinn nur in dem Kontext als solcher erweisen, in dem er entsteht. Dieses Außenkriterium ist der Zeitpunkt, an dem die Zielintention 'Zielerreichen!' in die Zielintention 'Aufhören!' umschlägt, also der Zeitpunkt der Willensentscheidung zum Abbruch.

Es ist nicht erforderlich zu wissen, *was* für ein Inhalt mit der Informationsmenge beschrieben wird, um zu zeigen, *daß* der Sinn in der Transferinformation von *z* nach *x* steckt. Denn die Beobachtung schließt nahezu alles mit ein, was in der Bearbeitung passiert. Weil die Aufgabe so simpel ist, muß auch nicht das Relevante vom Irrelevanten getrennt werden. Für die Frage nach der immer geringer werdenden, wahrgenommenen lokalen Kausalität ist die konservativste Vorgehensweise, alles verfügbare in das Input- und Outputsignal miteingehen zu lassen. Wenn dann der Sinn im Gebrauch dieser Zieldistanzmuster steckt, muß der Verlauf der Transferinformation zunächst ansteigen, dann aber fallen, denn es wird mit der Zeit immer sinnloser, an einer unlösbaren Aufgabe zu arbeiten.

Um Ausdauer vorherzusagen, muß man also nur wissen, wie lange die Bearbeiter brauchen, um festzustellen, daß keiner der Wege lokaler Kausalität unterliegt. Genau das spiegelt sich in der Transferinformation von *z* nach *x* wieder. Wenn die Suchmöglichkeit-Annahme zutreffend ist, inklusive der Annahme, daß der Sinn in der Transferinformation steckt, dann müßten die Bearbeiter abbrechen, wenn h nicht weiter verringert wird. Zu Beginn muß $h_{T(z;x)}$ schnell steigen. Es wird eine Bearbeitungsmethode etabliert.

Wenn $h_{T(z;x)}$ auch die vergangenen Zieldistanzen und die eigenen Reglereingaben enthält, dann ist jede mögliche Entgegnung des Bearbeiters in Form seiner Reglereingaben auf jede ihm dargebotene Zieldistanzänderung enthalten. Da reicht es mit der Informationsmenge zu argumentieren: Wenn dem Bearbeiter nämlich die Möglichkeiten ausgehen, kontingente Entgegnungen beim Aufgabenmaterial zu bewirken, beginnt $h_{T(z;x)}$ zu fallen, wo es zuvor dauernd gestiegen ist. Der Anstieg erfolgt, weil zunächst durch Übung und Gewöhnung zunehmend konsistenter, d.h. auf ähnliche Zieldistanzkombinationen immer wieder in ähnlicher Weise reagiert wird. Der Abfall des Verlaufs erfolgt, weil mit der Zeit immer mehr verschiedene Bearbeitungsmöglichkeiten ausprobiert werden, die alle nicht zu konsistenten, vom Bearbeiter beabsichtigten, Zieldistanzänderungen führen. Wenn also auf Reglerbewegungen des Bearbeiters hin das Aufgabenmaterial zunehmend weniger konsistent mit Zieldistanzveränderungen 'antwortet' - kurz: wenn keine lokale Kausalität mehr wahrgenommen werden kann - wird abgebrochen.

3.6.2 Analyse der Längsschnittdaten des Bearbeitungsprozesses

3.6.2.1 Operationalisierung des Prädiktors 'Suche nach lokaler Kausalität'

Es wird eine Klassifikationsfunktion auf den Signalstrom angewendet, weil es sonst zu einer kombinatorischen Explosion kommen würde. Die Zieldistanzen werden daher in 5 grobe Zieldistanzstufen eingeteilt. Eine ebensolche Funktion wird auch zur Klassifikation des Reglersignals angewendet. Damit hat das Zieldistanzsignal z die Signalbreite 5 und das Reglersignal x die Signalbreite 4. Jedes der beiden Signale wird zu jeden Meßzeitpunkt erhoben und zu einem Signalmuster aus der Ausprägung zum Zeitpunkt t_0 bis t_{-9} zusammengestellt. So entstehen $10^5 \cdot 10^4$ Möglichkeiten. Das heißt, es kann die Entropie nicht mit Standardmethoden berechnet werden, eine dazu erforderliche Matrix würde zuviel Speicherplatz, und ein Algorithmus, der statt des Speicherplatzes alle Möglichkeiten durchsucht, würde auch auf Hochleistungsrechnern zu lange Zeit brauchen. Nun ist es nicht so, daß hierzu nicht schon Lösungsvorschläge gemacht worden sind. So hat Shannon (1951) mit Erfolg zur Schätzung der Redundanz des Englischen, deren Berechnung ebenfalls eine kombinatorische Explosion impliziert, Versuchspersonen mit ihrem impliziten Wissen über ihre Sprache zur Schätzung instrumentalisiert. Dieser Weg steht hier aber leider nicht offen.

Es gibt aber mit heutigen Programmierparadigmen in der Programmiersprache 'C' auch Möglichkeiten zu einer komputationalen Lösung. Der in der vorliegenden Arbeit entwickelte Ansatz ist es, nur die Instanzen zu speichern, die auch tatsächlich realisiert werden, und das möglichst effizient. Dabei wird mit rekursiven Strukturen operiert, die mit Zeigern (pointers) jeweils auf das nächste Element verweisen (für ein Beispiel siehe Kernighan und Ritchie, 1990, S. 133-138). Statt einer Matrix wird also eine Kette gebildet, in der ebenso effizient gerechnet werden kann wie in einer Matrix, nur daß kein Speicherplatz verschenkt wird. Genaueres ist dem Source-Code-Listing bei Eichstaedt (in Vorbereitung) zu entnehmen.

Ein möglicher Einwand könnte so lauten: 'Transferinformation als Schnittmenge kann nie größer als die kleinste der zugrundeliegenden Mengen sein und deshalb ist es trivial, daß sie fällt. Lautet doch die Aufgabe 'erreiche das Ziel!', und das äußert sich in einer Ungleichverteilung mithin in einer gegen Ende sehr niedrigen Entropie. Daher wird auch nicht die einfache Transferinformation zugrundegelegt, sondern der *Anteil der Transferinformation an der jeweils maximal möglichen Transferinformation* verwendet.

3.6.2.2 Hypothese und deren Ableitung in Kurzform

Ausgangspunkt war die Frage: Hängt Ausdauer davon ab, wie lange der Bearbeiter durch Weiterarbeiten seine Willensattribution aufrechterhalten kann? Um Ausdauer vorherzusagen, muß also nur bekannt sein, wie lange der Bearbeiter braucht, um festzustellen, daß keiner der ausprobierten äquifinalen Wege lokaler Kausalität unterliegt. Genau das spiegelt sich in der Transferinformation wider. Wenn die hier gemachten Behauptungen wahr sind, inklusive der, daß der Sinn in der Transferinformation steckt, dann müßten die Bearbeiter abbrechen, wenn der Transferanteil nicht weiter verringert wird.

$H_{1.1}$: Der Abbruch erfolgt, wenn der Transferanteil im Verlauf über den Bearbeitungsprozeß nicht weiter fällt.

3.6.2.3 Stichprobe

Zu dieser Reanalyse wurden die Daten aller Probanden aus Experiment 'Verantwortlichkeit' zum ersten Meßzeitpunkt herangezogen. Die anderen Meßzeitpunkte wurden aus der Analyse ausgelassen. Sonst hätten kompliziertere, für Meßwiederholungsdesigns geeignete Analysemethoden verwendet werden müssen.

3.6.2.4 Ergebnisse der Analyse

Es wurde keine Selektion vorgenommen; alle Probanden des Experiments 'Verantwortlichkeit' sind mit ihrer jeweils vom Meßzeitpunkt her ersten Ausdauerzeit in die Analyse mit aufgenommen.

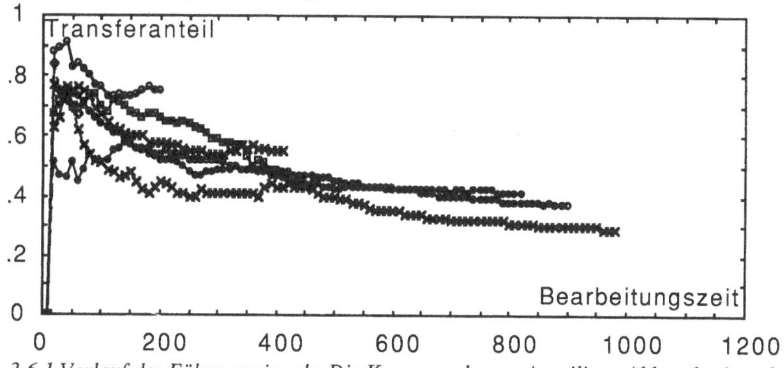

Abb. 3.6.1 Verlauf des Führungssignals. Die Kurven enden am jeweiligen Abbruchzeitpunkt.

Das Diagramm 3.6.1 zeigt einen Teil (Zufallsauswahl) der Bearbeiter in der Selbstverantwortlichkeitsbedingung, die den erwarteten fallenden Verlauf des Transferanteils aufweisen. Das Ergebnisdiagramm 3.6.2 zeigt *alle* Bearbeiter, bei denen der Verlauf kaum oder gar nicht der Vorhersage entspricht. Ein Proband zeigt z.B. bereits nach 100 Sekunden den niedrigsten Wert nach dem anfänglichen Maximum.

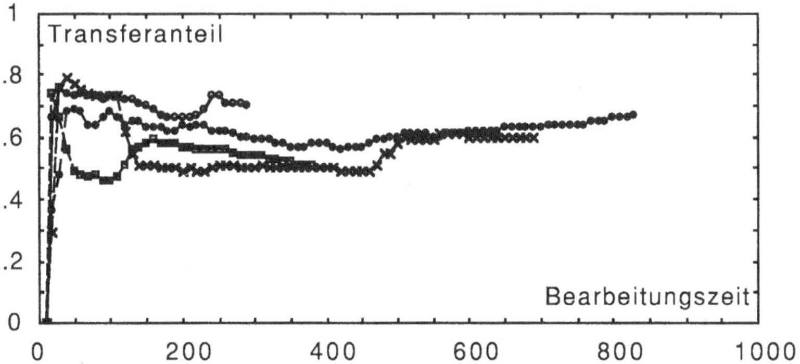

Abb. 3.6.2 Verlauf des Führungssignals bei Fällen, in denen kein Zusammenhang mit Ausdauer besteht.

Für diesen Fall lautet die transferanteil-basierte Schätzung des Zeitpunkts 100. Real wurde hier aber erst nach 385 Sekunden abgebrochen. Ähnlich krasse Fehlschätzungen bestehen auch für die anderen Fälle.

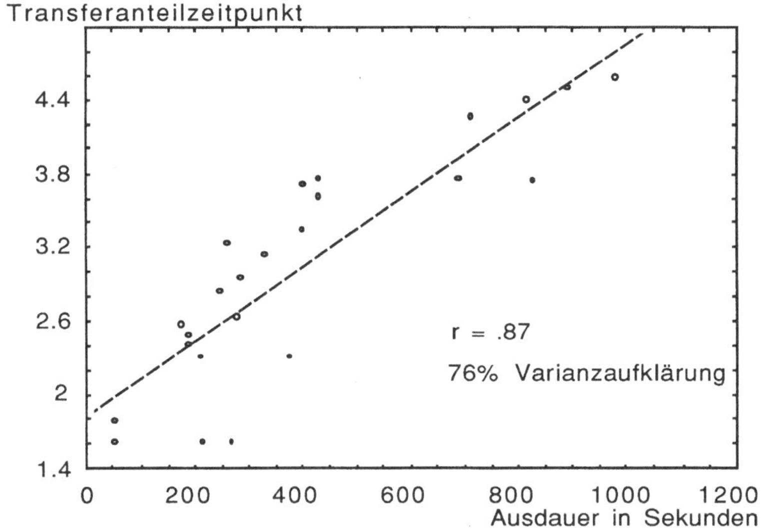

Abb. 3.6.3 Zusammenhang des geschätzten logarithmierten Abbruchzeitpunkts mit dem empirisch beobachteten Abbruchzeitpunkt.

Das Ergebnisdiagramm 3.6.3 zeigt eine einfache Regression mit dem Prädiktor Transferanteilzeitpunkt und dem Kriterium Abbruchzeitpunkt in der Selbstverantwortlichkeitsbedingung. Die geschätzten Abbruchzeitpunkte sind allerdings rechtsschief verteilt, daher werden sie per Logarithmierung schiefekorrigiert. Der Zusammenhang zwischen beiden Maßen für das Eintreffen des Sinns 'Aufhören!' erweist sich mit .87 als sehr hoch. Das entspricht einem Determinationskoeffizenten von .76. Es wird somit mehr als dreiviertel der Gesamtvarianz durch den Transferanteilzeitpunkt aufgeklärt. In der Fremdverantwortlichkeitsbedingung ist dies weniger als die Hälfte, nämlich 44%. Für alle Probanden gemeinsam können 60% der Varianz aufgeklärt werden (b= .77).

3.6.3 Diskussion der Analyseergebnisse

Der Transferanteil steigt erst schnell an und dann fällt er bei der überwiegenden Mehrheit der Bearbeiter. Dies ist keine Folge der Berechnungsmethode, wie sich allerdings nur an den vier Bearbeitern in Abb. 3.6.2 vorführen läßt. Sie zeigen, daß es in keiner Weise trivial ist, daß der Transferanteil bei der übergroßen Mehrheit der Probanden weitgehend kontinuierlich fällt. Dies ist nur aus der Ausdauer-ist-gleich-Suchdauer-Annahme ableitbar. Gemeinhin würde man annehmen, daß eine Tätigkeit, die zuvor nie ausgeführt wurde, mit der Zeit immer besser beherrscht wird. Das würde für den Transferanteil bedeuten, daß er immer weiter steigt und damit eine immer größere Konsistenz zwischen In- und Output anzeigt. Das so erhaltene Maß kann nämlich wie ein Kreuzkorrelationskoeffizent betrachtet werden (von Eye und Hussy, 1981); durch die Relativierung hat der Transferanteil einen Wertebereich zwischen 0 und 1. Der Zusammenhang über die Zeit wird also mit zunehmender Übung und Expertise nicht etwa enger, sondern immer schwächer.

Das war auch die Erwartung in dieser Ex-post-facto-Analyse. Sinn bezüglich der Willensentscheidung zum Abbruch steckt in der Transferinformation als wahrgenommene lokale Kausalität, und es wird ein als Willensentscheidung erlebter Abbruch dann gemacht, wenn dieser Sinn verschwunden ist: je eher der Transferanteilverlauf nach einem Anstieg sich einem Minimum nähert (siehe Abb. 3.6.1), desto früher wird abgebrochen. D.h. die Nullhypothese wird verworfen und statt dessen mit der Alternativhypothese $H_{1.1}$ davon ausgegangen, daß die Suchmöglichkeits-Annahme zutreffend ist.

Nun haftet diesem korrelativen Ergebnis scheinbar Trivialität an. 'Natürlich wird am niedrigsten Punkt des Transferanteilverlaufes abgebrochen, wenn der monoton fällt', könnte man kritisch einwenden. Das ist aber nur so lange trivial, wie von vornherein anzunehmen ist, daß es zu dem monoton fallenden Verlauf kommt. Das ist es aber in keinster Weise. Vielmehr ist genau das die Hypothese.

Die bestätigte Vorhersage legt nahe, daß in diesem eingeschränkten experimentellen Paradigma die Beobachtung von Sinnemergenz möglich ist. Sie kann aus dem intendierten Gebrauch der Rückmeldungen aus dem Bearbeitungsprozesses erschlossen werden. Dabei handelt es sich allerdings bisher um ein sehr grobes Verfahren, daß zumindest nicht direkt als Methode auf kognitive Intentionen (siehe Kap. 2.6) als Gegenstand adaptiert werden kann.

Neben der übergeordneten Überlegung zur Emergenz von Sinn ist die Hauptstoßrichtung der Reanalyse aber die Überprüfung der Suchmöglichkeits-Annahme. Wird wirklich nur so lange gearbeitet, wie noch neue Wege und Mittel auf lokale Kausalität hin überprüft werden können? Oder auf die hier vorgeschlagene Theorie hin gefragt: Wird die Willensentscheidung zum Abbruch in dem Moment gefällt, in dem die Informationsgrundlage für die Willensattribution 'Zielerreichen!' nicht mehr gegeben ist, nämlich die Wahrnehmung lokaler Kausalität? Wenn mit Transferanteil tatsächlich eine Operationalisierung für Wahrnehmung lokaler Kausalität gefunden ist, so kann in dieser Prozeßanalyse direkte Evidenz für die Suchmöglichkeits-Annahme beigebracht werden. Der Verlauf des Transferanteils zeigt, daß der Abbruch erfolgt, wenn die Wahrnehmung lokaler Kausalität ein Minimum erreicht hat. Entsprechend wird der Zeitpunkt der niedrigsten Ausprägung des Transferanteils als Schätzer des Zeitpunkts der Willensentscheidung zum Abbruch verwendet. Der Zusammenhang zwischen diesem geschätzten und dem beobachteten Abbruchzeitpunkt ist sehr hoch. In der Selbstverantwortlichkeitsbedingung werden gar drei Viertel der Varianz allein damit aufgeklärt.

Dies scheint darauf hinzuweisen, daß der Zeitpunkt, an dem nicht mehr gewollt wird, zu drei Viertel determiniert ist. Zu einer derart vollmundigen Aussage besteht aber inhaltlich nicht der Anlaß. Der zugrundeliegende Parameter ist als Führungssignal systemtheoretisch gefaßt und steht selbst wieder unter dem Einfluß der Entscheidungen des Bearbeiters. Außerdem wäre zu einer verallgemeinerbaren Aussage über den Freiheitsaspekt von Zielintentionen erforderlich, nicht nur den Zeitpunkt, sondern auch den Inhalt vorhersagen zu können. Dennoch scheint hier ein nach außen hin indeterminiert wirkendes System intern sehr wohl nach wissenschaftlich beschreibbaren Gesetzen zu funktionieren.

Weshalb arbeiten aber die Probanden in der Fremdverantwortlichkeitsbedingung so lange (im Mittel 6,1 Minuten)? Der Transferanteil zeigt es. Auch in dieser Bedingung nehmen die Bearbeiter lange genügend lokale Kausalität wahr, um als ein Informationsverarbeitungsergebnis zur Willensattribution 'Zielerreichen!' zu kommen.

4 Diskussion

Zunächst wird versucht, die in dieser Arbeit aufgeworfenen Fragen zu beantworten. Daraus ergeben sich im nächsten Schritt eine Reihe weiterführender Überlegungen. Dann wird die Frage nach dem Status der Behauptungen der vorliegenden Arbeit aufgeworfen. Stellen sie eine Theorie dar? Schließlich werden einige Thesen bezüglich des Willensfreiheitsproblems vorgeschlagen.

4.1 Beantwortung der Forschungsfragen

4.1.1 Sind Ausdauerexperimente ein Paradigma zur Untersuchung des Willens?

Diese Frage wurde aus den theoretischen Herleitungen bereits mit ja beantwortet: Vom Prinzip her fällt die Willensentscheidung zum Abbruch der nicht gelösten Ausdaueraufgabe in den Beobachtungszeitraum des Experiment. Daher ist dieses Paradigma zur Untersuchung dieser Willensentscheidung tauglich. Weiterhin ist ausdauerndes Arbeiten sicher auch dem dynamischen Aspekt des Willens nach dem Rubikonmodell in der Handlungsausführungsphase zuzuordnen. So ist sensu Blume (1924) und Rieger (1885) Ausdauer auch als Maß der Willensanstrengung interpretierbar: Zwei Seiten einer Sache.

Diese Art der Willensmessung paßt auch zur aktuellen Definition des Willensbegriffs nach Kuhl (1994b). Nach seiner Auffassung umfaßt Wille diejenige Kategorie psychischer Funktionen und Prozesse, die auf Realisierungsschwierigkeiten hin ein einheitliches, 'Absicht oder Ziel' genanntes, Steuerungsprinzip vermitteln. Wille offenbart sich demnach, wenn der Realisierung einer Absicht Hindernisse entgegenstehen. So plausibel diese Auffassung ist, so einseitig ist sie bisher mit Evidenz belegt worden. Empirische Bestätigung stammt vornehmlich aus dem phänomenologischen Bereich z.B. der in Kap. 2.1 dargestellten Befunde zum dynamischen Aspekt des Willens (siehe Kap. 2.1.2) wie von Ach (1905; 1910), Blume (1924) und Rieger (1885). In der vorliegenden Arbeit steckt das Bemühen, zu den vorliegenden phänomenologischen Befunden nun auch Beobachtungen über die Entstehungs- oder Randbedingungen dieses dynamischen Willens hinzuzufügen, nämlich der Willensentscheidung. Eine empirische Untermauerung des Ausdauerparadigmas als Willensuntersuchung ist auf direktem Wege nicht möglich. Es gab bisher kein experimentelles Vorgehen zur Untersuchung von Willensentscheidungen, das der Kritik von Selz (1910, 1911, 1912) standhält. Daher kann das Ausdauerparadigma mit keiner eingeführten Untersuchungsmethode verglichen werden.

Mit Blick auf die hier vorliegenden Experimente können aber doch auch einige empirische Hinweise geltend gemacht werden, die auf die Tauglichkeit des Ausdauerparadigmas schließen lassen. Das Fehlen von innerem Rückzug, der den Abbruchzeitpunkt so verschleiert, daß er nicht mehr auf den Zeitpunkt der Willensentscheidung zum Abbruch hinweist, ist ein solches empirisches Faktum. Ohne diesen Befund könnte die Behauptung nicht aufrechterhalten werden, wonach der Abbruchzeitpunkt den Zeitpunkt der Entstehung der Willensentscheidung zum Abbruch markiert. Ferner zeigt dies das Grübeln in der ausweglosen Situation einer Ausdaueraufgabe. Hier ist der Wille, die Aufgabe zu lösen, zumindest so unbedingt, daß der Realität der Unlösbarkeit der Ausdaueraufgabe getrotzt wird. Wird die Ausweglosigkeit aber in Form einer Suchraumeinschränkung vom Bearbeiter erlebt, so weicht der dynamische Wille zur Lösung der Willensentscheidung zum Abbruch.

Die beobachteten Verantwortungszuschreibungen im Experiment 'Verantwortlichkeit' weisen auf einen weiteren Punkt hin. Es bedarf der Aktorperspektive, damit ein Bearbeiter sich selbst für das Vorankommen der Handlung verantwortlich fühlt. Wenn dies eine Bedingung für das Willenserleben ist, dann ist in den vier hier dargestellten Experimenten eine weitere Bedingung für Willenserleben erfüllt. Damit werden Vorderungen von z.B. Rychlak (1991) oder Kanitschneider (1993) an den Gegenstand Wille erfüllt. Es handelt sich um Wille, wie auch Kant (1781) ihn sieht: "... als ein Vermögen ... der Vorstellung gewisser Gesetze gemäß sich selbst zum Handeln zu bestimmen. Und ein solches Vermögen kann nur in vernünftigen Wesen anzutreffen sein" (GMS, 427).

Mit der Kritik von Selz (1910) ist durchaus fraglich, ob Bearbeiter bei einer ihnen per Instruktion vorgegebenen Aufgabe einen eigenen Willen erleben. Ihr Wollen ist ein Wollen-Sollen. Mit Gundlachs (1987) Worten ist das die Frage: "... wie das Wollen des Wollens das Wollen berührt" (S. 70). Nach den vorliegenden Ergebnissen im letzten Experiment scheint, trotz des Wollen-Sollens, das auch hier vorliegt, immerhin der Willensaspekt Verantwortlichkeit trotzdem vorzuliegen. Andererseits fällt Verantwortungszuschreibung überwiegend auf den zweiten Aktor, wenn die Bearbeitungsinformationen auf ihn als Ursache für Rückschläge bei der Zielerreichung hinweisen. Demnach sind es diese Bearbeitungsinformationen, die diesen Willensaspekt 'Verantwortung' bestimmen. Die Determinierung sensu Ach (1910) geht nicht soweit, daß alles in einer so initiierten Willenstätigkeit in der Handlung als gewollt erlebt werden kann.

Der Hauptbeleg für die Tauglichkeit des Ansatzes ist aber der, daß damit Ausdauer als Phänomen besser verstanden werden kann als zuvor. Unter der Annahme einer Willensattribution und der damit verbundenen Informationssuche lassen sich die hier beobachteten Ausdauerbefunde erklären.

Als Ergebnis der Eingangsbetrachtungen konnte in Kap. 1.1.3 festgehalten werden, daß Willensfreiheit existiert, und zwar nur aus Subjektperspektive wegen der logischen Relativität. Welche empirischen Befunde können dafür beigebracht werden? In der vorliegenen Arbeit keine, weil hier weitgehend die Beobachterperspektive eingenommen wurde. Freilich ist dies möglich, indem das F-Erlebnis (d.i. Freiheitserlebnis sensu Herrmann, 1996) abgefragt wird. Dabei werden allerdings aus Subjektperspektive gemachte Erfahrungen zum

Material der Beobachterperspektive. Dies methodische Problem grundsätzlicher Art kann hier nicht weiter behandelt werden. Von den grundsätzlichen Problemen abgesehen, ist speziell für Ausdauer ein Untersuchungsparadigma zu wünschen, bei dem die naheliegenden Entschuldigungsattributionen die Auskünfte über Willenserleben nicht stören. Bestenfalls wären die Antworten gar keine Selbstauskünfte. So ist eine solche Erhebung des F-Erlebnisses doch in den vorliegenden Experimenten bereits enthalten: die Bearbeiter haben sich die Freiheit genommen, entgegen der Zielanforderung abzubrechen. Ist das mehr als eine Wortspielerei mit dem Begriff Freiheit? Dazu gilt es festzuhalten, daß hier weder Indeterminiertheit als Zufall sensu James (1897) noch Freiheit von Zwang sensu Ebbinghaus (1912) gemeint ist. Es handelt sich um Freiheit trotz Zwang sensu Planck (1937; siehe auch Rychlak, 1991; Kanitschneider, 1993). Das für freien Willen paradigmatische 'could have done otherwise' (James, 1897; 'Redetermination': Dörner, 1996) wird realisiert entgegen der Strömung der aktuellen Umstände.

Auf eine weitere Erhebung von Selbsteinschätzungen der Bearbeiter, ob sie willkürlich oder unter Zwang den Abbruch ausführten, wurde verzichtet. Denn auch wenn der Abbruch von den Bearbeitern als unter dem Zwang der Umstände zustandegekommen erlebt worden wäre, ist dies noch kein Beleg dafür, daß der *zuvor* erlebte eigene Wille nicht das Vermittlungsglied ist, unter dessen Annahme der Abbruchzeitpunkt vorhergesagt werden kann. Vielmehr war dies in allen hiesigen Experimenten möglich. Ein weiteres Elaborieren des Willenserleben, über die von Ach (1905; 1910) geleistete Phänomenologie hinaus, scheint hier keinen Erkenntnisgewinn zu bringen. Das Phänomen ist bekannt. Die Frage ist vielmehr, ob ein psychologischer Wille als vermittelndes Konstrukt einen Vorhersagewert für beobachtbares Verhalten hat. Daher erweist sich die Tauglichkeit des Ausdauerparadigmas erst, wenn auf die Frage der folgenden Überschrift - unter Verwendung des psychologischen Willens als vermittelndes Konstrukt - Antworten gefunden sind.

4.1.2 Muß psychologischer Wille als vermittelnde Größe beachtet werden, um Ausdauer vorherzusagen?

Um diese Frage einer Beantwortung näherzubringen, wurde nach der Replizierbarkeit der Carver-Interaktion gefragt. Scheinbar kommt die dem Befundmuster zugrundeliegende Handlungskontrolltheorie ohne die Annahme einer Willensentscheidung zum Abbruch aus. Sie gibt entsprechend auch keine Bedingungen an, die zu einem Abbruch führen. Kybernetisch formuliert, fehlt die terminierende Bedingung für den Ist-Soll-Abgleich, wenn der Sollwert nicht erreicht werden kann, wie es das Wesen einer jeden Ausdaueraufgabe ist.

Die Carver-Interaktion ist nur nach Suchraumeinschränkung (siehe Kap. 2.3) zu finden und ist auch nur so zu replizieren. In den Experimenten der Dahme-Arbeitsgruppe und im Experiment 'Standard' wurde tunlichst alles vermieden, was die Erfolgserwartungsinduktion wieder hätte zerstören können (siehe Kap. 2.4.4), also wurde auch nie eine Suchraumeinschränkung erlaubt. Das Vorgehen von Carver und Mitarbeitern ist ja auch widersinnig zu nennen, wenn das Phänomen Ausdauer als Verfolgen eines gesetzten Standards untersucht werden soll. Da wird zunächst eine Erfolgserwartung z.B. durch vorherige günstige Bearbeitungsergebnisse etabliert. Dann aber wird den Bearbeitern gesagt, sie würden die Aufgabe wahrscheinlich sowieso nicht lösen, weil dies bisher gar niemand geschafft hat (siehe Kap. 2.5.1). Ein solches Vorgehen ist aus der Handlungskontrolltheorie von Carver (1979; Carver und Scheier, 1981) nicht ableitbar. Daher wurde die Carver-Interaktion auch in keiner der unabhängigen Studien repliziert, die die Ausdauervorhersagen von Carver *innerhalb dieser Theorie* überprüfen wollten (McDonald, 1980; Dahme, Bleich und Rudolph, 1992; Dahme, Rudolph, und Hyla-Brüschke 1993; Dahme, Rudolph, Hyla-Brüschke und Eichstaedt, 1994).

Das erste Willensmoment in der Ausdauer (siehe Kap. 2.1.3) - bei Carver et al. als Standardsetzung durch Instruktion bezeichnet - scheint zur Vorhersage von Ausdauer nicht hinreichend. Die Willensentscheidung zum Abbruch findet keinerlei Beachtung. Nimmt man statt dessen an, daß eine bestimmte Klasse von Informationen nicht mehr verfügbar sein darf, um die Willensentscheidung auszulösen, so kann der Zeitpunkt dieser Willensentscheidung statistisch vorhergesagt werden: Es dürfen keine Informationen mehr verfügbar sein, die eine Wahrnehmung lokaler Kausalität zulassen. Diese lokale Kausalität ist neben Äquifinalität die Bedingung für eine Ursachenzuschreibung des Aktors auf seinen Willen. Der Aktor erklärt dabei keine einzelnen Handlungseffekte, sondern er erklärt den Ursprung oder die Existenz seiner eigenen Handlung.

4.1.3 Was determiniert die Willensentscheidung zum Abbruch?

Die Ergebnisse der vier Experimente 'Suchraumeinschränkung', 'Standard', 'Suchraumpartitionierung' und 'Verantwortlichkeit' legen deutlich einen Antwortvorschlag nahe: Es ist die Größe des Suchraums nach Informationen, die die Wahrnehmung lokaler Kausalität ermöglichen. Was die Größe dieses Suchraums beeinflußt, wirkt sich auch auf die Suchdauer - d.h. Ausdauer - aus.

Diese Suchraumeinschränkung kann auf verschiedene Arten hergestellt werden. Die zwei in den hiesigen Experimenten verwendeten Methoden sind Schwierigkeitswechsel und Instruktion. Letztere wurde aus dem bei Carver, Blaney und Scheier (1979) berichteten Vorhersagen übernommen. Im Kern wird den Bearbeitern einfach gesagt, daß sie die Aufgabe nicht lösen können. Die abstrakte Formulierung "Suchraumeinschränkung" dafür wirkt zunächst viel zu kopflastig. Jede Alltagspsychologie läßt scheinbar überhaupt keinen anderen Schluß zu: Wem glaubhaft vermittelt wird, daß er sein Ziel sowieso nicht erreichen kann, der wird es natürlich recht bald aufgeben. Aber dieser Eindruck der Trivialität verflüchtigt sich, wenn Suchraumeinschränkung per Schwierigkeitswechsel induziert wird und dessen suchraumeinschränkende Wirkung mit der Wirkung von subjektiver Erfolgserwartung in Beziehung gesetzt wird. Das wurde im Experiment 'Suchraumeinschränkung' in Kap. 3.2 getan. Dabei konnte eine Konfundierung von Suchraumeinschränkung mit Erfolgserwartung nachgewiesen werden, die in der Literatur bisher unentdeckt geblieben ist. Jede Studie enthät in der günstig-Bedingung gleichzeitig einen Schwierigkeitswechsel, sofern günstige Erfolgserwartung in leicht bearbeitbaren Induktionsaufgaben induziert wird, denen dann eine sehr schwer bearbeitbare Ausdaueraufgabe folgt. Dieser Schwierigkeitswechsel wirkt als Suchraumeinschränkung des zuvor größeren Suchraums bei günstiger Erfolgserwartung. Der Suchraum kann dabei kleiner als bei ungünstiger Erfolgserwartung werden und so den scheinbaren Mißerfolgseffekt (eine höhere Ausdauer nach Induktion ungünstiger Erfolgserwartung) bewirken, wie er z.B. auch bei Eichstaedt und Dahme (1995) aufgetreten ist (siehe Kap. 2.3.1).

Bezüglich der Art des Schwierigkeitswechsels wird hier davon ausgegangen, daß es eines Kontrasteffektes im Sinne Helsons (1964) bedarf, damit der Schwierigkeitswechsel salient werden kann. Eine hier nicht weiter verfolgte Möglichkeit besteht darin, eine Bedingung zu schaffen, in der, via langsamer Verringerung des Teilzielerreichungsgrads, gerade kein Kontrast sensu Helson auftritt. Diese Bedingung sollte verglichen werden mit einer Bedingung mit abruptem Schwierigkeitswechsel. Vorherzusagen wäre eine sehr hohe Ausdauer bei langsamer Schwierigkeitssteigerung - entsprechend des Schwierigkeitsgesetzes der Motivation (Hillgruber, 1912; Ach, 1935), während bei abruptem Schwierigkeitswechsel die Bearbeiter bald danach abbrechen sollten.

Suchraumeinschränkungen können in vielen Fällen auch als eine Grundlage von Entschuldigung verstanden werden (siehe Kap. 2.3.2). Snyder und Higgins (1988) stellen die Frage in den Vordergrund, welche Funktion Entschuldigungen für Menschen haben. Sie illustrieren die Bedeutung dieser Frage, indem sie sich auf ihren Lehrer und Nachbarn Fritz Heider berufen: "Looking out to his yard, Fritz paused for several seconds, then turned his gaze back to the author. 'What I would like to know', he said, 'is do excuses work for people . . . I mean really work?'" (S. 23). Entschuldigungsgehalt einer Attribution kann nach den hier vorliegenen Ergebnissen als der Informationsgehalt zusammengefaßt werden, der es dem Aktor nicht länger erlaubt, auf den eigenen Willen zu attribuieren. Die Suchraum einschränkende Eigenschaft von Entschuldigungen ist auch eine direkte Antwort auf Heiders Frage. Es muß nicht erst die Annahme eines generellen Strebens nach Selbstwerterhaltung gemacht werden, um dann an dieser Stelle den selbstwerterhaltenden Effekt von Entschuldigungen herauszukehren, wie dies Snyder und Higgins (1988) tun. Es ist schon das Stoppen von aussichtslosen Bearbeitungsprozessen, das 'für die Menschen arbeitet'. Dies gilt besonders für Grübeln als Folge der Suche nach lokaler Kausalität ins Leere (siehe Kap. 2.5.2 und 4.1.8). Es wird durch Suchraumeinschränkung gestoppt. Entschuldigungsattributionenen sind die nachträgliche Rekonstruktion (Bartlett, 1932) der durch Suchraumeinschränkung geschaffenen Situation. Um weiter persönliche Kausalität wahrnehmen zu können, wird der garantiert lokaler Kausalität unterliegende Weg des Abbruchs gegangen. Die so erreichte Aufrechterhaltung des Status als Aktor weist der subjektiven Wahrnehmung eines eigenen Willens also die Funktion der Selbst-Erhaltung - und nicht nur der Selbst*wert*erhaltung - zu.

Im Experiment 'Verantwortlichkeit' in Kap. 3.5 kann nachgewiesen werden, daß Selbstwerterhaltung alleine die dort aufgezeigten Ausdauerbefunde nicht erklären kann. Auch eine Hypothese, die aus einer damit im Zusammenhang stehenden egoismustheoretischen Erweiterung der Handlungskontrolltheorie (siehe Kap. 2.5.4) abgeleitet wurde, kann nicht mit Evidenz aus dem Experiment 'Verantwortlichkeit' gestützt werden.

Wie oben schon kurz angedeutet, wirkt auch subjektive Erfolgserwartung auf die Größe des Suchraums. Das Experiment 'Suchraumeinschränkung' zeigte nach Schiefekorrektur neben dem Haupteffekt Schwierigkeitswechsel auch einen Haupteffekt für Erfolgserwartung. Bei günstiger Erfolgserwartung wird ausdauernder gearbeitet als bei ungünstiger Erfolgserwartung. Derselbe Effekt kann auch im Experiment 'Suchraumpartitionierung' und 'Verantwortlichkeit' nachgewiesen werden. In letzterem Experiment trifft das aber nur in der Bedingung 'Selbstverantwortlichkeit' zu. Daran zeigt sich - entsprechend der Ausdauer-ist-gleich-Suchdauer-Annahme, daß dieser Erfolgseffekt auf die Größe des Suchraums nach lokaler Kausalität zurückzuführen ist. Wenn der Bearbeiter gar nicht lokale Kausalquelle für den Fortgang der Zielerreichung sein kann, so hat die Größe des Suchraums auf der Suche nach lokaler Kausalität nicht denselben Effekt, wie in Aktorperspektive. Erfolgserwartung hat keine eingenständige Wirkung auf Ausdauer. Sie wirkt nur durch die mit ihr gegeben Größe des Suchraums und durch den darin stattfindenden Informationssuchprozeß mit dem Ergebnis der Willensattribution.

Wegen dieses zugrundeliegenden Informationsverarbeitungsmechanismus nimmt es auch nicht wunder, daß auch die autonome und heteronome Suchtendenz auf Such- bzw. Ausdauer wirkt. Sie führt mit Suchraumeinschränkung und Erfolgserwartung zu einer Interaktion, die in den Bedingungen mit Suchraumeinschränkung im Experiment 'Suchraumpartitionierung' die Gestalt einer Carver-Interaktion annimmt. In diesem Experiment wirken Suchraumeinschränkung, Erfolgserwartung und Suchtendenz zusammengenommen als eine Partitionierung des Suchraums in unterschiedlich große Kompartimente (siehe Kap. 2.3.5). Die Größe jedes Kompartiments bestimmt, wie lange in ihm nach Informationen gesucht wird, die eine Wahrnehmung lokaler Kausalität ergeben. Zusammen mit Äquifinalität führt diese Suche nach lokaler Kausalität zur Willensattribution. Nur solange der Informationsverarbeitungsprozeß die Willensattribution als ein Ergebnis liefert, wird ausdauernd gearbeitet. Suchdauer ist Ausdauer. Dies hat auch das Experiment 'Verantwortlichkeit' ergeben. Hier konnte auch nachgewiesen werden, daß neben Suchraumeinschränkung als weitere Voraussetzung die Bearbeitungsinformationen überhaupt die Wahrnehmung lokaler Kausalität erlauben müssen. Dies ist wenigstens für autonom orientierte Bearbeiter nur in der Selbstverantwortlichkeitsbedingung möglich. Allerdings hat in diesem Experiment die vielleicht zu künstliche Laborsituation bewirkt, daß nur 11 der ursprünglich 50 Probanden in der Stichprobe bleiben konnten. Bei allen anderen Probanden hatte die Erfolgs- oder Verantwortlichkeitsinduktion zu paradoxen Wirkungen auf Erfolgserwartung oder Verantwortungszuschreibung geführt (siehe Kap. 3.5.4.2). Daher wurden die Prozeßdaten aller Probanden gerade dieses Experimentes einer Ex-post-facto-Analyse unterzogen. Es sollte sich erweisen, ob wirklich das in Kap. 2.6 behauptete Führungssignal gerade in diesem problematischen Datensatz nachgewiesen werden kann.

4.1.4 Gibt es ein Führungssignal ausdauernden Arbeitens?

Bei dem Führungssignal handelt es sich um den Anteil der Transferinformation an der jeweils maximal möglichen Transferinformation des In- und Outputsignals über die Bearbeitungszeit als Verlauf (siehe Kap. 3.6.2.1). Wenn dieser Verlauf das Ausmaß der aktuell wahrgenommenen lokalen Kausalität abbildet, dann muß sein Minimum der Schätzer für den Zeitpunkt der Willensentscheidung zum Abbruch sein. Der deutliche Zusammenhang zwischen geschätztem Entscheidungszeitpunkt und tatsächlichem Abbruchzeitpunkt belegt, daß auch in der problematischen Stichprobe von Experiment 'Verantwortlichkeit' die Suchdauer das Wesen der Ausdauer ist.

Angesichts der Ex-post-facto-Analyse von Experiment 'Verantwortlichkeit' hat sich dies Führungssignal bewährt. Der Transferanteil ist ein Ausdruck der objektiv wahrnehmbaren lokalen Kausalität, weil er ein Maß der Kontingenz zwischen In- und Output darstellt. Je höher diese Kontingenz, desto deutlicher ist auch die Wahrnehmung lokaler Kausalität, die ja im Ausmaß der Kontrollierbarkeit der aktuellen Mittel zum Ziel besteht. Damit reflektiert dieses Verlaufsmaß auch den Zeitpunkt, an dem die Wahrnehmung lokaler Kausalität am niedrigsten ist und damit die Bedingungen für die Willensattribution nicht mehr vorliegen. Wenn dies der Fall ist, sollte nach der hier vertretenen Behauptung die Willensentscheidung zum Abbruch fallen. Dies zeigt sich am engen Zusammenhang zwischen Abbruchzeitpunkt und dem Zeitpunkt, an dem dies Führungssignal am niedrigsten ist.

Zugrundeliegender Vorgang ist die Suche nach solchen Informationen, deren Verarbeitung zur Wahrnehmung lokaler Kausalität führt. Die Bearbeitungsinformationen - als Kausalinformationen verarbeitet - 'versprechen' dem Aktor die Zielerreichung. Dabei wird hier nicht eine Tendenz oder ein Motiv zum Aufsuchen der Wahrnehmung lokaler Kausalität postuliert. Vielmehr zeigt das Führungssignal den Informationsverarbeitungsmechanismus zielgerichteten Handelns, zu dessen Informationsgrundlagen Wahrnehmung lokaler Kausalität gehört. Wie die Ex-post-facto-Analyse der Daten aus Experiment

'Verantwortlichkeit' zeigt, ist das Führungssignal ein Produkt der Informationsverarbeitung auf dem Weg zum Ziel. Es wird hier angenommen, daß Wahrnehmung lokaler Kausalität auch die richtungsgebende Leitgröße auf der Suche nach den Informationen aus dem Bearbeitungsprozeß ist. In der Analyse wurde aber nicht die weitreichende Behauptung einer die Richtung bestimmenden Leitgröße überprüft, sondern nur der für Ausdauer relevante Teil: daß nämlich abgebrochen wird, wenn die Wahrnehmung lokaler Kausalität ein Minimum erreicht.

4.1.5 Gibt es eine einheitliche Determinante, die in verschiedenen Phasen des Rubikon-Modells wirkt?

Bereits in Kap. 1.2 wurde auf einen möglichen theoretischen Stellenwert der vorliegenden Befunde für das Rubikonmodell hingewiesen. Nach Gollwitzer (1996) sollte die Bewußtseinslage der aktionalen Phase "... durch die Verweigerung der Aufnahme und Analyse von Informationen gekennzeichnet sein, die sich auf eine Neubewertung des gewählten Ziels beziehen, auf eine Neubewertung der gewählten Handlungsstrategie, oder auf irgendeine Selbstbewertung" (S. 546 f.). Das soll aber nur gelten, "... wenn man sich reibungslos auf die Verwirklichung eines Zieles hinzubewegt" (S. 547). Was aber, wenn der Verlauf nicht reibungslos ist? Vielleicht ist das Rubikonmodell zu starr verstanden, wenn bei jeder Schwierigkeit ein Wechsel des Mind-Sets erwartet wird, der dann eine Umentscheidung in der Strategieanwendung oder sogar ein wiederholtes Abwägen der Entscheidung zum Abbruch beinhalten würde. Zwar könnte ein solches Abwägen in den Auszeiten vermutet werden, aber diese treten über die gesamte Bearbeitungszeit als Funktion der Differenz zwischen realer Größe des Suchraums und wahrgenommener Größe des Suchraums auf (siehe unten Kap. 4.1.7). Ob dabei das Mind-Set auch - womöglich willentlich - gewechselt wird, ist hier nicht untersucht worden. Die vorliegenden Ergebnisse legen aber nahe, daß im Verlauf der wahrgenommenen lokalen Kausalität eine Führungsgröße gesehen werden kann, die sowohl die Aktivitäten in der aktionalen Phase steuert, als auch gleichzeitig den Entscheidungsmechanismus darstellt für die Willensentscheidung zum Abbruch. Es erfüllt sowohl den Zweck der möglichst effizienten Zielerreichung als auch der möglichst effektiven Entscheidung über die Weiterführung der zielgerichteten Handlungen.
Weitere Forschung muß ergeben, ob in den Auszeiten ein anderes Mind-Set vorherrscht oder, was hier favorisiert wird, es sich um einen einheitlichen Prozeß der Willenssteuerung durch einen mit Informationen gesteuerten Willen handelt: eine Willensattribution.

4.1.6 Ist Selbstaufmerksamkeit als Internalität der Ursachenzuschreibung konzeptualisierbar?

Dafür spricht im Experiment 'Suchraumpartitionierung' die Substituierbarkeit von Selbstaufmerksamkeit durch Internalität. Die Evidenzen aus der Nachbefragung nach Experiment 'Standard' sind ebenfalls in diese Richtung interpretierbar. Hier zeigt sich, daß Selbstaufmerksamkeit in einem Self-Serving-Bias in den Antworten nach dem Scheitern resultiert. Mit Selbstaufmerksamkeit ist der Entschuldigungsgehalt der Antworten nach dem Scheitern an der Ausdaueraufgabe höher als ohne. Es ist der selbstwertbedrohende Aspekt von Selbstaufmerksamkeit nach einem Scheitern, der einen sehr deutlichen Zusammenhang zwischen Ausdauer und dem Faktor 'lokale Kausalquelle' der Itemsammlung von Dahme, Rudolph, Hyla-Brüschke und Eichstaedt (1994) verdeckt. Ohne Selbstaufmerksamkeit ist das Scheitern an einem vorgeblich sensumotorische Koordinationsleitung messenden Test wenig selbstwertbedrohend. So findet sich ein deutlicher positiver Zusammenhang auch mit Attributionsitems wie 'Leistung ist abhängig von zu geringer Intelligenz' und anderer Stabil-internal-Items (siehe Kap. 3.3.5.1), was deutlich den Ergebnissen von Andrews und Debus (1978) widerspricht. Dort werden positive Korrelationen mit Anstrengungsattribution und negative mit Stabil-Attribution berichtet (siehe Kap. 2.3). Allerdings wurden die dort verwendeten Attributionsmaße (Intellectual Achievement Responsibility (IAR)-Scale: Crandall, Katkovsky und Crandall, 1965) vor der Ausdaueraufgabe gegeben. Das könnte zu einer Art Selbstverpflichtung geführt haben, wer hohe Anstengungsbereitschaft von sich berichtet, wird auch später ausdauernd sein, um seine Selbstberichte zu rechtfertigen. Die Mischung der Neutralbedingung mit den selbstwertbedrohenden Selbstaufmerksamkeitsbedingungen im Experiment 'Standard' nivelliert jeden Zusammenhang zwischen Nachbefragungsergebnissen und Ausdauer. Es ist somit erforderlich, Attributionen während der Aufgabenbearbeitung zu erheben. Nur so kann ein Eindruck darüber gewonnen werden, was für Ursachenzuschreibungen zum Abbruch in einer Ausdaueraufgabe geführt haben. Wichtig könnte auch sein, daß den Bearbeitern dabei nicht bewußt ist, das nach Verantwortungszuschreibungen gefragt wird. Eine selbstverpflichtende Wirkung wäre denkbar.

Das Experiment 'Verantwortlichkeit' ist eigens zur Prüfung der Frage nach attributionaler Wirkung von Selbstaufmerksamkeit mit einer Online-Erhebung von Verantwortungszuschreibung ausgestattet worden. Der erhöhte Anteil von Selbstattributionen in der Selbstaufmerksamkeitsbedingung (elektronischer Spiegel) belegt, daß erhöhte Selbstaufmerksamkeit sich durch erhöhte Internalität der Ursachenzuschreibung äußert.

4.1.7 Wie entsteht Sinn?

Der intendierte Gebrauch von Information determiniert die Entstehung des Sinns dieser Information. Es wird mit Peirce (1878) und Hörmann (1978) behauptet, daß Informationen so ihren Sinn für den Interpreten bekommen. Der Verfasser hofft, daß die Spezifikation 'intendiert' ein Stück zusätzliche Klarheit bringt. Scheinbar entgegengesetzt steht dazu der Begriff des Zeichens in der Semiotik. Sinn ist gegeben; senderseitig semantisiert. Eine Illustration vom gegeben Sinn liefert Wittgenstein (1958), indem er Augustinus in den Confessionen 1/8 erzählen läßt, wie ihm der Sinn der Dinge durch die Erwachsenen gegeben wurde: "Nannten die Erwachsenen irgend einen Gegenstand und wandten sie sich dabei ihm zu, so nahm ich das wahr und ich begriff, daß der Gegenstand durch die Laute, die sie aussprachen, bezeichnet wurde, da sie auf ihn hinweisen wollten" (S. 289). Ist jeder Sinn einfach nur gegeben? Was, wenn dann der Gebrauch nicht mit dem in Einklang steht, was senderseitig semantisiert wurde? Dann entsteht Sinn entgegen dieser senderseitigen Festlegung im intendierten Gebrauch spontan (subjektiv bestehende nicht-weiter-Ableitbarkeit; siehe Kap. 1.1.3). Ein solcher Fall wurde untersucht. Zieldistanzen sollten angeblich den Weg zur Lösung weisen, es entstand aber nach vergeblichen Lösungsbemühungen der Sinn 'Aufhören!', weil die Zeichen von Anfang an nicht anders *zu gebrauchen* waren. Dieser Sinn entstand in dem Moment, in dem dies auch der intendierte Gebrauch wurde.

Die bestätigte Annahme bezüglich des deutlichen Zusammenhangs zwischen dem Abbruchzeitpunkt und dem Zeitpunkt, den das Führungssignal als Zeitpunkt der Willensentscheidung zum Abbruch ausweist, legt nahe, daß in diesem eingeschränkten experimentellen Paradigma die Beobachtung von Sinnemergenz möglich ist. Sie kann aus dem Gebrauch der Rückmeldungen aus dem Bearbeitungsprozeß erschlossen werden. Damit ist indirekt Evidenz erbracht für die allgemein angenommene, aber kaum empirisch überprüfte Behauptung "... for what a thing means is simply what habits it involves" (Peirce, 1878, S. 288). Wobei hier auch auf die von Hörmann (1978) erbrachte Spezifikation des Gebrauchs als *intendiert* geachtet wurde. Weil es sich nämlich um eine Trackingaufgabe handelt, fallen intendierter und ausgeführter Gebrauch zusammen. Noch etwas ist in diesem Untersuchungsparadigma zusammengefallen: der neu entstandene Sinn 'Aufhören!' ist hier gleichbedeutend mit der Absicht abzubrechen. Es handelt sich demnach gleichzeitig um Sinnemergenz und so etwas wie Zielemergenz.

Sinnemergenz wurde nur für die hier handhabbar gemachten Zielintentionen gezeigt. Es liegt bisher noch im Bereich der Spekulation, ob dies auch für andere - sensu Brunswik (1934) kognitive - Intentionen wie z.B. Wahrnehmungsinhalte möglich ist. Diese Sichtweise der Emergenz von Sinn setzt eine systemische Sichtweise voraus. Nach den vorliegenden Beobachtungen entsteht Sinn, wenn er nicht schon zuvor senderseitig semantisiert ist (siehe Kap. 2.6.1.4), *während* des Gebrauchs der Informationen, die den Sinn als Anzeichen kodieren. Es handelt sich demnach um ein Prozeßgeschehen und ist als ein solches auch an Prozeß- also Längsschnittdaten zu untersuchen. Das bedeutet aber auch, daß es schwierig sein dürfte, dies Paradigma von sinnhaltigen Informationen beim Anstreben von Zielintentionen auf andere Klassen von kognitiven Intentionen auszudehnen. Es müssen Prozeßbeobachtungen möglich sein. Um etwa die Entstehung von Sinn bei visueller Wahrnehmung untersuchen zu können, wäre eine Prozeßbeobachtung mit entsprechend hoher Samplingrate bei der Kürze des Gesamtprozesses der Bildung eines Perzepts erforderlich.

Der große Zusammenhang zwischen Sinn von Zielintentionen und Sinn von kognitiven Intentionen ist noch ein Stück basaler: Es bedarf in beiden Fällen der Freiheit, sich über das Vorsematisierte oder ein vorgegebenes Ziel hinwegzusetzen. Vorsemantisiert kann eine Information durch senderseitige Semantisierung sein. Aber auch bereits existierende Sinngebung des Interpreten kann einem entstehenden neuen Sinn im Wege stehen. Freiheit ist ebenso erforderlich, um über ein Ziel trotz Zwang (siehe Kap. 4.1.1) neu zu entscheiden. Diese Freiheit besteht subjektiv (siehe Kap. 1.1.3) und wirkt zurück auf die konstruktionistische Wirklichkeit (Lenk, 1995; siehe Kap. 2.6.1.1) der Beobachterperspektive, indem neuer Sinn in die Wirklichkeit aller eingebaut wird.

4.1.8 Indizieren Unterbrechungen der Willenshandlung inneren Rückzug oder Grübeln?

4.1.8.1 Innerer Rückzug

Die verwendete Aufgabenstruktur einer Trackingaufgabe machte die Beobachtung von Auszeiten als Ausdruck nicht-zielführenden Verhaltens möglich. Damit wird die Frage beantwortbar, ob innerer Rückzug den Zeitpunkt der Willensentscheidung zum Abbruch verfälscht. Das kann angesichts der Verteilungen der Auszeiten in allen Experimenten verneint werden. Darüber hinaus liefert das Experiment 'Suchraumeinschränkung' Evidenz dafür, daß Auszeiten eher Grübeln als inneren Rückzug reflektieren.

4.1.8.2 Grübeln

Gegrübelt wird, wenn man nicht mehr weiter weiß, aber glaubt, daß da noch Wege sind, die lokale Kausalität versprechen. Bei einer Trackingaufgabe dieses simplen Typs ist aber Nachdenken darüber objektiv dysfunktional. Der Bearbeiter kennt längst alle Wege. Er ist sie - zumindest in der Demonstrationsaufgabe - alle bereits gegangen. Der Mißerfolgseffekt in Experiment 'Suchraumeinschränkung' auf die abhängige Variable Auszeitanteil ist keine Bestätigung von Carver und Scheiers (1981) Vorhersage bezüglich inneren Rückzugs. Vielmehr verursacht hier die subjektiv größere Anzahl von Wegen, als dem Bearbeiter objektiv offen stehen, das Grübeln. Bearbeiter der ungünstig-Bedingung suchen im Vakuum nicht vorhandener Wege, die durch eine Konfundierung von Erfolgserwartung und Suchraumeinschränkung vorgegaukelt werden. Fehlt doch bei Induktion ungünstiger Erfolgserwartung durch ebenso schwere Aufgaben, wie es die Ausdaueraufgabe ist, der suchraumeinschränkende Schwierigkeitswechsel in der Bearbeitbarkeit. Dieser Schwierigkeitswechsel bei günstiger Erfolgserwartung befreit die Bearbeiter von einem Teil der zuvor geweckten Illusionen über vielleicht vorhandene Wege zum Ziel. Grübeln tritt über die gesamte Bearbeitungszeit als Funktion der Differenz zwischen realer Größe des Suchraums und wahrgenommener Größe des Suchraums auf.

Wird den Bearbeitern durch Wechsel im Schwierigkeitsgrad oder per Instruktion vorab verdeutlicht, daß es sowieso kaum Möglichkeiten zur Lösung der Aufgabe gibt, bleibt ihnen kein anderer Weg als der des Abbruchs. Hierin liegt ein Schutz vor Grübeln. Durch Abgleichen des vorgestellten Suchraums mit dem realen Suchraum ist einem Grübeln bei Zielblockade jede Grundlage entzogen. Dies geht über die von Martin und Tesser (1996) eingeräumten Möglichkeiten zum Stoppen von Grübeln hinaus, die letztlich nur im Erfüllen der zugrundeliegenden Zielintention bestehen sollen. Bei retrospektivem Grübeln über verlorene Dinge oder Gelegenheiten ist das aber keine Lösung. Demgegenüber scheint hier ein weiterer Weg in der Erkenntnis des Grüblers zu bestehen, daß es keine Wege mehr gibt, die zur Wahrnehmung lokaler Kausalität führen. Diese Erkenntnis kann durch geeignete Informationen induziert werden.

Es kann nun zunächst spekuliert werden, inwieweit das hier beobachtbar gemachte Grübeln mit der psychischen Störung 'Grübeln' in Zusammenhang steht. Das Experiment 'Standard' liefert einen Hinweis, der in diese Richtung geht. Es zeigte sich dort ein Zusammenhang zwischen Lageorientierung (Kuhl, 1994a) und dem hier verwendeten Grübelmaß. Um dies Verhalten perseverierend sensu Kuhl zu nennen, wäre aber, so wie bei innerem Rückzug, zu fordern, daß es gegen Ende der Bearbeitungszeit gehäuft auftritt. Dies konnte nicht gezeigt werden.

4.1.8.3 Zwangsgrübeln ohne Zielblockade

Grübeln ist das Ergebnis der Suche nach lokaler Kausalität, wenn der Suchraum eigentlich schon erschöpft ist. Wenn Bearbeiter weiter nach Lösungswegen, d.h. lokaler Kausalität suchen, wenn schon alle Möglichkeiten ausgeschöpft sind, ist dies immer noch zielgerichtet. Das Untersuchungsparadigma macht aber Suche, die nicht mit offenem Verhalten verbunden ist, sinnlos. Von daher ist sie trotz ihrer Zielgerichtetheit dysfunktional. Bei einer Determinierung in Richtung auf ein nur durch offenes Verhalten erreichbares Ziel muß jede Auszeit als gegen diese Willensstrebung gerichtet erlebt werden. Daher ist auch das bezüglich Zwang wichtigere Kriterium erfüllt, nämlich daß das Grübeln als nicht gewollt erlebt wird.

Daneben besteht ein weiteres Charakteristikum von Zwangsgrübeln im Perpetuieren von Inhalten, die oft vom Grübelnden selbst als *sinnlos* empfunden werden. Um diesen Aspekt von Grübeln zu verstehen, soll nun die in Kap. 2.6 und 3.6 umrissene Arbeitshypothese von Zielintentionen als Spezialfall von kognitiven Intentionen wiederaufgenommen werden.

Es könnten alle intentionalen Inhalte das Potential haben, den Inhalt von Grübeln zu bilden:

- Sie werden als vom Selbst kommend erlebt,
- sie können als gerichtete Inhalte anderen Inhalten hinsichtlich der Bewußtheit des Inhalts den Rang ablaufen und
- sie können damit die Gedanken zu current concerns (Klinger, 1977) unterbrechen oder stören.

Unter diesen gemeinsamen Merkmalen aller Intentionen ist die Gerichtetheit der wichtigste Aspekt. Dieser und die weiteren Punkte werden an folgendem Bildbeispiel (siehe Abb. 4.1.1) behandelt. Dabei soll auch versucht werden, eine "Spielzeugversion" von Grübeln zu bewirken (Leserinnen oder Leser, die Gedanken an Dalmatiner als aversiv erleben, sollten nur noch den letzten Absatz dieses Teilkapitels lesen). Gerichtetheit entsteht bei allen Intentionen dadurch, daß ein Inhalt schon besteht, bevor die Verarbeitung von äußeren Informationen ihn bestätigt. So ist das visuelle Erscheinungsbild eines unscharf oder gestört dargestellten Objekts zwar der Ausgangspunkt z.B. für den intentionalen Gehalt 'Dalmatiner'. Dieser Sinn kann aber lange, bevor er sicher zum Wahrnehmungsbild eines Dalmatiners paßt, entstehen. Eine Intention degeneriert dann, wenn der aktuelle Wahrnehmungseindruck, trotz fortgesetzter Wahrnehmungstätigkeit, nicht zur ursprünglichen Intention paßt. Das geschieht auch ohne besondere Disposition zum Grübeln, wie die folgende bekannte Darstellung eines Dalmatiners nebst Chausseebaum illustriert :

Abb. 4.1.1 Nach Lindsay und Norman, 1981, S. 8

Bei Zielintentionen wird Grübeln durch Zielblockaden ausgelöst. Beckmann (1994) nennt dies degenerierte Absichten. Auch kognitive Intentionen degenerieren, wenn sie nicht zu Ende geführt werden; wenn sich ihre Gerichtetheit nicht erfüllt, wenn Intentionen nicht zu dem werden, wohin ihre Gerichtetheit weist. Was blockiert kognitive Intentionen? Auch bei ihnen muß irgend ein Hindernis existieren. Dies kann z.B. in verminderter Verarbeitungskapazität liegen. So ist der Dalmatiner in obiger Darstellung schwer zu erkennen, wenn die Sehstärke nicht hinreichend ist. Eine andere für die Disposition zu Grübeln relevante Einflußgröße ist das Antwortkriterium. Wann ist es sicher, daß es sich um einen Dalmatiner handelt? Ist das Antwortkriterium sehr hoch gesteckt, so kann einige Zeit vergehen, bis das aktuelle Wahrnehmungsbild als Bestätigung für die ursprüngliche Intention akzeptiert wird. Die Leserin oder der Leser mag hier einmal ein sehr hohes Kriterium anlegen. Ist es wirklich ein Dalmatiner?

Zur Beantwortung der Frage wie sich nun solche degenerierten Intentionen verselbstständigen können, soll zunächst noch einmal auf den offensichtlicheren Fall von Zielintentionen zurückgegriffen werden. Die Verselbstständigung könnte in dem Moment eintreten, wenn die oder der Denkende einen bestimmten, durch eine Absicht benannten, Gedanken aktiv versucht zu unterdrücken. Das ist der Ansatz von Wegner (1992). Unterdrücken bewirkt, daß der Grübelgedanke zwar weiterhin als vom Selbst kommend erlebt wird, auch behält er weiterhin seine Gerichtetheit, aber die ursprüngliche Absicht, aus der er entstanden ist, wird aufgegeben. Dies ist eine Methode, wie Gedanken unter normalen Umständen kontrolliert werden. Ihnen wird der Boden entzogen durch Erreichen oder Aufgeben der Absicht, derentwegen sie entstanden sind. Wenn aber aktiv versucht wird, einen Gedanken zu vermeiden, dann wird die Absicht weder erfüllt noch aufgegeben, sondern negiert. Alles was aber dadurch erreicht wird, ist, daß dem zu unterdrückenden Gedanken noch mehr Verarbeitungskapazität zur Verfügung steht (Erber und Wegner, 1996). Außerdem ist das Auftreten des zu unterdrückenden Gedankens ab sofort nicht an Cues der Absicht gebunden, sondern an Cues, die die Gefahr des Auftretens des Gedankens implizieren. Die Bewertungsschwelle, ob es ein auslösender Cue ist, wird also sensitiver.

Zur Anwendung dieses Suppression-cycle auf kognitive Intentionen, mag die Leserin oder der Leser jetzt bitte versuchen, nicht länger an einen weißen Dalmatiner mit schwarzen Flecken vor einem Hintergrund mit schwarzen Flecken zu denken. Auch soll jetzt alles vermieden werden, was diesen Gedanken auslösen kann. Das ist allerdings beim Lesen eines Textes nicht ganz leicht. Können doch die schwarzen Buchstaben des Textes wie Flecken wirken, so daß leicht ein Dalmatiner im Schriftbild erscheinen kann. Ganz sicher ist da kein Dalmatiner und es ist auch ganz sinnlos, an einen Dalmatiner zu denken. Grübeln ist dann der Verlust von Sinn, der bei den nun degenerierten, vormals aber substantiellen (Ziel)intentionen noch gegeben war. Und Grübeln bedeutet den Verlust des Freiheitserlebnisses beim Bestimmen der eigenen Gedanken. Somit scheinen schon wesentlich mehr Aspekte auch von Zwangsgrübeln gegeben zu sein.

Scheinbar fehlt aber der emotionale Gehalt, der hinter Grübelinhalten stehen muß, damit sie ihre Dynamik bekommen. Nun ist der Eindruck eines Dalmatiners wahrscheinlich keine emotional besetzte Intention. Ist wirklich ein emotionaler Gehalt erforderlich, wie Klinger meint? Der emotionale Gehalt kann auch erst während des Suppression-cycles aufkommen, ein negativer nämlich. Man möchte den Gedanken loswerden, gerade weil er per se sinnlos erscheint. Zu den relevanten Startbedingungen für Grübeln gehören Emotionen nicht unbedingt, freilich begünstigen sie es.

Was ist nun dran an dem in Kap. 2.5.2 gemachten Vorschlag, daß Grübeln auch durch Eingrenzung des Suchraums gestoppt werden kann? Der Suchraum beim Dalmatiner-Beispiel war zunächt die Abbildung (4.1.1), dann aber auch das Textbild. Diese Ausweitung des Suchraums ist durch den Versuch entstanden, die Dalmatiner-Intention zu unterdrücken und dabei auch die darauf hinweisenden Buchstaben als schwarze Flecken nicht zu beachten. Das explizite Nichtbeachten ist aber eine unmögliche Anweisung, weil in ihr der Aspekt, der nicht beachtet werden soll, gerade besonders betont wird, d.h. mit Aufmerksamkeit belegt wird. Falls dies (aus naheliegenen Gründen absichtlich wenig grübel-wirksame) Beispiel doch bei Leserin oder Leser die Gedankenproduktion bezüglich Dalmatiner angeregt haben sollte, so können die schnell durch eine krasse Suchraumeinschränkung beseitigt werden. Die Abbildung ist eine modifizierte Fassung, bei der die schwarzen Flecken, die im bekannten Orginal wirklich einen Dalmatiner darstellen, so verändert worden sind, daß kein Dalmatiner mehr abgebildet ist. Für jemanden, der das Bild kennt und deswegen, trotz der sinnzerstörenden Modifikation, den Dalmatiner wiedererkannt hat, ist der Fall einer sozusagen überdegenerierten Intention gegeben. Es wird etwas als gegeben erlebt, das real nicht existiert. Für jemanden, der das Bild zuvor nicht kannte und deshalb auch den Dalmatiner nicht sehen konnte, ist der Fall einer unterdegenerierten Intention gegeben. Es wird versucht, etwas zu sehen, das es nicht gibt. In beiden Fällen wird das Perseverieren der Intention - das Grübeln - gestoppt, sobald bekannt ist, daß es da nichts zu sehen gibt, daß es sich vielmehr um einen nicht ganz feinen Trick des Verfassers gehandelt hat. Damit wird klar, daß es nicht erforderlich ist, Dalmatiner-Gedanken zu unterdrücken, und daß auch zu keinem Zeitpunkt die Chance bestand, einen Dalmatiner in der obigen Abbildung zu entdecken. Diese Suchraumeinschränkung 'für alle Zeiten' ist relevant beim typischen Fall von Grübeln über Vergangenes. Wirkungsvoll ist Grübelstopp durch Suchraumeinschränkung aber nur, wenn der Grübelnde auch subjektiv einen Suchraum von der Größe nahe Null wahrnimmt und eine Unterdrückung des Grübelinhalts als unnötig anerkennt. Beides wird nicht immer leicht zu erreichen sein und es wird sehr schwer, wenn der Grübelinhalt aversiv ist. Damit ist nämlich eine fortbestehende negative Zielintention, ein absichtsvolles Vermeiden, gegeben. Dazu werden bessere Vorschläge nötig sein, als die hier gelieferten.

4.2 Was muß noch empirisch geprüft werden?

Die empirischen Befunde für die Ausdauer-ist-gleich-Suchdauer-Annahme sind keineswegs lückenlos. Auch ist ein Ergebnis nicht so, wie es erwartet wurde. Im Experiment 'Verantwortlichkeit' ergab sich zunächst das schwerwiegende Problem, daß ein großer Teil der Probanden wegen der Manipulationskontrollergebnisse von vornherein ausgeschlossen werden mußte. Schon von daher ist eine Wiederholung dieses Experiments unbedingt erforderlich. Darüber hinaus ist die gekreuzte Interaktion in der Fremdverantwortlichkeitsbedingung so nur mit Zusatzannahmen mit der Ausdauer-ist-gleich-Suchdauer-Annahme zu erklären. Schwierig ist dabei die höhere Ausdauer bei ungünstiger Erfolgserwartung gegenüber günstiger Erfolgserwartung unter den autonom suchenden Bearbeitern in der Fremdverantwortungsbedingung. Hier wäre nach der Ausdauer-ist-gleich-Suchdauer-Annahme eigentlich gar kein Unterschied zwischen den Erfolgserwartungsbedingungen zu erwarten. Das ist in Kap. 3.5.5.3 versucht worden, durch einen angenommenen Leistungsvergleich zwischen Bearbeiter und Computermitarbeiter zu verstehen. Die Induktion günstiger Erfolgserwartung durch einen erfolgreich arbeitenden Computermitarbeiter hätte demnach im Leistungsvergleich zu einer niedrigen Erfolgserwartung des Bearbeiters geführt und umgekehrt bei Induktion ungünstiger Erfolgserwartung.

Bevor dieser Spekulation aber empirisch nachgegangen werden kann, muß zuvor das Experiment 'Verantwortlichkeit' ohne Online-Erhebung der Verantwortlichkeitszuschreibung wiederholt werden. In dieser Erhebung liegt ein Hauptgrund für die generellen Schwierigkeiten, daß auch in der Selbstverantwortlichkeitsbedingung die Manipulationen bei den meisten Bearbeitern paradox gewirkt haben. Die Erhebung von Verantwortungszuschreibungen durch das Abrufen von vorgeblich hilfreichen Zusatzinformationen widerspricht dem Ausdauer-ist-gleich-Suchdauer-Ansatz. Einerseits soll Ausdauer Suchdauer sein. Diese Suchdauer wiederum soll von der Verfügbarkeit von Informationen abhängen, die zur Wahrnehmung lokaler Kausalität führen. Wie aus einem geschlossenen Pool wird allmählich alle Information 'herausgearbeitet' bis nichts mehr da ist, das lokale Kausalität verspricht. Andererseits wird aber gleichzeitig eine Möglichkeit geboten, die Informationshaltigkeit zusätzlich anzureichern durch Betätigen der Hilfetasten. Dadurch wird der Pool aufgebrochen und es wird immer wieder neue Information dazugeholt. Wenn dann ein ungewöhnlicher Informationsmix zusammengestellt wird, z.B. bei Selbstverantwortlichkeit Informationen des Computermitarbeiters abgerufen werden, dann 'füllt' sich der Bearbeiter auch in Bedingungen den Suchpool wieder auf, die eigentlich so designed sind, daß sie wenig Information enthalten sollen.

Die Schwierigkeiten mit dem Experiment 'Verantwortlichkeit' wiegen nicht ganz so schwer. In der Ex-post-facto-Längsschnittanalyse konnte Evidenz dafür erbracht werden, daß auch die Bearbeiter, die aus dem Querschnittexperiment ausgeschlossen worden sind, nur solange suchen, wie sie lokale Kausalität wahrnehmen können.

Von Wahrnehmung lokaler Kausalität wird angenommen, daß sie auch die Leitgröße für die Richtung der Suche nach zielführenden Informationen ist. Gezeigt wurde aber nur, daß abgebrochen wird, wenn die Wahrnehmung lokaler Kausalität ein Minimum erreicht. Um die richtungsbestimmende Funktion des Führungssignals zu zeigen, sind weitere Experimente erforderlich. Diese würden die Ausdauer-ist-gleich-Suchdauer-Annahme über ihren bisherigen Geltungsbereich hinaus befördern. Aber auch wenn der Status als Führungssignal für Wahrnehmung lokaler Kausalität, bezüglich der Richtungsgebung gezeigt wäre, ist sie in der vorliegenden Konzeption nur gültig, wenn schon ein Ziel ausgewählt wurde. Ist sie auch für die nachfolgende Zielauswahl bestimmend? Zunächst ist die direkt folgende Abbruchhandlung eine, die garantiert lokaler Kausalität unterliegt. Nach Sigwart (1889) ist es wegen der Frage 'kann ich?' (siehe Kap. 2.2.2.4) generell so, daß alles, was hier verneint wird, als Wunsch und nicht als Wille zu bezeichnen ist. D.h., egal was als nächstes Ziel ausgewählt wird, durch welche Antezedenzien auch immer, es muß dies Ziel auf jeden Fall erst durch die Aussicht auf lokale Kausalität qualifiziert werden. Hier ist die Grenze der Ausdauer-ist-gleich-Suchdauer-Annahme erreicht. In der vorliegenden Konzeption ist sie keine Theorie der Zielauswahl, sondern eine Annahme über die Handlungsausführung.

Ebenso wurde über den bisherigen Geltungsrahmen hinaus behauptet, daß der für Zielintentionen in einer Ex-post-facto-Analyse vorgeführte Prozeß der Sinnemergenz auch für andere Intentionen, wie z.B. Wahrnehmungsinhalte gezeigt werden kann. Dies sollte einer empirischen Prüfung unterzogen werden.

4.3 Ist die Ausdauer=Suchdauer-Annahme eine Theorie?

Es ist für den hier betrachteten Phänomenbereich 'Ausdauer' Evidenz dafür erbracht, daß weniger ein transzendenter Wille Ursache, sondern Willenshandlung und -entscheidung Wirkung der experimentell induzierten Informationslage ist. Ausdauer als Zeitpunkt der Willensentscheidung zum Abbruch wird durch die Informationsmenge bestimmt, die eine Wahrnehmung lokaler Kausalität zuläßt. Dies wurde möglich durch eine reformulierte Attributionstheorie, die Vorhersagen über die Art der Willenserleben induzierenden Informationslagen bietet. Dabei sind die Änderungen gegenüber der Attributionstheorie von Heider (1958) oder Weiner (1972; 1986) doch recht tiefgreifend. Die Eigenständigkeit der Annahme einer Willensattribution gegenüber den anderen Attributionstheorien besteht darin, daß Willensattribution sich nicht auf Handlungsergebnisse, sondern auf dem Ursprung der Handlung per se bezieht.

Was aus subjektiver Perspektive des Bearbeiters als sein Wille zu seiner Bearbeitungszeit führt, ist aus Beobachterperspektive durch Informationen vermittelt, die eine Willensattribution generieren. Subjektiv ist Wille die Kausalquelle eines vom Aktor als äußere Willenshandlung erlebten Verhaltens; objektiv sind es die Willensattributionen induzierenden Informationen, nämlich solche, die eine Wahrnehmung lokaler Kausalität zulassen. Diese Annahmen stellen den Kern der hier gemachten Überlegungen dar. Bis hierher können diese Überlegungen vielleicht 'Theorie der Willensattribution' genannt werden. Darüber hinaus wurde eine Erweiterung versucht, indem Zielintentionen als Spezialfall von Intentionen betrachtet werden. Es wurde versucht, zu zeigen, daß es der intendierte Gebrauch von Informationen ist, der einen Schluß auf ihren Sinn zuläßt. Falls dies nicht nur für Zielintentionen, sondern auch für andere Intentionen wie Wahrnehmungsinhalte, Meinungen u.ä. gezeigt werden kann, wäre ein generellerer Ansatz möglich, in den auch die Willensattributionstheorie eingeordnet werden kann.

4.4 Willensfreiheit

Das Hauptproblem mit dem Untersuchungsgegenstand Willensfreiheit scheint zu sein, daß es sich bei Wille um eine Erklärung handelt, die eben eine Zuschreibung zu einem Grund ist - und als causa finalis für nicht weiter ableitbar gehalten wird. Es entsteht eine Reserviertheit gegenüber Erklärungen, die den Willen weiter ableitbar machen. Diese Reserviertheit gegenüber der *Möglichkeit* von Erklärungen des Phänomens Willensfreiheit ist vielleicht das, was Ebbinghaus (1912) bezüglich der Wissenschaft Psychologie im Blick hatte (siehe auch Kap. 1.1): "Einer Anzahl ihrer wichtigsten Probleme gegenüber sind wir nicht unbefangen genug, wir hängen mit allzustarken Interessen an einem bestimmten Ausfall der Antworten mehr als an einem anderen" (S. 10). Wird Willensfreiheit als Letztbegründung verwendet, ist es schwer, dennoch diese Willensfreiheit weiter abzuleiten. Auch mag einen die Zuversicht verlassen, daß, angesichts des zirkulär definierten Willensbegriffs in der Philosophie nach Augustinus (388), ein solchermaßen auf dahinterliegende Determinanten zurückgeführte Willensfreiheit als solche akzeptiert wird (siehe Kap. 1.1).

In Kap. 1.1.2 wurde mit dem logischen Relativitätsargument von MacKay (1960; 1967) argumentiert, das zuerst von Planck (1937) ins Feld geführt wurde. Demnach kann Freiheit der Willensentscheidung und -handlung aus Subjektperspektive aus einem prinzipiellen Wissensrückstand, dem jedes Subjekt unterliegt, abgeleitet werden. Der Rückstand ist das Fehlen von Informationen beim Subjekt über den Prozeß der Willensentscheidung selbst. Das führt dazu, daß nicht alle Antezedenzien der Willensentscheidung bekannt sind. Damit ist diese Willensentscheidung nicht vollständig determiniert. Letztschließlich wird deshalb aus Subjektperspektive eine in diesem Sinne freie Willensentscheidung gefällt. In der vorliegenden Arbeit wird die Willensdefinition von Augustinus nur für die Subjektperspektive angenommen. Aus idealer Beobachterperspektive sind dagegen alle Antezedenzien bekannt und deshalb auch die Willensentscheidung vorhersagbar, d.h. determiniert.

Gerade die Ergebnisse aus der Analyse des Bearbeitungsverlaufs (Kap. 3.6) scheinen diese Determiniertheit nahezulegen. Bezüglich der Freiheit des Willens fällt eine Schlußfolgerung aber weniger leicht als es scheint. Der Determinationskoeffizient der Regression scheint darauf hinzuweisen, daß der Zeitpunkt, an dem nicht mehr gewollt wird, zu dreiviertel determiniert ist. Zu einer derart vollmundigen Aussage besteht aber inhaltlich nicht der Anlaß, da der zugrundeliegende Parameter - als Führungssignal systemtheoretisch gefaßt - selbst wieder unter dem Einfluß der Entscheidungen des Bearbeiters steht. Außerdem wäre zu einer verallgemeinerbaren Aussage über den Freiheitsaspekt von Zielintentionen erforderlich, nicht nur den Zeitpunkt, sondern auch den Inhalt vorhersagen zu können. Dennoch scheint hier ein nach außen hin indeterminiert wirkendes System intern sehr wohl nach wissenschaftlich beschreibbaren Gesetzen zu funktionieren.

Ein hoher Wert des Führungssignals wird theoretisch als Ausdruck der Wahrnehmung der Bearbeiter gedeutet, daß sie Mittel und Wege zum Ziel als lokale Kausalquelle (Heider, 1958) kontrollieren. Diese Deutung konnte in den vorhergehenden Experimenten, in denen die *Möglichkeit* zur Wahrnehmung lokaler Kausalität unabhängig variiert wurde, mit Evidenz belegt werden. Die Möglichkeit zur Wahrnehmung lokaler Kausalität erscheint dort als ein Faktor der - allerdings mit viel kleinerer Varianzaufklärung - den Abbruchzeitpunkt des Systems 'Beobachter-Aufgabe' von außen determiniert.

Damit ist der Wille als psychologische Größe aber nicht etwa wegerklärt. Der Inhalt des Willens - das Ziel - ist nämlich noch gar nicht erreicht; bei Ausdaueraufgaben wird es nie erreicht. Trotzdem werden alle bereits eingetretenen Handlungseffekte auf dem Weg zum Ziel unter diese *Intention* subsumiert und ebenfalls auf den eigenen Willen attribuiert. Dies führt auf die Funktion des psychologischen Phänomens Wille.

4.4.1 Funktion des Phänomens Wille

Wer auf den eigenen Willen attribuiert, nimmt den Inhalt dieser Intention vorweg, nämlich das Ziel. Dabei können alle bereits eingetretenen Handlungseffekte auf dem Weg dorthin unter dies Ziel subsumiert werden. Die Attribution auf diese Zielintention wirkt als vereinfachende Zusammenfassung.

Am deutlichsten wird diese Vorwegnahme, wenn der Handelnde externe Informationsquellen benötigt, um zu sehen, ob er den Zweck mit seinem Handeln erreicht hat. Rieger (1885) beschreibt einen solchen Fall. Ausführende in seinen Untersuchungen bemerken das Abweichen von der bei seiner Aufgabenstellung (siehe Kap. 2.1.1) geforderten Geraden nicht. "Die Illusion, der Arm stehe völlig still, ist so lebhaft und unvertilgbar, dass man bei Wiederholung der Versuche, wo man sich dann immer fester vornimmt, diesmal aber ruhig zu bleiben, immer wieder die gleiche Ueberraschung erfährt" (Rieger, 1885, S. 8). Man kommt anscheinend gar nicht umhin, mit in seinem Willenserleben auch einen Zweck einzuschließen, wenn man sich selbst als Kausalquelle sieht. Demnach besteht der Wille aus einer Ursachenzuschreibung, die den zu erklärenden Handlungseffekt, nämlich die Zielerreichung, vorwegnehmen muß. Das ist für den Handelnden sehr praktisch, weil er so alle auf den Zweck gerichteten Handlungen als ganze Gruppe von Handlungseffekten mit der einen Ursache 'ich will' erklären kann.

Aber die eigentliche Vereinfachung ist noch grundlegender. Es entfällt für den Handelnden die Notwendigkeit, sich selbst so weit zu hinterfragen, daß er sagen kann, was ihn zum Wollen des jeweiligen Zweckes gebracht hat. Er setzt sich einfach an den Anfang der Kausalkette. Mit den hier angebotenen Überlegungen müßte davon ausgegangen werden, daß dieses selbstreflektierende Subjekt - die Konstruktion Aktor - auch als Folge der Notwendigkeit entstanden ist, in hoch komplizierten (sozialen) Zusammenhängen zu einer effektiven Arbeitsdefinition des Aktors über die zugrundeliegende Kausalstruktur seines Handlungsfeldes zu kommen. Wenn der Aktor auch nur annähernd so lange überlegen würde, wie es seine geistige Kapazität erlaubt, würde er nicht lebensfähig sein, so langsam wären seine Reaktionen. Hier liegt die Funktion der Willensattribution. Sie macht durch die damit verbundene Vereinfachung einen subjektiv autonom handelnden Aktor erst lebensfähig. Kluwe (1996) macht noch einen Schutzaspekt geltend, der das Subjekt vor fatalen Einsichten bewahrt. Niemand sieht sich selbst gern als biologischen Roboter. Auf eine Einsicht daraus für den Phänomenbereich Grübeln wird in Kap. 2.5.2 eingegangen.

Daneben ist die Hauptfunktion des Willens aus interpersonaler Perspektive natürlich die eindeutige Verantwortungszuschreibung, wie auch Prinz (1996) hervorhebt: "Eine wichtige Konsequenz, die sich aus der Verwendung des Willensfreiheitsjargons ergibt, ist das Abschneiden von Erklärungsketten" (S. 90). Daß durch einen solchermaßen wirksamen Willensbegriff die Verantwortungszuschreibung nicht im infiniten Regreß versiegt, folgt schon aus der Anlage des Willensbegriffs bei Augustinus (388).

Literaturverzeichnis

Abramson, L.Y., Seligman, M.E.P. & Teasdale, I.P. (1978). Leard helplessness in humans: Critique and reformulation. *Journal of Abnormal Psychology, 87,* 49-74.

Ach, N. (1905). *Über die Willenstätigkeit und das Denken.* Göttingen: Vandenhoeck & Ruprecht.

Ach, N. (1910). *Über den Willensakt und das Temperament.* Leibzig: Quelle & Meyer.

Ach, N. (1911). Über den Willensakt. Eine Replik von N. Ach. *Untersuchungen zur Psychologie und Philosophie, 1/4,* S. 1-40.

Ach, N. (1912). Bemerkungen zur Untersuchung des Willens. *Untersuchungen zur Psychologie und Philosophie, 1/5,* S. 45-49.

Ach, N. (1935). Analyse des Willens. In: E. Abderhalden (Hrsg.). *Handbuch der biologischen Arbeitsmethoden.* Abt. VI: Methoden der experimentellen Psychologie Teil E. Berlin: Urban & Schwarzenberg.

Andrews, G.R. & Debus, R.L. (1978). Persistence and the Causal Perception of Failure: Modifying Cognitive Attributions. *Journal of Educational Psychology, 70,* 154-166.

Apel, K.-O. (1975). *Der Denkweg von Charles S. Peirce.* Frankfurt a.M.: Suhrkamp.

Apple Computer (1992). *Inside Macintosh: Procecesses.* Reading: Addison-Wesley.

Apple Computer (1993). *HyperCard Reference Manual.* Cupertino.

Atkinson, J.W. (1957). Motivational determinants of risk-taking behavior. *Psychological Review, 64,* 359-372.

Atkinson, J.W. & Birch, D.A. (1970). *A dynamic Theory of Action.* New York: Wiley.

Attneave, F. (1974). *Informationstheorie in der Psychologie.* Bern: Huber.

Augustinus, A. (388). *Der freie Wille.* Paderborn: Ferdinand Schöningh. 1961.

Bandura, A. (1977). Self-efficacy: Toward a Unifying Theory of Behavioral Change. *Psychological Review, 84,* 191-215.

Bandura, A. (1986). *Social Foundations of Thought and Action: A Social Cognitive Theory.* Englewood Cliffs, N.J.: Prentice-Hall.

Bartlett, F.C. (1932). *Remembering - A Study in Experimental and Social Psychology.* Cambridge: Cambridge University Press.

Bassili, J.N. & Regan, D.T. (1977). Attributional Focus as a determinant of information selection. *The Journal of Social Psychology, 101,* 113-121.

Baumann, N. & Kuhl, J. (1996). Selbst-Infiltration: Die Übernahme fremder Ziele und ihre Auswirkung im Alltag. In: H. Mandl (Hrsg.). *40. Kongreß der Deutschen Gesellschaft für Psychologie Abstracts.*

Beckermann, A. (1977).Handeln und Handlungserklärungen. In: A. Beckermann (Hrsg.). *Handlungserklärungen.* Analytische Handlungstheorie, Bd. 2. Frankfurt a.M.: Suhrkamp.

Beckermann, A. (1992a). Das Problem der Intentionalität - Naturalistische Lösung oder meßtheoretische Auflösung? *Ethik und Sozialwissenschaften, 3,* 433-447.

Beckermann, A. (1992b). Zur Metakritik Holm Testens. *Ethik und Sozialwissenschaften, 3,* 520-522.

Beckmann, J. (1994). Ruminative Thought and the deactivation of an Intention. *Motivation and Emotion, 18,* 317-334.

Bem, D. (1967). Self-Perception: An Alternative Interpretation of Cognitive Dissonance Phenomena. *Psychological Review, 74,* 183-200.

Bem, D. (1972). Self-perception theory. In: L. Berkowitz (Hrsg.). *Advances in Experimental Social Psychology, 6,* S. 1-62. New York: Academic Press.

Bischof, N. (1995). *Struktur und Bedeutung*. Bern: Huber.

Blankenship, V. (1992). Individual Differences in Resultant Achievement Motivation and Latency to and Persistence at an Achievement Task. *Motivation and Emotion, 16,* 35 - 63.

Blume, P. (1924). Eine Untersuchung über die Willenskraft bei Schulkindern. *Zeitschrift für pädagogische Psychologie und Jugendkunde, 25,* 1. Teil: 45-53, 2. Teil: 86-94.

Brandstätter, H. (1988). Sechzehn Persönlichkeits-Adjektivskalen (16PA) als Forschungsinstrument anstelle des 16PF. *Zeitschrift für Experimentelle und Angewandte Psychologie, 35,* 370-391.

Brandstätter, H., Filipp, G. & Drescher, P. (1992). Zur Validitaet der 16 Persönlichkeits-Adjektivskalen (16PA). *Zeitschrift für Differentielle und Diagnostische Psychologie, 13,* 53-67.

Brentano, F. (1924). *Psychologie vom empirischen Standpunkt.* Leibzig: Meiner.

Brockhaus Enzyklopädie (1968). *Enzyklopädie.* 17. Aufl. Wiesbaden: F.A. Brockhaus.

Brunstein, J.C. (1986). Attributionsstil und Depression: Erste Befunde zur Reliabilität und Validität eines deutschsprachigen Attributionsstil-Fragebogens. *Zeitschrift für Differenzielle und Diagnostische Psychologie, 7,* 45-53.

Brunswik. E. (1934). *Wahrnehmung und Gegenstandswelt. Grundlegung einer Psychologie vom Gegenstand her.* Leipzig: Franz Deuticke.

Brunswik. E. (1952) The conceptual framework of psychology. In: *International Encyclopedia of Unified Science,* Vol. 1, No. 10. Chicago: Univertity of Chicago Press.

Buss, A.R. (1978). Causes and reasons in attribution theory: A conceptual critique. *Journal of Personality and Social Psychology, 36,* 1311-1321.

Buss, D.M. & Scheier, M.F. (1976). Self-Consciousness, Self-Awareness, and Self-Attribution. *Journal of Research in Personality, 10,* 463-468.

Carver, C. S. (1979). A cybernetic model of self-attention processes. *Journal of Personality and Social Psychology, 37,* 1251 - 1281.

Carver, C.S., Blaney, P.H. & Scheier, M.F. (1979). Reassertion and Giving Up: The Role of Self-Directed Attention and Outcome Expectancy. *Journal of Personality and Social Psychology, 37,* 1859-1870.

Carver, C.S., Peterson, L.M., Follansbee, D.J. & Scheier, M.F. (1983). *Cognitive Therapy and Research, 7,* 333-354.

Carver, C.S. & Scheier, M.F. (1978). Self-Focusing Effects of Disositional Self-Consciousness, Mirror Presence, and Audience Presence. *Journal of Personality and Social Psychology , 36,* 324-332.

Carver, C.S. & Scheier, M.F. (1981). *Attention and Self-Regulation: A Control-Theory Approach to Human Behavior*. New York: Springer.

Carver, C.S. & Scheier, M.F. (1982). Outcome expectancy, locus of attribution for expectancy, and self-directed attention as determinants of evaluations and performance. *Journal of Experimental Social Psychology, 18,* 184-200

Carver, C.S. & Scheier, M.F. (1990). Origins and Function of Positive and Negative Affect: A Control-Process View. *Psychological Review, 97,* 19-35.

Cervone, D. (1989). Effects of envisioning future activities on self-efficacy judgments and motivation: An availability heuristic interpretation. *Cognitive Therapy and Research, 3,* 247-261.

Coombs, C.H., Dawes, R.M. & Tversky, A. (1975). Mathematische Psychologie. Weinheim: Beltz.

Cranach, M.v. (1991). Handlungsfreiheit und Determination als Prozeß und Erlebnis. *Zeitschrift für Sozialpsychologie, 22,* 4-21.

Cranach, M.v. (1992). Handlungs-Entscheidungsfreiheit als psychologischer Prozeß. *Zeitschrift für Sozialpsychologie, 23,* 287-294.

Cranach, M.v. (1996). Handlungs-Entscheidungsfreiheit: ein sozialpsychologisches Modell. In: M. v. Cranach & K. Foppa (Hrsg.) *Freiheit des Entscheidens und Handelns.* S. 253-283. Heidelberg: Asanger.

Crandall, V.C., Katkovsky, W. & Crandall, V.J. (1965). Children's beliefs in their own control of reinforcement in intellectual achievement situations. *Child Development, 36,* 91-109.

Churchland, P.M. & Churchland, P.S. (1990). Ist eine denkende Maschine möglich? *Spektrum der Wissenschaft, 3/1990,* 47- 54.

Czeschlik, T. (1992). The Middle Childhood Temperament Questionnaire: Factor structure in a German sample. *Personality and Individual Differences, 13,* 205-210.

Dahme, G. (1996). Zur Motivation von Jugend-forscht-Teilnehmern. In: E.H. Witte (Hrsg.). *Sozialpsychologie der Motivation und Emotion.* Lengerich: Pabst.

Dahme, G., Bleich, C., Jungnickel, D. & Rathje, H. (1992). Ermutigende Befunde zur Reliabilität und enttäuschende Ergebnisse zur Konstruktvalidität des HAKEMP: Daten aus einer Felduntersuchung. *Zeitschrift für Differentielle und Diagnostische Psychologie, 13,* 139-160.

Dahme, G., Bleich, C., Jungnickel, D. & Rathje, H. (1993). Güteeigenschaften der Achievement Motives Scale (AMS) von Gjesme und Nygard (1979) in der deutschen Übersetzung von Göttert und Kuhl. - Vergleich der Kennwerte norwegischer und deutscher Stichproben -. *Diagnostica, 39,* 257 270.

Dahme, G., Bleich, C. & Rudolph, U. (1992). Ausdauer und Anstrengung beim Hypothesentesten. *38. Kongreß der Deutschen Gesellschaft für Psychologie: Abstracts.*

Dahme, G. & Rathje, H. (1988). *Hochbegabung und Motivation.* Forschungsbericht in 3 Bänden. Beiträge aus dem Fachbereich Pädagogik der Universität der Bundeswehr Hambung, 2/88, Bd I, II und III.

Dahme, G., Rudolph, U. & Hyla-Brüschke, M. (1993). Wann wird die Bearbeitung einer Ausdaueraufgabe abgebrochen? Referat auf der Tagung der Fachgruppe Sozialpsychologie in der deutschen Gesellschaft für Psychologie 24. - 26. 6. 1993.

Dahme, G., Rudolph, U., Hyla-Brüschke, M. & Eichstaedt, J. (1994). Was erklärt Ausdauer bei unlösbaren Leistungsaufgaben, wenn nicht Erfolgserwartung und Selbstaufmerksamkeit. In: K. Pawlik (Hrsg.). *39. Kongreß der Deutschen Gesellschaft für Psychologie Abstracts.* 108-109.

Daniel, C. (1984). *Kant verstehen: Einführung in seine theoretische Philosophie*. Frankfurt a.M.: Campus.

Dennett, D.C. (1979). *Brainstorms. Philosophical essays on mind and psychology*. Hassocks: Harvester.

Dennett, D.C. (1984). *Elbow Room: The Varieties of Free Will Worth Wanting*. Cambridge, MA: The MIT Press/A Bradford Book.

Dennett, D.C. (1987). *The Intentional Stance*. Cambridge, MA: The MIT Press/A Bradford Book.

Diaz-Bone, R. & Schubert, K. (1996). *William James zur Einführung*. Hamburg: Junius.

Dihle, A. (1987). Zur Herkunft des Willensbegriffs. In: H. Heckhausen & F.E. Weinert (Hrsg.). *Jenseits des Rubikon: Der Wille in den Humanwissenschaften*. S. 29-32. Berlin: Springer.

Dimitroff, G., Bereiter, C. & Wong, P.T. (1979). Expectancies and attribution of adolescents prior to different outcomes and extinction. *Canadian Journal of Behavioural Science, 11*, 225-235.

Dörner, D. (1996). Der freie Wille und die Selbstreflexion. In: M. v. Cranach & K. Foppa (Hrsg.) *Freiheit des Entscheidens und Handelns*. S. 125-150. Heidelberg: Asanger.

Dorrmann, W. & Hinsch, R. (1981). Der IE-SV-F. Ein differenzieller Fragebogen zur Erfassung von Attributionsgewohnheiten in Erfolgs- und Mißerfolgssituationen. *Diagnostika, 17*, 360-378.

Duval, T.S., Duval, V.H. & Mulilis, J-P. (1992). Effects of Self-Focus, Discrepancy Between Self and Standard, and Outcome Expectancy Favorability on the Tendency to Match Self to Standard or to Withdraw. *Journal of Personality and Social Psychology, 62*, 340-348.

Duval, S. & Wicklund, R.A. (1972). *A theory of objective self awareness*. New York: Academic Press.

Duval, S. & Wicklund, R.A. (1973). Effects of Objective Self-Awareness on Attribution of Causality. *Journal of Experimental and Social Psychology, 9*, 17-31.

Dyck, D.G., Vallentyne, S. & Breen, L.J. (1979). Duration of failure, causal attributions for failure, and subsequent reactions. *Journal of Experimental Social Psychology, 15*, 122-132.

Ebbinghaus. H. (1912). *Abriss der Psychologie*. Leipzig: Veit & Comp.

Eccles, J.C. (1982). Teil II. In: K.R. Popper & J.C. Eccles (Hrsg.). *Das Ich und sein Gehirn*. München: Piper.

Eggers, R. (1986). *Die Attribution von Gründen und Ursachen bei Handlungen und Handlungsergebnissen: Eine empirische Untersuchung in einem experimentellen Wettbewerbsspiel*. Frankfurt a.M.: Lang.

Eichstaedt, J. (in Vorbereitung). Manual der Computerprogramme zur Ausdauer-Experimentalreihe.

Eichstaedt, J. & Dahme, G. (1995). Verstärkter Innerer Rückzug nach Mißerfolgserlebnissen. In: O. Günterkün, R. Guski, C. Walter & A. Wohlschläger (Hrsg.). *Experimentelle Psychologie*. Beiträge zur 37. Tagung experimentell arbeitender Psychologen Ruhr-Universität Bochum 9. -13. 4. 1995. S. 70. Regensburg: Roderer.

Eichstaedt, J., Dahme, G. Hyla-Brüschke, M. & Rudolph, U. (1994). Über die Induktion von Selbstaufmerksamkeit mit eigenem Portrait als Aufgabenmaterial. In: K. Pawlik (Hrsg.). *39. Kongreß der Deutschen Gesellschaft für Psychologie Abstracts.* 108-109.

Eisenberg, O. (1995). Zur Erfassung 'inneren Rückzugs' bei der Bearbeitung extrem schwerer Leistungsaufgaben. Unveröffentlichte Diplomarbeit. Universität der Bundeswehr Hambung.

Erber, R. & Wegner, D.M. (1996). Rumination on the rebound. In: R.S. Wyer, Jr. (Hrsg.) *Ruminative Thoughts. Advances in Social Cognition, IX.* S. 73-79. Mahwah, N.J.: Lawrence Erlbaum.

Exner, J.E. (1973). The self-focus sentence completion: A study of egocentricity. *Journal of Personality Assessment, 37,* 437-455.

Eye, A. von & Hussy, W. (1981). Informationstheoretischen Analyse der Bearbeitungszeiten bei der Beschäftigung mit dem "Superhirn"-Problem - Theoretische und empirische Beiträge -. In: *Trierer Psychologische Berichte, 8,* Heft 11.

Feather, N.T. (1961). The relationship of persistence at a task to expatation of success and acievement related motives. *Journal of Abnormal and Social Psychology, 63*, 552 - 561.

Feather, N.T. (1963). Persistence at a difficult task with alternative task of intermediate difficulty. *Journal of Abnormal and Social Psychology, 66*, 604 - 609.

Feather, N.T. (1969). Attribution of resposibility and valence of success and failure in relation to initial confidence and task performance. *Journal of Personality and Social Psychology, 13,* 129-144.

Federoff, N.A. & Harvey, J.H. (1976). Focus of attention, self-esteem and the attribution of causality. *Journal of Research in Personality, 10,* 336-345.

Fennigstein, A., Scheier, M.F. & Buss, A.H. (1975). Public and private self-consciousness: Assessment and theory. *Journal of Counsulting and Clinical Psychology, 43,* 522-527.

Frankel, A. & Snyder, M.L. (1978). Poor Performance Following Unsolvable Problems: Learned Helplessness or Egotism?. *Journal of Personality and Social Psychology, 36,* 1415-1423.

Franzoi, S.L. & Sweeney, P.D. (1986). Another Look at the Relation between Private Self-Consciousness and Self-Attribution, *Journal of Research in Personality, 20,* 187-206.

Frey, D., Wicklund, R.A. & Scheier, M.F. (1984). Dic Theorie der objektiven Selbstaufmerksamkeit. In D. Frey & M. Irle (Hrsg.). *Theorien der Sozialpsychologie. Band I: Kognitive Theorien.* Huber: Bern.

Fries, T. (1994). *Zur Replizierbarkeit der Untersuchung von Charles S. Carver, Paul H. Blaney und Michal F. Scheier 1979 "Reassertion and Giving Up: The Interactive Role of Self-Directed Attention and Outcome Expactency".* Unveröffentlichte Diplomarbeit Universität der Bundeswehr Hamburg.

Gerjets, P. & Westermann, R. (in Druck). Theorien der kognitiven Psychologie und das Problem der Intentionalität. In: R.H. Kluwe (Hrsg.). *Kognitionswissenschaft: Strukturen und Prozesse intelligenter Systeme.* Wiesbaden: Deutscher Universitätsverlag.

Gollwitzer, P.M. (1996). Das Rubikonmodell der Handlungsphasen. In: J. Kuhl & H. Heckhausen (Hrsg.). *Motivation, Volition und Handlung.* Enyklopädie der Psychologie C IV 4. S. 531-582. Göttingen: Hogrefe.

Göttert, R. & Kuhl, J. (1980). *LM-Fragebogen. AMS-Scale von T. Gjesme und R. Nygard. Deutsche Übersetzung der AMS-Scale von Gjesme und Nygard.* Bochum: Psychologisches Institut Ruhr Universität Bochum. Unveröffentlichtes Manuskript.

Greenberg, & Pysczynky, (1986). Persistent High Self-Focus After Failure and Low Self-Focus After Success: The Depressive Self-Focusing Style. *Journal of Personality and Social Psychology, 50,* 1039-1044.

Greve, W. (1992). Möglichkeiten und Grenzen einer psychologischen Theorie der Freiheit. Kritische Anmerkungen zu von Cranach (1991). *Zeitschrift für Sozialpsychologie, 23,* 277-286.

Greve, W. (1994). *Handlungserklärung: Die psychologische Erklärung menschlicher Handlungen.* Bern: Huber.

Greve, W. (1996). Die Grenzen empirischer Wissenschaft. Philosophische Schwierigkeiten, einer psychologischen Theorie der Willensfreiheit. In: M. von Cranach & K. Foppa (Hrsg.). *Freiheit des Entscheidens und Handelns.* S. 104-121. Heidelberg: Asanger.

Groeben, N. (1986). *Handeln, Tun, Verhalten als Einheiten einer verstehend erklärenden Psychologie.* Tübingen: Francke.

Gröters, T. (1993). *Ausdauer und Leistung in Abhängigkeit von der subjektiven Erfolgswahrscheinlichkeit und induzierter Selbstaufmerksamkeit - eine experimentelle Studie.* Unveröffentlichte Diplomarbeit Universität der Bundeswehr Hamburg.

Gundlach, H. (1987). Anfänge der experimentellen Willenspsychologie. In: H. Heckhausen & F.E. Weinert (Hrsg.). *Jenseits des Rubikon: Der Wille in den Humanwissenschaften.* S. 65-85. Berlin: Springer.

Gundlach, H. (1996). Der Willensakt im Reaktionsversuch Material zu einer Begriffsgeschichte des Willensaktes. In: J. Kuhl & H. Heckhausen (Hrsg.). *Motivation, Volition und Handlung.* Enyklopädie der Psychologie C IV 4. S. 361-409. Göttingen: Hogrefe.

Hager, W. (1987). Grundlagen einer Versuchsplanung zur Prüfung emirischer Hypothesen in der Psychologie. In: G. Lüer (Hrsg.) *Allgemeine Experimentelle Psychologie.* Stuttgart: Fischer.

Haines, P., McGrath, P. & Pirot, M. (1980). Expectations and persistence: An experimental Comparison of Bandura and Rotter. *Social Behavior and Personality, 8,* 193-201.

Haken, H. (1986). How can we implant Semantics into Information Theory. In: O.G. Folberth & C. Hackl. *Der Informationsbegriff in Technik und Wissenschaft.* S. 127-137. München: OldenBourg.

Haken, H & Haken-Krell, M. (1989). *Entstehung von biologischer Information und Ordnung.* Darmstadt: Wissenschaftliche Buchgesellschaft.

Harcum, E.R. (1991). Behavioral Paradigm for a Psychological Resolution of the Free Will Issue. *Journal of Mind and Behavior, 12,* 23-114.

Heckhausen, H. (1963). Eine Rahmentheorie der Motivation in zehn Thesen. *Zeitschrift für experimentelle und angewandte Psychologie, 10,* 604-626.

Heckhausen, H. (1967). *The anatomy of achievement motivation.* New York: Academic Press.

Heckhausen, H. (1978). Selbstbewertung nach erwartungswidrigem Leistungsverlauf: EInfluß von Motiv, Kausalattribution und Zielsetzung. *Zeitschrift für Entwicklungspsychologie und Padagogische Psychologie, 10,* 191-216.

Heckhausen, H. (1987). Causal attribution patterns for achievement outcomes: Individual differences, possible types and their origins. In: F.E. Weinert & R.H. Kluwe (Hrsg.). *Metacognition, Motivation and Understanding*. S. 143-184. Hillsdale N.J.: Erlbaum.

Heckhausen, H. (1989). *Motivation und Handeln*. Berlin: Springer.

Heckhausen, H. & Gollwitzer, P.M. (1987). Thought contents and cognitive functioning in motivational vs. volitional states of mind. *Motivation and Emotion, 11*, 101-120.

Heider, F. (1944). Social perception and phenomenal causality. *Psychological Review, 51*, 358-374.

Heider, F. (1958). *The Psychology of Interpersonal Relations*. New York: John Wiley & Sons.

Heider, F. (1977). *Die Psychologie der interpersonalen Beziehungen*. Stuttgart: Klett.

Heinemann, W. (1979). The assessment of private and public self-consciousness: A German replication. *European Journal of Social Psychology, 9*, 331-337.

Helson, (1964). *Adaptation-level theory. An experimental and systematic approach to behavior*. New York: Haper & Row.

Henry, R.A. & Sniezek, J.A. (1993). Situational factors affecting judgments of future performance. *Organizational Behavior and Human Decision Processes, 54*, 104-132.

Herrmann, Th. (1996). Willensfreiheit - eine nützliche Fiktion? In: M. von Cranach & K. Foppa (Hrsg.). *Freiheit des Entscheidens und Handelns*. S. 56-69. Heidelberg: Asanger.

Hillgruber, A. (1912). Fortlaufende Arbeit und Willensbetätigung. *Untersuchungen zur Psychologie und Philosophie, 1/6*.

Hofstätter, P. (1958). Die Bedrohung der Freiheit durch die Macht der Beinflussung. In: (Ohne Hrsg.). *Freiheit der Persönlichkeit eine Vortragsreihe*. S. 115-129. Stuttgart: Kröner.

Hofstätter, P. (1973). *Einführung in die Sozialpsychologie*. 5. Aufl. Stuttgart: Kröner.

Holroyd, K.A., Westbrook, T., Wolf, M. & Badhorn, E. (1978). Performance, cognition, and physiological responding in test anxiety. *Journal of Abnormal Psychology, 87*, 442-451.

Hörmann, H. (1978). *Meinen und Verstehen: Grundzüge einer psychologischen Semantik*. Frankfurt a.M.: Suhrkamp.

Horn, C. (1996). Augustin und die Entstehung des philosophischen Willensbegriffs. *Zeitschrift für philosophische Forschung, 50*, 113-132.

Husserl, E. (1901). Logische Untersuchungen Zweiter Band: Untersuchungen zur Phänomenologie der Erkenntnis. Erster Teil. In: U. Panzer (Hrsg.) *Husserliana XIX/1*, Den Haag: Nijhoff. 1984.

Husserl, E. (1927). Phänomenologische Psychologie. , In: U. Panzer (Hrsg.) *Husserliana IX*. Den Haag: Nijhoff. 1962.

Ickes, W., Wicklund, R.A. & Ferris, C.B. (1973). Objective self awareness and self esteem. *Journal of Experimental Social Psychology, 9*, 202-219.

Irwin, F.W. (1971). *Intentional Behavior and Motivation. A Cognitive Theory*. Philadelphia: J.B. Lippincott.

Jaeger, H. (1996). Dynamische Systeme in der Kognitionswissenschaft. *Kognitionswissenschaft, 5*, 151-174.

James, W. (1896). The Will to Believe, New World, 5, 327-347. In: The Will to Believe and Other Essays in Popular Philosophy. F.H. Burkhardt, F. Bowers & I.K. Skrupskelis (eds.) *The Works of William James*. S. 13-33. Cambridge: Harvard University Press. 1979.

James, W. (1897). The Dilemma of Determinism. In: The Will to Believe and Other Essays in Popular Philosophy. F.H. Burkhardt, F. Bowers & I.K. Skrupskelis (eds.) *The Works of William James*. S. 114-140. Cambridge: Harvard University Press. 1979.

James, W. (1899). Talks To Teachers on Psychology and to Students on some of Life's Ideals. In: F.H. Burkhardt, F. Bowers & I.K. Skrupskelis (eds.) *The Works of William James*. Cambridge: Harvard University Press. 1983.

James, W. (1907). *Der Pragmatismus*. Hamburg: Felix Meiner. 1977.

James, W. (1909). *Psychologie*. Leipzig: Quelle und Meyer.

Jaspers, K. (1923). *Allgemeine Psychopathologie*. 9. Aufl.. Berlin: Springer. 1973.

Jaspers, K. (1949). *Vom Ursprung und Ziel der Geschichte*. München: Piper.

Jones, E.E. & Nisbett, R.E. (1971). The actor and the observer: Divergent perceptions of the causes of behavior. In: E.E. Jones, D.E. Kanouse, H.H. Kelley, R.E. Nisbett, S. Valins & B. Weiner. *Attribution: Perceiving the causes of behavior*. S: 79-94. Morristown, N.Y.: General Learning Press.

Kant, I. (1781). Grundlegung der Metaphysik der Sitten. In: Kants Werke Akademie Textausgabe IV. Berlin: de Gruyter. 1968.

Kant, I. (1787). Kritik der reinen Vernunft 2. Aufl.. In: Kants Werke Akademie Textausgabe III. Berlin: de Gruyter. 1968.

Kanitschneider, B. (1993). Freiheit, Determinismus und Chaos. *Skeptiker, 6,* S. 39-42.

Karsten, A. (1928). V. Psychische Sättigung. In: K. Lewin (Hrsg.). Untersuchungen zur Handlungs- und Affektpsychologie. *Psychologische Forschung, 10,* 142-254.

Kendall, S.M. & Ord, J.K. (1990). *Time Series*. 3. Aufl. New York: Wiley & Sons.

Kernighan, B.W. & Ritchie, D.M. (1978). *The C programming language*. Englewood Cliffs, NJ: Prentice-Hall.

Kernighan, B.W. & Ritchie, D.M. (1990). *Programmieren in C*. München: Hauser & London: Prentice-Hall.

Kelley, H.H. (1967). Attribution theory in social psychology. In: D. Levine (Ed.), *Nebraska symposium on motivation*. S. 192-238. Lincoln: University of Nebraska Press.

Klinger, E. (1977). *Meaning and void: Inner experience and the incentives in people's lives.* Minneapolis: University of Minnesota Press.

Kluwe, R. (1996). Steuerung von Denkvorgängen in Modellen menschlicher Informationsverarbeitung. In: M. von Cranach & K. Foppa (Hrsg.). *Freiheit des Entscheidens und Handelns*. S. 151-170. Heidelberg: Asanger.

Kornadt, H.-J. (1996). Willensfreiheit: Empirische Tatsache und theoretisches Problem in der Psychologie. In: M. von Cranach & K. Foppa (Hrsg.). *Freiheit des Entscheidens und Handelns*. S. 21-55. Heidelberg: Asanger.

Kornhuber, H.H. (1987). Handlungsentschluß, Aufmerksamkeit und Lernmotivation im Spiegel menschlicher Hirnpotentiale: Mit Bemerkungen zu Wille und Freiheit. In: H. Heckhausen & F.E. Weinert (Hrsg.). *Jenseits des Rubikon: Der Wille in den Humanwissenschaften*. S. 376-401. Berlin: Springer.

Kornhuber, H.H. (1988). The human brain: From dream and cognition to fantasy, will, conscience, and freedom. In: H. J. Markowitsch (Hrsg.). *Information processing by the brain. Views and hypotheses from a physiological-cognitive perspective.* S. 241-258. Bern: Huber.

Kuhl, J. (1983). *Motivation, Konflikt und Handlungskontrolle.* Berlin: Springer.

Kuhl, J. (1987). Action control: The maintenance of motivational states. In: F. Halisch & J. Kuhl (Hrsg.). *Motivation, intention and volition.* S. 279-291. Berlin: Springer.

Kuhl, J. (1988). *Kurzanweisung zum Fragebogen HAKEMP 88.* Osnabrück, Fachbereich für Psychologie, Arbeitseinheit Differenzielle Psychologie und Persönlichkeitsforschung.

Kuhl, J. (1994a). A Theory of action and state orientations. In: J. Kuhl & J. Beckmann (Hrsg.). *Volition and Personality.* S. 1-46. Göttingen: Hogrefe & Huber.

Kuhl, J. (1994b). Wille und Freiheitserleben: Formen der Selbststeuerung. Forschungsberichte Nr. 98. Universität Osnabrück. Erschienen in: J. Kuhl & H. Heckhausen (Hrsg.). *Motivation, Volition und Handlung.* Enyklopädie der Psychologie C IV 4. S. 665-765. Göttingen: Hogrefe.

Kuhl, J. (1995). *Persönlichkeits-System-Interaktionen (PSI-Theorie): Mentale Zustände, Individuelle Stile und Persönlichkeitsstörungen.* Vorpublikationsabdruck. Universität Osnabrück.

Kuhl, J. (1996). Wille, Freiheit, Verantwortung: Alte Antinomien aus experimentalpsychologischer Sicht. In: M. von Cranach & K. Foppa (Hrsg.). *Freiheit des Entscheidens und Handelns.* S. 186-218. Heidelberg: Asanger.

Kuhl, J. & Goschke, T. (1994). A Theory of action control. In: J. Kuhl & J. Beckmann (Hrsg.). *Volition and Personality.* S. 91-124. Göttingen: Hogrefe & Huber.

Kuhl, J. & Kazén, M. (1996). *Persönlichkeits-Stil-und-Störungs-Inventar (PSSI) Handanweisung.* Vorpublikationsabdruck, erscheint bei Hogrefe, Göttingen.

Lenk, H. (1995). *Interpretation und Realität: Vorlesungen über Realismus in der Philosophie der Interpretationskonstrukte.* Frankfurt a. M.: Suhrkamp.

Leslie, A.M. & Keeble, S. (1987). Do six-month-old infants perceive causality? *Cognition, 25,* 265-288.

Levine, M. (1971). Hypothesis theory and nonlearning despite ideal S-R reinforcement contingencies. *Psychological Review, 78,* 130-140.

Lewin, K. (1926). Untersuchungen zur Handlungs-und Affektpsychologie. II.: Vorsatz, Wille und Bedürfnis. *Psychologische Forschung, 7,* 330-385.

Lindsay, P.H. & Norman, D.A. (1981). *Psychologie.* Berlin: Springer.

Lindworsky, J. (1921). *Experimentelle Psychologie.* Band V der Philosophischen Handbibliothek. München: Jos. Kösel & Friedr. Pustet.

Lindworsky, J. (1923). *Der Wille seine Erscheinung und seine Beherrschung.* Leibzig: Johann Ambrosius Barth.

Locke, D. (1974). Reasons, wants, and causes. *Amarican Philosophical Quaterly, 11,* 169-179.

Locke, E.A. & Latham, G.P. (1990). *A theory of goal setting & task performance.* Englewood Cliffs, N.J.: Prentice Hall.

MacKay, D.M. (1960). On the logical Indeterminacy of a Free Choise. *Mind, 69,* 31-40.

MacKay, D.M. (1967). Freedom of Action in a Machanistic Universe. In: U. Pothast (Hrsg.). *Seminar: Freies Handeln und Determinismus*. S. 303-321. Frankfurt a.M.: Surkamp. 1978.

Macrae, C.N., Bodenhausen, G.V., Milne, A.B. & Jetten, J. (1994). Out of mind but back in sight: Stereotypes on the rebound. *Journal of Personality and Social Psychology, 67*, 808-817.

Malle, B.F. & Knobe, J. (1997a). The Folk Concept of Intentionality. *Journal of Experimental Social Psychology, 33*, 101-121.

Malle, B.F. & Knobe, J. (1997b). Which Behaviors Do People Explain? A Basic Actor-Observer Asymmetry. *Journal of Personality and Social Psychology, 72*, 288-304.

Martin, L.L. & Tesser, A. (1989). Toward a Motivational and Structural Theory of Ruminative Thought. In: J.S. Uleman & J.A. Bargh (Hrsg.). *Unintended Thought*. S. 306-326. New York: Guilford Press.

Martin, L.L. & Tesser, A. (1996). Some Ruminative Thoughts. In: R.S. Wyer, Jr. (Hrsg.) *Ruminative Thoughts. Advances in Social Cognition, IX*. S. 1-47. Mahwah, N.J.: Lawrence Erlbaum.

McCaughan, L.R. (1978). Stability/instability and change of expectancy, a test for cognitive determinants of psychomotor performance. *Perceptual and Motor Skills, 46*, 219-225.

McClelland, D.C. (1953). *The achievement motive*. New York: Appleton-Century-Crofts.

McClowry, S.G., Hegvik, R.L. & Teglasi, H. (1993). An examination of the construct validity of the Middle Childhood Temperament Questionnaire. Temperament Conference (1990, Tempe, Arizona). *Merrill Palmer Quarterly, 39*, 279-293.

McDonald, P.J. (1980). Reactions to Ojective Self-Awareness. *Journal of Research in Personality, 14*, 250-260.

Merz, J. (1984). Erfahrungen mit der Selbstaufmerksamkeitsskala von Fennigstein, Scheier und Buss (1975). *Psychologische Beträge, 26*, 239-249.

Merz, J. (1986). SAF: Fragebogen zur Messung von dispositioneller Selbstaufmerksamkeit. *Diagnostica, 32*, 142-152.

Meßmer, O. (1912). Die neueren experimentellen Untersuchungen des Willensaktes und ihre Bedeutung für die Pädagogik. *Zeitschrift für Pädagogische Psychologie und Experimentelle Pädagogik, 13*, 85-105.

Michotte, A. (1963). *The perception of causality*. London: Methuen.

Michott, A. & Prüm, E. (1911). Etude expérimentale sur le choix volontaire. *Achvieve de Psychologie, 10*, 113ff.

Miller, G.A., Galanter, E. & Pribram, K.H. (1960). *Plans and the Structure of Behavior*. Holt, Rinehart and Winston.

Mittenecker, E. & Raab, E. (1973). *Informationstheorie für Psychologen: Eine Einführung in Methoden und Anwendungen*. Göttingen: Hogrefe.

Morris, C.W. (1964). Bezeichnung und Bedeutung Eine Untersuchung der Relation von Zeichen und Werten. In: C.W. Morris. *Zeichen Wert Ästhetik*. Frankfurt: Suhrkamp. 1975.

Müller, G.E. & Pilzecker, A. (1900). *Experimentelle Beiträge zur Lehre vom Gedächtnis*. Leipzig: Barth.

Münsterberg, H. (1888). Die Willenshandlung. Ein Beitrag zur Physiologischen Psychologie. Freiburg i. B.: Akademische Verlagsbuchhandlung von J.C.B. Mohr.

Murrey, H.A. (1938). *Explorations in personality*. New York: Oxford University Press.

Newell, A., Shaw, J.C. & Simon, H. (1958). Elements of a theory of human problem-solving. *Psychological Review, 65*, 151-166.

Nisbett, R.E. & Valins, S. (1971). Perceiving the Causes of One's Own Behavior. In: E.E. Jones, D.E. Kanouse, H.H. Kelley, R.E. Nisbett, S. Valins & B. Weiner. *Attribution: Perceiving the causes of behavior*. S. 63- 78. Morristown, N.Y.: General Learning Press.

Nygård, R.A. & Gjesme, T. (1973). Assessment of achievement motives: Comments and suggestions. *Scandinavian Journal of Educational Research, 17,* 39-46.

Oeltjen, F.J. (1977). The use of intentionality in naive explanation of behavior. Dissertation, Washington.

Oltersdorf, G. (1978). *Persistenzverhalten Mißerfolgsmotivierter nach Mißerfolg*. Bochum: Psychol.Inst.RUB. Unveröffentlichte Diplomarbeit.

Orpen, C. (1980). The relationship between expected job performance and causal attributions of past success or failure. *Journal of Social Psychology, 112*, 151-152.

Peirce, C.S. (1878). How to Make Our Ideas Clear. *Popular Science Monthly, 12*, 286-302.

Peirce, C.S. (1905a). Was heißt Pragmatismus. In: K.-O. Apel (Hrsg.). *Schrifen zum Pragmatismus und Pragmatizismus*. S. 427-453. Frankfurt a.M.: Surkamp.

Peirce, C.S. (1905b). Kernfragen des Pragmatizismus. In: K.-O. Apel (Hrsg.). *Schrifen zum Pragmatismus und Pragmatizismus*. S. 454-489. Frankfurt a.M.: Surkamp. 1976.

Peirce, C.S. (1905c). Konsequenzen des Commonsensismus. In: K.-O. Apel (Hrsg.). *Schrifen zum Pragmatismus und Pragmatizismus*. S. 490-493. Frankfurt a.M.: Surkamp. 1976.

Peirce, C. S. (1960). *Collected papers of Charles Sanders Peirce Vol. 6 Scientific metaphysics*. 2. Print. Cambridge, Mass.: Harvard Univ. Press.

Peterson, C., Semmel, A., Baeyer, C. von, Abramson, L.Y., Metalsky, G.I. & Seligman, M.E.P. (1982). The Attributional Style Questionnaire. *Cognitive Therapy and Research, 6*, 287-300.

Planck, M. (1937). *Vom Wesen der Willensfreiheit*. Leipzig: Johann Ambrosius Barth.

Pothast, U. (1978). *Seminar: Freies Handeln und Determinismus*. S. 269-271. Frankfurt a.M.: Surkamp. 1978.

Pothast, U. (1980). *Die Unzulänglichkeit der Freiheitsbeweise*. Frankfurt a.M.: Suhrkamp.

Popper, K.R. (1951). Indeterminism in Quantum Physics and Classical Physics. *British Journal of Philosophy of Science, 1,* 179-188.

Popper, K.R. (1982). Teil I. In: K.R. Popper & J.C. Eccles (Hrsg.). *Das Ich und sein Gehirn*. München: Piper.

Powers, W.T. (1973). *Behavior: The control of perception*. Chicago: Aldine.

Prauss, G. (1983). *Kant über Freiheit und Autonomie*. Frankfurt a.M.: Vittorio Klostermann.

Prechtel, P. (1991). *Husserl zu Einführung*. Hamburg: Junius.

Premack, D. (1990). The infant's theory of self-propelled objects. *Cognition, 36,* 1-16.

Premack, D. & Premack, A.J. (1995). Intention as psychological cause. In: D. Sperber, D. Premack & A.J. Premack (Hrsg.). *Causal Cognition.* S. 185-199. Oxford: Clarendon Press.

Prinz, W. (1992). Die psychischen Phänomene des Franz Brentano. *Ethik und Sozialwissenschaften, 3,* 485-487.

Prinz, W. (1996). Freiheit oder Wissenschaft? In: M. von Cranach & K. Foppa (Hrsg.). *Freiheit des Entscheidens und Handelns.* S. 86-103. Heidelberg: Asanger.

Rensch, B. (1979). *Gesetzlichkeit, psychophysischer Zusammenhang, WIllensfreiheit und Ethik.* Berlin: Ducker & Humblot.

Rieger, K. (1885). Eine Methode zur Untersuchung der Willensthätigkeit. In: K. Rieger & M. Tippel. *Experimentelle Untersuchungen über die Willensthätigkeit.* Jena: Gustav Fischer.

Rosenbaum, R.M. (1972). *A dimensional analysis of the perceived causes of success and failure.* Unpublished doctoral dissertation, University of California, Los Angeles.

Rotter, J.B. (1966). Generalized expectancies for internal versus external control of reinforcement. *Psychological Monographs, 80,* 1-28.

Rudisill, M.E. (1988). The influence of causal dimension orientations and perceived competence on adult's expectations, persistence, performance, and the selection of causal dimensions. *International Journal of Sport Psychology, 19,* 184-198.

Rudolph, U. & Dahme, G. (1991). *Einige Determinanten der Ausdauer: Zwei Erkundungsstudien.* Unveröffentlichtes Manuskript.

Rychlak, J.F. (1991). Some Theoretical and Methodological Questions Concerning Harcum's Proposed Resolution of the Free Will Issue. *Journal of Mind and Behavior, 12,* 135-150.

Ryle, G. (1949). *The concept of mind.* Reprint. 1980. Harmondsworth: Penguin.

Ryle, G. (1969). *Der Begriff des Geistes.* Stuttgart: Reclam.

Sandelands, L.E., Brockner, J., Glynn, M.A. (1988). If at first you don't succeed, try, try again: Effects of persistence-performance contingencies, ego involvement, and self-esteem on task persistence. *Journal of Applied Psychology, 73,* 208-216.

Scheier, M.F. & Carver, C.S. (1982). Self-consciousness, outcome expactancy, and persistence. *Journal of Research in Personality, 16.* 303-347.

Scheier, M.F. & Carver, C.S. (1988). A model of behavioral self-regulation: Translating intention into action. *Advances in Experimental Social Psychology, 16,* 303-346.

Schulte, G. (1981). Kants nicht-unmögliche Freiheit. *Akten des 5. Int. Kant-Kongresses,* S. 568-575.

Schulte, G. (1991). *Immanuel Kant.* Frankfurt a.M.: Campus.

Schummer, T. (1994). *Induktion von objektiver Selbstaufmerksamkeit mittels eigener Portraits im Vergleich mit anderen Induktionsarten.* Unveröffentlichte Diplomarbeit. Universität der Bundeswehr Hamburg.

Searle, J.R. (1990). Ist der menschliche Geist ein Computerprogramm? *Spektrum der Wissenschaft, 3/1990,* 40-47.

Selz, O. (1910). Die experimentelle Untersuchung des Willensaktes. *Zeitschrift für Psychologie, 57,* 241-270.

Selz, O. (1911). Willensakt und Temperament. Eine Erwiderung auf N. Achs Widerlegung. *Zeitschrift für Psychologie, 59,* 113-122.

Selz, O. (1912). Anmerkung in eigener Sache. *Zeitschrift für Psychologie, 62,* 145-151.

Shannon, C.E. (1948). A mathematical theory of communication. *Bell Systems Technical Journal, 27,* 379-423.

Shannon, C.E. (1951). Prediction and entropy of printed English. *Bell Systems Technical Journal, 30,* 50-64.

Shrauger, J.S. & Osberg, T.M. (1980). The relationship of time investment and task outcome to causal attributions and self-esteem. *Journal of Personality, 48,* 360-378.

Sigwart, C. (1889). Der Begriff des Wollens und sein Verhältnis zum Begriff der Ursache. *Kleine Schriften,* zweite Reihe, 2. Aufl.. S. 115-211. Freiburg i. B.: Mohr.

Simon, H.A. (1990). Invariants of Human Behavior. *Annual Review of Psychology, 41,* 1-19.

Snyder, C.R. & Higgins, R.L. (1988). Excuses: Their Effective Role in the Negotiation of Reality. *Psychological Bulletin, 104,* 23-35.

Snyder, C.R., Higgins, R.L. & Stucky, R.J. (1983). *Excuses: Masquerades in Search of Grace.* New York: Wiley.

Stephan, W.G., Bernstein, W.M., Stephan, C. & Davis, M.H. (1979). Attributions for achievement: Egoism vs. expectancy confirmation. *Social Psychology Quarterly, 42,* 5-17.

Stern, W. (1911). *Die menschliche Persönlichkeit.* Leipzig: Barth.

Tolman, E.C. (1932). *Purposive behavior in animals and men.* New York: Century.

Treisman, A.M. & Gelade, D. (1980). A Feature-Integration Theory of Attention. *Cognitive Psychology, 12,* 97-136.

Valle, V.A. & Frieze, I.H. (1976). Stability of causal attributions as a mediator in changing expectations for success. *Journal of Personality and Social Psychology, 33,* 579-587.

Varela, F.J. (1990). *Kognitionswissenschaft - Kognitionstechnik: Eine Skizze aktueller Perspektiven.* Frankfurt a. M.: Suhrkamp.

Walter, H. (1996). Die Freiheit der Deterministen. *Zeitschrift für philosophische Forschung, 50,* 364-385.

Weary, G., Stanley, M.A. & Harvey, J.H. (1989). *Attribution.* New York: Springer.

Wegner, D.M. (1992). You can't always think what you want: Problems in the suppression of unwanted thoughts. *Advances in Experimental Social Psychology, 25,* 193-225.

Weiner, B. (1972). *Theories of motivation: From mechanism to cognition.* Chicago: Rand McNally.

Weiner, B. (1974a). Achievement Motivation as Conceptualized by an Attribution Theorist. In: *Achievement Motivation and Attribution Theory.* Morristown: General Lerning Press.

Weiner, B. (1974b). An Attributional Interpretation of Expectancy-Value Theory. In: B. Weiner (Hrsg.) *Cognitive Views of Human Motivation.* S. 51-69. New York: Academic Press.

Weiner, B. (1979). A Theory of Motivation for Some Classroom Experiences. *Journal of Educational Psychology, 71,* 3-25.

Weiner, B. (1985). An Attributional Theory of Achievement Motivation and Emotion. *Psychological Review, 92,* 548-573.

Weiner, B. (1986). *An attributional theory of motivation and emotion.* New York: Springer.

Weiner, B., Frieze, I., Kukla, A., Reed, L., Rest, S. & Rosenbaum, R.M. (1971). Perceiving the Causes of Success and Failure. In: E.E. Jones, D.E. Kanouse, H.H. Kelley, R.E. Nisbett, S. Valins & B. Weiner (Hrsg.). *Attribution: Perceiving the causes of behavior*. S. 95-120. Morristown, N.Y.: General Learning Press.

Weiner, B. & Kukla, A. (1970). An Attributional Analysis of Achievement Motivation. *Journal of Personality and Social Psychology, 15,* 1-20.

Westermann, R. (1986). Strukturalistische Theorienkonzeption und empirische Forschung in der Psychologie: eine Fallstudie. Berlin: Springer. 1987. Zugl.: Universität Goettingen, Habil.-Schrift. 1986.

Wicklund, R.A. (1975). 'Objective self-awareness.' In: L. Berkowitz (Hrsg.) *Advances in Experimental Social Psychology, 8,* New York: Academic Press.

Wittgenstein, L. (1958). *Philosophische Untersuchungen*. In: L.Wittgenstein. Schriften 1. Frankfurt a.M.: Suhrkamp. 1969. Orginal: Philosophical Inverstigations. Oxford: Blackwell. 1958.

Wundt, W.M. (1908). Kritische Nachlese zur Ausfragemethode. *Archiv für die gesamte Psychologie, 11,* 445-459.

Zaus, M. (1992). Kritische Thesen zur Bedeutungsentstehung Material zur naturalistischen Bedeutungstheorie. *Berichte aus dem Institut für Kognitionsforschung, Nr. 7 Bedeutung und Bedeutungsentstehung*. Bd. I., Location: Sondersammelgebiet Psychologie an der Universitätsbibliothek Saarbrücken.

Kolibri 360 GmbH
Ferdinand-Jühlke-Straße 7
99095 Erfurt, Deutschland
produktsicherheit@kolibri360.de

Druck:
CPI Druckdienstleistungen GmbH
im Auftrag der
Kolibri 360 GmbH
Ferdinand-Jühlke-Str. 7
99095 Erfurt